社会投企と知的観察

日本学術会議・市民社会・日本国憲法

広渡清吾
Hirowatari Seigo

日本評論社

はじめに

「社会投企」と「知的観察」の対語は、筆者の思いつきである。副題の三つのキーワードは、「投企」に関わり、同時に、「観察」する対象として示されている。「思いつき」について思いつき的解題を以下に述べよう。

本書は、研究者としての専門の周辺ないし域外で実践的な目的をもって執筆した諸論稿から基本的に構成されていて、学術研究書ではない。なぜこのような書物を編むことになったかといえば、いま、この時期（二〇一五年安保関連法案上程以来）、日本の政権の無軌道ぶりに心が波立ち、昔流にいえば、政治に対するアンガジュマンを強いられて、状況はなお続いているからである。「無軌道ぶり」は、日本国憲法下の戦後日本社会にとってかなめというべき、「平和主義」と「学問の自由」を覆っている。相手は「無軌道」などとつゆ思わず、日本国家のために着々と手を打っていると確信しているのだろう。そうではないという批判を市民社会に広げて、政治を変える条件を作り出さなくてはならない。研究者にできるのは、もちろん街頭にでることもあるとして、知的な観察によって「議論の本位」を立て、相手の間違いを追究することではないかと思う。

「新実存主義」（マルクス・ガブリエル）という議論に、最近、出会った。筆者は、大学に入ったころ、遅ればせながら、学習会のテキストがサルトルの『実存主義とは何か』だった世代である。

サルトルは、「実存主義はヒューマニズム」であり、「実存が本質に先立つ」、人間の実存は、自由な行為選択、つまり社会への投企によって創られる、と言った。(1)

サルトルの時代に比して、格段に発展した脳科学と「社会の科学技術化」と特徴づけられる現代社会を与件に、ガブリエルは、人間が自然的、物理的現象に還元されることのない、いわば「精神(Geist)」をもつ主体形成的実在であることを哲学的に擁護し、論証しようとしている。(2) そこには、伝統的な観念論と唯物論の対立のより複層的な議論があり、その成否の論評はもちろん筆者にできない。ただ、サルトルを受けて、二一世紀のいま、歴史社会における人間の主体的自由を基礎づける試みは、大きな励ましを与える。

中国哲学の研究者、中島隆博との対論で、ガブリエルは、「全体主義の克服」のテーマを語る。かれは、二〇世紀の国家全体主義にかわって、いま、神話としての科学と技術の全体主義が台頭しているという。中島はこれを受けて、全体主義を「すべてを『一』へ取り込もうとするもの」と定義し、ガブリエルが哲学的に「一」なるものが存在しないことを敷衍する。(3) 日本の政権からたちのぼるきなくささに、「全体主義」を感じている筆者は、この議論に共感した。政治権力が「一」なるものを志向し、その手段として「一」なるものへの志向をはらむ科学技術を利用しようとする。

「投企」という哲学用語は、ドイツ語でEntwurf、フランス語でProjetという。どちらも、日常語では、構想とか設計図、より広く使われることばでは、プロジェクトに通じている。自由な主体としての人間がその実存を形成するという文脈におけば、かの女とかれにとってのプロジェクトは、どのように生きるか、どのような世界を望むかであろう。かつて「希望」をテーマにした共同研究に参加した。[4] そこでは、希望とは、自分の行為によって未来に何かを実現しようとする願望(Hope is a wish for something to come true by action)と定義された。かの女とかれのプロジェクトは、希望のカテゴリーにあてはまる。

「希望」研究の古典と言えば、あらためて思いおこすと、ブロッホの『希望の原理』である。[5] ブロッホは、希望を「未だない存在 Noch-Nicht-Sein」と規定した。それは、いま「未だ」実在しないが、希望が構想されるのは、そこに現実的基礎があるからであり、「未だない」という形態において、現在に根拠をもつ存在である。希望論においてブロッホが探究したのは、マルクス主義の「実践」概念であるという。

思うに、かりに資本主義社会をこえた未来社会が歴史を貫く「自然法則」によって実現すべきものとしたら、その未来社会は、人間の行為の選択に先立つ所与であり、実存主義のいう「本質」の役割を果たすものとなりかねない。未来社会は、そうでなく、かの女とかれの生きることのプロジェクトとして形成されうるものであり、それは空想ではない。なぜなら、かの女とかれのプロジェクトは、かれらが投げ出された歴史社会の現実を根拠に立ち上がるからである。かれらのプロジェクトは、同じ現実を生きる市民たちの共同プロジェクトに展開しうる。こうして、希望は、現在に基礎づけられて実践を導き、実践によって未来に実在化する。ブロッホは、マルクスが「フォイエルバッハに関するテーゼ」において「世界の解釈」に対置した「世界の変革」の意味を、希望と一体化した実践として基礎づけようとしたのだ。[6]

「社会投企と知的観察」は、もっとあいまい化した意味であっても、「解釈」にとどまらず、「変革」につながるものであってほしいと願っている。日本社会のなかで、「社会投企と知的観察」を図りながら、自分は、何を希望として構想しているのかを観察してみた。それは、明治以来の日本の近代化の第二ステージにおいて、前半の近代化を自省し、世界とともに、二つの世界大戦の人類的惨害を再来させない決意を共有し、市民を真に主人公とする政治・経済・社会の体制を構築するプロジェクトとしての日本国憲法の理念・価値がしっかりと実現し、定着した社会である。それは、一人ひとりの市民が共同して社会を創り担う市民社会である。

法学的にいえば、日本国憲法は実定憲法であり、「未だない存在」ではなく、すでにある存在である。しかし、多くの人がすぐに認めるように、そしてたとえば、憲法二五条がプログラム規定と特徴づけられたことがあったように、現に根拠はあるが、未来に実現するものとして、紙の上でたなざらしになるような形で、申し訳のように恰好をつけられるだけで、あるいは規定の文意をさかなでするようなあり方で、そうではないという現実政治の有権解釈に糊塗されつつ、憲法の諸規定が存在している。実定憲法を希望であり、これから実現するプロジェクトであると位置づけることの法学的「誤謬」を措いて、日本国憲法による「新生」日本の市民社会(7)の文字通りの実現、そしてその上に立って人類的課題に向かう日本国憲法の創造的発展が、変革を導く希望である。

本書は、二〇一六年から二〇二二年の時期に執筆した論文によって(8)、全三部、各部四章から構成されている。

第1部は「科学と政治――日本学術会議会員任命拒否問題の射程」と題し、二〇二〇年一〇月の

「前代未聞の出来事」の前後左右の射程を考察する。筆者は、日本学術会議第一五期から第一七期（一九九一―二〇〇〇年）に研究連絡委員会委員、第一八期から第二一期（二〇〇〇―二〇一一年）に会員であり（第二二期以降、現在まで連携会員）、部長、副会長を経て第二一期末に会長を務めた。長いかかわりからの思い入れと関わりなく、首相の任命拒否は、政治の科学に対するあり方に照らして決して許すことのできない問題であり、学術会議の側に立って、政権を批判し、なすべきことを提示した。政府・自民党は、「問題」を棚上げにし、かつ、これを利用して日本学術会議の「改革」を企図している。

第2部は、「市民社会のルネサンスと市民プロジェクト」と題した。二〇一五年九月に強行成立させられた、いわゆる安保法制（集団的自衛権行使および自衛隊の軍事的活動範囲拡大の法制化）に対する反対運動は、成立した安保法制を廃止すべく政権交代を要求して発展し、戦後日本社会におけるユニークな市民運動となっている。ルネサンスとして論じられた市民社会についての筆者のかねてからの学問的関心は、二一世紀初頭日本の、この特筆すべき市民運動の参与的観察に結び付いた。「安全保障関連法に反対する学者の会」（二〇一五年六月発足）と「安保法制の廃止と立憲主義の回復を求める市民連合」（二〇一五年一二月発足）の設立に参加し、持続的にそこが筆者の観察の足場である。

第3部は、「日本社会と日本国憲法」と題して、日本国憲法の日本社会における歴史的な意義を考察する。四章すべて、講演を内容とする。この間、日本の各地で講演をする機会をえたが、改憲と政権交代を論じることが多かった。そのなかから、学術的にも発信に値するメッセージが含まれ

ると考えるものを選んだ。ドイツでの講演は、日本学を専門とする長年の友人の企画によった。(9)

本書は、ひとつの時代のひとつの記録である。(10) さらにいま、新型コロナウイルス感染症は、人類社会的問題として、科学と政治の関係の応用問題を提起し、また、二〇二二年二月二四日に開始したロシアのウクライナ軍事侵攻は、長期の戦争となり、第二次世界大戦後の世界の安全保障秩序に、そして東西冷戦後の安全保障秩序形成に決定的な問題を投じている。そのただ中で、日本国憲法九条の平和主義があらためて確かめられなければならない。日本社会にとって時代の岐路となる問題はなお深刻化し、「社会投企と知的観察」は終わりなく続く。(11)

(1) ジャン・ポール・サルトル(伊吹武彦訳)『実存主義とは何か』人文書院、初版発行一九五五年、重版発行一九六三年。筆者たちがテキストとして使ったのはこれである。海老坂武『サルトル—「人間」の思想の可能性』岩波新書、二〇〇五年。

(2) マルクス・ガブリエル(廣瀬覚訳)『新実存主義』岩波新書、二〇二〇年。

(3) マルクス・ガブリエル/中島隆博『全体主義の克服』集英社新書、二〇二〇年。中島は、資本主義が経済法則にしたがって運行する歴史的システムではなく、人間の主体的営為によって構築されるものという視点で『人の資本主義　Capitalism for Human Co-becoming』と題する研究討議を組織しており(中島編、東京大学出版会、二〇二一年)、面白い。

(4) 東大社研/玄田有史/宇野重規編『希望学』全四巻、東京大学出版会、二〇〇九—二〇一〇年。

(5) Ernst Broch, Das Prinzip Hoffnung, 3 Bd. Surkamp, Frankfurt am Main, 1972(山下肇他訳『希望の原理』全三巻、白水社、一九八二年)。

（6）「フォイエルバッハに関するテーゼ」の最後の第一一項は「哲学者たちはただ世界をさまざまに**解釈して**きたにすぎない。肝腎なのは、世界を**変革する**ことである。」と述べる（ゴチは原文傍点）『新編輯版　ドイツ・イデオロギー』マルクス／エンゲルス（廣松渉編訳、小林昌人補訳）岩波文庫、二〇〇二年、二四〇頁。広渡清吾「希望と変革――いま、希望を語るとすれば」『希望学Ⅰ　希望を語る社会科学の新たな地平へ』（前掲書第一巻）は、論文末尾で「希望に関するテーゼ」を一一項にまとめているが、第一一項はこうである。「希望は『個人』の希望からはじまる。それは、社会の希望としての共同表象に展開しうる。社会科学は、このような未来についての表象を現在の社会構造の実在的要素として位置づけ、それらの関連を分析し、現在社会の可能性をとらえることによって、現在社会を歴史的なダイナミズムのなかに対象化することができる。」（同書二六頁）

（7）「新生」ということばは、戦後日本社会でよく使われたことばであり、一九四九年に日本専売公社は「新生」というたばこの新銘柄を売り出した。筆者が「新生」ということばにもつこだわりは、一九七二年五月一五日沖縄返還協定の発効を前に、沖縄の「留学生」（日本の施政権下にない沖縄からの学生はそうよばれた）から話をきいたときに、かれが使ったことばとしてである。「ぼくたちが復帰したいのは、日米安保条約下の日本ではなく、新憲法下の新生日本です。」

（8）第2部第1章は二〇一一年の刊行であるが、内容的に接続するので収録した。

（9）本書第3部第2章「明治一五〇年と日本国憲法」はドイツのハレ・ヴイッテンベルグ大学 Gesine Foljanty-Jost 教授が企画したシンポジウム「明治維新の遺産――民主主義への道（一八六八年―二〇一八年）」における日本側の基調報告であり、全体の基調報告 "Das Erbe von Meiji – Wege zur liberalen Demokratie 1868-2013" をフォルヤンティ教授が行った。同教授は、日本の政治が研究対象であり、四〇年来の対話相手である。機会をあたえてくれた友情に感謝したい。

（10）本書は筆者の活動記録でもあるが、従前のものとして広渡「知的再生産構造の基盤変動――法科大学院・大学・学術コミィニティーの行方」（信山社、二〇〇九年）は二〇〇〇年代初頭の八年間の諸論稿を収録し、広渡『学者にできることは何か―日本学術会議のとりくみを通して』（岩波書店、二〇一二年）は東日本大震災勃発から半年間の日本学術会議での活動を総括した。

（11）　最終校正に際して三つの副題に関わって直近の状況をコメントすることにする。

収録論稿の初出一覧

本書収録に際して一部表題を補正したものがある。収録論文は、表現の微修正などのほかは発表時のままであり、註もそれぞれの発表媒体に応じて原形のままである。

第1部——

第1章　科学と政治の関係―任命拒否問題とは何か　法律時報二〇二〇年一二月号
第2章　科学者コミュニティと科学的助言　世界二〇二一年二月号
第3章「日本学術会議問題」と学問の自由　憲法研究二〇二一年一一月号
第4章　日本学術会議と政府の科学技術行政　Ｗｅｂ日本評論二〇二一年一一月

ここで日本学術会議問題について、収録外の筆者の論稿を記録のために掲記する。「政治と科学―日本学術会議会員任命拒否問題をめぐって」Ｗｅｂ日本評論、二〇二〇年一〇月、『任命拒否』が意味するものは何か」法と民主主義二〇二〇年一二月号、「日本学術会議と科学者の社会的責任」科学二〇二一年一月号（『日本学術会議の使命』岩波ブックレット二〇二一年九月に収録）、「日本学術会議問題と科学技術政策」季刊教育法二〇二一年夏季号（二〇九号）、「科学者コミュニティと科学者の社会的責任―日本学術会議の制度・理念・活動」学術の動向二〇二一年八月号、「日本学術会議の規範像、活動の歴史的変化、政治・行政との関係」法律時報二〇二二年二月号（二〇二一年一〇月日本公法学会「日本学術会議問題特別セッション」における報告）、「日本学術会議会員任命拒否から一年半―いま、どうなっているか」治安維持法と現代二〇二二年春季号（四三号）、「『日本学術会議の在り方に関する政策討議取りまとめ（令和四年一月二一日）／CSTI有識者懇談会』をどう読むか」法と民主主義二〇二二年四月号、「学問の自由と科学・技術・イノベーション」IDE現代の高等教育二〇二二年五月号、「社会に対する責任としての学問の自由」羽田貴史他と共著『危機の中の学問の自由―世界の動向と日本の課題』岩波ブックレット、二〇二二年九月

第2部――

第1章　変革の戦略と市民社会論
中村浩爾他編『権力の仕掛けと仕掛け返し』文理閣、二〇一一年

第2章　現代ドイツの市民社会論と市民法論について
水林彪他編『市民社会と市民法』日本評論社、二〇一八年

第3章　市民社会論のルネサンスと法社会学
法社会学第八五号、二〇一九年（二〇一八年度日本法社会学会学術大会「市民社会の胎動と法社会学」における報告）

第4章　「市民連合」の参与的観察

1　個人の尊厳を擁護する政治の実現　法と民主主義二〇一六年八／九月号
2　「市民連合」というプロジェクト　法と民主主義二〇一七年一一月号
3　市民連合と野党の共通政策を発展させる　法と民主主義二〇一九年八／九月号
4　新政権と市民連合の目指す新しい政治　法と民主主義二〇二〇年一〇月号

第3部――

論稿は、すべて講演の原稿であり、講演後に補正し、上梓したか、そのまま手元に置いたものである。

第1章　「平和憲法の世界的現代的意義」について　二〇一九年四月「日本パグウオッシュ会議・明治学院大学国際平和研究所／世界宗教者平和会議共催連続講座『パグウオッシュ会議と「非戦」の思想』」（明治学院大学）における講演　Prime Occasional Papers 第六号、二〇二〇年三月

第2章　明治一五〇年と日本国憲法　二〇一八年一二月「ベルリン日独センター／国際交流基金／マルティン・ルター大学

ハレ・ヴィッテンベルク／国立科学アカデミー・レオポルディナ共催『明治維新の遺産―民主主義への道（一八六八年―二〇一八年）』」（ドイツ国立科学アカデミー・レオポルディナ）における講演

第3章　「改憲論」を日独比較から読み解く―危機とチャンス

二〇一九年四月「東北女性弁護士九条の会」主催講演会（仙台弁護士会館）における講演

第4章　民法と市民社会、そして憲法

二〇一九年一二月名城大学法学部主催「社会の変化と民法」講演会（名城大学法学部）における講演

名城法学第七〇巻第一号、二〇二〇年

社会投企と知的観察——日本学術会議・市民社会・日本国憲法◈目次

第2部　市民社会のルネサンスと市民プロジェクト

第3部　日本社会と日本国憲法

第1部

科学と政治
——日本学術会議会員任命拒否問題の射程

第1章

科学と政治の関係——任命拒否問題とは何か

1 日本学術会議に係る前代未聞の「事件」

これは「事件」といったほうがよいかもしれない。おそらく歴史的な事柄だからである。二〇二〇年一〇月一日、第二五期日本学術会議（以下、学術会議）の総会において、第二五期の新会員候補者として学術会議が推薦していた一〇五名のうち、六名が任命されなかったことが報告された。学術会議は、翌二日の総会で、菅首相に対して、六名について、任命されなかったことの理由の説明と、その如何にかかわらず、六名の任命を要望することを決議した。

菅首相は、その所信として、かねてより、縦割り主義を排する、前例踏襲を打破する、および既得権益を認めないと述べていた。学術会議会員を学術会議の推薦通りに認めないという首相の措置は、たしかに前例踏襲を打破するものであった。前例が違法、不当なものであれば、もちろん、踏襲すべきでない。しかし、逆に、今回の首相の措置は、日本学術会議法に照らして、違法、不当であり、かくて前代未聞のもの、という批判にさらされることになった。

学術会議法によれば、学術会議会員は、「優れた研究又は業績のある科学者」から学術会議が選考し、首相に推薦し、この「推薦に基づいて」首相が任命するものとされている（学術会議法七条二項および一七条）。首相は、六名を任命しなかった「理由の説明」を求められ、いくつかの事柄を述べているが不明瞭であり、依然として「前例を踏襲して良いのか考えた結果」（二〇二〇年一〇月二一日ジャカルタでの記者会見）と言い、「それはなぜか」に答えていない。

さて、日本学術会議という組織は、科学者の組織であり、市民に一般には馴染みがないと思われる。普段はいろいろの報告や提言を発表したときに、報道の対象になるという扱いである。とはいえ、学術会議は、第二次世界大戦後の日本にとって、シンボル的な意味をもった組織である。

日本国憲法は、明治憲法になかった学問の自由を保障する規定（第二三条）をおいた。このように、学問の自由だけを単独の規定で保障することは、比較憲法的に見て、学術研究が国家目的、とりわけ戦争目的に従属し、自由で独立の科学的営為がゆがめられた戦前・戦中への反省の深刻さを語るものと言ってよい。一九四八年に制定された日本学術会議法（以下、学術会議法）に基づいて、一九四九年から活動を開始した学術会議は、学問の自由を保障された科学が「文化国家の基礎」であることを「確信」し、科学者の総意によって日本の「平和的復興と人類社会の福祉」に貢献するものとして位置づけられた（学術会議法前文）。

学術会議法第一条から第五条は、制定後の複数の大きな改正にかかわらず、変更がなく、学術会議の基本的あり方を示している。学術会議は、内閣総理大臣の所轄とし（中央省庁等改革基本法関連政令によって二〇〇一年から二〇〇四年まで一時期総務大臣の所轄となった）、経費は国庫負担とされる（第一条）。日本の科学者の「内外に対する代表機関」であり、「科学の向上発達を図り」、

「行政、産業及び国民生活に科学を反映浸透させる」ことを目的にする（第二条）。

この目的のために、学術会議は、職務を独立に行うことを保障され（第三条）、政府からの諮問を受けて審議し答申を行う（第四条）と同時に、常置の機関として自らの課題設定に基づいて審議し助言を策定し、政府に勧告する権限を与えられている（第五条）。学術会議は、この三条から五条が明確に規定しているように、政府に対して独立性をもって科学的助言を行う機関である。[1] 学術会議に対する政府の諮問は、全分野からなる科学者組織（このことは国際比較的にみて一つの特徴である）に対して独立性を前提に審議を委ねるものであり、各省が自ら設置し、委員の構成が諮問者の意図に依存する審議会への諮問とは異なる。学術会議法第四条および第五条は、それゆえ、学術会議の独立性の意義を発揮するために、政府とのキャッチボールが可能な仕組みを設けている。

このように、政府から独立の、国費で運営される科学的助言機関としての日本学術会議の設立は、起源的な意義を確認すれば、日本国憲法のもとで、学問の自由と科学の独立が保障され、そのように政府が科学に向き合うべき関係を構築する柱としてであった（以下について、「学術」は諸科学の総体を意味するが、「科学」も諸科学の総称として学術と同義に用いる）。

2　科学者の代表としての学術会議会員の選考

学術会議は、日本の科学者を国の「内外に対する代表機関」であるから、その代表として会員の選考が必要になる。日本の科学者は、現在約八七万人である。この総体を以下、「科学者コミュニティ」(scientific community)とよぼう(その理由は後述する)。大雑把に所属別をみると、大学等が四割、企業が六割という分布であり、創設以来、会員は二一〇名である。

学術会議会員の選考は、独立の科学的助言機関であることを確保するために、学術上の業績基準によって、科学者コミュニティが独立に行うことが当然と考えられた。そこで、創設時には、科学者コミュニティを母体とする公選制が採用され、一定の要件のもとに有権者登録をした科学者が選挙によって会員を選出した。[2] 第一回の会員選挙は、有権者が四万二六八八人、投票者が三万五三五四人、投票率八一%と報道されている(一九四八年一二月二三日毎日新聞)。こうして、学術会議は、「学者の国会」と評されたのである。

公選制は、一九八三年法改正によって、変更される。その背景事情を考察することは、七〇年を超える学術会議史に立ち入ることになり、軽々にできることではないが、法改正にいたる発端は、学術会議を所管する総理府総務長官が学術会議の国際会議派遣旅費使用に不明朗の疑いがあるとして、運用の全面的見直しを学術会議事務局に指示したことであった(一九八一年七月)。学術会議の運用では、国際会議派遣旅費の使用を会員に限定せず、一般有権者(もちろん一定の要件のもと)にも開放していたが、政府はこれを問題視したのである。

旅費問題は、政府の言い分を認める形で決着したが、この問題をきっかけにして(あるいは企図して問題が起こされたとも観察された)、学術会議の組織形態、活動のあり方、またとくに会員公選制に対して、政府・自民党からの批判と改革要求が全面化した。学術会議は、独立性擁護を盾にしながら、理由のある批判を受け入れて自主改革案を作成し、会員選考方式について、公選制を維持しつつ定数の三分の一程度につき学会推薦制を導入、全国区と地方区の一本化、会員の通算四選の禁止（従前多選禁止がなかった）などを決定した（一九八二年一〇月会員総会）。

しかし、政府は学術会議の自主改革案を認めず、公選制を廃止し学会を基礎にした推薦制の導入を総務長官案として提示した。政府は、これを法案化し、国会に提出（一九八三年四月）、学術会議は自主改革案に基づく政府との協議によって法案修正の道を探ったが成らず、最終的に政府案に反対の態度を表明するなかで、一九八三年改正法は成立した（一一月）。

公選制から学会推薦制[3]への変更により、内閣総理大臣（首相）による任命が会員選考のプロセスに付け加わることになった。公選制のもとでは、選挙管理会の当選証書の交付が会員の確定を意味したが、一九八三年改正法では、首相の任命の意義が核心にふれる論点となる。なぜなら、公選制から学会推薦制に変わったとしても、会員が科学者コミュニティを母体に選考されることは同様であり、会員選考の自律性を確保できるか否かは、首相の任命の法的な意味にかかるからである。

一九八三年法改正の国会審議では、当事者の学術会議自体が反対し、また、野党が強力に反対するなかで、会員選考に政治的影響力を行使するための改正とみられることは、政府としても避けざるをえなかった。それゆえ、当時の中曽根首相も、担当大臣も、また政府委員も、学術会議からの推薦を尊重し、首相の任命は形式的なものであることを強調し、会員選考の自律性を認めたのである。

一九八三年法改正の経緯を少しく記述したのは、今回の件に関連して、二〇一八年一一月、安倍政権のもとで、内閣府日本学術会議事務局が「内閣総理大臣に……推薦のとおりに任命すべき義務があるとまでは言えない」ことを理由づけた文書を作成し、これを内閣法制局が認め、かつ、二〇二〇年九月二日に再度法制局とすりあわせたことが表面化したからである。つまり、この事務局文書の見解は、一九八三年国会審議における政府解釈の変更ではないかという問題が生じた。

会員選考方式は、二〇〇四年法改正によって、自己選考方式（いわゆる co-optation 制）(4)に変わっており、これが現行の方式である。ただし、これは、会員候補者選考の具体的方法の変更であって、学術会議の「推薦に基づいて」首相が任命するという基本システムは同じである。それゆえ、一九八三年法改正時の国会審議の政府答弁は、現行法の解釈の基礎になるべきものであった。

政府は、事務局文書の内容が政府解釈の変更に当たらないと主張している。そもそも、学術会議事務局が学術会議会長や意思決定機関たる幹事会の知らないところで作成した文書が、学術会議法の執行について従来と異なった首相の権限行使を正当化する根拠にどうしてなるのか、という問題がある。一九八三年法改正の国会審議で論点となった「首相の任命」の法的意味は、前述のように、学術会議の独立性に関わる核心的なことがらであり、当の国会を無視して政府に都合のよい解釈を示すことが許されるものではない。

ところで、会員選考方式について自己選考制を採用した二〇〇四年法改正は、一九九八年中央省庁等改革基本法による政府機構の再編に関わって日本学術会議が検討対象となったことに発する。この検討は、同改革によって新設された総合科学技術会議（内閣府に設置、二〇〇一年から活動開始）において行われ、二〇〇三年に「日本学術会議の在り方について」の意見具申が公表され、これが改正法案を基礎づけるものとなった。学術会議は、この間、自主改革案を審議、決定し（一九九九年）、総合科学技術会議の検討にその内容を反映させる活動を進めた。

二〇〇四年法改正の審議において、重要な論点となったのは、行政改革がらみで、組織形態（国の機関か、独立行政法人か、民営化か）の問題、新設された総合科学技術会議（首相の諮問に応じて科学技術の基本政策を調査審議する役割をもつ）との役割分担、そして、科学者コミュニティに対する代表性の強化、提言活動の総合性、俯瞰性の強化などであった。推薦と任命の関係、首相の権限行使の意味は、争点としてとりあげられることなく、それゆえ一九八三年法改正時の政府解釈が変更されることはなかった。(5)

二〇〇四年法改正では、新たに、会員と並んで職務の一部を担当する連携会員の制度が採用され、会員二一〇名に加えて約二〇〇〇名の科学者が学術会議の活動を担うことになり、代表機関としてのプレゼンスが高められた。重要なのは、同改正が前記意見具申にしたがい、学術会議を国の機関として国費で運営するという組織形態を維持したことである。これについては、法改正後の活動状況の評価を踏まえてできるだけ速やかに検討を開始することという衆参両院の附帯決議が行われ、担当大臣がこの検証は学術会議が自主的に行うべきものであることを答弁した。

この検証は、前記二〇〇三年の意見具申が一〇年という目途を示していたので、これにしたがい内閣府に設置された「日本学術会議の新たな展望を考える有識者会議」で行われ、二〇一五年に報告書「日本学術会議の今後の展望について」が発表された。報告書は、法改正後の学術会議の活動を肯定的に評価し、組織形態について、「国の機関でありつつ法律上独立性が担保されており、かつ、政府に対する勧告を行う権限を有している現在の制度は、日本学術会議に期待される機能に照らして相応しいものであり、これを変える積極的な理由は見出しにくい」と意見を示している。

3 唐突、かつ、異常な菅首相の措置

一九八三年および二〇〇四年の法改正は、以上のように、学術会議の独立性および科学者コミュニティに対する代表性を確保する観点で、会員選考方式を改革した。そして、二〇〇四年法改正後の学術会議の取組みは、前記のようにポジティブに評価されるものであった。筆者自身の四期（二〇〇〇―二〇一一年）に渡る会員としての経験に照らしても、とくに改革後、学術会議が新体制づくりにおいて、全分野の科学者から構成される科学的助言機関として、どのように働くべきか、どのように社会に貢献できるか、に絶えず腐心してきたことは、確信できる。

菅首相の措置は、一九八三年法改正によって首相による任命が規定されて以降、学術会議の三年一期の数え方で言えば第一三期から第二四期まで、一二回の首相による任命が学術会議の「推薦に基づいて」、これをそのまま尊重して行われたきたことを、踏襲すべきでない前例として簡単に覆した。では、歴代首相は、たんに前例にしたがって、なんらの考慮なく任命を行っていたと言うのであろうか。歴代首相は、学術会議法の趣旨を踏まえ、会員選考における学術会議の自律性の尊重こそ、職務の独立性の担保であり、学術会議の生命線であることに思いをいたしていたはずである。

ただし、歴代首相のうち、安倍首相は例外としなければならない。菅首相の今回の措置は、ジャーナリズムの調査と報道が分析しているように、そして、前記の学術会議事務局作成の文書と

内閣法制局とのすりあわせが明確に示しているように、安倍政権時代に予兆があり（第二三期における会員補充や第二四期新会員選考において官邸による従来にない干渉があった）、かつ、準備が行われていたからである。

菅首相の措置は、唐突としか評しようがない。しかし、新首相がにわかに判断できるような簡単な問題ではない。それゆえ、この措置は、安倍政権以来の一貫した企図によるものであり、菅首相が断行したものであろう。では、何が動機であり、狙いなのか。これを考えたとき、今回の措置が、学術会議の存立意義に関わる、それゆえ、学術会議と政府、科学と政治の関係について深刻な問題を提起している（これは次項で論じる）と同時に、首相権限の行使について、菅首相が極めて危険なあり方を曝していることに気が付く。

安倍政権下で菅人事、官邸人事といわれたのは自己の政策と主張に同調しない役人をすぐさま外すことである。法制度上は、二〇一四年設置の内閣人事局によって支えられたが、加えて政治的操作が行われたことは想像に難くない。安倍政権では、法制局長官、最高裁裁判官、検事総長などの人事案件が、従来の慣行を無視して官邸主導で行われ、あるいは行われようとした。首相は、今回の件で、学術会議が国の機関であり、一〇億円の予算を使い、会員は特別職といえども公務員であることをしきりと述べ、学術会議会員が公務員であるならば、首相の人事権が当然に及ぶという考えを暗に示唆している。

それを援護する議論は、行政権が内閣に属し（憲法第六五条）、首相が内閣の長であり（同第七二条）、公務員の選定・罷免について国民に責任をもつべき立場にあるから（同第一五条）、そのゆえに推薦通りに任命する義務はない、と主張する。憲法規定を直接の根拠に学術会議法の首相の任命の実質化を図るこの議論は、歯止めなく首相の公務員に関する権限の全能視に行き着きうる。しかし、言うまでもないが、ここにおける首相の国民に対する責任とは、行政権に民主主義的に授権を行う国会制定法たる学術会議法を適切に執行することである。法違反をも辞さず、自己の全能を誇示することではない。

学術会議会員の地位は、学術会議法によって根拠づけられている。学術会議を所轄する首相が学術会議に対して権限を行使しようとすれば、学術会議法に根拠をもたなければならない。なによりも、学術会議の職務の独立性は、これを保障すべきであり、侵してはならない。学術会議会員の退職または辞職に関わる規定を見れば、任命に際する学術会議の会員選考の自律性の保障と対応している。退職は、「不適当な行為」が退職事由とされ、学術会議による行為の認定と「学術会議の申出に基づいて」はじめて首相は退職させることができる（学術会議法第二六条）。辞職の場合、任命権者である首相に辞職の申し出があったとしても、「学術会議の同意」なしに首相は辞職させることができない（学術会議法第二五条）。

菅首相は、六名を任命しないまま、それについて説明もしないまま、放置し、政府と自民党に学術会議のあり方の検討を指示し、世論はこれを「論点ずらし」と評している。菅首相の措置は、六名の科学者の名誉を棄損する行為であり、かつ、会員六名を欠員として活動をしなければならない学術会議の業務を阻害している。そして、もっと危険なことに、菅首相の措置は、政府の政策に反対した科学者を排除する意図をもつものだという見方を社会に広げている。

任命を拒否された六名は、安倍政権下のいわくつきの立法、つまり、市民の知る権利を制限し軍事機密等の保護を強化する特別秘密保護法、集団的自衛権を可能にする安保法制、罪刑法定主義を危うくし市民の人権制限を生み出す共謀罪法に対して、それぞれの学問的見地から政権を批判した経歴をもっている。

六名は、人文・社会科学分野に属し、第一部の会員として予定されていた。学術会議は、「戦争を目的とする科学の研究に絶対に従わない決意」を表明して（一九五〇年四月声明）活動を開始した。この歴史のなかで、二〇一五年から防衛省がはじめた公募型研究「安全保障技術研究推進制度」に対して、学術会議は、「学問の自由」をおびやかす恐れがあるとして、科学者が利用することについて全国の大学・研究機関が慎重であるべきことを声明した（二〇一七年三月「軍事的安全保障に関する声明」）。この声明は、学術会議において度重なる議論を経て決定され、その成立に第一部の会員も大きな役割を果たした。

菅首相は、政府の政策に反対する科学者を排除したという世論の受け止め方に何の顧慮も払わず、六名の件が何事もなかったかのように、当の学術会議会長に対して、学術会議を未来志向で改革しようと述べている。これは、こうした科学者の排除が政府として何の問題でもない、と言っていることと同じである。菅首相は、一貫して学問の自由と関係のない問題だと言うが、科学者はこれを疑い、国民もまた首相の説明が不十分だと考えている。学問の自由そして思想の自由、つまり、民主主義社会の柱となる自由について、菅首相は正面からその所信を披瀝し、かけられた嫌疑を晴らすべきである。

4　政治は科学をどう活かすのか

六名の任命拒否、そしてそれを覆い隠すかのように生じた、政権サイドからの学術会議の業績やあり方に対する批判と攻撃は、いま、政治が科学にどう向き合っているかを示している。そこにおける問題は、政権が科学、科学者を自分のために役に立つかどうか、でみているのではないか、ということである。

学問の自由は、科学者が、真理の探究というコードと科学者コミュニティに共有された真理探究のルールのもとで、あらゆる制約から離れて、独立に、学術研究を行うことを保障する。「学術の中心」としての大学（学校教育法第八三条）は、典型的に、学問の自由によって基礎づけられるべき公共的施設であり、それは国公私立を問わない。そして、このような自由を保障される科学者は、同時にこの自由の行使について科学者としての社会的責任を負う。

科学者コミュニティは、この自由と責任の共有に基礎づけられている。学問の自由の主体は、言うまでもなく、職業としての科学者に限られない。市民もまた、学術研究のコードとルールのもとで、学術研究の担い手となる。科学者コミュニティは、学問の自由と自由行使についての社会的責任を共有することにおいて、所与の立場に置かれており、そのゆえに、世界におけるさまざまな科学者集団は、出入り自由な組織としてのアソシエーションでありながら、コミュニティと特徴づけられるのである。

学術会議は、学問の自由のもとで行われる学術研究の成果をもちより、これらを活かして、政府と社会に対して科学的助言を行うことを活動の目標とする。学術会議は、学術研究が直接営まれる場所ではない。だが、学術研究の成果を踏まえて助言を審議検討し、作成するプロセスは、学問の自由と同様に、学術的議論の自由が必要であり、これが学術会議の独立性の保障として位置づけられる。学術会議は、学問の自由の成果としての学術的知を政府と社会に対して、適切な形で集約し、総括し、提示・助言し、知の伝動ベルトとして、まさに科学を活かす役割を担うのである。

科学的助言は、科学と政治の関係をどう位置づけるかという問題として国際的に普遍的な議論の対象である。科学と政治の関係は、それぞれが別次元の営みであることを前提にする。科学的助言は、第一に、もっぱら真理探究の学術的知見によって、第二に、政治権力や特定の社会的経済的利害から独立に形成され、かつ、第三に最終的に人類社会の福祉につながることをもって本質的要件とする（学術会議法前文は「人類社会の福祉への貢献」を規定する）。

政府は、これに対して、国民の要求に応え、民意を基礎として活動を行う。政府にとって、科学的助言は、あるときは自己の政策を助け、あるいはその政策の修正を導き、あるいは敵対的批判として退けるものでありうる。政府は、それゆえ、科学的助言を自己の政治的責任において、その採否、受入れを決定し、科学に対してその理由を明らかにすることが必要である。

科学的助言は、あくまで助言であり、民主主義のもとでの政府の政治的責任を代替するものではありえない。そのように理解することによって、科学の政治からの独立性が政治にとっても大きな意義をもつのである。科学が政治権力に従属し、政治の意向を忖度して助言を行うようになれば、政治は、真理探究のコードのもとでの学術的知見の基準によって、自らの位置を図ることができなくなるであろう。

コロナ危機は、政治が科学に対してどのような態度をとるか、について国際比較の素材を提供した。これを論じる準備はないが、日本では、政府が二〇二〇年二月に感染症対策本部のもとに「新型コロナウイルス感染症対策専門家会議」を設置した。同会議は、感染症や公衆衛生の専門家一二名によって構成され、以降、五月二九日に至るまで、政府と市民に対して、現状を分析し、それに基づく提言を行ってきた。

これらから理解するに、専門家会議は、感染症の拡大を防ぐための科学的助言を自己の任務と考えていた。たしかに、専門家会議の開催を決定した対策本部の要項にも「対策本部の下、対策について医学的な見地から助言等を行うため」と規定されていた。ところが、専門家会議は、五月二四日、担当大臣の記者会見における唐突な廃止表明で、その活動を終えた。専門家会議の廃止の後には、その代替としてあらたに「都道府県知事、経済界、労働界、マスコミ関係者など」を加えて「新型コロナウイルス感染症対策分科会」が設置され、現在まで活動している。

「専門家会議」が前記基準で言う科学的助言の組織であったか、助言の内容が適切であったかは、今後の検証に委ねられる。ここでの問題は、専門家会議から分科会への転換は、政府にとって科学的助言組織から審議会への切り替えだったことである。政府は、独立の科学的助言と政治の責任による決定の組み合わせを忌避し、科学者を入れた政治的考量を行いうる審議会の決定によって政治の判断を正当化する方策を選んだ。つまり、科学的助言をそのものとして尊重し、十分に考慮しながら、同時に決定について政治が責任をもつという関係を作ることができなかったのである。

政治は、社会のさまざまな利害を調整して方向を選択しなければならない。民主主義のもとでは、政治の判断基準は、民意であり、科学ではない。しかし、科学は、学問の自由のもとに政治的経済的思惑から独立に社会を客観的に判断する基準を示すものとして政治によって尊重されなければならない。政治が民意に基づきながら、科学を尊重するとすれば、その間のギャップについて、政治の説明責任と決定責任が必要である。この民意と科学のギャップは、社会のなかで市民の科学的知見と科学的態度が普及し、確立するのに応じて小さくなるであろう。もちろん、それは決して同一のものではない。

学術会議は、科学が戦争目的に従属した戦前の経験を繰り返してはならないことを初志としている。それは、同時に、科学が真理を探究するが、科学の産み出すものがつねに良きものであるとは限らないことについての恐れと自省をもたらす。原子エネルギーの発見は、人類の知的発展を意味するが、それは人類に最大の悲惨を産む原子爆弾の社会的実装に結果した。科学者の社会的責任は、真理探究の自由の行使について、科学的成果の社会的実装と作用まで視野において、たえずそのあり方を探索し、履行すべきものである。

学術会議は、科学的助言活動を中心に、科学者コミュニティにおける科学者の社会的責任の共有を図り、また、広く市民社会に科学リテラシーを普及することを課題にしている。科学者の活動にはいうまでもなく国境がない。「世界の学界と連携して学術の進歩に寄与する」（学術会議法前文）ことは、学術会議の最も重要な仕事の一つであり、多くのエネルギーが注入されている。

学術会議の役割は、科学と科学者のあり方を検討し、形成しながら、前述のように政治と科学の関係を確立することにある。これらは、戦後日本における課題として自覚され、この課題を実行すべき国の機関として、学術会議が創設された。学術会議の創設には、戦後日本社会の志しが示されている。国費で運営するという組織形態は、学術会議をもって、日本国憲法のもと、政治と科学の民主主義社会における新しい関係を構築する柱とするという国の選択なのである。

国際的に見て、政府のカウンターパートとしての科学者の科学的助言組織のあり方は、歴史的経路の差異によって各国で異なる。言うまでもなく、その本質的共通性は、独立性である。いま、政府と自民党は、国の機関としての学術会議のあり方に問題の焦点をしぼっている。会員候補者六名の任命を説明もなく拒否し、学術会議の独立性と存立を脅かしながら、科学と政治のあるべき関係について正面からの議論もなく、学術会議を政府にとって都合の良い、役に立つ科学者組織に変質させることは、国民が望んでいることだろうか。

七〇年余の学術会議の存立は、毀誉褒貶があったとしても、国民の科学に対するリスペクトを基礎にすることなしにありえなかった。学術会議は、この信頼に応える責務を担い、そのために努力し、活動を維持し、発展させてきている。政府は、このことを正しく理解しなければならない。

（1） 学術会議の対外的な意思の表出の形式は、現在、法定された答申、勧告にくわえて、他機関からの審議依頼に対する「回答」、さらに「声明」、「要望」、「提言」、「報告」がある。設立以来の実績は学術会議のＨＰで見ることができる。

（2）有権者登録は、常設された「選挙管理会」に対して、研究期間二年以上を要件とし業績を添付した申請によって行われた。有権者は、専門と地域に応じて有権者名簿に登録される。二一〇名の定数は、七部（文、法政、経済、理、工、農、医）に各三〇人が配され、それが全国区および地方区に分けられ（二三人と七人）、さらに全国区二三人は各部内の専門分野別定員とこれに関わらない定員とに分けられた（各部内での専門分野数および定員数は各部によって異なった）。会員候補者はこの三カテゴリーに応じて立候補し、有権者もそれに応じて三票を行使した。

（3）学会推薦制の方式では、学術会議に「会員推薦管理会」という選考管理機関が置かれ、まず、選考に関与する資格を認める学会を一定の要件のもと、申請によって登録し、登録された学会（「登録学術研究団体」）に選考の第一段階の主体の役割を与える。登録された学会は、推薦管理会に対して会員候補者と推薦人（候補者選定にかかわる）の指名をすることができる（人数は学会の規模によって異なる）。選考の第二段階では、専門別に組織された研究連絡委員会（「推薦研連」と呼ばれ、約七〇委員会が置かれた。研究連絡委員会は、科学者間の連絡を図る目的で設置され、推薦手続きに関与しない委員会も六〇近く置かれていた）において、学会から指名された候補者を対象に、学会から指名された推薦人が協議して専門別の定数にみあう会員候補者を選定する。推薦管理会は、これらの選定結果をとりまとめ、手続きの適正性を審査確認し、会員候補者推薦名簿を作成した。これは日本学術会議を経由して首相に提出され、首相はこの「推薦に基づいて」任命するとされた。

（4）自己選考方式（コーオプテーション制）は、学術会議を従来の専門別七部制から大くくりに三部制（人文社会科学系、生命科学系、理工学系）に改編したことに対応して、専門にとらわれず総合的俯瞰的な視点から広く会員を選考し、学術会議の選考の自律性を強化するものとされた。菅首相は「総合的俯瞰的に判断した」と説明するが、「総合的俯瞰的視点」は、学術会議の選考自体における一つの判断基準であり、首相が任命拒否に際してもちだす根拠にも理由にもならない。常置委員会として設置された選考委員会が、具体的な選考を主導する。会員および連携会員が各二名まで会員候補者を推薦し、学会からも候補者情報の提供を受け、膨大な数の対象者から定数まで選考審議によって絞り込む。このように、菅首相が批判する「後任を指名する人事」はまったく見当違いである。選考委員会がまとめた会員候補者推薦名簿は、会員総会で決定され、学術会議から首相に提出される。

(5) 二〇〇四年改正審議の際、学術会議は総務大臣の所轄であったので、総務省が想定答弁集において、「任命拒否はありえない」という回答を用意していたことが明らかにされている。

第2章 科学者コミュニティと科学的助言

1 いま、何が起こっているか

日本学術会議（以下、学術会議）は、第二五期（二〇二〇年一〇月―二〇二三年九月）の開始にあたって、会員候補者として推薦した一〇五名（任期六年の会員二一〇名で構成、三年ごとに半数改選）の中で六名が首相によって任命されなかったことを公表した。学術会議は、これに対してただちに総会において、任命されなかった理由を明らかにすること、また、六名を推薦通りに任命することの二点を首相に要望する決議を行った。

学術会議は、一九四八年制定の日本学術会議法（以下、学術会議法）によって設立され、一九四九年一月から活動を開始、七〇年余の歴史をもつ科学者組織である。同法によれば、国の機関として国費で運営され（第一条）、日本の「科学者を内外に対する代表機関」として、「科学の発達向上を図り」、「行政、産業及び国民生活に科学を反映浸透させる」ことを目的にする（第二条）。内閣総理大臣の所轄にあるが（二〇〇一年から二〇〇四年まで中央省庁等改革基本法関連政令によって一時期総務大臣の所轄におかれた）、「独立して……職務を行う」ことが保障され（第三条）、政府からの諮問に応じて答申する役割（第四条）、また、自ら助言を作成し政府に勧告する権限を与えられている（第五条）。諮問に応じる地位と勧告する地位が確保されることによって、学術会議と政府の関係は、指示・被指示の関係でなく対等の関係にあることが示されている。

このように学術会議は、日本の科学者の代表機関として、独立して政府と社会に科学的助言を行う役割を持つ。[1] この位置と役割のもと、会員の選考は、当初は公選制（有権者登録を行った科学者の選挙による）で行われ、一九八三年法改正で学会推薦制（登録した学会に会員候補者推薦権と選考過程への参加権を認める）、そして二〇〇四年法改正で自己選考制（学術会議自身が選考委員会を設置し広範な候補者提案を受けて選考する。co-optation 制と呼ばれる）へと改革された。公選制のもとでは、選挙の結果によって会員が確定したが、一九八三年法改正以降は、制度の建付けとして学会による推薦（とりまとめのために「会員推薦管理会」が設置された）、ないし学術会議による推薦（二〇〇四年以降）に基づいて内閣総理大臣（以下、首相）が任命するものとされた。

一九八三年法改正の国会審議では、公選制のもとで会員選考が科学者の完全な自律性に委ねられてきた趣旨を踏まえ、当時の中曽根首相、担当大臣および政府委員は、任命が形式的なものであり、推薦を尊重することを明確に答弁した。これ以降、一九八五年から前回二〇一七年に至るまで（第一三期から第二四期）、計一二回の新会員任命が行われたが（九名の歴代首相が任命に関与）、すべて推薦通りに行われた。今回、第二五期に至って、会員選考に首相が自らの判断によって介入することは、前代未聞のことである。

首相の任命の根拠は、学術会議法にある。それによれば、学術会議が「優れた研究又は業績がある科学者」のなかから候補者を選び（第一七条）、これを推薦し、首相がその「推薦に基づいて」任命する（第七条二項）と明記される。そもそも科学者の代表を学問的業績の基準によって選ぶのであるから、科学者集団（以下では科学者コミュニティ scientific community と呼ぶ。この概念については後述する）が自律的に行うというのが、学術会議創設以来の考え方である。それゆえ、首相の任命は、学術会議法に羈束された権限行使と位置づけられる。これまでそのように解釈されてきた。

学術会議が会員選考を自律的に行うという原理は、いうまでもなく学術会議法による学術会議の位置づけを基礎にしている。つまり、科学者コミュニティの代表としての地位（代表性）および職務遂行の独立性である。首相は、六名を任命しなかった法的根拠として、学術会議が国の機関であり、会員が特別職の公務員であるから、公務員の任命について首相が国会と国民に対して責任をもつ必要があると主張し、憲法の保障する国民の「公務員の選定・罷免権」をもちだす（第一五条一項）。

憲法第一五条一項は、国民の権利を規定し、首相の権限に関わるものではない。首相もそこにいう公務員であり、同項の客体であり、主体ではない。同条項によって学術会議法に羈束された首相の任命権限が裁量的なものに変わるという法解釈がなりたつかどうか（そのような裁量権限があるとすれば歯止めなき独裁権限になり法治主義に反する）、憲法学者や行政法学者の検討をぜひ願いたいが、ここでの問題は、首相の立論に学術会議の固有の性格、すなわち代表性と独立性について、いいかえれば、学術会議の果たすべき役割についての顧慮が一切ないことである。

首相は、任命拒否に続いて、学術会議の見直しを提起し（メディアはこれを「論点ずらし」と評した）、科学技術政策担当大臣や行革担当大臣に指示を与え、また、自民党もそのためのPT（プロジェクトチーム）を立ち上げた。そこから出てきたのは、学術会議の設置形態の見直しにより「独立した新たな組織として再出発すべき」という提言であり、これを第二五期の任期中に行うことを要求している（二〇二〇年一二月一二日付日本経済新聞朝刊）。

もともと首相による六名の会員任命拒否は、学術会議法の論理にしたがえば、科学者の代表である会員選考の自律性を侵害し、職務の独立性を脅かすものである。自民党PTの提言は、そのような脅威を作り出したことを棚上げにして、かつ、奇貨として、新たな「独立」を推奨する。この論理は、一方的で転倒している。

学術会議は、六名の任命を求めつつ、五つの課題（①提言機能の強化、②対話を通じた情報発信力の強化、③ co-optation のプロセス（会員選考プロセス）の透明性の向上、④国際活動の強化、および⑤事務局機能の強化）について自主改革案を検討することとし（「日本学術会議のよりよい役割発揮に向けた検討について」二〇二〇年一一月一二日・学術会議幹事会）、中間報告を一二月一六日に担当大臣に行った（「日本学術会議のよりよい役割発揮に向けて（中間報告）」学術会議幹事会）。

学術会議の設置形態は、二〇〇四年法改正に際して、中央省庁改革の枠組みの中で（一九九八年中央省庁等改革基本法）行革のからみで焦点となった（民営化、独立行政法人化等）。この折には、学術会議は現行の組織形態を維持しながら、学術会議の活動の総合性・俯瞰性を拡大強化する自主改革案を準備し、政府法案に反映させることに努めた。そこで政府法案は国の機関という従前の設置形態を維持して、これが国会で承認され、[2] あわせて衆参両院の附帯決議で、法改正後、できるだけ早期に組織形態を含めて改革の推移を検証すべきこととされた。当時の科学技術政策担当大臣は、この検証が学術会議によって自主的に行われるべきものと答弁した。

この検証は、法改正から約一〇年後、安倍政権下、科学技術政策担当大臣により設置された「日本学術会議の新たな展望を考える有識者会議」が行った。その報告書「日本学術会議の今後の展望について」（二〇一五年三月）は、法改正後の学術会議の活動をポジティブに評価するとともに新たにいくつかの課題を提起しつつ、「国の機関として独立性を保障され勧告の権限を持つ現在の制度を変える積極的理由を見出しがたい」という意見を総括的に表明した。学術会議の今回の活動強化案の検討は、この経緯を前提にしている。

前記「中間報告」は、担当大臣からの提案を受けてという位置づけで「設置形態」について言及し、学術会議法の保障する設置形態を五つの観点（代表性、公的資格付与、国による財政保障、活動の独立性および会員選考の自主性・独立性）にまとめ、自民党ＰＴ提言の示す「独立した新たな組織」等に対して明確な検討基準を提起している。

本章では、七〇年余の活動を経た学術会議が日本の科学者を代表して、独立に政府と社会に科学的助言を行う役割をあらためて考察し、学術会議のあり方をめぐる議論に供したい。

2　科学者コミュニティを代表すること

学術会議は、日本の科学者を内外に代表するという地位にある。約八七万人とされる日本の科学者の総体は、代表機関としての学術会議を通じてはじめて可視化される。また、学術会議は、会則（学術会議法第二八条によって会長が総会の議決を経て制定することを授権されている）によって「日本学術会議協力学術研究団体」制度を設けているが、二一〇〇近い学協会が学術会議の活動に協力する関係を結び、会員・連携会員の選考に際して候補者情報を提供するなど、科学者の具体的ネットワークが形成されている。

この二〇年来、学術会議は、このような科学者の総体を「科学者コミュニティ」として捉え、それを代表する役割を果たすために科学と科学者のあり方を探究することを基本的活動としてきた。科学者コミュニティ論は、二一世紀の科学と科学者のあり方を提起した一九九九年七月の「ブダペスト宣言」に縁由する。ハンガリーのブダペストでユネスコと国際科学会議（ＩＣＳＵ）によって「世界科学会議 World Conference on Science」が開催され、その審議の成果としてこれがとりまとめられた（日本からは文部事務次官や学術会議会長等二〇名以上が出席）。

宣言は、「科学と科学的知識の利用に関する世界宣言―二一世紀のための科学・新たなコミットメント」と称され、科学のミッションを「知識のための科学：進歩のための科学」、「平和のための科学」、「開発のための科学」そして「社会における、社会のための科学」と定式化し、具体的な課題を提示しつつ、「科学者コミュニティと社会との対話を促進する可能性を実現するため……あらゆる努力を惜しまないことを自らに約束する」とアピールした[3]。

コミュニティは、その語義によれば、本来、血縁や地縁などによる非契約的集団をとらえる概念であり、自発的な契約によって組織されるアソシエーションと区別される。科学者の集団は、世界大で、また地域的に、あるいは総合的にまた専門分野ごとに、科学研究の発展を目的にさまざまに組織され、また、大学や研究機関も科学者集団として存在する。これらは、アソシエーションのカテゴリーに属する。にもかかわらず、科学者集団のコミュニティとしての特徴づけは、科学者が社会（世界）に対するミッションとその履行の責任を共有すべき地位にあるという規範的な認知を基礎にしている[4]。

科学者の科学の営みは、真理の探究にあり、探究心、つまり好奇心と想像力を究極の動因とし、それ自身が目的である[5]。そのような科学は、「科学のための科学」といえる。世界科学会議に学術会議会長として出席した吉川弘之（その後ＩＣＳＵの会長も務めた）は、ブダペスト宣言が、これに対して、科学のこれまでの光と影を自省し、科学は社会のために貢献すべきものであり（社会のための科学）、科学者は科学的知識の利用について責任を負うべきであること（科学者の社会的責任）を明確に提起したと位置づけている[6]。科学者コミュニティは、このように、科学と科学者のあり方についての規範意識によって基礎づけられ、大小さまざまの科学者コミュニティがこの規範意識を共有して世界に同心円状に存在する。

学術会議は、ブダペスト宣言以降、その理念と方向性を積極的に受け止め、日本の科学者コミュニティが課題とすべきものを代表性の自覚の上に探究する活動を展開した。たとえば、第一七期から第一八期に取り組まれた「日本の計画 Japan Perspective―学術により駆動される情報循環型社会へ」(二〇〇二年に報告公表)、第二〇期から第二一期に取り組まれた「日本の展望―学術からの提言」(二〇一〇年に提言公表)は、社会の課題およびその解決のための科学の課題を中期的展望において明らかにしようとするものであった。また、第二四期には、前記の「日本の計画」および「日本の展望」の課題意識を継承し、三〇年後の社会と科学を想定しつつその課題に応えることを主題に「未来からの問い―日本学術会議一〇〇年を構想する」に取り組んだ(二〇二〇年に報告公表)。

これらは、いずれも地球的課題に向き合い、とくに「未来からの問い」は、国連のSDGs(二〇一五年に採択された「我々の世界を変革する:持続可能な発展のための二〇三〇アジェンダ」に基づく)の活動を視野にいれて取り組まれた。ここでは、地球的課題に対する科学の取組みが個別専門科学によって対応不可能なものであり、自然、人間および社会の循環関係の全体を俯瞰的に視野において分析する諸科学の連携と協働、自然科学および人文・社会科学を統合する「学術」を必要とすることが認識された(7)。学術会議がすべての分野の科学者によって構成されている意義は、まさにここにある(8)。

科学者コミュニティの規範意識の共有のために、学術会議は、二〇〇六年に「科学者の行動規範」を策定した。行動規範は、前文でその意義を次のように述べている。

「科学者は、学問の自由の下に、自らの専門的な判断により真理を探究するという権利を享受するとともに、専門家として社会の負託に応える重大な責務を有する。特に、科学活動とその成果が広大で深遠な影響を人類に与える現代において、社会は科学者が常に倫理的な判断と行動を成すことを求めている。したがって、科学が健全な発達・発展によって、より豊かな人間社会の実現に寄与するためには、科学者が社会に対する説明責任を果たし、科学と社会の健全な関係の構築と維持に自覚的に参画すると同時に、その行動を自ら厳正に律するための倫理規範を確立する必要がある。」

行動規範の目的は、学問の自由の権利としての享受が同時にその自由と権利の行使について社会的な責任を伴うものであるがゆえに、そのための科学者倫理を示すことである。学術会議が科学者の共有すべき倫理を策定し呼びかけたことにおいて、学術会議の代表性が明確に示されている。そして、同時に見るべきは、個々の科学者に対して「科学と社会の健全な関係の構築と維持」に「自覚的に参画する」ことを求め、科学者コミュニティが単なる事実上の社会集団でなく、規範的に共同に形成されるべきものと位置づけていることである。

ブダペスト宣言は、その前文の冒頭に次のような印象深いフレーズを置いた。「我々のすべては同じ惑星に住み、我々のすべてはその生物圏の一部である。」これは、科学者コミュニティの社会的責任が、地球に生存する人間という種の一員として、この地球・人類社会を目的にするというメッセージである。他方で、科学の進歩が「明らかな恩恵」だけでなく「環境劣化や技術災害」や「社会的な不公平や疎外」に関与し、「在来型兵器も大量破壊兵器を含めて、高性能兵器の生産を可能にした」ことについて、自省と転換の必要が述べられている。

二〇世紀半ば、二つの世界大戦の惨禍のあと、学術会議は創設された。学術会議法は、戦後改革立法のなかで、教育基本法と国立国会図書館法と並び、前文をもつ法律の一つである。それは次のようにいう。「日本学術会議は、科学が文化国家の基礎であるという確信に立って、科学者の総意の下に、わが国の平和的復興、人類社会の福祉に貢献し、世界の学界と連携して学術の進歩に寄与することを使命とし、ここに設立される。」この趣旨は、一九四九年一月第一回総会において「これまでわが国の科学者がとりきたった態度について強く反省し、今後は、科学が文化国家ないし平和国家の基礎であることの確信の下に、わが国の平和的復興と人類の福祉増進のために貢献せんと誓うものである」として、また一九五〇年四月第六回総会において「戦争を目的とする科学の研究には、今後絶対に従わないというわれわれの固い決意を表明する」として、あらためて確認された。

戦争によって科学と科学者が国家目的・戦争目的の科学研究にかりたてられ学問の自由が大きく抑圧されたことを悔悟し、学問の自由を保障した新憲法のもとで、「世界の学界と連携し」「人類社会の福祉」に貢献する科学研究を目指すという決意、これは、学術会議の、それゆえ日本の科学者コミュニティの初心であり、ブダペスト宣言により新たにインスパイアされ、学術会議の七〇年余を貫くものといいうる。

科学者コミュニティは、その存立基盤として学問の自由を必要とするがゆえに、学問の自由の侵害に対して、防衛のためにたたかわなくてはならない。筆者の専門がドイツ法であることから紹介するが、ドイツ基本法（憲法）の制定七〇年を記念して（二〇一九年五月）ドイツの主要な大学団体、科学研究機関、科学研究資金提供機関が連名で「学問の自由のための10のテーゼ」を公表した。(9)

印象深いのは、その第一テーゼが「学問の自由は世界大で促進されなければならない」として、各国における学問の自由の侵害、反体制派としての科学者の迫害・逮捕などに対して、保護や救済のために支援を行うことをドイツの科学の義務としていることである。

学術会議は、世界の科学者コミュニティにおける有力メンバーである。最大の組織である国際学術会議（ＩＳＣ）の会長および同会議の学術における自由と責任に関する委員会議長は、日本の首相による今回の任命拒否について、決定が透明性を欠き、日本における学問の自由に深刻な影響を与えていることに大きな懸念を示し学術会議への支援表明を行った（二〇二〇年一一月一七日付書簡）。まさに、学問の自由は、世界的に促進されなければならないということである。学術会議と日本の科学者コミュニティは、この支援を受け止め、自らの責任を果たさなくてはならない。(10)

3　科学的助言を独立に行うこと

政府のカウンターパートとして科学的助言を期待される科学者組織は、それぞれの国における歴史的経路に応じて組織形態を異にするが、メンバー選考、財政、組織運営を含んで活動の独立性を維持、保障されることが共通である。(11)これは、民主主義社会において、科学が果たすべき役割に由来する。民主主義社会において、科学はあらゆる権力や特定の社会経済的利害から独立に学問の自由の保障のもとで真理を探究し、科学的助言は、その真理探究の成果を基礎に、自由保障に対する責務の履行として、社会および政府に具体的な意見や提案をつなぐのである。それゆえ、科学的助言は、第一にもっぱら学問の自由のもとの科学研究の知見に基づき、第二に政治権力や特定の社会的経済的利害から独立に作成され、そして第三に究極において「人類社会の福祉」に貢献するものでなければならない。

学術会議法は、科学的助言のための科学者組織を国の機関として設立した。その趣旨は、社会経済的な利害からの独立を公財政によって保障することである。他方で政治権力、政府からの独立保障のために、職務の独立性を明文で規定し、かつ、会員選考の自律性を確保した。ここには、新憲法のもと、戦後日本の国家が学問の自由と科学者コミュニティの独立を民主主義に必須のものとして擁護する志が示された。学術会議会員の固有の責務は、自らの科学研究活動ではなく、科学者コミュニティの代表として、科学者間の連携・協力を推進し、科学的助言活動を担う公共的な職務への従事であり、会員が公務員と位置づけられるのはそのことに因る。

学術会議の七〇年余のなかで、科学的助言活動の内容には重点のシフトが認められる。標語的には、「科学のための政策 Policy for Science」から「政策のための科学 Science for Policy」へと表現されることがある。学術会議法は、学術会議の職務として「科学に関する重要事項を審議し、その実現を図る」（第三条一号）と規定する。ここで「科学に関する事項」は、狭義に解すれば「科学・技術に係る政策」と読むことができる。公選制のもとの学術会議では、国の政策のうちおよそ科学・技術政策に係るものは、学術会議の責任に属する事項だと理解されていたと考えられる。この時期は、科学研究体制の整備について積極的に多数の勧告が行われ、政府も科学・技術政策に係るものについて学術会議に諮問することが多かった。

南極観測プログラムの推進（一九五五年一〇月総会で南極特別委員会が設置され政府の承認を得る）、また「原子力の研究と利用に関し公開、民主、自主の原則を要求する声明」（一九五四年四月総会で採択、一九五五年一二月成立の原子力基本法制定に寄与）などは、学術会議の役割が顕著であった例である。この時期、学術会議は、科学研究の発展を期して多くの研究所の設立を勧告した。一九五三年の原子核研究所の設立勧告以降、一九七一年までに同種の勧告は四〇件行われ、それにより一八研究所が設立された（一九七一年一〇月二三日付朝日新聞記事は未設立が多いことを問題にしているが）。戦後日本の科学研究体制の形成について、学術会議の果たした役割は、大きかった。

科学的助言が、科学者コミュニティの要求の政策化であれば、なるほど「科学のための政策」提言であると特徴づけうる。これに対して、社会の課題解決に科学がいかに立ち向かうかの政策提言が「政策のための科学」として示される。ただ、この表現は、「政治のための科学」というニュアンスにミスリードされる可能性がある。政策のための科学は、決して「政府に奉仕し、従属する科学」や、逆に「政府に対して優先的に影響力を発揮する科学」を意味するものではない。これは、科学が自らの要求の実現にでなく、地球と人類社会の課題解決に向かうことを示すコンセプトであり、ブダペスト宣言の「社会のための科学」に通じ、前述の「日本の計画」、「日本の展望」そして「未来からの問い」などの学術会議の取組みを基礎づけるものである。

学術会議の科学的助言は、この二〇年来、このように、科学者コミュニティの要求に基づく政策提言と社会的課題の解決のための政策提言の差異を自覚して行われるようになった。二〇一一年三月の東日本大震災は、学術会議の、また日本の科学者コミュニティの存在意義を問うものであった。第二一期（二〇一一年三月─九月）には「東日本大震災対策委員会」、第二二─二三期（二〇一一年一〇月─二〇一七年九月）には「東日本大震災復興支援委員会」が会長を委員長として設置され、大震災後の緊急事態とその後の復興過程のなかで、社会と政府に対して多くの提言が行われた。

二〇一二年には、これらの活動の総括に立って、行動規範が改訂され、科学的助言についての項目が新設された。そこでの重要な論点は、一つが社会と科学者コミュニティとの相互理解促進のために市民との対話と交流を強める必要性である。そしてもう一つは、科学的助言が政治の決定の唯一の根拠でなく、助言の採否の決定が政治に属することの明確化である。これについては、相互の信頼関係の維持のために、助言が退けられた理由の説明が政治に対して要請されている。

政府に対する科学的助言（Government Science Advice）は、近年ＳＤＧｓの世界的推進を課題にして、国際的に共通のテーマとなり、ユネスコと国際科学会議などの支援のもとに二〇一四年に「政府に対する科学的助言に関する国際ネットワーク」（ＩＮＧＳＡ）が発足し、議論が展開している。政策の具体的実現のために科学的助言をいかに有効に行うかの実際的な調査研究も報告されているが、重要な共通了解は、科学的助言と政府の政策決定が決してリニアな関係にないことである(12)。

政府への科学的助言に際して、科学はその尊重を望むが、その採否は政治にかかる。逆に、政治は政治にとって有用なものを望むが、科学は独立にそれを決定する。政治を決定するのは社会の多様な諸利害によって形成される民意であり、他方で科学を決定するのは真理であり、両者が異なる次元の営みであることが助言の大前提である。科学的助言は、政府にとってつねに歓迎されるものではありえず、批判的であり、敵対的であると受け止められる場合もある。それが科学的助言の意義であり、独立性の含意である。このような科学的助言は、政府が自己の政策的位置の科学者コミュニティによる評価を客観的に認知できる重要な意義をもち、民主主義社会の政府に対する科学の果たすべき一つの不可欠な役割である。

最近の例として、学術会議の「軍事的安全保障研究に関する声明」（二〇一七年三月）に言及しよう。この声明は、今回の首相の任命拒否と学術会議の見直しを惹き起こした隠れた動機ではないかとマスコミが推測している。声明がテーマにしたのは、日本の防衛装備庁の「安全保障技術研究推進制度」（二〇一五年度発足）による公募研究である。声明は、この制度の目的と運用について、研究の自主性・自律性および研究成果の公開性に問題の多いことを指摘して、科学者コミュニティ全体に注意を喚起し、科学者コミュニティを形成する大学等の研究機関に慎重な取り扱いのための自主的措置をとることを求めた。

声明を基礎づけた「安全保障と学術に関する検討委員会」の審議報告をあわせて読めば、声明の基軸は「科学者コミュニティの独立性」である。学術会議は、「軍事的安全保障研究」の位置づけを科学者コミュニティの課題と考え、学術会議の「初心」の継承を明言した上で、あるべき対応を科学者コミュニティに向けて、科学者コミュニティの代表として声明している。声明が政府に対して直接に要請しているのは、民生分野の研究資金の一層の充実に限られ、この論点はブダペスト宣言の「平和のための科学」でも指摘されている。声明は、他方で、問題が科学者コミュニティの専権でなく「社会と共に真摯な議論」を続けるべきことを明示して、今後の検討を約束している。(13)

政府がこの声明において自らの政策に対する敵対的批判を見出し、それゆえ学術会議の独立性を嫌い見直しの動機を持ったとすれば、それは、政府が独立の科学的助言の意義を認めず、政治に都合のよい、政治に従属する科学を求めていることを意味する。民主主義社会において、科学と政治はそれぞれ責任をもった決定の独立性が不可欠であり、相互にそのことを認め、かつ、信頼関係に立つべきものでなければならない。

4 いま、何が必要か

首相の任命拒否の措置は、六名の科学者に理由なく不利益を与え、名誉を毀損された状態のままに放置し、また、学術会議と日本の科学者コミュニティの独立性を脅かす事態を作り出した。市民社会は、政治からの科学の独立、科学者の学問の自由が危機にあると受け止めている。

科学技術政策担当大臣は、自民党PT提言に対して、学術会議からの改革提案をまって「未来志向」で学術会議の見直しを検討したいと述べた。「未来志向」は、学術会議会長が「要望書」をもってはじめて首相に面談した際、任命拒否問題に言及することなく首相が発した言葉でもある。首相は自民党PT提言を受け取り「年内にある程度の結論を出す」と述べた（日本経済新聞二〇二〇年一二月一六日付朝刊）。

しかしながら、いま、必要なことは、首相の措置によって産み出されている、不正常で転倒したこの事態の解消、つまり、任命を拒否されている六名のあらためての任命、学術会議法の理念とシステムの尊重、そして学術会議の活動に対するリスペクトである。

＊学術会議に関わる資料はそのＨＰによる。

（1）　科学的助言の表出形式は法に規定された「答申」および「勧告」のほかに、会則によって「要望」、「声明」、「提言」、「報告」および「回答」（省庁の審議依頼に対応する）が規定されている。「報告」は一九八三年法改正後、「提言」は二〇〇四年法改正後に導入され、現在、もっとも多く利用されている。第二三期および第二四期のそれぞれにおいて報告と提言をあわせて一一〇件前後が表出されている。

（2）　現在の学術会議の組織および運営は二〇〇四年法改正に基づく改革による。従来の七部制（文、法政、経済、理、工、農、医）は三部制（人文・社会科学、生命科学、理学・工学）に改組、二一〇名の会員に加えて約二〇〇〇名の連携会員制度が導入され、三〇の専門分野別委員会が基本組織となり、そのもとで期毎に多種多様のテーマをもつ分科会が数多く設置される。

（3）　ブダペスト宣言について『学術の動向』二〇一九年一月号参照。宣言のテキストも収録されている。ＩＣＵＳは、一九一九年に設立された自然科学系の国際研究会議（ＩＲＣ）から出発し、一九三一年改組の国際学術連合会議（ＩＣＳＵ）を経て一九九八年に「国際科学会議」（International Council for Science）と名称変更したが、ＩＣＳＵの略称をそのまま用いた。二〇一八年にＩＳＳＣ（国際社会科学協議会）と合同し、ＩＳＣ（International Science Council）となった。文理統合組織なのでこれを「国際学術会議」と訳している。

（4）　広渡「科学者コミュニティと科学者の社会的責任」島薗進他編『科学不信の時代を問う—福島原発災害後の科学と社会』合同出版、二〇一六年、八〇—一〇〇頁、同「日本学術会議と科学者の社会的責任」『科学』二〇二〇年一月号三四—四〇頁参照。

（5）　Ａ・フレクスナー／Ｒ・ダイクラーフ（初田哲男監訳）『「役に立たない」科学が役に立つ』東京大学出版会、二〇二〇年参照。

（6）前掲『学術の動向』一八頁における吉川の発言。
（7）学術会議の用語法では「学術」は「個別諸科学と技術の総体」を指し、総称としての「科学」と同意義である。
（8）国際的にみるとナショナル・アカデミーの組織は、自然系と人文・社会系が別々に設立される場合（アメリカ、イギリス、フランス等）もある。二〇〇八年に策定された「日本学術会議憲章」は、「全分野を包摂する組織構造を活用」して「俯瞰的かつ複眼的な視野の重要性を深く認識」すると規定している（第二項）。
（9）Zehn Thesen zur Wissenschaftsfreiheit. https://wissenschaftsfreiheit.de/abschlussmemorandum-der-kampagne/
（10）学術会議を支持し首相の措置を批判する声明を公表する国内学会は一〇〇〇を超えている。『法と民主主義』二〇二〇年一二月号四三—四七頁にリストがある。
（11）学術会議の「各国アカデミー等調査報告書」（二〇〇三年）は四〇か国の調査に基づき「国に依らず、アカデミーは常に、独立性、中立性を堅持し、公正な判断で政府、国民、社会全体に発言・提言することを求められている」（一二頁）と総括している。
（12）ＩＮＧＳＡの第三回会合（東京開催）について『学術の動向』二〇一九年三月号参照。
（13）軍事的安全保障研究に関する学術会議の議論について『学術の動向』二〇一七年五月号、七月号、二〇一九年六月号の各特集を参照。

第3章 「日本学術会議問題」と学問の自由

1 「日本学術会議問題」とは何か

(1) 第二五期学術会議会員候補者の首相による任命拒否

二〇二〇年一〇月一日、日本学術会議（以下、学術会議）は、第二五期（一九四九年一月の第一回総会以来若干の例外を除いて三年を一期として活動）総会の開会に際して、会員候補者として内閣総理大臣（以下、首相）に推薦した一〇五名のうち、九九名が任命され、六名が任命されなかったことを明らかにし、ただちに翌二日の総会において六名の任命拒否の理由を明らかにすること、それ如何にかかわらず、六名をただちに任命することを首相に要望する決議を行った[1]。日本学術会議法によれば、会員の定数は二一〇名、会員任期が六年、三年ごとに半数が改選される。会員は、「優れた研究又は業績のある科学者」から学術会議が一定の選考手続きを経て候補者を確定し、首相に推薦し、首相がこの「推薦に基づいて」任命するとされている（同法七条二項および一七条）。

学術会議会員の選考方法は、創設から第一二期までは登録した科学者を有権者とする公選制で行われたが、一九八三年の学術会議法改正により公選制が廃止され、登録した学術研究団体（学会）

の選考による推薦、この推薦に基づく首相の任命に変わった。この方式は第一三期から第一九期まで継続し、二〇〇四年学術会議法改正により学会の選考による推薦が、学術会議の自己選考方式（co-optation方式とよばれる。学術会議の機関として選考委員会を設置し、広く学術会議会員および連携会員ならびに学界から候補者の推薦ないし情報提供をえて選考し確定する）に変わり、以降、現在までこの方式によっている（第二〇期会員については移行措置として改正法によって特別の選考手続がとられた）。公選制から推薦に基づく任命制（推薦のための選考が学会による選考から自己選考方式に変更）の変化は、しかしながら、学術会議の会員選考の自律性を損なうべきものでなく、一九八三年の法改正の国会審議において首相、政府委員が「首相の任命は推薦を尊重して形式的なものにとどまる」ことを答弁した(2)。

(2) 菅首相の初仕事としての前代未聞の措置

首相の任命制が導入されて以来、第一三期から第二四期まで歴代首相によって一二回の任命が「推薦に基づいて」行われてきた。第二五期における任命拒否は、それゆえ前代未聞のことである。これを実行した菅首相は、二〇二〇年九月一六日に就任したばかりであり、六名の任命拒否は首相の初仕事の趣をもった。二〇二〇年八月三一日に、学術会議会長から首相（安倍首相）あてに「日本学術会議会員候補者の推薦について（進達）」（一〇五名の名簿）が発出された。この間、首相が交代し、菅首相が「日本学術会議会員の任命について」（九九名の名簿）を決裁したのは二〇二〇年九月二八日である(3)。菅首相は、首相就任の所信として、縦割り主義を排する、前例踏襲を打破する、既得権益を認めないことを強調した。前代未聞の学術会議会員任命拒否は、「前例踏襲を打破する」、「既得権益を認めない」適用例のように位置づけられた。

打破し否認することのできる「前例」や「既得権益」とは、事項が法的に権限をもつ者の裁量に委ねられていて、前例通りにするか、しないかの判断が可能な場合である。学術会議会員の任命は、学術会議法によって羈束された行政行為であり、前記八月三一日の「進達」は、内閣府令（二〇〇六年九月一日）に定められていて、それによれば「当該候補者の氏名」のみが記載され、候補者に関する個人情報は一切記載されない。任命する首相には、実質的な判断をする条件が法形式上与えられない。また、学術会議法によれば、会員の辞職の申出があったとき首相は「学術会議の同意を得て」はじめて辞職を承認できるとされ（同法二五条）、さらに「会員としての不適当な行為」を理由に会員を退職させるとき、首相は「日本学術会議の申出に基づいて」しかこれをできない（同法二六条）。会員人事について学術会議が実質的な決定権をもち、首相の任免行為が形式的な性格をもつことは、これら並存する法制度によっても示されている。

(3) 安倍政権以来準備された任命拒否

菅首相は、六名の任命拒否を決断したが、それがだれであるかを知らなかったと述べており、六名を指定したのは、安倍政権以来同じポストにいる警察官僚の杉田和博官房副長官であったようだ。(4)この任命拒否の措置は、安倍政権時代からすでに準備が行われていたことが明らかになっている。二つの事情がある。一つは第二二期および第二三期（二〇一一―二〇一七年）において、期毎の会員任命に際して（二〇一四年、二〇一七年）当時の学術会議会長が前記の「進達」を行うまえに、任命者数を上回る候補者名簿を「官邸」に示していたことである。ここには、官邸側のなんらかの圧力が推測される。実際にも、期の途中で会員が欠けた場合に、学術会議は会員の補充（残存任期）を行うべきものであるが、第二三期（二〇一六年）における会員補充の手続きに際して、学術会議の推薦した候補者に官邸が難色を示し、結果的に会員補充が行えなかった。同様のことは、第二四期（二〇一八年）にも生じていた。[5]

もう一つは、より明確に官邸の意図を示すものである。国会論戦を通じて明るみにでた文書に「日本学術会議第一七条による推薦と内閣総理大臣による会員の任命との関係について」と題するものがあり、二〇一八年一一月一三日付で内閣府日本学術会議事務局が作成した。[6]この文書の内容は、二〇一八年五月以来、同事務局が内閣法制局と相談し練り上げた表題に関する法解釈をまとめたものである。その趣旨は、「内閣総理大臣に日学法（日本学術会議法）第一七条による推薦の通りに任命すべき義務があるとは言えない」ことを根拠づけることにあった。同文書の作成は、学術会議の会長、副会長および運営機関の幹事会構成員（三つの部の部長、副部長、幹事）の預かりしらない中で行われており、[7]学術会議事務局が独自の判断で行うことは考えられず、官邸の指示があったものと推測される。

以上の事情によれば、菅首相による会員任命拒否は、安倍政権以来準備され、菅首相が実行したものである。その動機には、二つのことが考えられる。一つは、首相に任命権があると法に規定されるならば、それをすべからく実質的な決定権として使うという、他の例でも示された官邸主導政治の貫徹である。前記二〇一八年一一月文書は、学術会議法による「推薦に基づいて」の縛りを緩める道具として憲法規定を持ちだしている。それによると第一に、行政権は内閣に属し、首相は内閣の代表として行政各部を指揮監督する権限をもつから（憲法第六五条、七二条）、行政機関としての学術会議に対し、会員の任命権者として人事を通じて一定の監督権を行使することができる。そして第二に、憲法第一五条一項が規定する公務員の選定罷免の国民の権利を確保するためには、首相が「会員の任命について国会と国民の責任を負えるものでなければならない」から、「推薦に基づいて」任命する義務があるとは言えない。

この法解釈論によれば、首相は国家公務員の選定罷免について国民に責任を負うべく憲法によって権限を与えられる。そして、その権限行使の規準や範囲についていかなる制約もない。首相の学術会議会員任命は、学術会議法に基づくべきものでありながら、そこで示された要件を回避するために憲法規定が持ち出される。これを認めれば、行政の法律適合原則（法治主義）を憲法によって覆すという倒錯した状況が生まれてしまう。

(4) 任命拒否から学術会議「改革」へ

任命拒否の動機のもう一つは、これを契機にして学術会議を問題のある存在とみなし、学術会議の役割を政府の意に応じる方向に「改革」することである。マスコミは、任命拒否問題を棚上げにして学術会議のあれこれを難じて改革を言い立てることを「論点ずらし」と評したが、与党自民党は、政務調査会に設置したプロジェクトチームによる短期間の検討によって「日本学術会議の改革に向けた提言」を二〇二〇年一二月に公表した。[8] 端的にいえば、政府と協調してプロジェクト型提言を行う、民間法人のシンクタンクへの改造を狙うものである。

これに対して、学術会議は、任命拒否から半年後の二〇二一年四月の総会において、「日本学術会議のより良い役割発揮に向けて」を採択した。[9] それは、学術会議法が規定する現行制度（国費で運営される国の機関として日本の科学者を内外に代表し、独立に職務を行い、会員選考の自律性をもつ）を国際的にみてナショナルアカデミーの在り方にふさわしいものと確認したうえで、学術会議の使命を果たすべく活動の自主的な改革を目指すことを明らかにした。同時に総会は、「日本学術会議会員任命問題の解決を求めます」と題する声明を発出し、[10] 会員の法定数を欠いたまま放置し学術会議の職務遂行を困難にしている首相の責任をあらためて厳しく指摘した。学術会議の在り方をめぐる政府内の検討は、内閣府「総合科学技術・イノベーション会議」の有識者会議において（学術会議会長はメンバーの一人）二〇二一年五月以降進められているが、[11] その出口はいまのところ定かでない（「あとがき」参照）。

2 会員任命拒否と学問の自由

(1) 任命拒否に対する国内外の批判

首相による学術会議会員任命拒否は、[12] 社会的に大きな反響を惹き起こした。日本学術会議の協力学術研究団体として登録している学会の半数以上（一〇六二学会）が機を失することなく、学術会議を支持し、六名の任命を求める声明を発表した。また、日本弁護士連合会をはじめ各都道府県の弁護士会（四九会）、文化芸術団体・労働組合・市民運動団体（一四七団体）などから、三か月ほどの間に極めて多数の首相の措置に対する批判声明が発表された[13]。また、学術会議が加盟する世界で最有力の国際学術組織であるＩＳＣ（International Science Council　国際学術会議）は、会長のダヤ・レディー教授名で学術会議に書簡（二〇二〇年一一月一七日付）を寄せ、首相による任命拒否の「決定が透明性を欠いていることについて日本学術会議が表明している懸念に留意し、このことが日本における学問の自由に与える影響を極めて深刻に捉えています」と問題の核心を指摘した[14]。

任命拒否問題は、このように学問の自由を脅かすものとして受け止められ、批判されている。学術会議は、第二次世界大戦後の新憲法である日本国憲法のもとではじめて保障された学問の自由を土台にして、政府に対して独立に科学的助言を行う国の機関として設立され、そのために職務行使の独立性を保障され（学術会議法第三条）、その必須の前提条件として会員選考の自律性（一二期までの公選制、一三期以降の形式的任命制）を堅持してきた。学術会議のあり方は、憲法第二三条の学問の自由の保障を制度的に表現するものであり、首相による任命拒否は、学術会議のこのあり方に違法かつ不当に権力的に介入したものである。

学術会議は、日本の戦後改革の一環としての学術体制改革から生まれた。戦前には、第一次世界大戦後、一九二〇年に国際的学術交流に応接する機関として定員一〇〇名の「学術研究会議」が設立された。会員は、会議の推薦に基づく政府任命の方式をとり、会長などの役員も互選とされていたが、戦時体制下で会員も役員も政府の直接任命制となり、戦争目的の国策的科学研究への協力・

動員が強化された。[15] 学術会議が当初採用した公選制には、戦前の轍を踏まない意思がこめられた。

学術会議の第一回総会（一九四九年一月）は、「日本学術会議の発足にあたって科学者としての決意表明」を採択した。[16]「これまでわが国の科学者がとりきたった態度について強く反省し、今後は、科学が文化国家ないし平和国家の基礎であるという確信の下に、わが国の平和的復興と人類の福祉増進のために貢献せんことを誓う」と述べ、「われわれは、日本国憲法の保障する思想と良心の自由、学問の自由及び言論の自由を確保するとともに、科学者の総意の下に、人類の平和のためにあまねく世界の学界と連携して学術の進歩に寄与するような万全の努力を傾注すべきことを期する」と結んでいる。この決意は、創設以来七〇年をこえる学術会議の原点であり、かつ、アイデンティを形成し、活動の機軸となっている。

(2) 任命拒否された科学者の学問の自由

会員任命拒否は、学問の自由に関して、二重の問題を引き起こしている。一つは、任命を拒否された研究者六名の学問の自由であり、もう一つは学術会議のミッションの基礎条件となっている学問の自由である。日本国憲法の学問の自由は、思想・良心の自由（憲法第一九条）および言論・表現の自由（憲法第二一条）に続いて、第二三条で規定されている。その趣旨は、学問の自由が個人の基本権であることを前提に、加えて「制度的な保障」であることを示し、思想の自由保障という一般法に対して学問の自由保障という特別法の関係に立つと解されている。[17]「制度的保障」の代表例は、学問の場である大学（学校教育法第八三条によれば大学は「学術の中心」として高等教育と学術研究を担う）の自治の保障である。学術会議は、大学と異なり、学術研究の現場ではないが、すぐのちに述べるように、憲法論上の制度的保障に関連して論じるべきものである。

任命拒否された六名の研究者は、個人の基本権としての思想の自由そして学問の自由を侵害された。学術会議法が会員選考の自律性（学術会議による実質的選考と首相の形式的任命）を保障し、選考の基準を「優れた研究又は業績」としているのは、会員候補者の思想や学問内容、政治的立場などを理由に任命権者が介入することを阻止するためである。首相の措置は、この保障を破ってしまった。首相は、任命拒否の理由説明を求められ、会員構成にアンバランスがある（性別、大学別、大学研究者と企業研究者など）、会員選考手続きが偏っている、学術会議の事前調整がなかった、などと変転し不明な答弁を繰り返し、同時に「なぜこの六名か」について個別の公務員人事であるからと説明を拒否している[18]。ジャーナリズムは、六名の任命拒否がそれぞれ政府の政策をかつて批判したことにあると観測し、政府関係者もそのことを明らかにしたと報道された[19]。事実ならばいうまでもなく学問的見解による差別であり、また、任命拒否の理由や背景を社会がさまざまに憶測し個人に負荷を与える事態の放置は、六名の名誉を毀損しているといわなければならない。

任命拒否された六名の研究者は、二〇二一年四月二六日に、一〇〇〇名を大きくこえる法律家の支援を受けて、政府に対する任命手続きに関わる行政文書開示請求を開始した。この開示請求には六名の自己情報開示請求も含まれた。相手方行政機関は、内閣官房および内閣府であり、六月下旬に各部署の開示・不開示決定が出そろったが、文書不存在か、存在しても多くの墨塗りの文書が開示されたにすぎない。六名は、支援の法律家（開示請求の請求人となっている）とともに、審査請求手続きに進む計画である。[20]

(3) 学術会議と学問の自由――要としての科学者コミュニティ論

学術会議と学問の自由の関係は、前述のように、学術会議の設立が学問の自由の保障を基礎に、それを制度的に表現したものであるとして、さらに深く考察をしなければならない。そのポイントは、学問の自由が学術研究を行う科学者の放恣的な自由を許すものではなく、他方で、政治権力や社会経済的な支配力からその自由を擁護しなければならず、その両側面を実現するために、社会における層としての科学者集団、いいかえれば「科学者コミュニティ（scientific community, community of scientists）」が必要とされることである。学術会議は、学術会議法によって日本の「科学者の内外に対する代表機関」（同法第二条）とされている。学術会議が代表機関として存在し活動することによって、代表される日本の科学者集団が一つのコミュニティとして意識され、可視化される。科学者コミュニティの概念は、学術会議の存在意義を理解する要《かなめ》である。[21]

科学者は、たとえば前示のＩＳＣ（国際学術会議）のような世界的組織を代表例として、地域的に、また、専門領域において、学術研究の発展と振興、社会的課題への学術的応答を目指してさまざまに組織を形成し、集団として活動している。日本でも少なくとも二〇〇〇以上の学術研究団体（いわゆる学会）が活動している。これら一つ一つを科学者コミュニティということができ、自治的集団としての大学も一つの科学者コミュニティである。これらの組織は、社会学的にみれば、出入り自由な任意の結合体 association であり、地縁・血縁による運命共同体的な community ではない。それをcommunityと特徴づけるのは、科学者が科学者であることによって、つまり学術研究を行う者として、真理の探究というミッションとそのための社会的責任という共通の属性をもつからである。科学者の共同体は、利害関係を共通にする要求団体ではなく、課題と責任を共同にする結合であり、その意味で規範的結合体である。大小の種々の科学者コミュニティは、この特徴をもって同心円状に存在していると把握できる。

科学者コミュニティは、このように、科学者の社会的責任を共通の基礎とする科学者の共同体である。科学者の社会的責任は、社会によって真理の探究を負託され、そのための自由を保障されることに対する応答責任（responsibility）である。科学者による真理探究は、総じてみれば人類社会による自然・人間・社会に対する認識の発展であり、学術研究の貢献は、人類社会に向けられている。学術会議法が前文で「人類社会の福祉に貢献」と規定するのは、その趣旨である。[22]真理を探究する学術研究がその名に値するためには、学術研究の遂行や発表について一定のルールが必要であり、科学者はこれを守る責務を負う。このルールを共同で作成し、かつ、ルールの順守を維持する役割は、科学者コミュニティが担う。また、学術研究の成果が技術によって社会に実装されるならば、社会に対する意義や作用について評価することも科学者コミュニティの責務に属する。このように科学者コミュニティは、科学者の社会的責任を自律的に担保する役割を持ち、個々の科学者とともに、科学者コミュニティとして社会に対する責任を負うのである。[23]

(4) 「科学者の行動規範」が示すもの

学術会議は、「科学者の行動規範」を制定している(二〇〇六年一〇月制定、二〇一三年一月改訂)[24]。「科学者の責務」、「公正な研究」、「社会の中の科学」および「法令の遵守など」、四つの柱からなる一六項目の規定は、日本の科学者コミュニティの代表機関として科学者にあてた倫理規範である。その前文は、「科学」が「合理と実証を旨として営々と築かれる知識の体系」であり、「人類が有するかけがえのない資産」にほかならず、「科学研究」(本章では「学術研究」を使用するが同意義である)が「人類が未踏の領域に果敢に挑戦して新たな知識を生み出す行為」であると述べる。

この活動を担う「科学者」は「学問の自由の下に、特定の権威や組織の利害から独立して自らの専門的な判断により真理を探究するという権利を享受するとともに、専門家として社会の負託に応える重大な責務を有する。」これが科学者の社会的責任である。その責務の内容は「社会に対する説明責任を果たし、科学と社会、そして政策立案・決定者との健全な関係の構築と維持に自覚的に参画すると同時に、その行動を自ら厳正に律するための倫理規範を確立する」ことである。これらの規定は、個々の科学者に向けられているが、「科学と社会の健全な関係の構築と維持」への「自覚的」「参加」とは、個々の科学者が科学者コミュニティの役割達成に参加すべきことを指示しており、科学者の社会的責任について、個々の科学者とコミュニティの二重の主体が想定されている。学問の自由とは、まさにこの二重の主体によって自律的に保持され、かつ、擁護されるべきものである。

(5) 現代的カテゴリーとしての学問の自由

科学者コミュニティおよび科学者の社会的責任と不可分に論じられる学問の自由は、現代的なカテゴリーである。近代において学問の自由は、神学的な世界観とたたかい、科学的な原理を実証する近代科学の発展のために、また、封建的、絶対主義的政治権力に対抗して近代市民社会を作り出すために決定的な意義をもった。[25] 現代において、第二次世界大戦後の核兵器の開発競争や、とりわけ一九七〇年代以降決定的となる「社会の科学技術化」[26] とよばれる事態（社会の活動の再生産が全体として科学技術の媒介なしには進行しえない事態）のなかでは、学問＝学術研究と社会の関わりは、個々の科学者と社会の関係として問われるだけでなく、より重大な形で、およそ社会に対する学術研究のあり方如何として問われることになった。

科学者は科学者個人としてももちろん社会に関係し、社会は個人の研究の意味を確かに問うが、社会的問題として科学者に問われるのは、学術研究が社会のなかで、社会に対して果たす役割であり、学術研究の社会的あり方である。科学者個人は、自らの科学者の社会的責任に基づき、科学者コミュニティの課題と役割の履行に参画し、科学者コミュニティは、コミュニティとして、社会の負託に応え、社会的課題、二一世紀的人類社会的課題に対する学術的解答を用意しなければならない。

首相による任命拒否は、学問の自由と科学者の社会的責任の一体的あり方、すなわち、科学者コミュニティの自律性に基づいて、一方で個々の科学者の倫理規範を確立し、他方で政治権力や社会経済的支配力からの独立を確保し、自由が擁護されるというあり方につきまったくの無理解である。学術会議が日本の科学者コミュニティの代表機関として果たすべき学問の自由に対する役割を一顧だにせず、任命拒否は行われたのである。

3 学問の自由と民主主義

(1) 学問の自由と科学者コミュニティの自律性

科学者コミュニティの自律性は、民主主義社会において、不可欠の要素である。そのことは、独裁政治体制のもとで科学・科学者が真理探究の自由を否定され、政治の目的設定によって体制の手段として動員されるという歴史的経験によって承認された事実である。学術会議は、その歴史的経験のうえに、それを繰りかえさせない制度として戦後日本国家の意思として創設された。現代において学問の自由の擁護は、一層重要で普遍的な課題と位置づけられている。たとえば、ドイツでは二〇一九年、学問の自由を保障する憲法(基本法)の施行(一九四九年五月二四日)七〇年を記念して大学学長会議、学術研究機関、研究資金提供機関、学術政策審議機関など連邦レベルの一〇の公的諸団体が共同で「学問の自由についての10のテーゼ」を発表した。その第一項は「学問の自由は、世界大で、促進されなければならない」と規定する。そこでは、自国のことだけでなく、世界のいたるところに生じる科学者に対する迫害に対して国際的な連帯と支援の必要性がアピールされている。[27]

科学者コミュニティの自律性と学問の自由の関係について、そして民主主義との関係について、ここで学術会議の二〇一七年三月「軍事的安全保障研究に関する声明」を例にして検討しよう。この声明は、任命拒否の政治的動機になったものではないかとジャーナリズムで論評され、自民党内でこれを裏書きする見方が流れている。[28]

学術会議は、「科学の向上を図り、行政、産業及び国民生活に科学を反映浸透させることを目的」とし（第二条）、そのために科学的知見に基礎づけられた助言を政府、社会そして科学者コミュニティに対して行う役割をもち、国際的に共通のカテゴリーである「科学的助言機関」と位置づけられる。学術会議法は、助言の方式として政府による諮問に対する「答申」（同法第四条）、学術会議が自律的に政府に対して行う「勧告」（同法第五条）を規定しているが、学術会議会則（学術会議法第二七条により会長は総会の議決を経て規則を制定できる）はこれに加えて「要望」、「声明」、「提言」、「報告」および「回答」（政府機関の審議依頼に応えるもの）の方式を規定する（会則第二条）。右の声明も、学術会議の科学的助言の一つである。

(2) 「軍事的安全保障研究に関する声明」にみる科学的助言のあり方

「軍事的安全保障研究に関する声明[29]」は、二〇一五年度から開始された防衛省の「安全保障技術研究推進制度」（防衛省があらかじめ提示するテーマに関する公募研究制度）について、いわゆる軍事研究への科学者の動員という危惧が科学者コミュニティに広がる状況に向けて発出された。防衛省の同制度は、二〇一三年一二月一七日の二つの閣議決定（「国家安全保障戦略について」および「平成二六年度以降に係る防衛計画の大綱について」）が安全保障分野における科学技術の有効利用を打ち出し、大学や研究機関と連携して「防衛にも応用可能な民生技術（デュアルユース技術）の積極的な活用に努める」と方針を示したのを受けて、二〇一五年度に予算化された。初年度

予算は、二億円であったが、予算額は二〇一六年度に六億円、二〇一七年度には一一〇億円と急拡大した。(30)

声明は、次のように構成されている。第一に、学術会議の基本的立場が表明される。学術会議は、第一回総会の声明が「平和国家」「人類の平和」への初志を示したように、一九五〇年の第六回総会で「戦争を目的とする科学の研究には絶対に従わない決意の表明」を行い、また、一九六七年第四九回総会でふたたび「軍事目的のための科学研究を行わない声明」を採択しており、現在においてもこの二つの声明を継承するとされる。学術研究は、政治権力によって制約されたり動員されたりしてはならず、研究の自主性・自律性、そして研究成果の公開性が担保されなければならないからである。

第二に、この考え方にたって政府の政策に対する批判的コメントが行われる。安全保障技術研究推進制度は、①将来の軍事的な装備開発につなげる明確な目的をもち、②防衛装備庁職員が研究の進捗管理を行うなど、政府による研究への介入が著しく、③研究成果の公開性が制限されうるという問題をはらんでいる。それゆえ、学術の健全な発展を目指すならば、こうした制度ではなく、科学者の研究の自主性・自律性、研究成果の公開性が尊重される民生分野の研究資金をいっそう充実させるべきである。

第三に、科学者コミュニティに向けて、いわゆる軍事研究問題にどう対応すべきかの考え方が示される。学術研究成果のデュアルユースが常態化し、研究それ自体で軍事か民生かの区別ができず、研究成果の利用の仕方に問題が移行するという状況のもと、学術研究の自由を維持する責任をもつ大学や研究機関は、個々の学術研究の「入り口」において軍事目的に利用されるかどうか判断・審査する制度的措置を講じるなどの対応が求められる。また、学会も同様に、それぞれの学術分野の性格に応じて、研究成果の軍事目的利用を防ぐガイドラインなどの設定が要請される。そして、この問題については、今後さらに科学者コミュニティの議論を深め共通認識の形成に努めることを約束している。

第一から第三までの構成は、科学的助言および学問の自由についての学術会議の見解を明らかにしている。学術会議の軍事研究への反対は、創設以来、時代状況に対応しつつ、学術会議の立場として一貫している。この立場から、政府の具体的政策（安全保障技術研究推進制度の実施）に対して問題点が指摘され、批判的評価が行われるが、制度の撤回や廃止を要求するのでなく、学術の健全な発展を阻害しないことを要請するにとどまる。

科学的助言は、なによりも科学の独立が条件である。政治に左右され、忖度する助言は、科学的助言でなく、政治にとっても自己の客観的立場を判断する基準としての科学的助言の意義が失われる。同時に他方で、政治は、科学から独立に民意にしたがって決定責任を負うことが条件である。政治は、政治的決定について科学に責任を転嫁したり、科学の名を借りて決定を正当化したりしてはならない。民主主義において、政治はその決定について独立に最終責任を負う。科学は、政治に優先する地位を持たず、政治は民意にしたがうのである。このように、科学と政治の相互の独立が、民主主義における科学的助言の条件である。

科学者コミュニティの科学的助言は、市民社会に対しても行われる。科学は、社会のなかで営まれる社会のなかの科学であり、また、社会のための科学である。市民社会に対する科学的助言においては、「市民社会の科学化」が科学者の社会的責任として自覚されて来ている。市民社会の科学化とは、市民と科学者の交流と討議、それによる科学リテラシーの向上、ビッグデータの共有などを通じた市民と科学者の共同研究、いわゆるシチズン・サイエンス（市民科学）の推進などである。市民社会の科学化の進展は、科学と民意の限りない接近と親和性を作り出す。こうして政治的決定を基礎づける民意は、科学と大きく重なりあう可能性をもつ[31]。

前述した学術会議の科学者の行動規範は、東日本大震災時の学術会議の助言活動を総括して二〇一三年の改訂で科学的助言に係る項目を付け加えた。それによれば、政治に対する科学的助言は政治による決定の一つの根拠であり、唯一の根拠ではないとしつつ、政治が科学的助言を採用せず、しりぞけるときはその理由を科学に伝えることを要請している。このように、政治と科学は、相互の独立の決定と相互の信頼関係という枠組みのなかで、民主主義の政治的決定を基礎づける。その関わりには、市民社会の科学化も条件となる。

(3) 学問の自由と「軍事研究」の関係

学術会議の声明は、大学や研究機関が個々の科学者の研究について軍事目的利用につながらないかどうかの審査を制度的に行うことを提案した。これが個々の科学者の学問の自由の侵害であるという批判がみられ、声明の審議過程においても存在した。軍事的安全保障に関する研究について、科学者がそれにどのように向き合うのか、研究成果が軍事目的に利用されるかどうかにかかわらず自分の意思にしたがって自由に研究を行うことが学問の自由として保障されるのか、が問題として立てられる。

学術会議は、声明を準備するために「安全保障と学術に関する検討委員会」を設置し、一〇か月にわたる審議を行ったが、声明の基礎となった考え方を「報告・軍事的安全保障について」として二〇一七年四月に公表した。[32] この報告は、「科学者コミュニティの独立性」と「科学者コミュニティの自己規律」というコンセプトによって声明の提案を基礎づけ、この「問題」に明確に回答している。そこに示される論理は、人類社会の負託に応える真理探究の学術研究が科学者に放恣の自由を与えるものでなく、その自由についての社会的責任を負わせるものであり、これを担保するのが科学者コミュニティの自己規律であること、この自己規律が機能するために科学者コミュニティの独立性が不可欠であるというものである。筆者の前述の「科学者コミュニティの自律性」という用語は、この両コンセプトを包摂する趣旨である。

最後に二〇二一年夏に逝去したノーベル物理学賞受賞者の益川敏英が軍事研究問題について述べたことを紹介して終わりにしよう。益川は二〇年前の「大学の倫理」をテーマにした国際シンポジウムで「科学と大学」と題する講演を行い、その末尾で次のような例をあげてこの問題にどう向き合うかを示唆している。大きな建築物によるテレビ電波の散乱によって生じるゴースト画像問題の解決のために開発された技術、電波吸収塗料がレーダー波を反射させない技術として戦闘機に使われることになった。軍事研究に協力するのかと問われても「その科学者は困惑するだけである」。「この問題に対する基本的課題は、専門的知識を有する集団が次世代を担う若者たちに、今起きようとしている事柄を、人類の一員としてどう伝えていくか、という問題として捉えられる。個人レベルでなく集団として何を伝えるのかの議論がもっとも重要な課題となる。[33]」

科学は人類社会の知的進化および福祉に貢献するものであり、そのような科学＝学術研究を健全に発展させるために、科学者コミュニティの役割が不可欠である。現代における学問の自由は、科学者コミュニティを抜きにして論じることができない。科学者コミュニティの自律性（独立性と自己規律）は、現代の学問の自由の基幹要素であり、これを成り立たせる政治と科学の関係こそ民主主義の要諦である。

（1）朝日新聞二〇二〇年一〇月四日付朝刊一四版一面。

（2）羽田貴史「日本学術会議会員任命拒否問題と法令解釈」『世界』二〇二一年三月号一六七頁。

（3）二つの文書は国会審議を通じて野党議員が入手したものである。

（4）朝日新聞二〇二〇年一〇月一一日付朝刊、同一〇月二八日付朝刊一四版三面、同一一月六日付朝刊一四版四面。

（5）朝日新聞二〇二〇年一〇月二八日付朝刊一四版一面。

（6）内閣府日本学術会議事務局「日本学術会議法第17条による推薦と内閣総理大臣による会員の任命との関係について」（二〇一八年一一月一三日）https://static.tokyonp.co.jp/pdf/article/8231df729f15f597b64fb0789ac8af41.pdf?_ga=2.178507620.1361104144.1626848480-1617369356.1607345995

この文書の作成経過と問題点につき小森田秋夫「日本学術会議会員の任命拒否を準備した一八年一一月文書はどのようにして作られたのか?」参照。https://univforum.sakura.ne.jp/wordpress/news20210102/

加藤官房長官はこの文書による法解釈（「国民への責任を負えぬ場合」に任命拒否できる）を国会審議で援

用し野党は「支離滅裂」と批判した（朝日新聞二〇二〇年一一月五日付朝刊一四版三面）。

（7）第二四期会長山極寿一氏の証言。朝日新聞二〇二〇年一一月五日付朝刊一四版一面。

（8）自民党政務調査会内閣第二部会政策決定におけるアカデミアの役割に関する検討PT「日本学術会議の改革に向けた提言」（二〇二〇年一二月九日）https://jimin.jp-east-2.storage.api.nifcloud.com/pdf/news/policy/200957_1.pdf

（9）日本学術会議「日本学術会議のより良い役割発揮に向けて」（二〇二一年四月）http://www.scj.go.jp/ja/member/iinkai/sokai/pdf25/sokai182-s-houkoku.pdf

（10）日本学術会議「声明・日本学術会議会員任命問題の解決を求めます」（二〇二一年四月）http://www.scj.go.jp/ja/member/iinkai/sokai/pdf25/sokai182-s-ninmei.pdf

（11）「日本学術会議の在り方に関する政策協議」は五月二〇日に第一回、七月一日に第二回が開催され梶田学術会議会長から説明が行われている。

第一回　https://www8.cao.go.jp/cstp/gaiyo/yusikisha/20210520_1.html

第二回　https://www8.cao.go.jp/cstp/gaiyo/yusikisha/20210701_2.html

（12）日本学術会議協力学術研究団体制度は、学術会議会則第一一章第三五条に規定される。登録団体数は約二〇七〇である。

（13）しんぶん赤旗二〇二〇年一二月三一日付参照。また『法と民主主義』二〇二〇年一二月号「緊急特集・日本学術会議会員の任命拒否を許さない」の「日本学術会議任命拒否問題資料集」（四一―五九頁）に代表的な声明や声明・要望書を発表した団体一覧が掲載されている。

（14）二〇二〇年一一月二六日の記者会見で梶田学術会議会長が紹介した。同日の記者会見の配布資料4に原文のコピーがある。http://www.scj.go.jp/ja/member/iinkai/kanji/pdf25/siryo304-kaikenshiryo.pdf

（15）佐藤岩夫「日本学術会議会員任命拒否問題と『学問の自由』―日本学術会議法7条2項『推薦に基づく任

命』規定の意義」『法学セミナー』七九二号、二〇二一年参照。

(16) 日本学術会議「日本学術会議の発足にあたって科学者としての決意表明（声明）」（一九四九年一月二二日）http://www.scj.go.jp/ja/info/kohyo/01/01-01-s.pdf

(17) 法学協会編『註解日本国憲法上巻』有斐閣、一九六六年、初版第二二刷、四五九頁以下参照。

(18) 前掲『法と民主主義』二〇二〇年一二月号資料四二頁が整理している。朝日新聞二〇二〇年一一月三日付朝刊一四版三五面も参照。

(19) 東京新聞二〇二〇年一一月八日付朝刊一面。

(20) 取組の中心を務めている福田護弁護士のご教示による。請求人となった法律家は一一六二名にのぼる。

(21) 科学者コミュニティの意義と役割について吉川弘之「新世紀の日本学術会議」『学術の動向』二〇〇二年一月号七―二四頁、同「政府と科学者の建設的な対話」『学術の動向』二〇二一年四月号六四―六九頁、広渡清吾「科学者コミュニティと科学者の社会的責任」島薗進他編『科学不信の時代を問う―福島原発災害後の科学と社会』合同出版、二〇一六年、八〇―一〇〇頁、同「科学者コミュニティと科学的助言―日本学術会議をめぐって」『世界』二〇二一年二月号七六―八六頁、同「科学者コミュニティと科学者の社会的責任―日本学術会議の制度・理念・活動」『学術の動向』二〇二一年八月号六八―七二頁参照。二〇一〇年四月に学術会議総会において採択された「日本の展望―学術からの提言２０１０」は、中期的な視野にたって学術研究にとっての人類社会的課題および学術研究の発展を目指す課題を考察したものであり、第一章第一節において「日本学術会議と科学者コミュニティ」を敷衍している。日本学術会議「日本の展望―学術からの提言２０１０」（二〇一〇年四月五日）http://www.scj.go.jp/ja/info/kohyo/pdf/kohyo-21-tsoukai.pdf

(22) 一九九八年七月ブダペストにおいてユネスコと国際科学会議（International Council for Science）の共催で行われた世界科学会議は、「科学と科学的知識の利用に関する世界宣言：21世紀のための科学・新たなコミットメント」（ブダペスト宣言）を採択した。これは科学者が人類社会の一員、より深くいえば地球の生物圏の一部である自覚の下に、科学者コミュニティが地球と人類社会のためになすべきことを明らかにし、世界の市民にその実行について誓約するものである。宣言は、科学の役割を「知識のための科学：進歩のための知識」、「平和のための科学」、「開発のための科学」および「社会のなかの科学と社会のための科学」と定式化している。「特集・『科学と科学的知識の利用に関する世界宣言（ブダペスト宣言）』から20年を経て」『学術の動向』二〇一九年一月号参照。宣言全文も収録されている。

（23）科学者の社会的責任は、科学と政治および科学と市民の関係、また、人類史的課題と科学の関係においてさまざまな論点を包摂する。その射程につき藤垣裕子『科学者の社会的責任』岩波科学ライブラリー二七九号、岩波書店、二〇一八年参照。

（24）日本学術会議「科学者の行動規範―改訂版」（二〇一三年一月二五日）http://www.scj.go.jp/ja/info/kohyo/pdf/kohyo-22-s168-1.pdf

（25）高柳信一『学問の自由』岩波書店、一九八三年、第一章「学問の自由―歴史的序論」参照。

（26）これについて小林傳司「科学技術の論じ方」藤垣裕子（責任編集）『科学技術社会論とは何か』（「科学技術社会論の挑戦」第一巻）東京大学出版会、二〇二〇年、二一頁以下参照。

（27）ドイツ連邦共和国基本法は第五条三項で「芸術および学問、研究および教育は自由である。教育の自由は、憲法に対する忠誠を免除しない。」と規定する。同条一項は言論・出版の自由を保障する。テーゼの発表に共同したのは一〇団体であり、ドイツの学術体制を担う重要機関がすべて含まれている。研究機関としてドイツ大学学長会議とマックスプランク研究所など三研究所、学術会議のカウンターパートにあたるドイツ国立アカデミー・レオポルディーナ、日本の学術振興会に対応する研究資金支援組織としてのＤＡＡＤ（ドイツ学術交流会）、ＤＦＧ（ドイツ研究振興協会）およびアレクサンダー・フォン・フンボルト財団、学術行政に係る連邦の学術審議会（Wiseenschaftsrat）である。テーゼの他の九項目の見出しだけを紹介すれば、2.科学的知識への信頼を強める、3.特別の自由権は特別の自己コントロールを要請する、4.自由は、規制からの自由を意味しない、5.研究対象の自由な選択を保証する、6.学問の自由は、知の移転についても妥当する、7.自由な科学は、確実な枠組条件（施設的財政的基盤）を必要とする、8.研究成果は、学問の自由を制限することなく評価される、9.学問の自由は、討議文化（Debattenkultur＝公開の討論、異なった思想間の対論）を要求する、10.学問の自由は、社会における討論を必要とする、である。テーゼの全文は、関係団体、大学・研究機関のウエブサイトにあるが、参照したのはゲーテ大学（フランクフルト・アム・マイン）のものである。https://aktuelles.uni-frankfurt.de/aktuelles/zehn-thesen-zur-wissenschaftsfreiheit/

（28）筆者の見聞による。

（29）日本学術会議「軍事的安全保障研究に関する声明」（二〇一七年三月二一日）http://www.scj.go.jp/ja/info/kohyo/pdf/kohyo-23-s243.pdf

（30）安全保障技術研究推進制度の政治的背景とその狙い、および学術会議声明の意義について広渡清吾「大学と軍事研究―大学コミュニティの役割」日本科学者会議監修『学問の自由と研究者のモラル―『軍学共同』問題から考える』本の泉社、二〇一九年、七―四七頁参照。同制度の予算額は一〇〇億円強で推移している。

（31）市民社会に対する科学的助言および市民社会における科学者と市民の関係は、科学者の社会的責任の重要な論点であり、今後の必須の検討課題である。この論点につき広渡清吾「フクシマと科学者の社会的責任」『日本の科学者』二〇二〇年八月号四〇―四四頁、同「日本学術会議と科学者の社会的責任」『科学』二〇二一年一月号、三八―四〇頁参照。

（32）日本学術会議「報告・軍事的安全保障研究について」（二〇一七年四月一三日）http://www.scj.go.jp/ja/info/kohyo/pdf/kohyo-23-h170413.pdf

（33）このシンポジウムは東京大学とドイツ・ミュンヘン大学の共催で二〇〇二年三月に東京大学本郷キャンパスで行われた。蓮實重彦／アンドレアス・ヘルドリヒ／広渡清吾編『大学の倫理』東京大学出版会、二〇〇三年、五一―五二頁。

第4章

日本学術会議と政府の科学技術行政——会員任命拒否問題の政治的文脈

1　分析の課題と論点

二〇二〇年一〇月、首相による六名の日本学術会議会員任命拒否問題が勃発して、筆者はすぐに「科学と政治—日本学術会議の会員任命拒否問題をめぐって」(『Web日本評論』一〇月六日)を公表した。そののち、「科学と政治の関係—日本学術会議の会員任命拒否問題とは何か」(『法律時報』一二月号)、「日本学術会議と科学者の社会的責任」『科学』二〇二一年一月号)、および「科学者コミュニティと科学的助言—日本学術会議をめぐって」(『世界』二月号)の論稿を執筆した。これらはいずれも、学術会議の理念と存在そして活動を擁護すべきものとして明確にし、真偽ないまぜの批判に個別に対応するのでなく、問題の構図と議論の本位を提示することを目的にした。いわば、日本学術会議論であり、制度論、規範論(どういう制度であり、どうすべき、どう考えるべきか、という議論)が中心であった。それゆえ、そこでは、任命拒否問題の政治的背景、動機や狙いについての分析に立ち入らなかった。(1)

菅首相は、任命拒否の法的根拠も、六名を任命しない理由も明確に説明しない(できない)まま

（首相自らについては「前例を踏襲しない」というのがもっとも確信的な理由ではないか）、学術会議に問題があるとして改革を担当大臣に指示した。与党自民党もこれを受け、「任命拒否」問題の是非を棚上げにして、政調会にプロジェクトチーム（ＰＴ）を設置し、短期の間に仕上げられた「日本学術会議の改革に向けた提言」を二〇二〇年一二月に公表した。[2] 科学技術行政担当大臣は、二〇二一年四月の学術会議総会での自主改革案の決定をまって政府案を検討するというスケジュールを示し、学術会議は、二〇二一年四月二一―二二日の総会で「日本学術会議のより良い役割発揮に向けて」[3]を採択した。これは、自民党ＰＴ案が要求する設置形態の変更（国の機関から民間の法人へ）に対して、日本学術会議法の規定する現行の設置形態を堅持し、現状の課題に対応すべく活動のあり方を大きく改善する方向を打ち出している。学術会議は同じ総会で「声明・日本学術会議会員任命問題の解決を求めます」を採択し、二一〇名の法定会員数を充足せず放置することについて任命権者の責任を厳しく問い、あらためて六名の即時の任命を要求した。[4]

政府は、学術会議の声明に対して、任命拒否問題を「すでに処理すみの問題」（加藤官房長官）と言うが、他方でこの問題を学術会議改革の引き金として使っている。任命拒否は、それとして学問の自由と科学の独立を侵害する重大な問題であり、同時に、学術会議のあり方を変えるべく準備された攻撃のきっかけとなっている。

今回の首相による前代未聞の会員任命拒否については、当初、次のような見方があった。[5] 会員人事に手をだしたが、学術会議の本格改革までは考えていなかった、というものである。安倍政権以来、首相の人事権は官邸主導の重要な手段であり、「首相が任命する」と規定されるかぎり、それが形式的なものでなく、実質的なものであることを機会あるごとに示すことが官邸の方針であった。今回も首相の人事権限を世間に誇示することが狙いであり、だれを犠牲者にするかは個人情報を握る警察官僚、杉田和博副長官の準備に基づいて決定し、首相が実行した。これに際して、会員任命拒否は内閣府のなかでの問題であり、相手が学者であれ、要するに公務員人事だから、世論が大きく反応するような事態は予想していなかった。にもかかわらず、世論の反発が予想外に大きく、任命問題だけではすまなくなった。そこで学術会議の改革に問題を広げ、論点の拡散を図った。首相の任命拒否問題についての答弁の杜撰さは、これを示している、という見方である。

その後の推移と全体状況を視野に入れると、任命拒否と学術会議改革が目的的な関連にあり、学術会議の抜本改革を狙った準備された戦略的なものと見て検討する必要がある。二一世紀のグローバル化のもと、各国資本主義の競争的環境のなかで、経済政策・成長戦略への科学技術の総動員を必須と捉える経済的ナショナリズムは、二つの場面、つまり科学技術政策と大学政策において、強力な政策展開を企図している。

任命拒否問題のさなか、一九九五年来の科学技術基本法体制のもとにおける第六期科学技術基本計画（二〇二一―二〇二五年度）が策定中であり、二〇二一年三月に閣議決定された。また、二〇〇四年に開始した国立大学法人制度は一期六年の計画期間のもとで第四期（二〇二二―二〇二七年度）を迎えるところである。この状況に応じて、科学技術基本法の改正が二〇二〇年六月に行われ、科学技術の新発展とそれを通じたイノベーションによる新しい社会の構築（"Society 5.0" と称される）に向けて、これまで基本法による計画的振興（研究開発資金を通じた国家介入）の対象外（人文・社会科学）ないし責務のない存在（大学の科学研究）であったものを基本法の仕組みに明示的に取り込み、まさに科学技術総動員体制が目されている。政府が、学術会議を政府からの独立を標榜して我関せずの存在でなく、この体制に相応しく改革すべきであると考えるのは十分に理由がある。

以下の分析は、会員任命拒否問題の政治的狙いが政府の科学技術政策の従属的アクターに学術会議を作り替える改革の実行にある、という仮説を考察する。このために、学術会議創設以降の政府の科学技術政策の形成・実施過程における学術会議の位置と役割を見ることとする。これについて基本のストーリーは、次のように想定している。以下、日本学術会議をＳＣＪ（Science Council of Japan の略記）と表記する。

①ＳＣＪは、創設来「学者の国会」という政治的位置づけにより、かつ、学術会議法第三条による職務規定（「科学に関する重要事項を審議しその実現を図る」）に基づいて、国の科学政策全般につきＳＣＪが審議決定し、提案し、これを政府が実現すべきものと考えた。戦後日本社会における科学政策についてのＳＣＪの権威と影響力は大きく、学術体制の構築に決定的に貢献した。他方、政府の側にとって公選制のＳＣＪは、政府批判を大いに行う学者の顔をした政治的機関のように受け止められ、それを避ける動きが生じた。

②政府は、学術会議の政策関与に対応すべく、別途の科学技術政策審議機関を政府内部に並行設置する措置をとった。学術会議の設立とともに首相のもとに置かれた「科学技術行政協議会」は、学術会議の勧告などを行政に反映させる機関として、当初から予定されたものであったが、その後、

一九五六年には総理府の所管のもとに「科学技術庁」を設置し、科技庁の審議会に政策立案を行わせることになる。一九五九年には総理府に「科学技術会議」を設置し、さらにこれを中央省庁改革に際して（二〇〇一年）内閣府の「総合科学技術会議（Council for Science and Technology. 以下CSTと略記）」に発展させた（二〇一四年に「総合科学技術・イノベーション会議（Council for Science, Technology and Innovation. 以下CSTIと略記）」として名称変更とともに権限拡大）。独立の助言機関と政治的任用の審議機関の並行設置方式は、SCJの政策形成関与をできるだけ間接的にする政策であったと考えられる。

③この間も、学術会議法改正（中心は会員選考方式の改革）によって政府に協調的な科学者組織への改編が模索された。政府・自民党による公然としたSCJ批判（国際会議出張旅費の規定外使用という会計上の問題をきっかけに総務長官が違法行為是正をSCJに要求、SCJがこれに反発し、応じて政府与党によるSCJ批判が全面化）を起点にした一九八三年法改正は、SCJの反対にもかかわらず、会員公選制を全面廃止し、学会の候補者選考による推薦制と首相の任命制を導入した。会員公選制は、政府・自民党によってSCJの政府批判的姿勢の淵源とみなされたようである。SCJの活動のエネルギーは一九八三年法改正で大きく削がれ、以降、助言機関としてのSCJの役割は変化し、政府と直接に対話する諮問・答申および勧告がほとんどなくなり、意思表出の新たな形式として「報告」が多く作成されることになる。報告は、科学者コミュニティの内部に向けられる学問的テーマが多く、これは学会推薦制の採用が科学者コミュニティ（諸学会）とSCJの関係を強めたこととも関連し、この時期の活動の特徴となった。

④二〇〇四年法改正は、一九八三年法改正と異なり、中央省庁等改革の一環としてのSCJの見直しであった。この改正に際してSCJは、一九九九年のブダペスト宣言（ユネスコと国際科学会議の共催による世界科学会議が採択した「科学と科学的知識の利用に関する世界宣言―21世紀のための科学：新たなコミットメント」）[6]の理念を基礎に一七―一八期（一九九八―二〇〇三年）に会長を務めた吉川弘之の理論的先導のもとで、自主改革構想を作成し、これを法改正に反映しえた。これを通じて、SCJは、科学者コミュニティの社会的責任、これを具現する「科学のための政策」から転じる「政策のための科学」そして「社会のための科学」等のコンセプトを用意し、政府と社会に対する科学的助言機関として、一二期以前の学術会議と異なる新たな活動を作り出していった。[7]

二〇〇四年法改正時に国会の附帯決議で要請された一〇年後の改革の検証は、内閣府科学技術担当大臣が所管して行われ、二〇一五年三月に内閣府日本学術会議の新しい展望を考える有識者会議報告書「日本学術会議の今後の展望について」が公表された。[8] SCJのこの間の組織と活動のあり方は、積極的な評価を受け、法改正時のテーマとして留保されていた設置形態問題（国の機関から離れて法人化など）についても現状を維持し国の機関としての地位を保持するとされた。

⑤今回の政府・自民党によるSCJへの政治的圧力は、一九九五年制定の「科学技術基本法」体制の一層の強化（二〇二〇年「科学技術・イノベーション基本法」に改正）の中で、煙たい存在を遠ざけるだけでなく、政府に協調的で、かつ、役に立つ、シンクタンクとしての科学者組織にSCJを改変しようという積極的、攻勢的な目的をもつ。そのためにかってないドラスティックな介入

（前代未聞の会員任命拒否）を梃子にして抜本的「改革」を迫るものになりつつある。ただし、その帰趨は、菅政権がこの計画を実行しぬく権力基盤を維持できるか、そうでない場合、自民党政権の継続課題として持ち越されるか、あるいは政治的条件に本質的な変化（政権交代など）が生じるか、見通しが利かない状況にあると思われる。二〇二一年四月末、菅政権は、二〇二〇年一二月の自民党ＰＴの改革提言に続き、四月のＳＣＪ総会における自主改革案の決定を受けて、総合科学技術・イノベーション会議の有識者議員懇談会（ＳＣＪ会長もメンバー）で学術会議のあり方の検討を五月から始めるとする方針を固め[9]、懇談会での検討が進行中である[10]。二〇二一年中に予定される総選挙まえに結論はでないと観測されている（「あとがき」参照）。

2　日本学術会議と科学技術行政の関係史

(1)　戦後改革の一環としての日本学術会議創設

ＳＣＪの創設は、いうまでもなく戦後改革の一環であり、学術体制の改革として位置づけられた。戦前来の学術研究会議（一九二〇年設立[11]）、帝国学士院（一九〇六年設立[12]）、および日本学術振興会（一九三二年設立[13]）の関係者によって、片山内閣（一九四七年八月―一九四八年四月）のもとで、組織的再編のために「学術体制刷新委員会」（一〇八名の科学者で構成）が設置され、学術体制の戦後の方向性について審議検討した[14]。一九四六年一二月六日付の朝日新聞社説は、「科学行政の民主化」と題して次の内容を報じている。それによれば、学術体制の刷新について文部省は、学術研究会議を廃止し、学士院に各学会推薦による一五〇名の任期制会員をおくという改革案を示したが、学術研究会議総会で反対が多数となり、そこで改革案検討は学士院、学研、学振および中堅少壮科学者グループによる「科学渉外連絡会」に移り、これが刷新委員会の母体となった。[15]

日本学術会議法案の閣議決定は、ほほ刷新委員会案の通りに行われた。[16] 法案によれば、科学者の代表機関として日本学術会議を科学者の選挙制でえらぶこと、そして、学士院は日本学術会議のもとにおき、「学術上の功績顕著な科学者を優遇する」ために学術会議が会員の選考決定を行うとされた。従前は、学士院会員は「勅命による」選任であった。これに対して、学士院からは、学士院がアカデミーならば会員を自分で選べないアカデミーがあるか、という批判が出されたが、法案は閣議決定通りに成立した。発足時の学士院の批判は、その後、一九五六年に日本学士院法の制定によってSCJから学士院が文部省所管として独立することにつながった。

SCJの創設は、官製の全国的な全分野からなる代表性をもった科学者組織（学術研究会議）の歴史を受けて準備されたこと、その出発点が学術研究会議の戦時下のあり方（国家総動員法体制における国家目的・戦争目的への奉仕）に対する痛切な反省でありこれを繰り返さないという決意であったこと、それゆえ、戦争目的の研究に従事しないことを初志に掲げたことが確認されるべき重要な事実である。

SCJの一九四九年一月第一回総会は、「これまでわが国の科学者がとりきたった態度について強く反省し、今後は、科学が文化国家ないし平和国家の基礎であることの確信の下に、わが国の平和的復興と人類の福祉増進のために貢献せんことを誓うものである」という声明を採択した。[17] また、一九五〇年四月第六回総会は、「戦争を目的とする科学の研究には絶対にしたがわない決意の表明」を次のように発した。「われわれは、文化国家の建設者として、はたまた世界平和の使として、再び戦争の惨禍が到来せざるよう切望するとともに、先の声明を実現し、科学者としての節操を守るためにも、戦争を目的とする科学の研究には、今後絶対にしたがわないというわれわれの固い決意を表明する」[18]。一九六七年第四九回総会では、日本の科学者の米軍資金の受け入れ問題に発して、五〇年声明があらためて確認された[19]。

時を隔てて、二〇一七年三月にSCJは、「軍事的安全保障に関する声明」を発表した[20]。同声明は、防衛省が二〇一五年から実施し始めた「安全保障技術研究推進制度」について、科学者の応募が学問の自由の観点から問題を含むがゆえに、大学や学術研究機関による申請に際しての事前チェックなど慎重な取扱いの必要性を科学者コミュニティに呼びかけ、前記五〇年および六七年声明の継承を基本的立場として明示している。この声明は、政府の政策に対する公然の批判として今回の会員任命拒否を政府に動機づけたものはないかとジャーナリズムが推測し、自民党関係者からもそのような見方が出されている。他方で、軍事研究問題は、SCJのいわば初志、つまりアイデンティティに係わるものである。これまでもSCJと政府は、時代の折々に社会を分岐する問題について意見の衝突を経験しており、そうした歴史を踏まえると、今回の首相の措置は異例で突出したものといわざるを得まい。これは、安倍政権以来の自民党政治の負の特徴（人事を媒介にした官僚支配、種々の手段を用いたメディア支配、そして科学者統制など全体主義的発想の権力行使）に通じるものである。

(2) 「科学行政の民主化」に対する政府機能の強化

学術会議法第三条は、SCJの職務として、その一号で「科学に関する重要事項を審議し、その実現を図ること」を規定している。これにより、SCJの審議は、なんらの限定なく国の科学技術政策（学術政策）全般に及ぶものと理解された。SCJは、科学研究の発展のために新領域についての研究所設立、科学技術予算の具体的な要求、科学研究のあり方についての基本方針（南極研究、原子力研究）など、七〇年代まで積極的な助言を行った。研究所の設立勧告は、一九五三年の原子核研究所を始めとして一九七一年までに四〇件におよび、うち一八研究所が設立された[21]。多くは国立大学に附置され、あるいは、大学共同利用機関として設置された。たとえば、現在の東京大学大気海洋研究所および物性研究所は、こうして東大に附置されたものである。SCJは、さらに、科学研究の総合的、長期的発展のために「科学研究5か年計画」を詳細に策定し、政府に一九六五年および一九七一年の二度にわたり、その実現を勧告した[22]。

SCJの設立とともに首相のもとに設置された「科学技術行政協議会」は、前記の学術体制刷新委員会の答申に基づくものであり、SCJが公選制の会員からなる独立の助言機関であるのに対して、その助言につき政府の意向を勘案しつつ行政に反映させる役割を担う政府機関として位置づけられた[23]。同会議は、二六名の委員の半数がSCJの推薦とされ、SCJと密接に協力し、科学技術を行政に反映させるために必要な措置をSCJの答申や勧告を反映して行うこと、また政府のSCJに対する諮問事項の選定を行うことを任務とした。学術体制刷新委員会は、SCJと同会議の両建てによる科学技術行政推進を企図したのである。

その後、一九五六年に総理府の外局として科学技術庁（以下、科技庁）が設置され、これによって科学技術行政協議会は廃止された。前記の両建て体制では、拡大し複雑化する科学技術行政に対応できず、政府側の体制強化が課題とされた。科技庁は、学術体制に関わる新省庁であり文部省とのすみ分けが問題となった。科技庁の権限事項としての「科学技術」は、設置の法令によれば、「科学技術（人文科学にのみ係るもの及び大学における研究に係るものを除く）に関する基本的な政策の企画立案、関係行政機関に関する事務の総合調整等を通じ科学技術に関する行政を総合的に推進する」と規定され、そこで大別、文部省は大学および人文・社会科学系を所管し、科技庁が自然科学系の研究所・研究機関を所管するものとされた。ここにみる科学技術の定義と科技庁と文部省のすみ分けは、その後も政策遂行上の重要なポイントとなる。科技庁の設置は、ＳＣＪの助言機能に対して、政府側の科学技術行政機能を相対的に強くすることになった。

科技庁は、所管の審議会として科学技術審議会を設置した。ここでもなおＳＣＪの権威が利いており、二七名の委員の三分の一は学術会議の推薦によるものとされ、審議会の権限事項は科学技術に関する重要事項およびＳＣＪに対する政府の諮問の審議、ならびにＳＣＪの答申や勧告の審議とこれに対する政府としての意見表明等とされた。一九五九年まで、科学技術庁長官が審議会会長を務めたように、この段階では、同審議会は、科学者の代表機関であるＳＣＪに対応する政府機関としての科学技術政策審議機関という位置づけになっていた。

一九五九年には、「科学技術会議」が総理府の附属機関として設置された。これは、ＳＣＪと同じ法的地位をもち、首相が議長を務め、一〇名の委員のうちにＳＣＪ会長が含まれた。その権限は、科学技術振興のために関係機関を調整することであり、その関係機関にＳＣＪが含まれるという形になった。同会議には、ＳＣＪに対応する政府側機関という機能がなおみられる。同会議は、一九九八年の中央省庁等改革基本法によって廃止され、後身機関として二〇〇一年にＣＳＴが新設の内閣府に設置された。ＣＳＴの議長は首相であり、関係大臣を含む一四名の議員によって構成され、ＳＣＪ会長は ex officio に非常勤議員とされた。ＣＳＴの権限は、首相の諮問に応じて科学技術の総合的計画的振興を図る基本政策などの審議を行うこととされ、科学技術政策に関してＳＣＪと並行的に存在する政府側機関という位置づけはここで消えた。

中央省庁再編改革のなかでＣＳＴが新設されたのは、内閣の政策総合調整機能の拡大強化を名分とした。そもそも中央省庁等改革基本法において、ＳＣＪは存廃を含めて行政改革の対象機関となり、ＳＣＪの取扱いについて新設のＣＳＴが検討することとされたのである。つまり、一九九八年改革基本法制定から二〇〇一年ＣＳＴの設置と活動開始まで、ＳＣＪは方針未定のまま「行革のまないたの上の鯉」状態におかれたのである。この時期において新生ＳＣＪを目指して自主改革案を作り上げ、ＣＳＴにおけるＳＣＪ改革案審議に反映すべく尽力したのは、第一七期―一八期の吉川弘之会長体制であった。

この中で、ＣＳＴとＳＣＪの関係は、科学技術政策に係わる国の機関として避けることのできない議論の対象であったが、その関係は、法制度上のものとして明示されず（ＳＣＪ会長がＣＳＴ議員であるという以外）、ＳＣＪによる自己定義の枠内の議論にとどまった。

当時、吉川は、車輪の大きさが異なるが科学技術政策推進の「車の両輪」と表現し、二つの機関の性格の差異、すなわち、政治任用機関と科学者代表機関の差異、および運営方式としてトップダウンとボトムアップの差異が強調された。この説明は、二〇〇四年法改正の基礎になったCSTの検討文書「日本学術会議の在り方について」（二〇〇三年二月二六日）における「総合科学技術会議との関係」の項に記述されている。[24]これは、先行したSCJの改革議論を反映したものである。[25]

CSTは、二〇一四年に「総合科学技術・イノベーション会議」（CSTI）に名称を変更した（内閣府設置法の改正）。「イノベーション」というコンセプトが科学技術政策においてどのように形成され、戦略的な位置づけを与えられてきたかは、それとして検証すべき課題である。

イノベーションの概念が登場するのは、第三期科学技術基本計画（二〇〇六―二〇一〇年度）[26]においてである。二〇〇八年制定の「研究開発力強化法」において、「イノベーションの創出」が法的にはじめて位置づけられた。SCJの議論としては、金沢会長時代（第二〇期、二〇〇七―〇八年）、内閣府の依頼に応じてイノベーションをテーマに報告書を作成したことがあったがこれは公表されていない。第四期科学技術基本計画（二〇一一―二〇一五年度）[27]以降、科学技術政策とイノベーション政策の一体的展開を図ることが強調されるようになる。

「第4期科学技術基本計画への日本学術会議の提言」（二〇〇九年一一月）[28]は、この情勢に応じて、イノベーションについて項目を設けて論及し、「科学的・技術的知の創造の成果が社会に深く浸透し、今後一層の進展が予測される21世紀」に「科学・技術とイノベーションとは表裏一体の関係にある」という認識のもと、そのゆえにいっそう「新たな知の源泉である学術の発展」（基礎研究）と「社会・経済的価値を生み出すイノベーション創出を目的とする研究」の「両輪的振興」が必要であると指摘している。また、前者と後者の関係は、「不連続的かつ不確実な結合メカニズム」にあり、この点を考慮したイノベーション誘導政策の強化も必要であり、全体として、教育、研究およびイノベーションの三位一体的視座からの総合推進が喫緊の課題であるとまとめている。

この提言におけるイノベーションの位置づけは、二〇一〇年四月の『日本の展望—学術からの提言2010』[29]において引き継がれ、「高等教育・科学研究、そしてイノベーション」の三つが「学術政策の三位一体」と位置づけられている。SCJは、イノベーションの意義を認識するとともにそのバランシング（高等教育・科学研究に対して）の明確化を重要視したといえよう。この視点は、SCJの基本的考え方として、その後も有効性を失っていないと考えられる。

イノベーションは、科学技術基本計画のなかで、後述のように第五期（二〇一六—二〇二〇年度）および第六期（二〇二一—二〇二五年度）に戦略的位置を与えられるものとなった。第六期開始前、二〇二〇年六月には科学技術基本法の改正が行われ、法の名称変更（科学技術・イノベーション基本法）とともに、法の目的として「科学技術の振興」とならんで「イノベーション創出の振興」が新たに導入された。これによってイノベーションは、基本法体制に必須のものとされた。これについては、項をあらためて述べよう。

(3) 科学技術基本法制定をめぐる政府と学術会議の対立

一九九五年に制定された科学技術基本法は、科学技術体制・学術体制の枠組み、それゆえ、SCJの位置と役割について、持続的で影響の大きな作用をもたらすものとなった。同法制定以降の科学技術振興政策および科学技術行政の遂行は、同法によって規定されることになるから、このレジームを「科学技術基本法体制」とよぶことができよう。

科学技術基本法の制定は、政府にとって科技庁の設置以来の課題とされた。さかのぼれば、一九六〇年に科学技術会議が「10年後を目標とする科学技術振興の基本方策」と題する答申において振興策の柱としてこれを提案したことに始まる。科学技術会議は、設置法によって自然科学に限る政策を審議することとされており、それゆえ基本法構想は、当初から自然科学の振興を主とするものと考えられた。

ＳＣＪにおいては、第五部（工学）を中心にこの構想を支持する意見も少なくなかったが、多数派は、人文・社会科学を含めた学術の総合的発展および基礎科学の振興を主張した(30)。その意見を踏まえて、ＳＣＪは、一九六二年五月、総会の議に基づき「科学研究基本法の制定について」の勧告を政府に行った(31)。その趣旨によれば、学術の総合的発展を目的とした「科学研究基本法」を制定し、これを基本におきながら、人文・社会科学、基礎自然科学、科学技術などをそれぞれ振興する具体的な中身をもつ法律を制定することとされた。この案は、第五部を中心とした科学技術振興のために科学技術基本法を早く制定せよという要求を排除せず、ＳＣＪとしての合意を形成できたのである。勧告は、科学研究基本法にとりいれるべき内容について、「前文」を示し、「科学研究の目的と社会的任務」、「科学研究の条件」、「科学研究者の養成」および「日本学術会議」の大項目のもとに、具体的事項を説明している。「日本学術会議」の項目では、あらためてＳＣＪが日本の全科学者の代表機関であること、科学者の社会的責務について法成立に際して宣言を発することが述べられている。

ＳＣＪの科学研究基本法案は、これを受ける形で文部省の「学術振興法案」の提案をひきだすこととなった。同法案は、当時の池田首相の「国づくり」政策に呼応することを名分にしつつ、自然科学のみならず人文・社会科学も含んだ学術全体の振興を図ることを目的にし、「学術振興計画」の策定、文相の諮問機関としての「学術振興会議」の設置、また、日本学術振興会の法人としての設立などを骨子とした。文部省の法案は、しかしながら、自然科学振興を優先課題とみなす自民党文教族、これをバックにする科技庁、そして役割の競合を危惧する科学技術会議から強い反対の声があがり、また、ＳＣＪも同様に「学術会議の役割の骨抜き」を狙うものという疑念をもったようである。[32]

文部省の学術振興法案は、こうした状況によって見通しがたたず、法案の内容であった学術振興会の設立についてのみ別途の道が採られ、一九六七年八月に日本学術振興会法が成立し、同会が特殊法人として発足した。それまで民間団体であった同会の法人化によって、文部省の研究費配分コントロールが強まるという批判がＳＣＪから行われた。それもあって、参院審議の段階で振興会の組織および業務運営について文部大臣が「日本学術会議と緊密な連絡を図る」という規定が付加された。[33]

科学技術基本法案をめぐっては、科学技術＝自然科学振興を目的とするか、人文・社会科学振興を含む総合的な目的を掲げるかの路線対立が底流において続いた。一九六二年にＳＣＪが科学研究基本法案を勧告した後、ＳＣＪ、科学技術会議および国立大学協会などが協議調整し、自然科学、人文・社会科学の振興を含めた科学技術基本法案がまとめられたが、自民党文教部会がこれに強く反対し、これに呼応して科技庁および科学技術会議も自然科学優先の従前の立場を主張し、振興対象の科学技術を自然科学に限る科学技術基本法案が政府法案として用意されることになった[34]。

政府法案は、一九六八年の通常国会に上程された。法案は、振興対象の「科学技術」を「人文科学に関わるもの及び大学の研究に関わるものを除く」と定義した。また、同法に基づいて策定される基本計画について科学技術会議に諮るとし、SCJの関与を規定しなかった。当時の新聞の論調をみると、人文・社会科学を外す点については、科学技術振興のための基本法制定はとりわけ開発研究の大型化に対応することを目的にしているので、自然科学優先を認めるべきであり、人文・社会科学に対する国家権力の介入も危惧されるので、理解できるとし、他方で、SCJの関与が規定されないことについては、SCJの法的地位と権限に照らして問題とする[35]。また、基本法は緊急を要する日本の科学技術政策確立のためのものであり、人文・社会科学や大学の研究を外すか否かなどの入り口問題にこだわるべきではないとして法案の審議促進が求められた[36]。

これに対してSCJは、科学研究基本法制定の勧告の立場を維持し、この基本法の制定を基礎に学術振興（人文・社会科学）および科学技術振興（自然科学）のそれぞれの法律を制定すべきであると主張した。こうして、同法案は、審議未了で廃案となった。この後、SCJは、一九六九年五月に「科学技術に関する基本法等の制定について[37]」、さらに一九七六年六月に「再び科学研究基本法の制定について」を政府に勧告し、一貫した立場を示した。七六年勧告は、六二年勧告を踏まえて検討が深められ、詳細な理由説明とともに具体的に条文編成の「科学研究基本法試案」が資料として添付されている。ＳＣＪの活動の一つの総括文書の趣がある。[38] また、一九八〇年四月には声明「科学者憲章について」を採択し、科学研究基本法制定の際に行うべきものとして約束した科学者の責務についての宣言（前文および五項目からなる「科学者憲章」）を公表した。[39]

科学技術基本法をめぐるＳＣＪと政府の対立は、しかしながら、一九八一年七月にＳＣＪを所管する総理府総務長官がＳＣＪの国際会議出張旅費の不適切使用の見直しを指示したことに端を発して、政府・自民党のＳＣＪに対する批判と改革要求が強まり、一九八三年に学術会議法が改正されるという一連の激動の過程を経て、[40] テーマとしてまったく消えてしまったように見える。こうして、科学技術基本法案は、一九九〇年代になって従来と異なった政治勢力配置図のもとで政府提案ではなく、議員立法の形で登場することになる。これは次項でみよう。

一九八三年法改正は、政府が会員公選制全面廃止の法案を、[41] ＳＣＪの反対にかかわらず強行するものであった。会員選考方式は学会推薦制に切り替わり、公選制廃止後のＳＣＪは、あきらかに政府に対する攻勢的な姿勢を弱くしたように思われる。それまで（第一期から第一二期まで）のＳＣＪは、毎期平均で約二〇件の政府に対する「勧告」を発出していたが、公選制廃止後の第一三期以降は、毎期五件以下に激減し、また政府に対する「要望」も毎期平均約二七件から、四件以下にこれも激減した。[42] それに代わって法改正後に導入された意思表出の形式として「対外報告」が多用されることになる。これは、決定機関の運営審議会で審議し承認のうえ学術会議の名前で公表されるが、作成主体は、個別の委員会等であり、学術的テーマが多く、政府に対して直接に物申すという意味をもつことが少ない形式であった。

このようなＳＣＪの様変わりは、マスコミによっても観察されており、公選制廃止から三期を経た第一六期のスタート（一九九四年七月）に際して、毎日新聞は「政府に直言する気概を失うな」と題する社説を掲載してＳＣＪの奮起をうながしている。「かつては政府に遠慮せず」活動したが、「政府や自民党に『公選制ではイデオロギー的に偏った会員が選ばれる』との声が高まり、すったもんだの末に学会推薦制になった」結果、「学術会議がおとなしくなったという印象は否めない。」「だが、政府に直言する気概を失ったのでは学術会議の存在意義は半減する」。社説は、公選制では「やる気のある人が立候補した」が学会推薦制では会員を名誉職と考えて働かない会員が増えているとも考えられるので、学会推薦制の見直しも必要だと提案している。(43)

(4) 科学技術基本法の成立と「科学技術」批判

一九九五年の科学技術基本法（以下、科技基本法とも表記）は、戦後政治史の特別の状況のもとで制定された。同法案は、非自民八党派連立の細川政権のもとで野党であった自民党（科学技術部会・尾身幸次部会長）によって準備され、その後村山政権下で自民・社会・さきがけの政府与党間の調整が行われ、野党であった新進党の賛成を得て、四党の合意のうえに九名の議員提案として国会に上程されたものである。国会では、共産党が修正提案をするが、この提案が附帯決議によって考慮されることで衆参いずれも全会一致で成立をみた。

提案者（尾身幸次議員）の委員会審議における説明によれば、法案が二年ほどの準備の議論を経たこと、日本の位置がキャッチアップ型からフロントランナー型に変わって、科学技術創造立国を目指すべきこと、一〇年程度を見通した計画期間五年の科学技術基本計画（以下、科技基本計画とも表記）を策定し、政府の研究開発投資の抜本的拡充を図ることなどが強調されている。また、一九六八年政府法案の頓挫については、「産官学の研究協力・研究交流」に「一部の学界からの非常に強いアレルギーがあった」ことが理由としてあげられている[44]。

法案は、前述のSCJと政府の基本的対立点について、一九六八年法案と同様に振興の対象を「科学技術（人文科学のみに係るものを除く）」（第一条）と規定した。ここでいう「人文科学」は法制局用語であり実質は「人文・社会科学」のことである。大学の研究開発は基本計画の対象とされたが「研究者の自主性」「大学の研究の特性」への配慮義務が規定された（第六条）。

一九九五年法案に対してSCJがどのような対応を示したかは、SCJの公表資料から確認できない。意思の表出の公式の形式において提出法案にたいする態度表明はないが、法成立後に策定された第一期科学技術基本計画（一九九六―二〇〇〇年度）について、会長談話が出されている（一九九六年六月二四日）[45]。それは、計画内容を「高く評価し」尽力した関係者に「深く敬意を表する」という簡単なものであり、政府に対して「人文・社会科学を含めた諸科学の調和のとれた発展に十分留意」することを要望し、研究者に「計画に込められた期待と責任を十分自覚し、学術研究の一層の発展に努力」を期待するにとどまる。

筆者が当時の執行部関係者から聞くところによれば「人文科学」を入れるか、外すかについて、研究への国家介入を慮って外すべきだ、外してほしいと表明したことはない、むしろ入れてほしいと考えていたということであり、それまでのSCJの科学研究基本法制定勧告との関係がどのように考えられたか不明である。また、関係議員の言として当時の事務方が筆者に伝えるところでは、法案作成と実現に努力したのは自然科学系の学者だけであり、汗をかかなかった人文科学は入れなかった、というものもあった。

いずれにせよ、一九九五年法に関しては、国会での全会一致が示すように、また、SCJの特別の反応が示されていないことからも推測されるように、「人文科学を除く」ことについてSCJとの対立関係は、表面化しなかった。そして、実際に科技基本法制定の推進役であった尾身は、法案準備中にSCJ（会長、副会長および各部長）との意見交換を行っており、また法成立後に「未来科学技術への展望」をテーマとする有識者座談会を組織し、SCJ第一六期会長の伊藤正男も出席し発言しているが、この論点にふれることも、問題点を指摘することもまったくない。

尾身の立法者サイドの基本法解説は、いまの時点からみても配慮が行き届いている。筆者が注目したこととして、三点ある。第一に科技基本法の役割について、従来の日本の研究開発投資の政府と民間の比率が二対八であり、民間投資が応用・開発研究を重点にし、基礎研究投資が不足しており、政府投資を抜本的に拡充することによって基礎研究を振興しなければならないと意義づけ、基礎研究の充実強化こそが応用・開発という発展サイクル展開の基本条件であるとしている。第二に「科学技術」の定義について、「科学に裏打ちされた技術」のことでなく「科学及び技術」の総体であると明記している。この点は、後にSCJの基本法批判が、基本法の「科学技術」について、その理解が「science based technology」であり、これをあらため「science and technology」の趣旨を明確にすべく「科学・技術」に表記変更を求めたことを考え合わせれば、重要な意味をもつ。そして第三に、「人文科学のみに係るものを除く」ことについて、次のように理由づけている。「(人文科学は) 人間や社会の本質を取り扱うものであり、それを自然科学分野に係るものと同列において計画的、総合的な推進策を講じることが必ずしも適当でないと考え、これをこの法律の対象外とした。しかしこれは、人文科学を軽視したためでなく、第二条 (科学技術振興の方針) において『自然科学と人文科学の調和ある発展への留意』を国に求めている。」[46]。

このようにみれば、科技基本法は建前として、自然科学と人文・社会科学が国の研究振興において異なったあり方を必要とするものという立場をとっていることになる。そうであれば、人文・社会科学の固有の性格に適応した振興法を追加的に制定することが政策的に考えられるが、この後SCJ内部からその種の議論はみあたらない。あらためて議論に火をつけたのは、二〇〇一年に発足したCSTの最初の議員として二〇〇四年法改正に際してSCJ改革議論に大きく関わった石井紫郎 (法制史学者) である。

石井は、CSTに対して中央省庁等改革基本法関連法令でSCJの改廃を含むあり方についての検討が付託され、そのために設置された「日本学術会議の在り方に関する専門調査会」の会長を務めた。二〇〇三年二月に、報告書「日本学術会議の在り方について」が公表された[47]。石井は公表を前にして同年一月に会長を交代したが、報告書のとりまとめに責任を負った。この間、調査会はSCJ会長および副会長から二〇〇一年九月および二〇〇二年五月にSCJの自己改革の進行状況およびその中間とりまとめについてヒアリングを行っており、調査会の検討がSCJと一定の連携をとりつつ進められたことが分かる。

ここで、やや脇道にそれるが、その間のSCJ内部の改革議論の流れを紹介しておこう。

中央省庁等改革基本法で見直しを予定されたSCJは、第一七期の一九九九年一〇月に「日本学術会議の自己改革について（声明）」および「日本学術会議の位置付けに関する見解（声明）」を総会で採択した[48]。そこで示された改革論は、基本的に学術会議法の枠内のもの（法改正を必要としない）とされ、二〇〇四年法改正につながる論点、すなわち、七部制から三部制への改編、会員選考における学会推薦制からコーオプテーション制への変更、SCJと学協会のネットワークを形成していた研究連絡委員会制度の廃止と連携会員制度の新設などはまったく出ていない。

法改正に結実する論点を導いたのは、第一八期に入ってまとめられた「日本学術会議の在り方に関する委員会」による「日本学術会議の在り方に関する論点整理[49]」である。ここでの改革論が専門調査会に反映され、CSTの二〇〇三年二月報告書「日本学術会議の在り方について」を経由して二〇〇四年法改正の内容を形成する。二〇〇四年の制度改正は、「科学のための政策」から「政策のための科学」（社会のための科学）へという科学的助言のあり方論、科学者コミュニティと社会の関係としての科学者の社会的責任論などに裏打ちされていた。「科学のための政策」とは端的に学術振興のための政策であり、これに対して「政策のための科学」「社会のための科学」は、社会的課題解決のための学術のあり方・貢献のための政策である。こうしたSCJの改革議論をリードしたのは吉川弘之会長であった[50]。吉川は、前記の一九九九年七月ブダペストで開催された世界科学会議に日本の代表団とともに出席し、ブダペスト宣言[51]の審議と採択に関わり、その後三年間国際科学会議[52]（ICUS）会長を務めた。SCJの改革は、ブダペスト宣言および吉川の国際的活動における知見に基礎づけられるところが大きかった。

さて、石井の問題提起は、「学術基本法」の制定を目指せ、というものであった。[53] その理由づけは、印象深く提示されている。第一に科技基本法の目的は「我が国における科学技術の水準の向上を図り、もって我が国の経済社会の発展と国民の福祉の向上に寄与」とされるが、明示的に「人文科学に係るものを除く」とするばかりか、この目的規定では基礎科学研究の排除の可能性がある。第二にこのことは、同法の振興の対象である「科学技術」が「科学および技術」ではなく、「科学をベースにした技術」であることを意味する。その例証として、第二期科学技術基本計画案を検討する政府の委員会ですべての委員が「科学技術」の表記を「科学・技術」に変えるべきことを主張したが、「科学技術」はすでに法律上の規定であり変更できないと行政側に一蹴された。そして第三に、日本では「帝国大学令」以来、すべての学問分野を総称して「学術」と表現してきたのであり、この言葉こそ「liberal arts and sciences」を示すものである。

この上に立って石井が具体的な条文をもって提案する「学術基本法案」によれば、振興の対象がすべての学問領域および基礎から応用までの広範な研究とされ、かつ、「我が国における学術の水準の向上を図り、その英知をもって、我が国民はもとより全人類の尊厳と幸福及びそれを支える環境の持続に寄与することを目的」とするとされる。同法案によれば、政府が策定すべきものとされる「学術振興基本計画」は、あらかじめＣＳＴおよびＳＣＪの議を経なければならない。石井による「科学技術」へのコメントは、前述の尾身の説明で留意されていた論点であった。それゆえ、石井の批判は、科技基本法の制度的論理に伏在する問題と合わせて、その後の科技基本計画の内容とそれに基づく政府の科学技術行政に対して向けられていたと理解できよう。

石井によれば、歴史的にみて「科学技術」という用語の発生は、戦前期において満州や中国北部の経営経験を踏まえて来たるべき対米戦争を戦い抜くための技術開発の決定的重要性を主張する「技術系官僚」たちが、「科学」が文部省に、「技術」が商工省に所管されている事情から苦し紛れに使ったことによる。このように戦前の総力戦遂行の国家総動員体制構築のための政策概念であった「科学技術」が、今日では大学政策と科学政策の中心に座っているのである。石井は、第三期科技基本計画において、科学と技術が相互に不可分に位置づけられ、かえって科学と技術のそれぞれの固有の性格と役割の発揮が妨げられていることを本質的問題とし、それぞれの独自の推進、推進の並行化を解決の方向として提案している(54)。

石井の問題提起は、SCJにおける議論を呼び起こした。そのころSCJは、金澤一郎会長のもとで、「日本の展望」プロジェクトに取り組みはじめたところであり、その審議に大きく影響を与えた。同プロジェクトは、中期的な視野で日本社会の課題と学術分野の課題の両方を関連づけながら展望することを目的にし、一四〇〇名の会員・連携会員が参加し、一三の提言および三一の報告を策定、それを基礎に主提言が起草された。二〇一〇年四月の総会で採択された主提言『日本の展望―学術からの提言2010』は、第1章において「科学技術」と「学術」の関係を定義的に整理し、「学術」は分化した諸科学を二一世紀の地球的諸課題の解決のために「一つ」のものとして総合的に把握する概念であり、現行法制上の「科学技術」は人文科学を含まず、かつ、科学に裏打ちされた技術として「学術」を狭隘化すると位置づけた。また、第4章「21世紀における学術のあり方―課題と展望」の第8節「日本社会が必要とする新しい学術政策に向けた提言」は、科技基本法の概念と運用に対する批判とその改善方向を具体的に示した。その基本コンセプトは、「総合的学術政策の推進」であり、科技基本法の意味における「科学技術」の振興を図るためにもあわせて人文・社会科学の位置づけを強化し、基礎研究、応用研究、開発研究のバランスのとれた発展を確保し、とくに大学における学術研究基盤の回復を目指すべきことを要請した[55]。同時期にSCJは、同様の立場から第四期科技基本計画(二〇一一―二〇一五年度)策定に向けた意見をまとめ公表している(「第4期科学技術基本計画への日本学術会議の提言」二〇〇九年一一月)[56]。

(5) 科学技術基本法改正の勧告

「日本の展望」プロジェクトは、その成果に基づいて政府への勧告を行うことを意図していた。筆者は勧告を用意する起草委員会の責任者であった。「学術基本法」のコンセプトは委員会で共有されていたが、この制定自体を勧告するという意見はなく、採択した主提言を基礎に複数の勧告案が審議された結果、科学技術基本法の改正を勧告することとなった。直近の勧告は二〇〇五年四月(第一九期)に「大都市における地震災害対策」について行われ、さらにさかのぼると一九九九年一〇月(勧告事項は「大学等の研究環境整備の促進」)までない。

このころ勧告は、政府の受け入れ可能性の勘案が前提条件であり、当時の民主党政権におけるCST改革の検討開始が科技基本法改正勧告の手掛かりとなった。

勧告(二〇一〇年八月二五日)は、「総合的な科学・技術政策の確立による科学・技術研究の持続的振興に向けて」と題し科技基本法改正提案を四項目に渡って示している。(57) 日本の展望では、「学術」の用語を基本にしたが、勧告は、現行の科技基本法改正を内容とするので「科学・技術」を前面にだしている。

項目1は、同法における「科学技術」を「科学・技術」に修正し、政策が「出口志向」(成果志向)に偏るという疑念を払拭し、同時に「人文科学のみに係るものを除く」という規定を削除し、人文・社会科学を含む科学・技術全体の長期的かつ総合的な政策確立の方針を明確にすること、である。

項目2は、「科学技術基本計画」を「科学・技術振興基本計画」と改称し、法定の計画対象事項について「基礎科学の推進」、「人文・社会科学の推進」および「開発研究等の推進」ならびに「研究基盤の強化」を明記し、計画の総合性を確保すること、である。

項目3は、基本計画において、科学・技術の全領域にわたる「次世代研究者の育成・確保」および「男女共同参画の推進」の施策推進を図ること、である。

そして項目4は、基本計画の策定にあたって、日本学術会議の意見を聴くものとすること、である。

同勧告においてSCJが依拠した立場は、六〇年代以来、科技庁の科学技術基本法案に対して科学研究基本法案をもって提示した路線であり、学術のすべての分野の総合的発展を期して、基礎・応用・開発の研究バランスを確保し、それぞれに相応しい振興方策を基本計画のなかに位置づけるというものである。そして新たな焦眉の課題として次世代育成推進と男女共同参画推進が位置づけられた。科技基本計画は、法によれば政府がCSTの議を経て策定（閣議決定）するものとされている。CSTが原案を作成するについて、SCJの意見を聴くべきことはSCJの法的位置からすれば当然の要求であるが、SCJ会長がCSTの議員であることをエクスキューズにして法制上の位置づけがない。そこで、SCJは、CSTの計画案審議過程に意見を反映すべく、それに向けての提言を常に行うこととしている（第四期については前述、「第5期科学技術基本計画のあり方に関する提言」二〇一五年二月二七日、「第6期科学技術基本計画に向けての提言」二〇一九年一一月六日[58]）。

この勧告発出の際のSCJ側の状況認識としては、民主党政権がCSTのあり方の見直しを行うのでそれを手掛かりにする、ということがあった。民主党政権のもとにおけるこの「見直し」は、後述する二〇二〇年科技基本法改正の主たる目的と同様に、イノベーション政策推進を理由とするものであった。この時点でのイノベーション政策推進の構想においてSCJの役割がどう位置づけられていたかについて見ておこう。

民主党政権は、二〇一〇年六月に閣議決定した「『新成長戦略』について[59]」において「政策推進体制の抜本的強化のため、総合科学技術会議を改組し、『科学・技術・イノベーション戦略本部（仮称）』を創設する」ことを示し、これを受けて第四期科学技術基本計画（二〇一一年八月閣議決定）においても「科学技術イノベーション政策を国家戦略として位置付け」「新たに『科学技術イノベーション戦略本部（仮称）』を創設し、政策の企画立案と推進機能の大幅な強化を図る」とした。

その具体的内容の検討は、「科学技術イノベーション政策推進のための有識者研究会」で短期間のうちに行われ（二〇一一年一一～一二月審議、報告書素案について関係団体の意見聴取）、二〇一二年三月に報告書が公表された[60]。その整理によれば、科学技術イノベーション政策は、産業政策や教育政策、国家安全保障政策等と並んで国家戦略の骨格をなし、科学技術から科学技術イノベーションに対象が拡大することによって関係主体が社会各層に渡ることとなり、かつ、その一体的取組みが必要であることから、政策推進の新たな強力な体制が構築されなければならないと前提する。この前提において目につくのは、「科学技術」の用語につき、明確に「科学及び技術」として記述し、かつ、「人文・社会科学のあらゆる分野をすべて科学技術イノベーション政策の対象とすることについては十分な検討が必要である」と指摘することである。

提案の核心は、この国家戦略としての新しい政策を推進すべき「組織」の形成である。組織の機能は、①司令塔機能、②府省間の調整機能、③科学的助言機能、④一元的な情報発信機能（政府としてのワンボイスの発信機能）、および⑤情報収集・分析機能とされ、二つの新たな組織、「科学技術イノベーション戦略本部」および「科学技術イノベーション顧問」の設置が示される。前者はCSTの改組であるが、後者は新設の機関となる。

日本の科学技術行政にとって、「科学技術イノベーション顧問」は新しい制度であり、英米の制度を参照例としている。顧問は、科学者ないし産業界で科学技術イノベーションの経験を有する者であり、国会の同意を得て首相が任命する。首相の顧問（複数おく場合は首席顧問を決める）および各省大臣の顧問が予定される。SCJは、この顧問の活動のサポート体制として位置づけられる。

すなわち、科学技術イノベーション顧問が実効性のある質の高い助言を行うためには、「日本学術会議を中心とした科学アカデミーからの専門的知見に関する情報提供」および「産業界からのイノベーションを中心とした情報提供」を定期的に受ける仕組みが必要だとされている。SCJの役割は、科学的立場から政治に対して助言をする顧問団（首席顧問を筆頭とする顧問グループ）を支える（顧問団への情報提供は、政治から独立の科学的助言となる）こととして想定されている。

SCJは、この報告書におけるSCJの位置づけに対して「中立的な立場で専門的な知見が提供される仕組」の構築を求めるという簡単な事務局コメントを提出した（同報告素案に対する「意見」二〇一一年一二月一四日）[61]。報告書では、具体的に新たな体制における「司令塔」とSCJの定期的意見交換による十分なコミュニケーションの確保、「顧問」によるSCJに対する必要に応じた随時の協力要請とこれに応じうるSCJの科学助言機能の充実を図るべきものとされ、かつ、司令塔と顧問がSCJの意見を定期的に把握する仕組みを構築し、また、司令塔はSCJから提供された専門的知見を社会に広く公表すべきであると述べている。このように、この報告書は、課題としての科学技術イノベーション政策推進の政策目標とともに、科学的助言のあり方について、政策推進機関の新設とともにSCJの役割の明確化を企図している。

この構想は、吉川弘之が主導したようであり（吉川が研究会の座長を務めた）、科学と政治の役割分担（科学は真理を政治は民意をコードにする営為）を前提に科学的助言をよりスムーズに政治に作用させることを狙ったものと考えられる。この流れのなかで、科学技術顧問の制度は外務大臣についてのみ実現し（二〇一五年九月）、これは継続している（初代が元SCJ副会長の岸輝雄、二〇二〇年三月から東京理科大学長の松本洋一郎[62]。後述するように、二〇二〇年一二月の自民党PT提言は、外務大臣顧問の実績に言及しつつ、顧問制度の検討を課題の一つにあげているが、これと当該有識者研究会報告書との関係は不明である。

さて、SCJの勧告は、二〇一〇年八月の前記勧告以降、行われていない。そしてこの勧告に対して、以降、政府からの対応もなく、それゆえ、科技基本法のあり方についてのSCJの批判的評価は変わらず、SCJは科技基本計画策定に際してその都度、提言を発しながら推移してきたが、二〇二〇年六月に科技基本法の大幅な改正が行われ、SCJが勧告してきた「人文科学に係るものを除く」規定の削除が実現した。この実現がSCJの勧告の趣旨に照らして、どのように評価されるかは重要な論点であり、次にこれを論じよう。

3　科学技術基本法二〇二〇年改正とその射程

科学技術基本法の改正は、第六期科技基本計画の策定に向けてその前提として位置づけられた。CSTIの「基本計画専門調査会・制度課題ワーキンググループ」は、二〇一九年に改正素案として、①「イノベーション創出」の概念を加えること、②「人文科学のみに係るもの」を振興対象に加えること、および「科学技術・イノベーション政策の進展」を踏まえたその他の見直し、を打ち出した[63]。②は、科技基本法をめぐるSCJと政府のこれまでの議論における継続的な論点であるから、改正の新たな核心は「イノベーション創出」である。

イノベーション政策は、前述のように、民主党政権下の第四期科技基本計画に課題として本格的に登場する。安倍第二次政権下では、二〇一四年の内閣府設置法改正において、総合科学技術会議CSTの名称を総合科学技術・イノベーション会議CSTIに変更し、かつ、内閣府の所掌事務に「研究開発の成果の実用化によるイノベーションの創出の促進を図るための総合的環境の整備」が加えられた。そのもとで、第五期科技基本計画が明確にその位置づけを打ち出した。それによれば、イノベーションは、経済の産業技術的ブレークスルーを目指すものであり、日本を「世界でもっともイノベーションに適した国」にすることを通じて、「超スマート社会Society 5.0」の実現が課題とされた（Society 5.0は、第六期科技基本計画においても引き続き中心計画課題となるので後述する）。

第五期科技基本計画は、そのためのPDCAサイクルの実行のために計画期間中（二〇一六―二〇二〇年度）毎年度、科学技術イノベーション統合戦略を策定することとした。たとえば、二〇一八年度の統合イノベーション戦略では、「知の創造」の基盤として大学を位置づけ、「イノベーション・エコシステム」の創造のために大学改革、大学経営環境の改善を提起している。このように大学は、計画実現の手段として位置づけられ、その改革推進が重要課題とされる。

イノベーションについて、科技基本法改正に先行する重要な立法としては、二〇一八年に「科学技術・イノベーション創出の活性化に関する法律」（以下、イノベ活性化法）があった。ここではすでに、「科学技術」と「イノベーション創出」の両方の活性化を図るうえで「人文科学を含むあらゆる分野の科学技術に関する知見を活用すること」が重要であり、「人文科学のみに係る科学技術」も含んで「人文科学の特性を踏まえつつ」活性化の「在り方について検討を行い」、「必要な措置を講じる」ものとしていた（第四九条。科技基本法改正に伴い削除）。この流れでみると、「イノベーション創出」は、「我が国の国際競争力の強化、経済社会の健全な発展及び国民生活の向上」を目的とし（活性化法第一条）、社会経済戦略の核となる概念であり、これを個別経済振興法の手段から、科学技術政策の目的に格上げし、従前の「科学技術の水準向上」と同格に置くことが科技基本法改正の狙いであった。

イノベ活性化法の「イノベーション創出」は、企業の新商品開発というイメージを軸に定義されており（「新商品の開発又は生産、新役務の開発又は提供、商品の新たな生産又は販売の方式の導入、役務の新たな提供の方式の導入、新たな経営管理方式の導入等を通じて新たな価値を生み出し、経済社会の大きな変化を創出すること」）、この概念を科技基本法に格上げするためには、より洗練された一般的な概念定義が求められた。ＣＳＴＩの法改正に向けた議論では、イノベーション創出の概念を科学技術行政の基本概念にふさわしいものにすること、他方でこれに関連させつつ「人文科学」を振興対象に取り込むことがポイントとなった。

議論の整理は、二〇一九年一一月の前記ワーキンググループの報告書「科学技術・イノベーション創出の総合的振興に向けた科学技術基本法等の在り方について」[64]に示された。イノベーション創出は、新たな商品や役務の開発という次元を超えて、「社会的課題解決に向けた活動を含め、多様な主体による創造的活動から生まれる成果を通じ、経済や社会の大きな変化を創出する」という広い意味で定義される。そして、こうした経済や社会の大きな変化を創出するイノベーションにあっては、人間と社会のあり方を批判的に考察する人文・社会科学の特性を活かしつつ、自然科学との緊密な連携において総合的な知の基盤の形成が不可欠であり、それゆえ、人文・社会科学を科技基本法に位置づけるべきこととされている。

自然、人文、社会諸科学の全体につき学術の総合的発展の課題を掲げ、これを学術の発展という即自的な課題としてのみならず、人類社会的課題解決のために不可欠の課題として位置づけること（「学術のための学術」と「社会のための学術」の本質的統一）は、ＳＣＪの年来の立場であり、ＣＳＴＩのこの点にかかわる議論は、オリジナルなものではない。ただ、これを「イノベーション創出」という新概念と結びつけて論じるところがＣＳＴＩの持分である。では、この新概念の意義は、どのように理解できるだろうか。直接に科技基本法の改正法規定を参照して考察してみよう。

改正法は、法の名称を「科学技術・イノベーション基本法」に変え、法の目的を「科学技術の振興」から「科学技術・イノベーション創出の振興」に修正した（第一条）。「イノベーション創出」は「科学技術」と同置され、そして、「科学技術」のあとに丸括弧で規定されていた「人文科学のみに係るものを除く」が削除された。科学技術という用語は、その意味を science based technology、あるいは science and technology として捉えるどうかの違いがあっても、一般に理解可能であるが、イノベーション創出はそうではない。そこで、すぐに第二条で定義規定がおかれ、イノベーション創出とは「科学的な発見又は発明、新商品又は新役務の開発その他の創造的活動を通じて新たな価値を生み出し、これを普及することにより、経済社会の大きな変化を創出すること」、また、イノベーション創出の振興とは「研究開発の成果の実用化によるイノベーションの創出の振興」をいうとされる。

第三条は、「科学技術・イノベーション創出の振興に関する方針」の見出しのもとに、旧規定が二項のみであったのに対して六項をたてて、イノベーション創出と人文・社会科学の基本法上の新たな位置づけに腐心している。三点が指摘できる。

第一に、自然科学と人文科学（前述のように法制局用語としての人文科学は人文・社会科学の意味）の関係については、人文科学を振興対象から除いた旧規定においても、両者の相互の関わり合いが「科学技術の進歩にとって重要」であり、「両者の調和のとれた発展について留意」が必要とされていた（旧第二条二項）。尾身の前述の解説は、この規定を人文科学除外のエクスキューズとして前面にだしていた。改正規定（第二項）では「科学技術の進歩」の後に「およびイノベーションの創出」が挿入され、結果において自然科学と人文科学の連携がイノベーション創出に重要だというメッセージが示された。じつは改正法による「人文科学」への直接の言及は、この箇所だけであり、ほかに人文科学を意識して新たに加えられたと考えられるのは「各分野の特性を踏まえた」研究開発、「学際的又は総合的な研究開発の推進」および「学術研究及び学術研究以外の研究の均衡のとれた推進」という記述であろう。「学術研究」とは大学における研究のことである。学校教育法で大学は「学術の中心」と規定されている。要するに、イノベーション創出のために人文科学を包摂した総合的な研究開発を振興するが、人文科学の特性を踏まえて行う、という趣旨である。

第二に、「イノベーション創出の振興」と「科学技術の振興」との関係についてである。科学技術の振興は、「科学技術がイノベーションの創出に寄与するという意義」だけでなく「学術的価値の創出に寄与するという意義」、また「その他の意義」をもつので、これらに「留意」し、これらの「研究開発において公正性を確保する必要がある」ことにも「留意」する（第三項）。とはいえ、これに加えて「科学技術の振興によってもたらされる研究開発の成果がイノベーションの創出に最大限つながるよう、科学技術の振興と有機的な連携を図」ることが指示される（第四項）。ここでは、第三項の「留意」に対して、第四項が「そうではあるが」と付け加えて「イノベーション創出」の意義を強調していることが重要なポイントである。

第三に、科学技術・イノベーション創出の振興の国民的意義についてである。これは、イノベーション創出が活性化法の次元を超えるために必要とされたものである。第五項で「科学技術・イノベーション創出の振興」は、「全ての国民」がその「恵沢をあまねく享受できる社会が実現できることを旨」として行われるべきことと規定される。また、第六項でこの振興にあたって「あらゆる分野の科学技術に関する知見を総合的に活用して」、種々の「我が国が直面する諸課題」、「人類共通の課題」、「科学技術の活用により生じる社会経済構造の変化に伴う雇用その他の分野における新たな課題」への的確な対応が規定される。このように、イノベーション創出の振興が決して経済的事業振興を主眼にするものでないことを示そうとしている。

以上、改正規定を忠実に紹介した。これによれば、イノベーション創出は、たんに新たな商品やサービスの開発にとどまるものでなく、新たな知見・知識を生み出すことによって、社会経済の変革をもたらし、また、国民生活や人類社会の課題解決に貢献するものである。

そのようなイノベーション創出は、自然法則を対象にする自然科学のみならず、価値や文化を扱う人文・社会科学との一体的な総合的な科学研究を必要とする。改正基本法の目的は、なるほどこのように理解される。このような理解にたって、SCJは二〇二〇年一月の「科学技術基本法改正に関する幹事会声明」において、基本法改正を「歓迎したい」と評価している。[65]

SCJは、これまで、科技基本計画の内容と運用に対する評価に基づき、科技基本法の科学技術概念が技術偏重の出口志向に導くものであることを批判し、その改正を求めてきた。出口志向とは、科学研究に裏打ちされる技術の社会的実装による社会経済的な成果そのものを目指して、科学研究が行われることである。そのような科学研究（応用研究や開発研究）が振興の主眼とされれば、人文科学のおおかたは最初から排除され、また、基礎科学研究が軽視される。では、科技基本法改正は、この危惧を一掃したであろうか。

SCJがこれまで基本法の「科学技術」概念について批判してきた点についていえば、CSTIにおける科技基本法改正検討の過程において、改正後の科技基本法上の「科学」概念は、「おおよそあらゆる学問上の領域を含む広義の意味」であり（SCJの考える諸科学の総体としての学術の概念に一致）、かつ、「科学技術」が「科学に裏打ちされた技術」のことではなく「科学及び技術」の総体を意味するという理解が尾身の解説書を典拠に示されていた（二〇一九年一〇月一六日「科学技術基本法の見直しの方向性について」内閣府政策統括官・科学技術・イノベーション担当）。[66] これが立法者の認識であれば、SCJのこれまでの批判は、少なくとも科技基本法の解釈としては解消される。

しかし、問題はなお残る。それは、科学技術の振興とイノベーション創出の振興の関係である。

前記の第二の論点でみたように、改正規定は、科学技術振興とイノベーション創出の振興との関係について、「科学技術」が「イノベーション創出」という出口を目指すだけでなく、「学術的価値の創出」というそれ自体の意義をもつものであることを認め、その公平な扱い（並行化）に論及しながら（第二項）、しかし、これに上乗せして「科学技術の振興」による「研究開発の成果」が「イノベーションの創出に最大限つながる」ことが「科学技術の振興」にとって重要であることを指示している（第四項）。つまり、科学技術研究は、イノベーション創出を目指すためにあり、なるほど同時に学術的価値自体で意義をもちうるが、やはり、イノベーション創出に最大限つながることが重要だ、という論理、換言すれば「出口志向」になっている。

このような出口志向を疑われないためには、科学技術の振興とイノベーション創出の振興をそれぞれ独自の政策課題として明示することが本来的あり方である。前記のSCJ幹事会声明は、二つの振興が並行した課題として規定されているとプラスに評価したうえで、「前者がもっぱら後者の手段的地位に置かれるような誤った方向付け」を警戒し、これが生じないことを期待している。この期待は、科技基本法の運用に向けられたものであるが、しかしながら前述のように明文規定でそのような「方向付け」そのものが「最大限」に求められていることに注意しなければならない。

以上を要するに、SCJのこれまでの科学技術概念に対する批判をもじって言えば、“science based technology”（「科学技術」＝科学に裏打ちされた技術）がいまや正しく“science and technology”（「科学・技術」ないし「科学および技術」）として基本法上位置づけられたとしても、新たに“science and technology based innovation”（「科学・技術」に裏打ちされたイノベーション）の振興が基本法の主要目的として、つまり、イノベーションを出口とする科学研究振興が展開するという危惧が大きい。

4　第六期科学技術・イノベーション基本計画（二〇二一年）について

第六期科学技術・イノベーション基本計画は、科技基本法改正によって科学技術の振興と並んでイノベーション創出の振興が同法の目的とされてはじめての基本計画である（パブリックコメントを経て二〇二一年三月二六日に閣議決定）(67)。

第六期基本計画は、従来の科技基本計画を振り返って次のように位置づける。第一期（一九九六―二〇〇〇）は、欧米追従型の科学技術政策からの転換を図り世界のフロントランナーになるべく、政府研究開発投資の拡大を目的に研究開発システム改革、研究開発の戦略的重点化に重きをおいた。基本計画の意義は、たしかに、科技基本法の制定の動機について立法推進者の尾身が述べていたように、民間研究開発投資に比べて貧弱な政府投資を抜本的に拡大することであった。第二期（二〇〇一―二〇〇五）、第三期（二〇〇六―二〇一〇）は、科学技術研究の大規模化・複雑化のなかで、重要性の高い領域への重点投資とそれによる国際競争力の強化を目的とした。第四期（二〇一一―二〇一五）にいたって、科学技術の社会的実装を前面に押し出し、研究開発の成果をイノベーションの力によって社会に還元し、社会変革と社会的課題解決を核とする方向に転換した。このように、イノベーションの重視は、第四期に始まり、第五期は、世界におけるＩＣＴ

(Information and Communication Technology) の急進展による第四次産業革命的な状況をうけて、これを歴史的規定要因とする未来社会像を打ち出すものとなった。

その未来社会像は、「Society 5.0」と呼ばれ、引用すれば「サイバー空間とフィジカル空間の融合という新たな手法に人間中心という価値観を基軸に据えることで、我が国や世界の直面する課題を解決し、人々に真の豊かさをもたらす未来社会」のことである。「5.0」の意味は、人類社会の発展段階を、狩猟社会、農耕社会、工業社会、そして情報社会と規定したうえでの第五番目の社会のことである。第六期基本計画は、第五期において所期に反してデジタル化が十分に進展せず、また相対的な研究力の低下が生じたことを踏まえ、第五期に提起した「Society 5.0」を科技基本法改正によって産み出した新たな仕掛け（人文・社会科学を巻き込んだイノベーション創出）を活用して真に実現することを目指すものである。

こうした計画文書の役割は、科技基本法の当初からの目的がそうであるように、科学技術予算を確保し、拡大することである。それゆえ、計画文書に記述される計画事項とその体系的配置は、政府による研究開発投資が行われるべき対象として、政府首脳・財務当局に説得的で魅力的な見栄えのいいものに仕上げなくてはならない。それゆえ、たとえば、SCJの科学的助言を内容とする文書と比較すれば、基本計画文書は、事項、概念、記述内容などについて学問的根拠があいまいで不十分だと考えられるものも少なくない。そもそもSociety 5.0という未来社会像、この基本計画のもっとも基礎になるコンセプトは、十分に学術的な議論に耐えうるものかという疑問がある。

さて、第六期基本計画の概略をみれば、まず、「Society 5.0」が「我が国が目指す社会」として設定される。その柱は二つであり、第一に「国民の安全と安心を確保する持続可能で強靭な社会」、第二に「一人ひとりの多様な幸せ（well-being）が実現できる社会」である。後者のタイトルとその内容の記述をみれば、全国民を対象とする社会保障制度、医療制度、教育制度などの制度改善と財政的充実強化を目的とするように見えるが、しかし、そのことは科学技術・イノベーション政策の目的ではもちろんない。それゆえ、第二の柱は、後の具体的計画事項として研究教育における人材育成の課題のみが示される。具体的計画課題は、それゆえ、ほぼ第一の柱の社会づくりに向けられている。

Society 5.0の実現に向けた全体戦略は、未来像からの「バックキャスト」を含めた「フォーサイト」に基づき政策を立案し、評価を通じて機動的に改善し、これにあたり人文・社会科学の成果を活かした「総合知」および実証科学による「エビデンス」を活用するものとされる。目標実現のための五年間の政府の研究開発投資額は三〇兆円、官民あわせて総投資額一二〇兆円が目指される（科技基本法制定時、官民投資の割合は二対八だったが、第六期目標では二・五対七・五と政府投資が拡大し、絶対額としてはこれまでで一番多い）。

ここで「バックキャスティング」というコンセプトが重視されている。これは、国連のＳＤＧｓの取組みにおける有力な視点であり[68]、未来像を確定して、そこからの逆算で計画課題を立てる、というものである。目標なり計画を現状からの積み立て方式で作成するとどうしても現状に拘束されて本来達成すべき目標・計画を打ち出すことができない。ＳＤＧｓは、地球と将来世代のためにどうしてもこれを実現しなければならないという強固な意思に基礎づけられるものであり、それゆえバックキャスティングの方法が重要であると説明されている。ＳＤＧｓがそのような強い変革的な目標でなければならないのは、地球環境の保全を人類社会の発展の拘束的基礎条件とするということによるのである。つまり、未来像が上限規制的な性格（地球環境への負荷の上限）をもつことが重要なポイントである。第六期基本計画の Society 5.0 が、ＳＤＧｓのそのような特徴を本質的に共有するものかは疑問である。加えていえば、社会変革としてのイノベーションを掲げるからといって科学技術政策の視点からのみ、民主主義的に決定されるべき社会の「未来像」を設定してよいのか、という基本的疑念がある。

Society 5.0 実現の具体的な計画課題は、三つの柱に大別される。第一の柱は「国民の安全と安心を確保する持続可能で強靭な社会への変革」であり、そのもとに六つの計画課題が示される。これらの計画課題が、さらに研究開発投資プロジェクトに対応するより具体的な課題にブレークダウンされる。たとえば、六つのうち、①の計画課題は、「サイバー空間とデジタル空間の融合による新たな価値の創出」であり、そのもとで政府のデジタル化、デジタル庁の発足、データ戦略の完遂、Byond 5G、スパコン、宇宙システム、量子技術、半導体等の次世代インフラ・技術の整備・開発の項目が示されている。ついでに記せば、あとに続く計画課題は、②「地球規模課題の克服に向けた社会変革と非連続のイノベーションの推進」、③「レジリエントで安全・安心な社会の構築」、④「価値共創型の新たな産業を創出する基礎となるイノベーション・エコシステムの形成」、⑤「次世代に引き継ぐ基盤となる都市と地域づくり（スマートシティの展開）」、および⑥「様々な社会課題を解決するための研究開発・社会実装の推進と総合知の活用」となっている。

第二の柱は、「知のフロンティアを開拓し価値創造の源泉となる研究力の強化」である。ここでは、イノベーションにつながる具体的な研究開発プロジェクトへのブレークダウンではなく、具体的なプロジェクトを支える「研究力」を強化するための計画課題が示される（第三の柱は「一人ひとりの多様な幸せと課題への挑戦を実現する教育・人材の育成」である）。研究力の強化は、科学研究体制の改革・整備による底上げを目指すものであり、それ自体としての課題でありながら、同時に他方で、第一の柱で計画されるさまざまな研究開発プロジェクトをより生産性高く効率的に遂行する科学研究体制づくりを目指すものである。そこでの計画課題は、①「多様で卓越した研究を生み出す環境の再構築」、②「新たな研究システムの構築（オープンサイエンスとデータ駆動型研究等の推進）」、および③「大学改革の促進と戦略的経営に向けた機能拡張」である。

第二の柱の内容は、科学研究の現場、とくに大学・公的研究機関のかかえる問題を分析し、それを改善することを目指す。実際に①「多様で卓越した研究を生み出す環境の再構築」では、具体的課題として、「博士課程学生の処遇向上とキャリアパスの拡大、若手研究者ポストの確保、女性研究者の活躍促進、基礎研究・学術研究の振興、国際共同研究・国際頭脳循環の推進、人文・社会科学の振興と総合知の創出」が挙げられている。これらの課題は、ＳＣＪが科技基本計画に対して要望するものと重なっている。実現の成否は、これらの課題実行にどの程度の財政投資が振り向けられるのか、また他方で、これらの課題実行に第一の柱の研究開発プロジェクト実施への関係づけがどのように行われるか（こちらは目的拘束的なので自由な科学研究の環境整備にとって制約要因である）にかかっている。

「研究力の強化」の柱のもとに位置づけられる③の「大学改革の促進と戦略的経営に向けた機能拡張」については、とくに論じる必要がある。すでにふれたように問題は、基本計画の目指すものが大学現場の自由な科学研究の研究条件の改善・整備の推進なのか、第一の柱の研究開発プロジェクトの実行に向けての大学の動員なのか、ということである。大学改革の具体的課題は、「多様で個性的な大学群の形成（真の経営体への転換、世界と伍する研究大学のさらなる成長）」、「10兆円規模の大学ファンドの創設」が事項として示されている。

第六期基本計画が「大学改革」に論及する場合、二つの重要な政策上の前提がある。一つは、科技基本法改正によって、大学が新たに科学技術の水準向上およびイノベーション創出の促進について「自主的かつ計画的に努める」（第六条）責務を課されたことである。つまり、第六期基本計画は、大学の学術研究をイノベーション創出促進の課題に拘束的に取り込んだのである。

もう一つ、第六期基本計画は、国立大学法人制度の第四期（二〇二二―二〇二七年度。二〇〇四年度の法人化以降、国立大学法人は一期六年ごとに国の運営費交付金を受けるために、大学運営の方針である中期目標・中期計画を定める）に向けて文科省が提示した改革方針を踏まえている。その改革方針は、「国立大学法人の戦略的な経営実現向けて～社会変革を駆動する真の経営体へ～最終とりまとめ」（二〇二〇年一二月、国立大学法人の戦略的経営実現に向けた検討会議[69]）に見られる。第六期基本計画は「真の経営体への転換」と具体的項目を記しているが、これについて同文書は次のように述べる。

「国立大学法人は、我が国全体の持続可能な発展を志向し、納税者である国民はもとより、学生、卒業生、研究者、学界、産業界、地方自治体をはじめとした国内外の多様なステークホルダーと積極的に関わり合い、拡張した機能による活動が新たな投資を呼び込むことで、社会変革の駆動力として成長し続ける戦略的な大学、いわば真の経営体に転換することが急務である。ここで言う真の経営体とは、受け身ではなく主体的・能動的に社会に働きかけ、新たな資金循環を駆動する機能を持ち、自ら成長し続ける仕組みを内包させることが必要である。そして、知的資産を収益化させる発想に留まらず、よりよい未来社会づくりに向けて、新しい資金循環を駆動する機能により、経済社会システムを変革させることを目指すべきである」（同文書三―四頁）。

大学は、それ自体価値あるものとしての学術研究、つまり、社会的実装によって社会経済システムの改革（イノベーション）に導く技術の開発なしでも価値あるものとしての学術研究の現場である。大学は、学術研究と高等教育をミッションとする「学術の中心」である（学校教育法八三条）。このような大学の理念像と、改革文書で示される「真の経営体」はミスマッチである。大学における自由な学術研究は、それ自体を目的とするものであり、イノベーションによる経済社会システム変革を目指す事業ではない。大学は、もちろん「学術のための学術」だけが行われるところでなく、同時に「社会のための学術」が追求されるべきところである。しかし、「社会のための学術」は「学術のための学術」を基礎にして、大学の自治を基礎にした科学者の自律性にしたがって進められるべきものであり、政府の策定した社会経済計画に大学の科学研究を従わせることを目的とするものではない（「学術のための学術」と「社会のための学術」の対概念については後にあらためて言及する）。第六期基本計画は、「学術の中心」としての大学の理念になんらの顧慮なく、科技基本法のイノベーション創出の振興と基本計画のSociety 5.0実現に役立つ大学への「転換」を求めている。

目標とされる「真の経営体」とは、「新たに資金循環を駆動し、成長し続ける」ことを要件とするから、国の運営費交付金に依存しながら（運営費交付金は政府の大学コントロールの手段としての作用をもつ）、大学発ジョイントベンチャーや種々の収益事業、寄付、大学債発行などによって、まさに知識産業としての企業的経営が要求される。第六期基本計画にいう「10兆円の大学ファンド」は、五兆円を国が年度予算と財政投融資から出資し、あとは、社会、企業からの寄付、大学の剰余金の積み立てなどによって構成し、大学のイノベーションプロジェクトを支援する仕組みとして予定されている。これは、科技基本計画に基づく財源の選択的配分の基金となる。資金の管理と運用は、法律によってＪＳＴ（科学技術振興機構）の業務として行われる。

大学に企業的経営を作り出し促進するという、政府の大学政策の方向は、すでに学校教育法と国立大学法人法の二〇一四年改正において認められる。同改正は、大学一般について、それまで「重要事項を審議する」とされていた教授会を限定事項についてのみの諮問機関とし、大学トップの学長に大学運営の権限と責任を集中し、他方で国立大学法人について、学長の選考と監督についての学長選考会議（半数を学外者とする）の権限の強化を図った。さらに、国立大学法人第四期に向けた改革方針にしたがい二〇二一年四月に国立大学法人法改正案が国会に上程され成立した。これは、中期計画・中期目標制度につき大学の自主性の拡大を名目とする文科大臣の大学へのコントロールの合理化、効率化、および学長選考会議の学長の活動に対する監督の強化（これに応じて「学長選考会議」の名称を「学長選考・監察会議」に変更する）を通じて学長の一層の経営者化を図るものである。

こうした大学現場の状況を前提にすると、改正科技基本法と第六期基本計画を運用する政府の目的は、政府の策定する社会経済政策と計画に国内の科学技術資源（科学者と研究機関）を有効に総動員することであると言わざるをえない。「研究力」そのものを強化するためには、その環境の整備、科学者の待遇改善と自由な発想による研究の振興の体制を作ることが不可欠であり、第六期基本計画もなるほどそのことを認めているが、全体のスキームは、それを裏切るものになっている。

ＳＣＪは、第六期基本計画策定に先立って、二〇一九年一〇月に「第6期科学技術基本計画に向けての提言」を公表した[70]。その内容は、これまでＳＣＪが繰り返し問題とし、かつ、改善を提案してきたものであり、論点はより明確に端的なものになっている。現状において、①基礎研究の重要性、②学術の多様性・総合性および③バランスのとれた投資に問題があるとしたうえで、とくに重要な提言として①次世代を担う博士課程学生への経済的支援の抜本的拡充、キャリアパスの多様化、②学術の多様性に資する公的研究資金制度全体のグランドデザインの再構築、③科学者コミュニティにおける多様性の実現、および④科学技術政策への科学者コミュニティの参加、が示されている。この提言は「日本の研究力の危機」問題の「本質」が、公的研究投資の少なさ、その資金の「選択と集中」政策による選別的競争的配分、そのなかで科学者の自発性に基づく自由な科学研究の決定的な弱体化であると指摘している。ここには「科学技術基本法体制」下の科学技術政策のネガティブな特徴が明示されている。

SCJは、国家戦略と称されるような特定の社会・経済政策の推進ではなく、学術研究それ自体の発展を期す立場に一貫して立つことによって、「科学技術基本法体制」が科学技術の振興を目的としながら、かえって研究力の深刻な弱体化に帰結していることをよく洞察しえている。そこで、会員任命拒否問題と関連づけて、あらためて現在の科学技術政策・行政の問題を特徴づけてみよう。

5　政府の科学技術政策の「全体への要求」
――「任命拒否」問題と国立大学法人改革との関連

すでにふれたように、SCJにおいては「学術のための学術」と「社会のための学術」を対置して論じる議論がある。(学術は、自然・人間・社会を対象とするすべての科学研究および科学を社会的に実装するための技術開発研究を包摂する概念であり、同様の総称的な意味で科学をつかえば、「科学のため科学」、「社会のための科学」というのと同じであるが、ここでは学術を用いる)。この対置は、科学者の社会的責任というコンセプトによって基礎づけられている[71]。

学術のための学術とは、科学者の真理探究心に基づきその研究成果如何や社会的意味を問うことなく行う学術の営みのことであり、真理探究を自己目的とする営為として、学術研究の基本であり、これなしに学術研究はありえない[72]。学術のための学術は、しかし、科学者の放恣的な自由を許すものではなく、学術研究がそれとして承認されるための科学者コミュニティの研究倫理と規範にしたがわなければならず、そこに科学者の社会的責任が働く。また、いかなる障害もこえた真理探究によって人類の知的資産を豊かにすることそれ自体が、学問の自由を保障されたことに対する責務として科学者の社会的責任となる。

社会のための学術とは、科学者の真理探究が社会的に方向づけられる学術研究である。「社会的に方向づけられる」とは、科学者の主体的意思（認識・意欲）の作用として認められる。そのことは、社会のなかにあり、社会に向き合う科学者が個人として判断するが、通常、専門家集団内部の、あるいはより広い科学者コミュニティの討論を経過するであろう。社会のための学術は、科学者の個人としての真理探究心のみならず、その学術的営為の目的や意味の社会との関りを重要視して行われる学術研究である。このような学術研究は、学術研究の社会的意味と自覚的に結びつけて行われるのであり、このことが科学者の社会的責任の働きである。学術研究のこの二類型は、抽象的な概念として区分できるが、実際の学術研究がいずれかに区分されるという基準ではない。多くの学術研究は、科学者の真理探究心を不可欠の動力とし、同時に研究成果や社会的作用を十分に自覚し、視野に入れて行われる。そして、いずれであれ、科学者の社会的責任に基礎づけられ、科学者の自由で自律的な決定によって営まれる。

「学術のための学術」と「社会のための学術」をこのように対置して整理し、前提にしたうえで、政府の科学技術政策が学術研究を振興・支援するとき、対象の学術研究の位置づけにどのような問題があるかを考えてみよう。政府の科学技術政策は、学術研究を政策対象として位置づけ、一定の振興計画のもとに財政的支援措置（資金供与）を行うことを目的としている。一般的にいえば、その振興支援の方法は、一方で科学者の自立した課題選択による自由な研究を差異化せず広く支援することであり、他方で、政府の計画する特定の政策的課題や領域開発のための研究を重点的に振興することであり、後者では研究成果が技術の開発とその社会的実装、また、社会経済的な革新に結び付くことが期待され、出口志向型の研究になる。

プラグマティックに考えれば、自由な学術研究と政策起動の出口志向型学術研究は、いずれも必要であり、大事なのは学術研究の総合的発展のためのバランスのとれた財政資金配分が行われることである。バランスのとれた資金配分は、デュアルサポートシステムとしてこれまでも勧奨されてきた（実現の度合いはともかくとして）。

このような政策的な振興支援の対象としての学術研究の二つのタイプ化は、学術のための学術と社会のための学術の対置と異なるレベルにある。後者の対置は、科学者の社会的責任の基礎づけによるものであるのに対し、前者は、一方で個人の自由選択、他方で政府の特定政策遂行という対置によるからである。政府の特定政策を推進するため選別的に資金を供与される学術研究は、なるほど学術のための学術ではないという意味で、社会のための学術と位置づけられそうである。しかし、社会のための学術は、科学者の社会的責任に基づき科学者が専門家集団やより広い科学者コミュニティの討論を通じて、社会のなかでの学術的営みを自律的に社会的に方向づけるというプロセスをもつ。政府の決定にかかる政策に起動され特定の成果を目指す学術研究は、もちろん科学者が選択して行うものであるが、その研究の目的や社会的意味が、すでに政策決定に含みこまれ、科学者自身の判断対象でなく、それに先行し前提されている。

学術のための学術と社会のための学術は、対立する概念でなく、学問の自由の保障を社会的な前提にして、それに応答する責務としての科学者の社会的責任によって統一的に基礎づけられ、それに際して学術のための学術は、学術という営みそれ自体の不可欠の本質的要素である。これに対して、科学技術政策の振興支援の対象としての学術研究のタイプ化は、学術研究についてのレッセフェールか、国家の政策的介入か、という政策判断を基準にする。自由な学術研究の基盤なしには、出口志向の政策起動型学術研究の成功はありえない、という政策判断は、前示のデュアルサポートシステム政策を支える論理である。とはいえこの論理は、自由な学術研究の意義の明確な位置づけなしには、成果志向型の政策に帰着せざるをえない。

学術のための学術と社会のための学術の対置は、学術研究振興の学術研究の二つのタイプ化と同じレベルで重ね合わせてはならず、科学技術政策展開のそもそもの前提として承認されるべき学術の論理である。つまり、学術の自由の行使および社会的方向づけは、科学者の社会的責任による科学者（および科学者コミュニティ）の自律的な営為であり、政府が学術のこの自律性を政策展開の前提として明確に認めることが学術の発展を阻害し、歪め、危うくしないための条件である。政府は、特定政策推進のために、科学技術を利用しようとすれば、そのような特定の利用であることを明確にして行えばよいし、そのように行うべきである。学術の自律性の承認という前提抜きに、国家の政策的介入型の科学技術政策が推し進められると、振興政策レベルのレッセフェールすらも押しやられ、政策の目指す成果志向が学術研究そのものを全体として覆ってしまうことになりかねない。政府の決定する計画による科学技術の全体的方向づけは、一般的にこうした危険をはらんでいる。

そこで第六期基本計画の描くストーリーをもう一度とりあげてみよう。基本計画において政策が推進すべきは、科学技術の発展によって社会変革を促すこと（イノベーション創出）、そのような社会変革が人間的価値を実現すること、つまり、経済的、精神的、文化的により豊かな生活を市民に保障するものと想定され、これが「Society 5.0」の実現として示されている。

「Society 5.0」は、バックキャスティングで実現すべき（実現できる）ものであり、質的、量的に発展プロセスを逆算的に計画化でき、そのための計画が科技基本計画である。この社会の科学技術的基礎は、社会の全面的デジタル化、ＡＩ活用の中軸化、データのビッグ化とその全面活用である。このような技術的発展は自然科学が担うが、他方で人文・社会科学は、価値創造、つまり価値の正当化に係わるので、そのような技術的発展が人間の集団と個々の人間にとってどのように変革的な意味をもつのかを明らかにして、市民の意識と価値観をその方向に誘導し、市民のニーズをそれに同調化させ、正当化する役割を持つ。それゆえ、自然科学と人文社会科学の協働による「総合知」が「トランスフォーマティブ・イノベーション」、すなわち、基本計画に付された註によれば「地球環境問題などの複雑で広範な社会的課題へ対応するため、社会の変革を志向するもの」の鍵となる。

基本計画をこうして要約すると、この論理がいかに単純で、乱暴であるか、人間の持続する歴史的営みとしての諸科学の発展のダイナミズムを無視して、もっぱら政府の政策目標の実現手段として科学技術を捉えていることを見ざるを得ない。ＳＣＪにおける二つの学術論は、ここでその働く余地がない。他方でまた、市民の生活のネットワークとしての社会の未来像を科学技術の振興という視点からのみ描けるのか、そもそも社会の未来像を政府が科学技術の投資計画として確定してよいのか、という疑問がある。ここに共通する危惧は、政府が計画によって実現すべきもの（社会の未来像）および実現する手段（科学技術）のそれぞれに対して、「全体を支配管理する要求をもつ」（以下、「全体への要求」）という特徴である。

同様の特徴は、ＳＣＪの会員任命拒否にみられる。問題としたいのは、このことである。任命拒否の核心は、ＳＣＪの推薦名簿をそのまま認めないことである。今回は六名が任命を拒否されたが、個別の拒否事由が明らかにされず、名簿の構成（性別、年齢別、大学別など）が「俯瞰的、総合的」にみて問題だといったあいまいな首相の説明が行われている。このままだとすれば、構成のバランスが悪いという理由で名簿そのものを拒否することもできる理屈になろう。六名でなく、一〇名、二〇名、もっと多くの任命拒否も可能であり、どこで限界線を引くか、なんらの基準もない。

この措置の基底にあるのは、ＳＣＪの会員任命に対する首相人事権の「全体への要求」にほかならない。また、任命拒否によってＳＣＪの会員選考の自律性を奪い、それによってＳＣＪの職務活動の独立性をないがしろにするという措置は、政府が自由で独立の科学者組織の存在と活動を否定することであり、法的に特別の国家機関であるＳＣＪに対する政府の「全体への要求」の現れである。

「全体への要求」の意味をさらに敷衍するために、首相によるＳＣＪ会員任命問題を国立大学法人学長の文科大臣による任命問題とつきあわせて論じてみよう。国立大学法人学長の任命は、「国立大学法人の申出に基づき、文部科学大臣が行」い、この申出は国立大学法人の「学長選考会議」の選考に基づくとされる（国立大学法人法第一二条一、二項）。システムとしては、ＳＣＪ会員と同様に、実質的選考主体が任命権者に候補者を「申出」（ＳＣＪの場合は「推薦」）、これに「基づいて」任命権者が任命する、というものである。

国立大学法人のこのシステムは、法人化以前の国立大学について、教育公務員特例法により文部大臣が大学管理機関（大学の評議会）の申出に基づいて学長を任命していたことを継承している。この時代にも、大学評議会の申出に基づく任命を文部大臣が拒否できるかどうかが争われた。これについては、国会審議において「文部省・内閣法制局統一見解」（一九六二年一一月一五日）が示されており、これによると、申出のあった者について「大学の目的に照らし、明らかに不適当と客観的に認められるときには、任命権者は申し出を拒否することができるものと解する」とされ、憲法一五条一項の国民の公務員の選定罷免の権利を根拠にして国民の委託をうけた任命権者にこうした権限のあることが説明された。この解釈については、その後の国会審議において、法制局長官が、一定の例外的な場合に任命をしないことがあるが、案件を申出機関に差し戻すものとし、任命は実質的な決定ではないという解釈を示した。裁判例としては、東京地裁が九州大学井上学長代行任命事件で（一九七三年五月一日判決）、申出の強い羈束力を認め、当該任命拒否を違法だとしている。(73)

国立大学法人化以前の国立大学学長の任命は、ＳＣＪ会員任命と同様に形式的任命と解釈されるものであり、今回の任命拒否についても類似参照例として議論の対象となった。ところで、逆にこの二つの違いを強調するのは、内閣府日本学術会議事務局が二〇一八年九月からほぼ二か月の間に内閣法制局との意見調整を行った結果として作成した最終文書（二〇一八年一一月一三日付「日本学術会議法第一七条による推薦と内閣総理大臣による会員の任命との関係について」）である。(74)この文書は、今回の首相の措置について法制局お墨付きの法解釈を得るために行われた調整協議の結果である。こうした調整を必要としたこと自体、今回の措置について、首相の任命権が形式的なものであるという従来解釈の変更を必要としたことを示すものであるが、筆者の論点はそれではない。

同文書は、日本学術会議が国の行政機関であり、ＳＣＪ会員が特別職とはいえ「公務員」であることにより、内閣総理大臣にＳＣＪに対する「人事を通じた監督権」があること（内閣に行政権が属すると規定する憲法六五条、および内閣総理大臣の行政各部に対する指揮監督権を規定する憲法七二条を援用）、また、憲法一五条一項により国民に公務員の選定罷免の権利があるがゆえに内閣総理大臣が会員の任命について国民に責任を負えるものでなければならないことをもって、内閣総理大臣がＳＣＪの推薦のとおりに任命すべき義務があるとまでは言えない（任命を拒否できる）ことを理由づけようとしている（このような憲法解釈が妥当性を欠くことはここでは論じない）。

そして、これを補強する註において前記二つの違いを指摘する。すなわち、ＳＣＪ会員の任命は、推薦を前提とするので「形式的任命」と言われるが、これは「国の行政機関に属する国家公務員の任命である」ので、「憲法二三条に規定された学問の自由を保障するために大学の自治が認められているところでの文部大臣による大学の学長の任命」とは「同視できない」。加えて同視できないもう一つの例として、司法権の独立の保障のもとにおける下級裁判所裁判官の内閣による任命（最高裁判所の指名した者の名簿に基づく）をあげている。

あらためて確認するが同文書は、国立大学学長の選考と任命の関係が「学問の自由を保障するために大学の自治が認められている」という前提によって、ＳＣＪ会員の選考と任命の関係と異なる、と理解している。同文書は、憲法の学問の自由保障規定を踏まえた学術会議法を正当に顧慮せず、ＳＣＪの職務の独立性および会員選考の自律性を軽視する解釈を示している。そうであっても、大学の自治による学長選考の自律性は、正面から認めている。ところが、現在の国立大学法人においては、大学学長の選考と任命そのものが大学の自治の観点から極めて憂慮すべき実状にあるのである。

現在の国立大学法人学長の人事問題とは、ＳＣＪ会員任命拒否のように任命権者である文科大臣による任命拒否ではない。しかし、そこに見られるのは、明らかに大学のあり方を変質させる大学の自治の侵害事例である。その問題の核心は、学長選考会議が学内世論、つまり教職員・学生からなる大学コミュニティ、少なくとも教員からなる大学単位の科学者コミュニティの意向を無視ないし否認する形で学長を選考するところにある。文科大臣の任命は、学長選考会議の選考に基づく申出をうけて行われるので、文科大臣が直接に大学コミュニティないし大学単位の科学者コミュニティの意向と対峙するという形は生じない。

首相によるＳＣＪ会員任命拒否は、ＳＣＪという科学者コミュニティの会員の自律的選考の否定である。国立大学法人学長の人事で生じている事態も、大学の科学者コミュニティによる学長の自律的選考の否定であり、その意味において両者は連動している。つまり、科学者コミュニティの自治・独立性を奪うという事態が大学からさらにＳＣＪに及んでいると見なければならず、これは政府の科学者に対する支配要求が拡大し、全体化していることを意味する。

国立大学法人における学長人事問題の意味について、敷衍しよう。国立大学法人法のもとでは、学長は学長選考会議によって選考される。同会議は、大学の運営機関である経営協議会の学外委員および学内者のみからなる教育研究評議会から同数選出される。これに加えて学長選考会議が定めれば学長および学長の指名する理事がメンバーとなることができるがこの数は全体数の三分の一を超えてはならない（二〇二一年四月の改正法により、学長がメンバーとなることが禁止され、理事も教育研究評議会のメンバーである場合のみ指名されうる）。経営協議会の外部委員は、もともと学長が任命し、理事を学長選考会議のメンバーとするときも学長が指名する。全体として学長が影響力を行使できる体制になっている。

学長選考会議は、なるほど学内機関であり、これが行う学長選考は大学の自律性に基づくものといいうる。問題の根本は、この自律性が学長選考会議の自律性であり、大学構成員（教職員・学生）による大学コミュニティの自律性ではなく、学長選考会議と大学構成員の意思が疎隔していることである。これまで国立大学では、通常、学長選考のために教員、場合によっては職員ないし学生の意向を投票によって確定することが行われ、法人化以前ならば、学長選挙の結果を踏まえて（尊重してその通りに）評議会が決定することが慣行として確立していた。法人化以降、これに対して学長選考会議の自律性と責任、リーダーシップの発揮が強調され、大学によっては事前の意向確認投票を廃止する、あるいは意向投票の結果を尊重せず学長選考会議が独自の判断を行うという事態が広がっている。学長選考会議の自律性は、学内世論から自立して、社会に対して責任を負うべきであるという制度の論理に理由づけられている。

二〇二一年一月七日の毎日新聞が報じるところによれば、国立大学法人八六大学中、学長選挙（ないし意向投票）を廃止した大学は一七大学で約二割、学長選考会議が選挙結果を尊重せず学長を選考した大学が約一割ある。二〇二〇年一〇月には、国立大学協会（全国立大学法人および四つの国立大学法人共同利用機関で構成）の会長を務める筑波大学学長が学内投票で下位になったにもかかわらず、学長選考会議で学長に選考され、加えて同選考会議は、学長の多選制限を廃止した。

学長と学長選考会議は、一方で学長が同会議のメンバーの人事権をにぎり、他方で同会議が学長の選考権と業務監察権をもつという関係にあって、大学のトップ機関を構成する。国立大学法人法の仕組みとこの間の文科省の政策によれば、このトップ機関の自律性が大学の自律性とみなされ、大学構成員を基盤とした大学の自治（内部的自治と対外的自治）の尊重は、ほとんど見る影をうしなってしまっている。

二〇一四年の学校教育法改正は、こうした事態を準備し、正当化する作用をもった。法改正に際して文科省がその基礎においた大学像は、大学構成員による大学コミュニティの意義をまったく否定したからである。同改正は、重要事項を審議する機関とされていた教授会を諮問機関に格下げすることを次のように根拠づけた。大学においては学長に管理運営についての責任と権限が集中帰属する。教職員と学生は学生の父兄、卒業生、企業、社会一般と並ぶ大学の多様なステークホルダーにすぎないと。いまや学長は、教職員・学生によって構成される大学コミュニティの代表として、外に対して大学の自治を守り、なかにあって自治的運営に責任をもつ、という存在ではまったくない。(75)このような地位にある学長と学長選考会議のトップ機関が大学を対内的に支配管理し、対外的に代表するのである。大学の自治はあきらかに大きく変質している。

こうした問題を孕んだ国立大学法人のあり方は、二〇二〇年三月に公表された「国立大学法人ガバナンス・コード」[76]によって公式に積極的に確認されている。ガバナンス・コードは、二〇一五年の東京証券取引所が上場規程として位置づけた「コーポレートガバナンス・コード」以来、広く知られるようになった言葉であり、組織の運営管理のための原理・原則といった意味である。コーポレートガバナンスは、企業経営者が大学改革を論じる際に参照すべきモデルとしてしばしば援用するものであり、前述の学校教育法改正についてもこれが強調された。その延長線上でガバナンス・コードが登場したのである。[77]

ガバナンス・コードの最大の特徴は、文部科学省（文科省）、内閣府および国立大学協会（国大協）の三者が合意し公表したことである。その説明によれば、国大協が「一義的な策定責任者」として原案を策定したうえで、「様々なステークホルダーの声を反映し、広く社会に受け入れられるものとするため、文部科学省、内閣府が責任をもって策定に関与し」たとされる。そもそも大学のガバナンスならば、憲法の学問の自由保障、それに基礎づけられる大学の自治が大前提となり、大学が自律的に策定すべきものであるから、国大協が主体となり、社会の意見を聴き、これを反映して自主的に作成すべきものと考えられる。とはいえ、国立大学法人は、法によって文科大臣が指示し認可する「中期目標・中期計画」にしたがって業務運営を行うとされているから、ガバナンスのあり方への文科省の関与はありうる。しかし、内閣府の関与はいかなる理由によるのか。

もともと国立大学のガバナンス・コードは、大学にとっての内在的必要から出てきたものではなく、先にふれた政府の成長戦略としての「統合イノベーション戦略」（二〇一八年六月閣議決定）[78]において前記三者の関与で策定することとされたものである。科学技術・イノベーション政策は内閣府の担当であるから、関与は当然となる。つまり、ガバナンス・コードの役割は、イノベーション戦略に大学をどのように巻き込むかという視点で位置づけられている。

コードに示された国立大学ガバナンスの特徴は、法人の長（学長）のトップダウン型のリーダーシップ、教育・研究・社会貢献機能の最大化を目指す経営、そして社会の多様な「関係者」（ステークホルダー）に対する社会的責任の確保であり、大学が一定のミッション遂行のための「公共的財産」であるという位置づけである。自由と自治を基礎とするコミュニティとしての大学（大学は真理を追究する自由な主体の共同体であって、機能する資産などではない）という考え方は、このコードにおいてまったく顧慮されない。コードは、国立大学法人のガバナンスにおいて重要なことが「最大の関係者である学生に対して、教育研究を通して付加価値の高い経験を付与する」、「大学外の関係者に対しては、研究活動を通して新たな学術的、社会的及び経済的価値を生み出すという貢献を果たしている」という視点であると述べている。このように大学は、結果をだすべく活動する知識産業体であり、そのガバナンスは企業経営的に規律されるべきものとなる。

国立大学法人の現状について象徴的な報道があった。任命拒否問題について八六の国立大学の学長アンケートを行ったところ、六割強が回答せず、回答した三三大学中二二大学が匿名を希望したという[79]。この問題について学長たちが旗幟鮮明にしない（できない）状況が存在している。また、国立大学協会の現会長である筑波大学の永田恭介学長は、任命拒否問題を問われて、学長が公務員ではなく、かつ、学長選考会議にすでに外部者がメンバーとして入っていることから、この二点で学術会議会員と異なり、文科省の学長任命拒否はありえない、と述べたという。これを聞いた記者は、「永田会長は、きっぱりと言った。この正論が踏みにじられてはならない」と高く評価しているが、[80]発言は、学術会議会員任命拒否問題が学長選考に飛び火しないことを強調して、当の任命拒否問題を対岸の火事視しているとしか読めない。

以上をまとめるならば、政府の社会経済戦略である、イノベーション創出による社会経済の変革（Society 5.0の実現）のために、科学技術およびその担い手である大学を手段化することが政府の政策であると認められる。諸科学＝学術の自主的発展をたえず主張し、科学的助言の政府に対する独立性を前提に活動するＳＣＪは、こうした政府の政策と相いれない存在でありうる。そこから、政府には、ＳＣＪに対する改革要求が生まれうる。端的に、ＳＣＪを政府の科学技術政策の従属的アクターに変えることである。そこで、次に二〇二〇年一二月に公表された自民党政調会プロジェクトチームの改革提案をみることにしよう。

6　自民党の日本学術会議「法人化」構想

二〇二〇年一二月に自民党は政調会に設置したプロジェクトチーム（「政策決定におけるアカデミアの役割に関する検討ＰＴ」）の検討結果として「日本学術会議の改革に向けた提言」を発表した（以下、ＰＴ提言）[81]。この文書は、関係文書をそれなりに研究し、学術会議の問題点を分析しており議論はかみあうが、その狙いは明確に、学術会議法に基づく現在のＳＣＪのあり方を根本的に変えて、政府に役立つプロジェクト対応型のシンクタンクとして活用することにある。

最初に自民党ＰＴ提言の狙いを大きく五つにまとめ、その後にやや詳細にＰＴ提言のストーリーにそって読み込んでみたい。

第一に、ＳＣＪを国家機関から切り離して「独立」させ（法人化）、公的資金の供与は当面継続しつつ、政策提言をビジネスとして自主財源の調達をはかる組織とする。これは、国立大学法人と政府の関係に類似する。

第二に、ナショナルアカデミーとしての地位を認め、国際的学術交流の推進の役割を引き続き果たさせる。現在のＳＣＪの国際学術活動を代替できるものは日本にないから、この役割はＰＴ提言も認めざるをえない。

第三に、ＳＣＪの科学的助言のあり方は、ＰＴ提言流の理解による「政策のための科学」（つまり、「政治、政権のための科学」）、これに対しＳＣＪの理解する本来の意味は「社会のための科学」である）を目的とし、政府との連携協調のもとに、政治が方向性を主導するプロジェクト毎の政策提言型に転換する。注文主のテーマに応じた政策づくりが求められ、独立に勧告権をもって対等の立場で政策提言を行う機関ではなくなる。

第四に、会員については、選考において外部者・第三者の関与を導入し、会員の量的バランスを全科学者数の分布（理工学系七、生命科学系二、人文・社会科学系一）に応じて修正し（現在の会員構成は三つの部が均衡している）、かつ、会員の活動をプロジェクト単位で組織する。ＳＣＪ会員として自主的にテーマを設定し、継続的に活動する現在のイメージからの転換であり、また、現状のバランスと比較すれば、理工学偏重、人文・社会科学軽視の会員構成となる。

第五に、ＳＣＪのもっとも重要な役割、日本の科学者の代表機関として学術研究の総合的発展を図り、俯瞰的に社会的課題解への学術の貢献を目指すという役割は、組織的に、かつ、機能的に、ＰＴ提言によれば消失する。

以下、ＰＴ提言の構成にしたがってコメントする。

(1)「まえがき」

ＰＴ提言は、「トランスサイエンスの時代には、民主的正統性（legitimacy）を担保する政治（決断）と、学術的正当性（rightness）を担保するアカデミア（エビデンス）の連携は極めて重要」と述べている。これはその通りである。そして、ＳＣＪの「独立性」が尊重されるのは当然だが、どう「連携」するかが問題で、これまで不十分、仕組みが機能していない、そこでこの点を改革すべしと言う。「両者が協働して政策実現に努めることで、わが国の科学技術力の世界最高水準への向上と国民の幸福の実現を果たしていくことが望まれる」。

このくだりは当たり前のことのように示されているが、これが学術研究に対する総動員的発想を示すものである。「独立性」の保障は、場合によって、連携することもしないことも、両方含めて尊重すべきものであると言う理解が存在しなければならない。「わが国の科学技術力の世界最高水準への向上」は、政治目標であっても、日本の科学者コミュニティが学問的課題として掲げるものではない。この目標は、科学技術・イノベーション基本計画（これは政治文書である）の課題であり、ＳＣＪの使命ではない。政府とＳＣＪは、協力するが、一体でないことが「独立性」の保障である。

(2) 「日本学術会議に関する現状認識と課題」

まず、SCJの「科学者の行動規範―改訂版」[82]を引用し、助言の位置づけについて、SCJが「政策決定の唯一の判断根拠でないことを認識」していることを指摘する。その通りであり、SCJがその助言をもって政策決定にとって唯一の正しいもの、政治がその通りに決定すべきものとして考えるならば、それは科学的助言のあり方を逸脱し、逆に政治の固有の役割を見ないものである。PT提言のこの記述は、政治が科学に対して被害者意識をもっているように見え、科学的助言の理解が十分でないことを逆に示しているように思われる。

ここでは、学術会議の在り方を論じた二つの文書、CSTの「日本学術会議の在り方について」(二〇〇三年二月二六日)および内閣府有識者会議「日本学術会議の今後の展望について」(二〇一五年三月二〇日)が引証される。[83] PT提言は、これらの文書でSCJの組織改革の課題として示されていたが実現しなかった肝心のものとして、二つを挙げる。一つは、欧米主要国のアカデミーのように、国から独立した組織になることであり、もう一つが「政治や政府を通じた『政策のための科学(Science for Policy)』の機能を十分に果たした」ことである。PT提言は、それゆえ、SCJに求められるのが「アカデミアが持つ『真理の探究』の機能を未来社会の構築に活かす」ことであり、PTはそのために改革提言を行うと述べている。

PT提言の注文は、未来社会を構築するという政治・政府の課題を学術的見地から全面的に支持し、推進する働きをしてくれ、ということである。では、逆に、どういう未来社会を創るか学術的見地から描きそれを政府が採用することを政府は認めるだろうか。そもそも、国民にとってあるべき未来社会像を、学問的に構築するなど不可能であり、また、やってはならないことである。政治にとっても、学問にとっても、その課題は、一人ひとりの市民、人類の一人ひとりが多様に自由に独立に自己形成していく条件を世界にどう作り出すかであり、特定の未来社会の建設ではない。経済成長のために科学技術・イノベーションが必要であり、これを推進することが政治の重要な役割であることを認めるとしても、もっぱらその視点から未来社会像を描き出し、学術研究をそれに一体化させようとすることは、二重の意味で（未来社会像の政治的提示と学術研究の政治的動員）政治の全体主義的拡張である。

(3)「日本学術会議に求められる役割」

PT提言は、学術会議法第二条の目的を引き、SCJが日本の科学者の代表機関として「約九〇万人の科学者の総意の下に、わが国の学術の総合力を発揮した俯瞰的、学際的な見解を示す『知の源泉』」であること、また、「世界のなかのアカデミー」の役割を果たしていることを評価している。その通りであり、SCJがなくなったら、日本を代表するアカデミーの活動は失われる。

では、PT提言の要求する具体的役割は何であるか。「科学技術を社会的便益のために、最適に活用する上で、科学と政策・政治を繋ぐ仕組みづくり」が「重要で、世界的課題」であり、「政策形成に有効な科学的助言を提供する『政策のための科学』に寄与するため」『実績ある科学者の俯瞰的知見』の創出」を行うこと、である。ここでは、すでに学術会議の現状に対する不満として表明されたことが繰り返されている。基礎にあるのは、「政策のための科学」の極めて狭い理解である。科学的助言を政治、政府の役に立つものとして求め、そのことをもっぱら科学からの政治への寄与とすることがその理解の深刻な問題である。だから、科学が政治を批判し、政治と異なった意見を持つこと、科学の独立を容認できなくなる。

ＳＣＪの議論において、「政策のための科学」は、「科学のための政策」と対にして語られるものである。科学のための政策とは、科学の側が科学に必要なもの、してほしいもの、科学の利益になるものを政治に科学的助言として要求することである。これはたしかに学術研究の発展のために必要な助言であっても、科学という業界利益の政治に対する要求という性格を排除できないことがある。これに対して「政策のための科学」とは、一九九九年のいわゆるブダペスト宣言（科学と科学的知識の利用に関する世界宣言）が人類社会に対する科学者の社会的責任を確認して提起した「社会のための科学」と同義のコンセプトであり、科学の発展だけを考える科学的助言ではなく、社会的課題の解決への貢献、社会に作用する政策形成についての貢献を目的とする科学的助言を意味するものである。「社会のための科学」は、科学者が特定の政権の一定の政策のために寄与することを排除しないが、そのことを科学と政治の関係における普遍的あり方とするものではない。「社会のため」の判断は、科学の自律的自覚的判断であるべきであり、学問の自由とその自由に対する科学者の社会的責任がその基礎に置かれる。ＰＴ提言は、この点において、政治優位の科学観に立ち、そこから「政策のための科学」を誤って理解している。(84)

(4) 「日本学術会議の設置形態について〜独立した法人格へ〜」

ＰＴ提言は、「政策のための科学」としての「役割を果たす」べく、「独立性・政治的中立性を組織的に担保する」ために「独立した法人格を有する組織とすべき」と主張する。しかし、ここには今回生じた事態の政治的コンテクストについて、明白なすり替えがある。ＳＣＪの活動の独立性についていて、これまで、政府や企業への従属などが社会から指弾されたことはない。逆に政府がＳＣＪの政府政策の批判を嫌い、その理由として政治的中立性を問題にし、ＳＣＪの助言機能を遠ざけてきたのではないか。他方、ＳＣＪは政府との適切な協力関係の必要性を自覚し、それなりの努力をしてきたという自覚があるはずである。

独立性を言うならば、今回の首相の会員任命拒否、それに触発されたＳＣＪへの種々の批判をバックに政府与党がＳＣＪの意向と関わりなく改革提案をすること自体が、その侵害であろう。今回の事態に即せば、会員任命拒否などによる政治介入が独立性の侵害である。それゆえ、ＰＴ提言のいう独立性は、ＳＣＪが考える「独立性」ではなく、「政治的中立性」の組織的担保にあり、要求される政治的中立性とは、政府の政策批判を許さないということである。それでは、要求される改革の論点は何か。

(i) 「組織のあり方について」

まず、ＳＣＪが「独立した新たな組織として再出発すべき」であるとし、具体的な組織形態として「独立行政法人、特殊法人、公益法人等」が提案される。とはいえ、「わが国の National Academy」として引き続き国際活動を行うことが求められるので、その際に「国際アカデミーの基準に合致するよう日本を代表するアカデミーであることを認証する何らかの施策の検討が必要」だとされる。

ＳＣＪは、国際的科学者コミュニティにおける活動によって、すでに日本を代表するNational Academyとして十分に承認されている。(85) 国際活動のいっそうの強化はもちろん必要だが、政府から組織的に独立する際に代表機関としての何等かの認証が必要とは、政府のバックがなければＳＣＪは国際的に認められないのだぞ、と言いたいのか、組織的独立化の法制において、法にこれを規定するといった趣旨なのかよく分からない。

続いて、独立した組織の「ガバナンス機能の抜本的強化と組織の透明化」を図るため、「第三者機関（評価委員会・指名委員会）」の設置などが必須だと言う。組織のガバナンスについて、人事と活動の第三者コントロール、というのは、たとえば、国立大学法人改革でもさかんに推進される手法である。「第三者」とは、会員でないか、科学者でないか、いずれにせよ提案される「指名委員会」は役員決定、始原会員の決定、その後の会員によらない候補者の推薦を行うとされる。これは、現行の co-optation 制の廃止であり、科学者組織としてのＳＣＪの自律性に係る問題である。すでにみたように、法人化した国立大学において、学長選考会議による学内の意向を無視した学長選考が行われていることをここでは当然に想起せざるをえない。

ＰＴ提言はこのような「独立した新たな組織」によって、「現在、政府の内部組織として存在しているにもかかわらず、政府から独立した存在であろうとすることで生じている矛盾が解消する」と言う。「矛盾が生じている」のは、首相が学術会議法によってＳＣＪに保障されている地位とミッションを正しく理解せずに、ＳＣＪの会員を首相の人事権のもとにある公務員集団とみなしたからであり、ここにこそ矛盾の根源がある。ＰＴ提言の独立性に関する理解は、ＳＣＪの改革を検討するためのＳＣＪとの共通の前提を欠いているといわざるをえない。

(ii)「提言機能の強化（シンクタンク機能の強化)」

くりかえし言及される「政策のための科学」の機能強化は、「いわゆるNational Research Council としてのシンクタンク機能の強化」として敷衍される。ここに註がつき、この「ＮＲＣ」が説明される。ＮＲＣは、法人格を持ち、理事会と事務局が置かれ、会員はプロジェクト方式で委員会に参加するものとし、それゆえ、会員は法人の構成メンバー（みなし公務員）とはならない。これによれば、現行のＳＣＪの組織構造とはまったく異なったものが作られる。ＳＣＪは、科学者の自治的人的集団であり、組織的には社団であるが、ＮＲＣは、管理機関だけがある財団的組織であり、会員は法人のメンバーでなく、法人と契約関係（委任、請負、雇用）に立つことになろう。

シンクタンクのあり方としてさらに次のことが要請される。

第一に「俯瞰的・総合的助言と時宜を得た対応」である。「全学術領域を要する組織の利点を生かし、俯瞰的・学際的視点から、未来を見据え、わが国が目指すべき中・長期的ビジョン等、骨太の助言を期待する」とされる。いうまでもなく、ＳＣＪは、そのような自覚の上に活動を進めている。ここでは、ＣＳＴＩとの関係が問題となるが、言及されていない。学協会との関係については、「専門領域を背景とする各学会の枠を超え、学際・分野総合的テーマを扱うことが望ましい」とされる。このような注文は、現在のＳＣＪの活動においても当然のことであるが、以上の趣旨を図るために「専門分野別の分科会等は廃止」し、「テーマ別にプロジェクトベースで委員会を設置し議論するあり方が望ましい」という提案は、現在のＳＣＪの重要な役割の一つ、恒常的な科学者間の連携の推進、また、同一専門分野の科学者コミュニティ形成の役割を奪うことになる。アカデミーとしてのＳＣＪは、専門分野毎の活動を基礎にしながら総合的俯瞰的活動をまとめあげることがその特性である。

ＰＴ提言は、助言作成により多くの科学者の関与、外部レビュアー制度の採用などを検討すべきであるとする。従来もＳＣＪでは、科学者コミュニティにより開かれた形での助言作成方法としてシンポジウム開催などが利用されてきたが、ＰＴ提言の提起には同意できる。

第二に、「『独立性』と『課題認識の共有』が挙げられる。「科学的実証の領域である科学的判断と、価値判断を含む政策判断は必ずしも一致しない。しかし、科学と政治は相反する存在ではない。」「独立性の担保を大前提にした上で」「その政治からの独立性を正しく定義し、合理的連携を図る必要」、議論の場を設け「政治や行政が抱える課題認識、時間軸等を共有し、実現可能な質の高い政策提言を行うことが求められる。」

これらの記述は、なるほど科学的助言の機微に触れるものであり、ＳＣＪにとっても懸案的な課題として認めうる。ここでも出口主義の発想が問題である。政治に対する科学的助言は、それが政治に受け止められ政策として実現することをもって唯一の目的とするならば、政治の側の「課題意識や時間軸等」の忖度こそが目的実現のカギとなりうる。一方が他方を忖度する関係は、「独立性の担保」と言えない。独立の関係は、相互尊重、相互信頼を前提とする。科学の側の「課題認識、時間軸等」を政治の側が共有することもありうるのでなければ、独立性の担保と言えない。むしろ、二一世紀的人類社会的課題が国内政治課題としてリアルに深刻化する時代にあっては、政治が科学の用意したプラットフォームに参入することが重要である。

科学と政治の相互尊重、相互信頼と言うならば、明確な説明なし、切り捨て御免的な会員任命拒否は、ＰＴ提言が前提としている科学と政治の正常な関係を破壊したまま放置する措置にほかならない。原理的にいえば、今回の任命拒否の措置およびその後の放置は、ＰＴ提言の議論に応じることすら空しいものにする。

第三に、「政治とアカデミアの相互リテラシー」が挙げられる。「政策立案者・政策決定者の科学リテラシーの向上、およびアカデミアの政策リテラシーの向上を図ることで、両者の政策共創能力を高める努力が必要」であり、そのために「パートナーリング制度、フェローシップ制度、博士課程学生の議員へのインターンシップ制度の導入について検討」するとされる。相互リテラシーの必要性は、一般的にその通りであるが、「政策共創能力」は、いわゆる審議会的能力ではないかと考えられる。科学的助言は、まずは科学の立場での助言であり、これが独立に行われることで「科学的」助言となる。政治の側の政策的検討は、そこから始まるのであり、その政策的検討に際して、科学者の果たす役割が政策共創であろう。この段階を飛ばすと、科学は政治に一体化してしまう。

(ⅲ)「情報発信力の強化」

この課題は、ＳＣＪ自らの検討課題であり、いわれるまでもない。

(iv)「会員および選出方法」

SCJの歴史の中で、重要な改革は、一九八三年および二〇〇四年の学術会議法改正であり、その中心の対象が会員選考方式であったことからすれば、このテーマへの関心がPT提言にとって設置形態（法人化）と並んでもっとも大きなものであると考えられる。次のような論点が示されている。

第一に、「選考基準」として、「学術研究能力、業績、政策検討への参加経験」「未来の展望と実践意欲のある人材」「アカデミア全域から幅広く登用」と述べられる。「政策検討への参加経験」や「未来の展望と実践意欲のある人材」は解釈如何では問題なしとしない。また、現状の三部制の均等定数配分（法規定ではなく、SCJの自主的ルール）の変更を求めており、「実際の科学者総数の割合（人文・社会科学一一・五％、生命科学一九・九％、理学・工学六八・八％）に比して適切か」と指摘している。三部制の会員バランスは、SCJ活動の核心である学術の総合性と活動の俯瞰性に照らして不可欠の論点であり、単純に科学者総体における比重を基準とすることは、SCJにおいてこれまで不適切と考えられてきた。

会員構成のバランスは、さらに科学者総数の六割を占める企業研究者、ジェンダー、地域や年代についても考慮されるべきであり、SCJもすでに腐心してきている。PT提言は「外国人材の登用も検討すべき」とするが、これは従来政府の解釈である「公務員当然の法理」を尊重して、会員を日本国籍者に限ってきたという経緯がある。設置形態の如何にかかわらず、SCJとしても検討すべき論点である。「若手の積極的登用」は、SCJの審議活動が直接の研究業績に結び付くものでないことから避けられてきたと思われるが、第二二期から「若手アカデミー」制度（一定数の若手を連携会員として確保し、固有の活動を展開する）が発足し、ＳＣＪの活動への若手研究者参加が推進されている(86)。

第二に「選出方法」について、ＰＴ提言はまず現行のコーオプテーション方式について疑問を示している。同方式は「研究者集団で一般的であり、専門家同士の評価という意味では有効」だが、「同質的な集団が再生産されていくという傾向が生じる」。ここで「同質性集団」というのは、政治的、思想的、学閥的、大学閥的などがイメージされているのであろうか。これについては、明確に実証的に議論することが必要であろう。

この疑問を前提に、コーオプテーション方式を続けるとするならば「より透明で厳格な運用が求められる」とする。ＳＣＪも会員選考方式がより信頼性の高いものとなるための工夫を重ねてきているが、たとえばＰＴ提言は「複数段階での投票や優先順位付け」など全米アカデミーやドイツの科学アカデミー・レオポルディーナの事例を参照し、また、新領域等の研究者が推薦されにくいことなどを考慮して「第三者機関による推薦」「会員による推薦以外の道」を確保すべきとしている。会員選考が「学術界全体からの支持」「新たな領域や課題への柔軟な対応」「政策のためのアカデミアとしての機能を果たせる」そのような仕組みであることをＰＴ提言は求めているが、その通りであり、課題はその具体化である。ＳＣＪも自主改革案において重要課題の一つとして「会員選考のプロセスの透明化」をあげている。コーオプテーション制は、ＳＣＪの自律性、独立性の前提であるから、これを維持し、選考プロセスが市民と科学者コミュニティに明確に示され、合理的に説明できるものであること、かつ、選考プロセスにできるだけ多様な候補者情報を入力するシステムが重要であろう。

(v) 「財政基盤のあり方」

PT提言によれば、G7のアカデミーが基本的に国費以外の財源をもち、また、多くのアカデミーが「奨学金や研究助成、栄誉・検証機能等」をもつので、SCJが「十分な活動を行うために」は「必要な財務基盤を確保できるよう、制度・体制を整えるべき」であり、政府が当面のあいだは「運営費交付金など基礎的な予算措置を続ける」としても、「政府や民間からの調査研究委託による競争的資金の獲得、会員や各学会からの会費徴収、民間からの寄付」などによって、「自主的財政基盤を強化」すべきであると注文している。

この項目の内容は、まがりなりにもSCJ改革案として論評することのできた前記と異なり、常識的な思い付きをリアリティもなく書いたとしか読みようがなく、PT提言全体がとにかく現在のSCJにクレームをつけようという文書であるという印象を深めるものである。

SCJが他のアカデミーと同様に「奨学金や研究助成、栄誉・検証機能等」をもつことを推奨しているが、このような機能は、SCJが科学的助言と国際学術交流を中心に活動してきた七〇年余の間に、他の公的諸機関（学士院、日本学術振興会、科学技術振興機構等）、民間の機関（さまざまな学術・教育助成活動団体）によって担われてきたものである。SCJが自主的財源を調達して、これに新規参入することについて、日本の科学者コミュニティにどのようなインセンティブ（あるいはミッション）があるというのだろうか。また、国の機関であるから、会員や各学会からの会費徴収もできず、民間からの寄付も集めることができない、それゆえ法人化して自己収入を確保せよ、というのは、あまりにも粗雑な改革論である。

ＰＴ提言は、ＳＣＪの「各国アカデミー等調査報告書」（二〇〇三年七月）[87]が政府や民間機関との「コントラクト」を増やせばアカデミー活動の活性化になるという知見を示していることを引いて、収入確保のための委託研究を推奨している。しかし、この「調査報告書」は、ＳＣＪの設置形態の変更（法人化）を想定したものではなく、現行設置形態のもとで、こうしたコントラクト型の科学的助言（それを基礎づける調査研究）の積極的意義を述べたものである。それは財政上の動機によるのではなく、科学的助言の質向上として位置づけられている。「委託研究」と表現せずにＳＣＪに調査研究による科学的助言を求めることは、現状でも可能で、かつ、極めて意義のあること であり、財務基盤の改革と連動させる必要もない。

ちなみにもはや周知の事実になった感があるが（首相がしばしば「一〇億円もの予算で運営される国の機関」と頭にふるので）、二〇二〇年度の学術会議の年間予算は、常勤職員六〇名の人件費を含んで約一〇億五千万円である。[88]前記の「調査報告書」によれば、当時のＳＣＪの年間予算は現在より多く約一四億円であり、調査対象のアカデミーと比較すると、絶対額においてスエーデンやポーランドのアカデミーと、国家総予算における比率において、フランスやカナダのアカデミーと同程度とされる。ＳＣＪよりも多くの機能をもつアメリカ、イギリスのアカデミーはＳＣＪの七倍程度の予算をもつとされている。

ＳＣＪの予算の内訳は、おおむね職員人件費五億円強、国内審議費二・五億円強、そして国際活動費二・五億円強であり、これで二一〇名の会員および約二〇〇〇名の第一線の科学者の活動を支えている。ＳＣＪ予算が「行革的視点」からマスコミで報じられているころ、内閣官房機密費（公式には内閣官房報償費）が話題となった。年間一三億円で、うち官房長官が領収書なしにつかえる政策推進費は一一億ということである。ついでに言えば、「アベノマスク」の最終的経費について、当初経費額四六六億円としてきたが、二〇二〇年五月末で官房長官が二六〇億円と訂正した。アベノマスクは布マスクだが、ドイツではＣＯＶＩＤ—19の第三波の拡大にともない、二〇二一年一月末、布マスクが感染防止に役立たないことをもって公共空間において使用禁止とされ、ＥＵ共通のサージカルマスクの着用が全連邦的に義務づけられた[89]。

(vi)「事務局体制・機能の強化」

ＰＴ提言の案は、ＳＣＪでもかねてから課題とされていることであり、予算と人員の手当てがなく進んでいないのである。これは政府の問題であるが、だから、自分で稼ぎなさい、というすり替え論法になっている。

(5)「わが国の科学技術行政全体の中での位置付け」

ＰＴ提言は、ＣＳＴＩ、関係省庁との役割分担など明確でないので、明確化が必要とし、また、「科学技術顧問の設置」を検討課題として述べているが、ＳＣＪ改革とどう関係づけようとしているのか不明である。最後の点については、前述した。

(6)「日本学術会議の改革実行へのプロセス」

ＰＴ提言は、「独立した法人格とし財政基盤支援システムを確立するための基本方針をすみやかに決定」、「わが国を代表するアカデミアのあり方を含めて具体的な制度設計」を行い、かつ、「日本を代表するアカデミーとしての国家的な認証を与える施策を講じること」とし、スケジュールとして、一年以内に具体的な制度設計、第二五期の終了時（二〇二三年九月）に新組織を発足させると述べている。

ＰＴ提言を実現しようとすれば、学術会議法の抜本改正が必要であり、当面の政府の予算措置も一〇億円ではすまないであろう。二〇〇四年法改正は学術会議法の基本構造に手をふれなかったが、科学者コミュニティや科学的助言のコンセプトを新しく形成することも含めてＳＣＪの審議とＣＳＴにおける検討に相当の時間を要した。政府とＳＣＪの信頼関係が毀損され、また、科学者コミュニティを構成する学協会の半数以上が首相の任命拒否を批判している状況のもと、短期間で作成されたこのＰＴ提言に対して、科学者コミュニティがどれだけの信を置くことができるかはなはだ疑わしい。ＰＴ提言は、いったい誰に向かって、この改革をアピールしようとしているのだろうか。

7　日本学術会議のナショナルアカデミー論と自主改革

さて、ＳＣＪは、第二五期を開始する総会においてただちに、任命拒否について首相に対し、理由を説明すること、かつ、その如何にかかわらず六名を任命することを要望した。同時に、これまで以上に国民に対してＳＣＪの現状を説明する機会を設定しながら（総会に次ぐ審議決定機関としての幹事会を月二回開催し、幹事会終了後記者会見を行う）、ＳＣＪとして組織と活動の現状と課題の分析を行い、二〇二〇年一二月に幹事会として「日本学術会議のより良い役割発揮に向けて（中間報告）」を公表した。[90] その構成は、次のようである。

Ｉ　日本学術会議のより良い役割の発揮に向けた活動の点検と改革案について

序　日本学術会議の役割、１　科学的助言機能の強化、２　対話を通じた情報発信力の強化、３　会員選考プロセスの透明性の向上、４　国際活動の強化、５　事務局機能の強化

II　日本学術会議のより良い役割発揮に向けたさらなる検討状況について

６　日本学術会議の設置形態

中間報告の趣旨は、これまでの改革議論を参照して（二つの政策文書、二〇〇三年のＣＳＴ「日本学術会議の在り方について」および二〇一五年内閣府有識者会議「日本学術会議の今後の展望について」）、活動の点検と改革案を示すことに重点を置き、自民党ＰＴ提言が求めているような設置形態の変更（国の機関から法人へ）に関しては、検討のための視点として各国アカデミーに共通の「５要件」を提示して、現状の設置形態維持の方向にアクセントを置くというものであった。中間報告について、その後、会員および連携会員からの意見聴取が行われ、幹事会は二〇二一年四月八日に次期総会（四月二一―二三日）の審議に付すために「日本学術会議のより良い役割発揮に向けて（素案）」[91]を発表し、総会における審議を経て最終文書を確定した。[92] その構成は次のようである。

Ｉ　より良い役割発揮に向けた設置形態について

価

Ⅱ　日本学術会議のより良い役割発揮に向けた取組

1　国際活動の強化、2　日本学術会議の意思の表出と科学的助言機能の強化、3　対話を通じた情報発信力の強化、4　会員選考プロセスの透明性の向上、5　事務局機能の強化

文書は、構成から分かるように、中間報告と異なり、対決点となる設置形態問題を第一にとりあげ、検討の視点を「5要件」として明確に確認したうえで、つっこんだ検討を行っている。5要件は、中間報告ですでに示したものであるが、①学術的に国を代表する機関としての地位、②公的資格の付与（アカデミーとしての資格・権限の法律による明記）、③国家財政支出による安定した財政基盤、④活動面での政府からの独立、そして⑤会員選考における自主性・独立性である。素案は、国の機関として維持するか、それ以外の設置形態にするかにかかわらず、この5要件の確保がなければ、ナショナルアカデミーとしての役割を発揮することができないという立場を明確に示したうえで、かりに国の機関以外の設置形態を考えるとして、独立行政法人や公益法人は、その制度の趣旨からアカデミーの法形態としては不適切であり、個別法に基づく5要件をみたす特殊法人に検討の余地がありうるとしていた。

これに比して、総会で採択された最終文書は、設置形態問題についてより立場を強く打ち出し、学術会議法こそがナショナルアカデミーの5要件をしっかりと規定したものであることを検討の出発点として明示し、このあり方を変更する積極的な理由を見出しがたいと述べている。また、特殊

法人という形式についても検討を要すべき具体的な論点を詳細にあげて高いハードルを示している。つまり、現行設置形態の堅持が明確な主張となっている。

ＳＣＪのミッションに照らした現在的課題の解決にむけたさまざまな改革案は、文書のⅡの部分で詳細に示されている。これらは、学術会議法の改正に係るものでなく、文字通りＳＣＪの自主改革の内容をなす。ＳＣＪの基本方針は、政府・与党との関係において、ナショナルアカデミーの5要件およびこれを確保する現行学術会議法の堅持を明確にし、同時に、政府の意見を傾聴するのみならず、科学者コミュニティおよび市民社会との対話を促進し、主体的に改革を実現していくということである。

8　結語

日本における日本学術会議という科学者組織と政府・政権との関係は、国際比較的にみてアカデミーと政治権力の関係として普遍的な現象の一部分である。ただし、そこには歴史的な諸条件―社会経済的な、また、文化的な要因も含まれる―による特殊固有の様相も示されうる。両者の関係は、現代の民主主義社会の本質的な要素であり、全体主義的政治権力が科学の独立を認めず、権力手段として使用すること、また、体制批判を許さず学問の自由を抹殺することは、人類社会にとって消すことのできない歴史的教訓であり、現在の時代にあってもその危機を見逃してはならない。

ナショナルアカデミーとしての日本学術会議は、人類社会そしてナショナルな市民社会のために学術研究の役割を活かすこと、学術研究の総合的で多様な発展を目指すことをミッションとしている。それが学問の自由、科学の独立の保障に対する社会的責任である。また、科学者は、その社会的責任として、学問の自由、科学の独立を擁護しぬかねばならない。その擁護は、科学者のみではなしえず、民主主義の力が必要であり、科学者はそのことをアピールしなければならない。

首相による任命拒否は、明確に学問の自由、科学の独立を侵害するものである。これを放置したまま、逆にこのことを介入のきっかけとし、政権に都合の良いやり方でSCJ改革を議論することは、民主主義における本来の科学と政治の関係に鑑みて、許されないことである。もとより、SCJがたえず自らのあり方を点検し、必要な改革を進めることは、その社会的責任から当然のことである。市民の批判と期待に応える努力をゆるがせにしてはならない。政治と科学が相互信頼と相互の独立の関係に立ち、SCJ改革がその本来の役割のいっそうの発揮に向けられるものとなるように、科学者コミュニティは市民の支援を求めながら力を尽くさなければならない。

（1）この論点をとりあげたのは広渡清吾「日本学術会議問題と科学技術政策―会員任命拒否の政治的文脈―」『季刊教育法』二〇二一年夏号（二〇九号）五〇―五七頁である。また、学術会議論の構図を占めしたものとして同「科学者コミュニティと科学者の社会的責任―日本学術会議の制度・理念・活動」『学術の動向』二〇二一年八月号二一―六頁参照。

（2）自民党政務調査会内閣第二部会政策決定におけるアカデミアの役割に関する検討PT「日本学術会議の改革に向けた提言」（二〇二〇年一二月九日）https://jimin.jp-east-2.storage.api.nifcloud.com/pdf/news/policy/200957_1.pdf

（3）日本学術会議「日本学術会議のより良い役割発揮に向けて」（二〇二一年四月）http://www.scj.go.jp/ja/member/iinkai/sokai/pdf25/sokai182-s-houkoku.pdf

（4）日本学術会議「声明・日本学術会議会員任命問題の解決を求めます」（二〇二一年四月）http://www.scj.go.jp/ja/member/iinkai/sokai/pdf25/sokai182-s-ninmei.pdf

（5）片山善博「学術会議会員候補6名の任命拒否事件を診る」（「日本を診る」連載133）『世界』二〇二〇年一二月号七六―七八頁。

（6）ブダペスト宣言は、一九九八年七月ブダペストにおいてユネスコと国際科学会議の共催で行われた世界科学会議によって採択された「科学と科学的知識の利用に関する世界宣言」である。「特集・『科学と科学的知識の利用に関する世界宣言（ブダペスト宣言）』から20年を経て」『学術の動向』二〇一九年一月号参照。宣言全文も収録されている。

（7）この経緯については吉川弘之「新世紀の日本学術会議」『学術の動向』二〇〇二年一月号七―二四頁、同「政府と科学者との建設的な対話」『学術の動向』二〇二一年四月号六四―六九頁参照。

（8）内閣府日本学術会議の新たな展望を考える有識者会議報告書「日本学術会議の今後の展望について」（二〇一五年三月二〇日）https://www8.cao.go.jp/cstp/gaiyo/yusikisha/20150514/siryo1-2_1.pdf

（9）毎日新聞ニュース https://mainichi.jp/articles/20210429/k00/00m/010/225000c

（10）「日本学術会議の在り方に関する政策協議」は五月二〇日に第一回、七月一日に第二回が開催されＳＣＪ会長から説明が行われている。

第一回 https://www8.cao.go.jp/cstp/gaiyo/yusikisha/20210520_1.html

第二回 https://www8.cao.go.jp/cstp/gaiyo/yusikisha/20210701_2.html

（11）学術研究会議は、一九二〇年に設立された。第一次大戦後、連合国側の国際科学者組織、International Research Council が創設され、学士院がカウンターパートになるが、対応強化のため学士院の要請により、この会議が作られた。定員一〇〇名、一九四九年一月に廃止された。会員は、会議による推薦に基づく政府任命の形式をとり、会長などの役員も互選とされたが、戦時体制下で会員も役員も政府の直接任命制となり、国策的科学研究への動員・協力が強化された。SCJの設置形態などの基本構造は、学術研究会議の体制を基本的に継承している。

(12) 学士院は、明六社を基礎に、福沢諭吉を会長として一八七九年東京学士会院が創設され、一九〇六年帝国学士院と改称しアカデミー機能を本格化した。学術会議法により改組されたが、一九五六年日本学士院法制定によってSCJから分離、独立した。「顕著な学術上の功績」を有する科学者を顕彰し優遇することを目的とし、その限りで科学者コミュニティを代表するアカデミー、また科学的助言を行うサイエンス・カウンシルのいずれの役割もミッションとして想定されていない。一五〇名の終身会員からなり、選考は co-optation 方式であり、行政権による任命行為は予定されていない。

(13) 日本学術振興会は、一九三二年天皇の下賜金に基づいて財団法人として設立され、わが国唯一の独立したファンディング・エージェンシーとして活動した。戦後も継続したが、私的機関として位置づけられ、一九四七年度において九〇%を占めていた政府補助金が翌年から打ち切られ、財界・学界の支援で活動を継続した。一九六七年に日本学術振興会法によって特殊法人としてあらためて設立された。設立に向けてSCJの要望もあり、他方でまた、SCJの役割を考慮して一六条に「文部大臣は、振興会の業務運営に関し、日本学術会議と緊密な連絡を図るものとする」という規定が置かれた。

(14) GHQ(連合軍最高司令官総司令部)における日本の学術体制再編に関する占領政策の動向について板垣雄三「日本学術会議問題2020がわれわれに投げかける課題(その2)」『歴史学研究』二〇二一年七月号五一—五三頁参照。GHQは、合衆国をモデルにした学術体制(科学アカデミーとその実働部隊の組織化)を狙った。日本の改革路線は、GHQの方向づけにそうものであった。

(15) 本章の以下の記述で引用する史料としての新聞記事は、財団法人日本学術協力財団編集『新聞にみる50年の歩み―「日本学術会議」関連新聞記事資料［1945（昭和21）年8月―1998（平成10）年2月］』一九九八年三月、によった。以下は『50年の歩み』で引用する。同社説は『50年の歩み』一頁。

（16） 朝日新聞一九四八年六月八日付、『50年の歩み』三頁。

（17） 日本学術会議「日本学術会議の発足にあたって科学者としての決意表明（声明）」（一九四九年一月二二日）http://www.scj.go.jp/ja/info/kohyo/01/01-01-s.pdf

（18） 日本学術会議「戦争を目的とする科学の研究には絶対に従わない決意の表明（声明）」（一九五〇年四月二八日）http://www.scj.go.jp/ja/info/kohyo/01/01-49-s.pdf

（19） 日本学術会議「軍事目的のための科学研究を行わない声明」（一九六七年一〇月二〇日）http://www.scj.go.jp/ja/info/kohyo/04/07-29-s.pdf

（20） 日本学術会議「軍事的安全保障研究に関する声明」（二〇一七年三月二四日）http://www.scj.go.jp/ja/info/kohyo/pdf/kohyo-23-s243.pdf　この声明の背景と意義について広渡清吾「大学と軍事研究―科学者コミュニティの役割」日本科学者会議監修『学問の自由と研究者のモラル』本の泉社、二〇一九年、七―四七頁。

（21） 朝日新聞一九七一年一〇月二三日付、『50年の歩み』一八〇頁。

（22） 日本学術会議「科学研究第1次5か年計画について（勧告）」（一九六五年一二月六日）、「科学研究5か年計画について（勧告）」（一九七一年一二月九日）http://www.scj.go.jp/ja/info/kohyo/03/06-46-k.pdf, http://www.scj.go.jp/ja/info/kohyo/06/08-64-k.pdf

（23） 大淀昇一『技術官僚の政治参加―日本の科学技術行政の幕開き』中公新書、一九九七年、一九六頁以下。

（24） 総合科学技術会議「日本学術会議の在り方について」（二〇〇三年二月二六日）https://www8.cao.go.jp/cstp/output/iken030226_1.pdf

（25） 日本学術会議「日本学術会議の位置付けに関する見解（声明）」（一九九九年一〇月二七日）http://www.scj.go.jp/ja/info/kohyo/17/kohyo-17-k131-3.html

(26) 第3期科学技術基本計画（二〇〇六年三月二八日閣議決定）https://www8.cao.go.jp/cstp/kihonkeikaku/honbun.pdf

(27) 第4期科学技術基本計画（二〇一一年八月一九日閣議決定）https://www8.cao.go.jp/cstp/kihonkeikaku/4honbun.pdf

(28) 「第4期科学技術基本計画への日本学術会議の提言」（二〇〇九年一一月二六日）http://www.scj.go.jp/ja/info/kohyo/pdf/kohyo-21-t85-1.pdf

(29) 日本学術会議「日本の展望―学術からの提言２０１０」（二〇一〇年四月五日）http://www.scj.go.jp/ja/info/kohyo/pdf/kohyo-21-tsoukai.pdf

(30) 毎日新聞一九六一年五月一日付、『50年の歩み』一〇四頁。

(31) 日本学術会議「科学研究基本法の制定について（勧告）」（一九六二年五月一八日）http://www.scj.go.jp/ja/info/kohyo/02/05-44-k.pdf

(32) 毎日新聞一九六二年一〇月一一日付、『50年の歩み』一一二―一一三頁。

(33) 朝日新聞一九六七年九月二一日付、『50年の歩み』一四六頁。

(34) 毎日新聞一九六七年一〇月四日付、『50年の歩み』一四六頁。

(35) 朝日新聞一九六八年二月二八日付社説、一五三頁。

(36) 日本経済新聞一九六八年五月一三日付社説、『50年の歩み』一五八頁。

(37) 日本学術会議「科学技術に関する基本法等の制定について（勧告）」（一九六九年五月一〇日）http://www.scj.go.jp/ja/info/kohyo/06/08-06-k.pdf

(38) 日本学術会議「再び科学研究基本法の制定について（勧告）」（一九七六年六月三日）http://www.scj.go.jp/ja/info/kohyo/08/10-07-k.pdf　試案は前文と一一か条からなる。条文見出しをあげれば、第一条（科学研究の使命と社会的任務）、第二条（科学研究の基本条件）、第三条（科学研究の基本原則）、第四条（科学行政）、

第五条（科学研究体制）、第六条（科学研究費体系等）、第七条（科学研究者の地位）、第八条（科学研究の国際的交流・協力）、第九条（科学研究者の養成）、第一〇条（年次報告等）、第一一条（補則）。

（39）日本学術会議「科学者憲章について（声明）」（一九八〇年四月二四日）http://www.scj.go.jp/ja/info/kohyo/09/11-18-s.pdf　なお、科学者憲章の位置づけを踏まえ二〇〇八年四月八日の声明で「日本学術会議憲章」が新たに制定された。七項目からなり、日本学術会議会員および連携会員が遵守の責務を負う。http://www.scj.go.jp/ja/scj/charter.pdf

（40）この間の経緯を伝える新聞記事（一九八一年七月六日から一九八五年六月二〇日まで）を参照、『50年の歩み』二一三―二五〇頁。

（41）公選制および学会推薦制の会員選考システムと実績は次の通りである。公選制は、一定の資格要件の審査を経て有権者登録をした科学者による投票によって会員を選考した。登録は、研究歴二年以上の科学者が業績添付の上申請することができた。会員定数は二一〇名、七部制（文、法政、経済、理、工、農、医）で各部三〇名、各部のうち全国区二三名、地方区七名に分けられ、全国二三名は各部の事情に応じてその領域の専門分野別定員とフリーな定員とに分けられた。有権者はそれゆえ、三カテゴリーに応じて三票行使できた。

第一回選挙は一九四八年一二月に実施、第二回選挙は一九五〇年一二月に実施された。この選挙に際しては選挙管理会から大学、学協会、国公立試験研究機関、民間研究機関あてに、予備調査票三三万枚が送付され、応答した者に対して登録申請カードが一四万九〇〇〇枚送付された。こののち登録申請を受付け六万九四四二名、審査の結果五万七〇八〇名が有権者として確定された。第二段階として候補者受付けが行われ、立候補者五〇九名、内訳は大学関係者三一六名（六二％）、民間五八名、官庁研究所三五名と報じられた（毎日新聞一九五〇年一一月一八日付、『50年の歩み』一〇頁）。正式の記録によれば、有権者数五万七〇七名、候補者数五三二名、競争率二・五三倍、投票率九〇・四％とされている（日本学術会議編『日本学術会議50年史』一九九九年、五一一頁）。

有権者数は回を経るにつれ上昇し、一九八三年一二月時には二四万一二名となった。これに対して、候補者数は第三回には定員の二倍を切り（一・六七）、第一二回（一九八〇年）に一・一五、第一三回（一九八三年）には一・二一倍と下降した（一九八三年は選挙実施できず）。投票率は第一回八三％、第二、三回は九〇％台であったが、第四回八五％、第六—八回七〇％台となり、以降、六〇％台、五〇％台におちることもあった（第一〇回）。公選制のもとでは、会員の立候補回数に制限がなく、任期の長期化、それゆえ会員の固定化が生じていた。選挙には公職選挙法の適用がなく、情実や不正行為がメディアに取りあげられた。

一九八三年法改正によって学会推薦制が導入された。これは、科学者コミュニティの構成メンバーたる学協会が選考の中心となる制度であり、マネージのために推薦管理会という組織が設置された。管理会委員は、一〇年以上の学識経験をもつ科学者で会員や会員候補者でない者から会長が七部各七名の四九名に委嘱した。選考に参加する学協会は、まず申請に基づいて審査の上学術研究団体として登録される。登録学術研究団体は、選考に係る研究分野（分野を単位に設置された研究連絡委員会）を選択（複数選択可）した上で、学協会会員数に応じて、推薦できる候補者数および選考に係る推薦人数が割り当てられる。具体的選考は、会員定数が定められた研究連絡委員会ごとに、選考のための推薦人会議を開催し、学協会から提出された候補者を対象に選考し、会員候補者（首相に推薦される候補者）を確定する。会員の任期は、三期九年を上限とすることになった。登録学術研究団体数は第一三期（一九八五年選考実施）の七三三団体に始まり、期をえるごとに増加し、第一六期一〇六九、第一七期一二二一となった。選考の対象となる学協会提出候補者実数は、第一三期の七二七名、第一四期六一一名、第一五期六一九名、第一六期六九七名、第一七期七五九名、となっている。公選制の時期より、選考の対象となる候補者数は増加した。

(42)　諮問に対する答申、勧告、声明、要望、提言、報告、会長談話の実績は以下の通りである。諮問に応じる答申は一三期以降、文部大臣からの「民間学術研究機関補助金の交付について」毎年一件のみ、一期三年なので三件になっている（日本学術会議編『日本学術会議50年史』一九九九年、三六一頁）。

	諮問	勧告	要望	声明	報告	会長談話
第1期	22	16	55	4		
第2期	15	7	50	3		
第3期	13	1	36	5		
第4期	9	27	26	11		
第5期	7	47	4	8		
第6期	3	30	10	7		
第7期	3	29	41	6		
第8期	3	27	25	12		
第9期	3	27	32	10		
第10期	3	8	20	4		
第11期	3	14	21	10		
第12期	5	9	20	9		
第13期	3	5	3	2	16	
第14期	3	5	1	1	49	3
第15期	3	1	4	2	61	7
第16期	3	2	3	0	70	4
第17期	1				4	4

(43) 毎日新聞一九九四年七月二六日付朝刊、『50年の歩み』二七四頁。

(44) 第一三四回国会衆議院・科学技術委員会議録第二号・平成七年一〇月三一日。

(45) 日本学術会議「科学技術基本計画について」(会長談話)(一九九六年六月二四日)http://www.scj.go.jp/ja/info/kohyo/16/kohyo16-d1.html

(46) 尾身幸次『科学技術立国論・科学技術基本法解説』読売新聞社、一九九六年、二九―三八頁、二〇一―二〇二頁。本文に引いた座談会は同書第5章に収録。

(47) 総合科学技術会議「日本学術会議の在り方について」（二〇〇三年二月二六日）https://www8.cao.go.jp/cstp/output/iken030226_1.pdf

(48) 日本学術会議「日本学術会議の自己改革について（声明）」（一九九九年一〇月二七日）http://www.scj.go.jp/ja/info/kohyo/17/kohyo-17-k131-2.html 「日本学術会議の位置付けに関する見解（声明）」前掲註(25)。

(49) 『学術の動向』二〇〇一年一一月号「特集・日本学術会議の改革に向けて」、「論点整理」は五五―五八頁。

(50) これについては註(7)文献および註(1)広渡「科学者コミュニティと科学者の社会的責任―日本学術会議の制度・理念・活動」参照。

(51) ブダペスト宣言については前掲註(6)参照。

(52) ＩＣＵＳは、一九一九年に設立された自然科学系の国際研究会議（ＩＲＣ）に始まり、一九三一年に国際学術連合会議（ＩＣＵＳ）に改組され、一九九八年に国際科学会議に名称変更したがＩＣＵＳの略称をそのまま維持した。ＩＣＵＳは、二〇一八年に懸案であった国際社会科学協議会（ＩＳＳＣ）との合同を果たしてInternational Science Councilと称する。合同によって文理統合組織となったので、日本語訳として「国際学術会議」とよぶことが適切である。

(53) 石井「『学術基本法』の制定を目指して」『学術月報』二〇〇八年三月号の巻頭言。同「日本学術会議に期待するもの」『学術の動向』二〇〇九年六月号九八頁以下参照。

(54) 石井紫郎「知のフロンティアと大学の研究」『ＩＤＥ現代の高等教育』二〇〇七年一月号、石井は歴史研究として大淀昇一前掲書を参照している。

(55) 「日本の展望」プロジェクトの概要について広渡清吾「『日本の展望』プロジェクトが拓く展望」『学術の動向』二〇一〇年五月号九〇―九三頁参照。主提言は註(29) http://www.scj.go.jp/ja/info/kohyo/pdf/kohyo-21-

tsoukai.pdf

（56）前掲註（28）。

（57）同勧告の経緯について広渡清吾「勧告『総合的な科学・技術政策の確立による科学・技術研究の持続的振興に向けて』について」第二一期第一部ニューズレター第六号一―五頁。http://www.scj.go.jp/ja/member/iinkai/1bu/pdf/letter21-6.pdf　勧告本文は http://www.scj.go.jp/ja/info/kohyo/pdf/kohyo-21-k102-1.pdf

（58）第４期については前掲註（28）、「第５期科学技術基本計画のあり方に関する提言」（二〇一五年二月二七日）http://www.scj.go.jp/ja/info/kohyo/pdf/kohyo-23-t209-1.pdf、「第６期科学技術基本計画に向けての提言」（二〇一九年一〇月三一日）http://www.scj.go.jp/ja/info/kohyo/pdf/kohyo-24-t283-1.pdf

（59）民主党政権「『新成長戦略』について」（二〇一〇年六月一八日閣議決定）https://www.kantei.go.jp/jp/sinseichousenryaku/sinseichou01.pdf

（60）「科学技術イノベーション政策推進のための有識者研究会報告書」（二〇一一年三月）https://www8.cao.go.jp/cstp/stsonota/kenkyukai/5kai/siryo2-1.pdf 三月に公表された報告書そのものを確認することができず、引用したものは二〇一〇年一二月五日第四回会議で決定された「素案」に対してＳＣＪを含む関係団体への意見照会を行った結果として補正された一二月一九日第五回会議で決定された「案」である。この案が、公表版であると考えられる。

（61）前掲註（60）の一二月一九日会議に提出された、日本学術会議の「素案」に対する意見 https://www8.cao.go.jp/cstp/stsonota/kenkyukai/5kai/siryo1-4.pdf

（62）外務大臣科学技術顧問について https://www.mofa.go.jp/mofaj/dns/isc/index.html

（63）ＣＳＴＩ基本計画専門調査会・制度課題ＷＧ「第６期科学技術基本計画に向けた科学技術基本法等の在り方について（素案）」（二〇一九年一一月八日会議提出）https://www8.cao.go.jp/cstp/tyousakai/seidokadai/4kai/siryo5.pdf

(64) 前掲註(63)同WG「科学技術・イノベーション創出の総合的振興に向けた科学技術基本法等の在り方について」(二〇一九年一一月二〇日) https://www8.cao.go.jp/cstp/tyousakai/seidokadai/seidohokoku1-1.pdf

(65) 日本学術会議「科学技術基本法改正に関する幹事会声明」(二〇二〇年一月二八日) http://www.scj.go.jp/ja/info/kohyo/pdf/kohyo-24-kanji-4.pdf

(66) 内閣府政策統括官・科学技術・イノベーション担当「科学技術基本法の見直しの方向性について」(二〇一九年一〇月一六日) https://www8.cao.go.jp/cstp/tyousakai/seidokadai/4kai/sanko2.pdfhttps://www8.cao.go.jp/cstp/tyousakai/seidokadai/4kai/sanko2.pdf

(67) 「第6期科学技術・イノベーション基本計画」(二〇二〇年三月二六日閣議決定) https://www8.cao.go.jp/cstp/kihonkeikaku/6honbun.pdf

(68) 蟹江憲史『SDGs(持続可能な開発目標)』中公新書、二〇二〇年、一二—一六頁、南博/稲葉雅紀『SDGs—危機の時代の羅針盤』岩波新書、二〇二〇年、七—一〇頁。

(69) 国立大学法人の戦略的経営実現に向けた検討会議「国立大学法人の戦略的な経営実現に向けて〜社会変革を駆動する真の経営体へ〜最終とりまとめ」(二〇二〇年一二月二五日) https://www.mext.go.jp/content/20201225-mxt_hojinka-000011934_2.pdf

(70) 日本学術会議「第6期科学技術基本計画に向けての提言」(二〇一九年一〇月三一日) http://www.scj.go.jp/ja/info/kohyo/pdf/kohyo-24-t283-1.pdf

(71) これについて広渡清吾「科学者コミュニティーと科学者の社会的責任」島薗進他編『科学不信の時代を問う—福島原発災害後の科学と社会』合同出版、二〇一六年、八〇—一〇〇頁参照。

(72) そのモデルとしてたとえばエイブラハム・フレクスナー/ロベルト・ダイクラーフ(初田哲男監訳)『「役に立たない」科学が役に立つ』東京大学出版会、二〇二〇年参照。

(73) 羽田貴史「日本学術会議会員任命拒否問題と法令解釈」『世界』二〇二一年三月号一六五—一七六頁。

（74） 内閣府日本学術会議事務局「日本学術会議法第17条による推薦と内閣総理大臣による会員の任命との関係について」（二〇一八年一一月一三日） https://static.tokyonp.co.jp/pdf/article/8231df729f15f597b64fb0789ac8af41.pdf?_ga=2.178507620.1361104144.1626848480-1617369356.1607345995　この文書の作成経過と問題点につき小森田秋夫「日本学術会議会員の任命拒否を準備した18年11月文書はどのようにして作られたのか?」参照。https://univforum.sakura.ne.jp/wordpress/news20210102/

（75） 広渡清吾「大学のステークホルダーと大学コミュニティ」『ＩＤＥ現代の高等教育』二〇一五年一月号一一—一六頁。

（76） 文部科学省／内閣府／国立大学協会「国立大学法人ガバナンスコード」（二〇二〇年三月三〇日） https://www.janu.jp/wp/wp-content/uploads/2021/03/20200331-wnew-governance.pdf

（77） 『ＩＤＥ現代の高等教育』二〇二〇年一二月号の特集「ガバナンス・コードとは」参照。

（78） 「統合イノベーション戦略」（二〇一八年六月閣議決定） https://www.janu.jp/wp/wp-content/uploads/2021/03/20200331-wnew-governance.pdf

（79） 毎日新聞二〇二〇年一二月二四日付朝刊。

（80） 増谷文生「取材ノートから」『ＩＤＥ現代の高等教育』二〇二〇年一二月号七五頁。

（81） 自民党ＰＴ「日本学術会議の改革に向けた提言」註（2）に前出。

（82） 日本学術会議「科学者の行動規範—改訂版」（二〇一三年一月二五日） http://www.scj.go.jp/ja/info/kohyo/pdf/kohyo-22-s168-1.pdf

（83） 総合科学技術会議「日本学術会議の在り方について」前掲註（47）。日本学術会議の新たな展望を考える有識者会議「日本学術会議の今後の展望について」前掲註（8）。

（84） 前掲註（7）吉川論文参照。

（85） たとえば黒川清「日本学術会議、世界の科学者のネットワーク」『学術の動向』二〇二一年五月号六八—

七二頁参照。
（86） 若手アカデミーの構成・活動について日本学術会議のホームページ参照。http://www.scj.go.jp/ja/scj/wakate/index.html
（87） 日本学術会議国際協力常置委員会報告「各国アカデミー等調査報告書」（二〇〇三年七月一五日）http://www.scj.go.jp/ja/info/kohyo/18youshi/1813.html
（88） 「日本学術会議の活動と運営について（記者会見要旨）」（二〇二〇年一〇月二九日幹事会）http://www.scj.go.jp/ja/member/iinkai/kanji/pdf25/siryo302-kaikenyoshi.pdf
（89） 日本経済新聞二〇二一年一月二一日付朝刊。
（90） 日本学術会議幹事会「日本学術会議のより良い役割発揮に向けて（中間報告）」『学術の動向』二〇二一年二月号に収録。
（91） 日本学術会議幹事会「日本学術会議のより良い役割発揮に向けて（素案）」（二〇二一年四月八日）http://www.scj.go.jp/ja/member/iinkai/kanji/pdf25/siryo310-s-soan.pdf
（92） 「日本学術会議のより良い役割発揮に向けて」前掲註（3）。

＊引用した日本学術会議の各種文書については同会議のホームページで検索できる。

第2部

市民社会のルネサンスと市民プロジェクト

第1章　変革の戦略としての市民社会論

1　何を検討するのか――テーマの意義

筆者は、近年、社会科学的に世界的なルネサンスと言われる市民社会論について考える論考をいくつか発表してきた（広渡二〇〇〇、二〇〇六、二〇〇八a、二〇〇九a）。「市民社会」のコンセプトは、周知のように古代ギリシア、ローマのポリス＝都市国家（ラテン語でsocietas civilisと呼ばれた）の観念に由来し、近代資本主義社会の形成期に、これを把握し、弁証するための概念として同時代の代表的思想家によって論じられた（一七世紀後半から一九世紀中葉）。人間が自然状態から脱し社会契約によって設立する新たな社会が市民社会と目され、一方でその弁証論と他方で解剖学が試みられた。

このような歴史的経緯をもつ市民社会の概念が二〇世紀末葉以降の世界において、あらためて活発な議論の対象となっている（Glasius 2004, Chambers 2002）。その議論には、現代世界を理解し、その変革を考える上で市民社会概念が必要であるとする積極的主張と、他方で、そうした積極的立論の意義や背景を批判的に検討する議論の両者がいうまでもなく含まれ、全体として「市民社会論のルネサンス」（古典古代からたどれば、二度目のルネサンスというべきかもしれない）を構成している。また、市民社会論が現代社会の認識を目していれば、そのターゲットは「市民社会のルネサンス」ということができる。

市民社会論のルネサンスが展開している歴史的大状況は、たしかにある歴史的段階を画している。二〇世紀を規定した資本主義体制と社会主義体制の競争的展開の構造が崩壊し、連動しつつアメリカ的資本主義がグローバル化し（資本主義にとってのフロンティアの消滅）、市場経済化を進める旧社会主義国および発展途上国の世界経済への編入が促進され、第二次世界大戦後に構築されてきた先進資本主義諸国の福祉国家体制が解体・再編されつつある。まさに、鋭敏な経済学者たちが考察するように、二〇世紀資本主義が終焉し「資本主義はどこにいくのか」という状況に、現代世界はある（加藤二〇〇四）。

現代世界において、市民社会概念を手掛かりに模索されているのは、こうした歴史的大状況に対して、これを前進的に切り拓くための主体、活動方法、活動の方向と目標（実現すべき社会の理念）であるように看取される。市民社会概念の歴史と社会の分析への積極的導入を主唱するドイツの歴史学者ユルゲン・コッカ等は、極めて直截に語っている。それによれば、市民社会のコンセプトが対抗しようとするものは、第一に強力で他を圧する権威的で独裁的な、あるいはまた干渉過剰な国家であり、第二に全能性と他からの優越を主張する市場であり、そして第三に個人化と断片化の進行する社会である。市民社会は、こうした現代の問題に対抗的に挑戦して、自律的に、連帯的に、かつ、平和的に行動する諸市民のイニシアティヴ、グループ、ネットワークなどの集合体である（Gosenwinkel 2004a, Einleitung S. 11-13）。

ここに示される市民社会は、ナショナルなレベルでも、トランスナショナル（あるいはグローバル）なレベルでも語り得るとして定義され、実際の政治世界でもすでに利用される概念となっている。たとえば身近な参照例として、二〇一〇年五月にニューヨークで開催された核不拡散条約（NPT）再検討会議の最終文書には「核兵器のない世界の達成に関する諸政府や市民社会の新しい提案およびイニシアティブに注目する」と記されたが、同会議の最終文書に「市民社会」の用語が使われたのははじめてだという（『赤旗』二〇一一年一月三日付）。

コッカ等の用語である市民社会は、英語の civil society に対応して、ドイツ語では Zivilgesellschaft として表現され、またまったく同義のことばとして Bürgergesellschaft（文字どおり市民＝Bürger の社会＝Gesellschaft である）も使われる。これは、近代ドイツの市民社会論（ヘーゲル、マルクス）が市民社会を bürgerliche Gesellschaft として表現したのと異なっている。この違いは、当然に市民社会のコンセプトの理解の差異を示しており、この差異が何であるか、差異がいかなる意味をもつのかもまた、現代の市民社会論のディスコースの内容を成している。

このなかで、とくにマルクスの市民社会概念と現代の新しい市民社会概念の差異が問題となりうる。マルクスは、『ドイツ・イデオロギー』（一八四六年）において「フランス人たちとイギリス人たち」が同時代の社会を「市民社会」として「歴史のほんとうの竈」をとらえたことを評価しながら、一つの歴史的形態にすぎない「市民社会」をかれらが普遍的な存在として正当化することを批判した。マルクスは、自らの立脚点を「市民社会」ではなく、「人間的社会（die menschliche Gesellschaft)、あるいは社会化された人類」であると宣言し（マルクス／エンゲルス二〇〇二）、その後「市民社会」を「資本主義経済社会」として解剖する作業を進め『資本論』を世に贈った（マルクスの「市民社会」と「ブルジョア社会」概念について藤田二〇一〇 第三章第一節参照）。

マルクスにとって市民社会は、その本質を解剖すべき対象であり、その実現を目指す目標でも理念でもなかった。それゆえ、現代の市民社会論の隆盛に対して、マルクス主義者は、懐疑と批判の目を向けている。イギリスのマルクス主義者E・ウッドは、二〇世紀末以降の社会主義的オルタナティブの可能性の喪失（あるいは希薄化）と市民社会論の隆盛を結びつけて、そこにマルクス主義的な左派の戦線の後退（資本主義を克服する社会主義の実現から、資本主義と両立する市民社会の実現へ）をみいだし、これが「資本主義のアリバイ」つくりに手を貸すものとなることを危惧している（Wooc 1995, p. 238.）。

ウッドと同様の立場から、J・ローゼンバーグは、一九九四年の『市民社会の帝国』において、資本主義的社会構成体のなかで市民社会の果たす機能を史的唯物論の視角からあらためて批判的に指摘する。すなわち、市民社会は法的に自由で平等な当事者間の関係を作り出し、等価交換の形態を通じて剰余価値の搾取が実現する私的活動の場であり、このように資本主義的生産関係が市民社会を媒介として成立することを通じて、一方で市民社会の非政治的性格と他方で国家の普遍性（公共性）が基礎づけられる。それゆえ、ローゼンバーグにとっては、市民社会こそ、資本主義的階級支配の構造的基礎にほかならない（Rosenberg 1994, 訳書二一二頁以下参照）。

筆者は、ウッドの危惧には十分な理由があると考える。また、ローゼンバークの記述は、すぐ気づかれるように戦後日本のマルクス主義的法理論にとって馴染み深い論理であり、古典的なものといってよく、筆者もこの分析を十分に理解できる。筆者にとっての問題は、ではウッドやローゼンバーグと一緒に現代の市民社会論について、社会主義的オルタナティブを回避し、あるいは否定するものとして批判し退けるだけでよいのか、ということである。また、市民社会論と社会主義的オルタナティブは、相互にネガティブな対立関係にあるものとして把握すべきかどうかである。

筆者がこのように問題をたてることには、理由がある。現代の市民社会論の志向は、戦後日本の革新的、民主主義的法学の市民法の分析における市民社会の議論に共通するものがあり、市民社会論の現代的ルネサンスと重ね合わせて検討することによって、両者の積極的な意義を探ってみたい。また、戦後日本の社会科学において、市民社会の概念は欧米と異なった日本固有の文脈において理解され、位置づけられたが、そのことと現代的ルネサンスがどう関係するのかも考えたい（山口二〇〇四、植村二〇一〇参照）。

筆者は、これまで市民社会概念を「歴史的認識を実践に媒介する規範的社会論」として位置づけ、あるいは「フィクション」、さらに「希望」の概念に関わらせて（それぞれの概念について独自の考察が前提にある）論じてみた。これらはいずれも、歴史のなかに基礎をもつ「市民社会」の理念が人々の政治的実践を導き、方向づけを与える役割をもつことの意義を重視している。この後にさらに「理念」のもつ政治的機能について、カントにおける「規整としての理念」（Idee als Regulativ）のコンセプトが重要であることを教えられた。また他方で市民社会論を「ユートピア」（つまり現実に不可能なものを求める議論）として根本的に批判する議論もある。

そこで本章では、市民社会論について、これまで筆者が検討したことを整理しながら、現代において市民社会の理念が社会の現実を批判的に認識し変革を目指すための一つの戦略としての役割を果たすという視点から、さらに考察を進めることにしたい。戦略の意義は、字義として一般的に言えば、一定の目的に向けた行動に指針を与える計画・構想・理念、である。表題を「変革の戦略としての市民社会論」としたのは、このような趣旨である。

2　筆者はどのように市民社会論に接近したか——清水誠の市民社会論

筆者は、もともと「市民社会」概念に積極的な意義を認める市民社会論に与していたわけではなかった。資本主義社会は本質的に階級社会であり、市民社会はその形態であり、ローゼンバーグが指摘するように資本主義的生産関係、つまり搾取関係を媒介するものであると考えていた。資本家は、「等価交換」によって労働力を購入しその消費過程＝労働過程を通じて産出される剰余価値をみずからのものとして市民法の原理に基づき「正当」に領有し、他方で労働者は、その領有から排除される。このようにマルクスは、市民社会の研究を通じて資本主義社会の批判的把握に至ったのである、と。

筆者の研究領域はドイツである。その知見からすれば、たとえば一九七〇年代の社会民主主義政権による改革のもとでは、政権が憲法の所有権の社会的義務づけ条項（ドイツ連邦共和国基本法第一四条二項）に基づいて土地利用と地価の国家的（公共的）規制を進めるのに対して、保守勢力が民法典の所有権の絶対性（ドイツ民法第九〇三条）に基づいて所有権を擁護し反対するという対立構図がみられた。これは、憲法に対する民法の始原性を主張する法理論である。また、国家による社会経済改革一般に対して、「私法の優位」の論理で抵抗が試みられた。総じて「国家に対する市民社会の優位」が社会民主主義的改革への抵抗の論理と見えたのである。社会民主主義的改革政策を積極的に評価した筆者は、民主主義に基礎づけられた国家（社会民主主義政権）こそが改革のかぎであると考えていた（広渡一九八〇、二〇〇四参照）。ここで変革の戦略としての市民社会論に思い至ることは、ありえない。

市民社会に注目するきっかけは、一九八〇年代後半以降のドイツ社会における外国人問題研究を介してである。国民と外国人の平等問題は、「国民 Volk」という選別機能をもつ排他的コンセプトに対して、市民社会の構成員としての「市民 Bürger」というコンセプトの開放性に気付かされた。この視角は、ドイツの憲法理論において少数ではあるが異質のものではなく、ドイツ統一（統一ドイツの成立は一九九〇年一〇月三日）の過程において憲法学者U・K・プロイスなどによって作成された民間の統一ドイツ憲法草案に具体的に採用された。同草案によれば、主権の担い手は、「国民」ではなく「市民」と規定され、「市民」の憲法上の定義として「ドイツ人」（ドイツ国籍者）および「ドイツに五年以上合法的に滞在し市民資格を取得した外国人」が示される（Kuratorium 1991, S. 187）。ここでは明確に憲法理念として「国民国家」から「市民国家」への転換が試みられた。もちろん、この草案は現実化しなかったが、法規化された思想として筆者にとって大きな意義をもった。

市民社会のコンセプトに正面から向きあったのは、民法学者・清水誠（一九三〇—二〇一一）の古稀を記念して清水の市民法論（清水一九九二参照）について論じたときである（広渡二〇〇〇）。清水は、「市民法論」を定義して「近代市民社会の基本原理である、すべての人の自由、平等、友愛という理念を思考および行動の基準として貫徹させつつ、そこにおける法制度、法体系を理解し、運用しようとする理論的思考」と規定した。清水の市民法論は、自己の法解釈実践の理論的視座であるが、同時に、近代市民社会のコンセプト理解と不可分なものとして示されている。

清水によれば、自由・平等・友愛を理念とする近代市民社会は、それとして一つの社会理念であり、歴史的な近代がこれを産み出し、「資本主義経済の存立の条件」となり、「近代市民社会の成長と資本主義の発展はほぼ平行して進む」が、やがて「資本主義経済の爛熟」は「市民社会の理念の実現と貫徹」の桎梏となり、これを阻むものとなる。そこで肝要なことは、近代市民社会の理念を存立の必要条件にしている資本主義そのものへの批判によって近代市民社会の「理念そのもののもつ歴史的真実性」を否定しないことであり、むしろ「自由にして平等、独立の市民たちによって構成された市民社会の実現が、今日の人類にとって当面の目標である。」（清水一九九二、一—一〇頁）。

清水の近代市民社会理解は、筆者に市民社会概念の「記述的性格と規範的性格」という論点を提起した。いまあらためて整理すれば、清水の把握する近代市民社会は、資本主義の発展とともにその理念を一定の程度において実現した歴史的社会として、実証的な記述（認識）の対象であるが、同時に、一つの社会理念として、爛熟する資本主義経済（われわれが当面する歴史段階）との緊張関係のなかで、人々によって（市民によって）その完全な実現が目指される「目標」、つまり規範的な存在（そうであるべきものとしての社会）である。このように理解できるとすれば、当時の筆者にはまだその表現が思いつかれていないが、清水の議論にはすでに戦略としての市民社会のモチーフが見出されるというべきであろう。念のために言えば、清水の市民法論は、社会主義体制の崩壊以前からの、年来のものであり、根底にあるのは「爛熟する資本主義経済」（ファシズム体制を含む国家独占資本主義的な体制）への原理的批判であるが、同書刊行の時期からすれば、現存社会主義体制もまた批判の念頭に置かれていたであろう。

筆者は、同論文においてさらに、ヨーロッパ思想史においても市民社会概念が規範的な性格をもって（社会のあるべき構想・理念として）論じられてきたことを哲学者・平子友長の議論（平子一九九八）を参照して述べ、今後の検討課題として民法学者・来栖三郎（一九一二―一九九八）の提起する「フィクション」論―来栖は、近代の「意思自由」や「社会契約」をもって歴史的事実そのものではないが、しかし虚偽ではなく、事実との緊張関係に基礎づけられながら人々がそうあるべき理想として了解すること、これをフィクションと呼んでいる―（来栖一九九九）と市民社会論の結節についても論じている。この論点は重要なので、後にあらためてとりあげる。

3　日本の戦後法学における市民社会論――広中俊雄の市民社会論

筆者が市民社会論のルネサンスに注目したのは、そのこと自体への関心と同時に、日本の戦後法学において市民社会論が法と社会の構造的な認識および法実践に関して、ひとつの重要なイシューであったし、かつ、あると考えたからである。つまり、現代における市民社会論のルネサンスをみながら、戦後法学の市民社会論を検討してみたいと思った。この作業を行うについて直接的なきっかけは、広中俊雄（一九二六―二〇一四）の『民法綱要第一巻総論上』（広中一九八九。新版として広中二〇〇六。以下『民法綱要』）による市民社会の法社会学的構造分析に基づく民法体系論の提示である（広渡二〇〇六、二〇〇八a参照）。

広中は、欧米諸国の比較を通じて市民社会の理念型を設定し、その要素を①資本主義経済（資本主義的生産関係が支配的な社会）、②民主主義的国家（権力分立を基調とする民主主義的国家形態）、および③人権観念の確立（人格の尊厳を承認する社会的意識の一般的浸透）の三つとし、この指標に照らして日本社会においても一九六〇年代に市民社会の定着が明確となり、「現代の日本社会も、一つの市民社会として」とらえることができるとする。広中は、このように成立した市民社会の実証的構造を三つの基本秩序、つまり「財貨秩序およびその外郭秩序」、「人格秩序およびその外郭秩序」ならびに「権力秩序」として分析し、これと関連させながら民事裁判の実体的基準を立法と判例のなかに確認してゆく作業を通じて実質的意義の民法を把握するという「民法学の方法論」を提示した。

広中の『民法綱要』は、民法実定法規範の内容をテキストから導出するのでなく、存在する社会の構造（市民社会の基本秩序）に関連づけて明らかにするもの、言いかえれば法社会学的実証の理論によって実定法解釈を構造的に基礎づけるものであり、戦後法学の一つの到達点を示す画期的な試みといえる。また、国家を権力秩序として市民社会に内在させることによって、「市民社会の法」の一元論的把握（公私法一元論）を明確に基礎づけたことも特筆されなければならない。広中のこの仕事は、戦後法学において先駆的に市民社会論を論じ、そのコンセプト（国家は市民社会の「政治的反射」であり機関である）に基づいて公法の私法への同化論を説き、また、科学としての法律学および法社会学の確立を目指した川島武宜（一九〇九―一九九二）の基本思考を継承するものであった（川島一九八二参照）。

ところで、広中の市民社会論は、前述の清水の近代市民社会論のコンセプトとどのような関係に立つだろうか。

広中は、市民社会をもって現代において成立した歴史的社会として実証的に措定する。現代においてなお実現すべき理念として市民社会を位置づける清水との差異は、ここに示される。しかし、筆者によれば、広中の市民社会も、静止的な構造として止まりうるものではない。市民社会を成り立たせる三つの要素、資本主義経済、民主主義的国家および社会における人権観念の確立は、予定調和的な整合性を現実に示すものでなく、相互の矛盾、そこから生まれる政治的社会的ダイナミズムを通じて、市民社会を歴史的に変化させる。そこでは、市民社会の諸要素に対する規範的評価、いいかえれば理念に基づく評価が市民の主体的活動に重要な役割を果たす。

これに関連して広中の市民社会概念で筆者がとくに注目するのは、人格秩序の歴史的な二段階発展の議論である。近代におけるすべての人間の権利主体としての確立、自由で平等の法主体創出は、商品交換関係の普遍化（労働力の商品化）、いいかえれば資本主義経済が支配的なウクラードになることを基礎条件とする。これは、人格秩序形成の第一段階である。この段階では、資本主義経済と市場の論理が浸透しない家族において家族構成員の自由と平等が実現せず、家父長制家族が市場主体の自由と平等に並行して存続する。

第二次世界大戦後、独裁的政治体制と二度の世界大戦が作り出した人類的惨禍に対して、「人間の尊厳」の概念が人類社会の普遍的な価値として提示される。それは、法的拘束力をもたないが「世界人権宣言」（一九四八年一二月一〇日国連総会で採択）において発出され、各国の実定憲法および国際人権法の基本理念を形成していった。このような人間の尊厳の価値観念を承認する社会的意識の一般化が、人格秩序発展の第二段階である。

第二段階では、個々の家族構成員が人間の尊厳の担い手として位置づけられ、家父長制が否定され、はじめて十全に自由と平等の法主体として現れる。そして、これは広中の言及の範囲を超えることになるが、人間の尊厳の普遍的承認は、法規範的論理において、労働力商品の販売者としての労働者の自由と平等を、明確に人間の尊厳の担い手としての人間（市民）の自由と平等の擁護と保障（「ディーセント・ワーク」の人権としての保障）（西谷二〇一一）に転回させるものである。人格秩序の二段階的発展は、世界の人々の世界の現状に対する批判的規範意識に基づく行動を通じて現実化したものに他ならない。

このような人格秩序の発展についての広中の分析視点は、現代の市民社会の構造把握について活かされなければならない。市民社会の成員は、資本主義経済への参加者であり、民主主義的国家の担い手としての主権者であり、そして人間の尊厳を保障されるべき歴史的主体としての市民である。現実の市民社会は、このような要素を持つ主体によって構成される。市民社会のダイナミズムは、個々の主体が自己のいかなる要素に比重をおいて行動するかによって規定されるであろう。このなかで、人間の尊厳に立脚し、その保障を実現すべき理念として政治的行動に参加し、これを通じて資本主義経済の運営を制御するという市民の行動パターンが想定できる。以上のようにみれば、広中の市民社会論は、清水の市民社会論と通底しており、人々の行動に準拠点をあたえる戦略的性格をもつと言えるのではないか。

4　日本の戦後法学における市民社会論——渡辺洋三の市民社会論

戦後日本の革新的、民主主義的法学のリーダーの一人であった渡辺洋三（一九二一—二〇〇七）は、その理論活動のなかで一貫して市民社会を分析の視点として位置づけてきた。一九五〇年代から理論活動をはじめた渡辺の市民社会論は、一九八〇年代初頭以来、大きな転回をとげる。その転回の理論史的プロセスの解明は、渡辺法学の全業績の探索を必要とするが（端著的なものとして広渡二〇〇九a）、おおよそ次のように考えられる。

渡辺は初期（一九五〇年代）には、市民社会と資本主義社会を表裏一体のものとして把握している。市民社会は「自由・平等・独立の市民によって構成される社会」であり、市民社会の誕生とともに「市民社会のいわば政治的投影として市民国家」が成立する。このような市民社会と市民国家は「資本主義において、商品交換経済が社会のすみずみにまで押しおよぶにいたった」ことを歴史的条件とする。ここにみられる渡辺の市民社会論は、たしかに川島武宜の市民社会論の強い影響のもとにある。しかし、川島の市民社会論が〈市民社会＝資本主義社会〉の把握によって資本主義肯定論への傾向を持ったのに対して、渡辺は資本主義の発展から生じる矛盾に着目し、市民法（抽象的、形式的な自由と平等を原理とする市民一般の法）の修正として社会法（具体的社会階層の具体的生活利益を保護する法）が歴史的に登場することを視野に入れる。

このように渡辺は、市民法が一方ですべての市民の自由と平等を保障しながら、他方で労働力の商品化を通じた労働生産物の資本家による領有を正当化するものであることを認知している（渡辺一九五九年参照）。初期の渡辺は、市民社会概念を経済的に、かつ分析的、記述的に把握すると同時に、他方で、日本社会における市民社会的発展の欠如という認識に基づいて、市民社会概念を現実に対する批判的規範的基準として用いるという方法的な混淆を示している。

渡辺の市民社会論の転回を準備したのは、一九六〇年代から七〇年代にかけての理論活動であり、その中心は「現代法論」の構築である。それは、日本の戦後の高度経済成長を通じて形成される日本資本主義と法の展開を、資本主義法の一つの歴史的発展段階としてトータルに把握する試みであった（渡辺一九七五参照）。渡辺は、近代市民社会と法の歴史段階的変化（産業資本主義から独占資本主義へ、さらに国家独占主義へ）を探り、国家独占資本主義段階の法として、現代法の構造と矛盾の認識と、その打開のための実践をリードする法理論の提起に至る。渡辺によれば、現代における生存権原理は、労働力の商品化によって必然的に生じる労働者の窮乏を反映して市民法を修正する原理であるという古典的な地平をこえて、いまや国家独占資本主義体制を進歩的に改革する反独占民主主義運動の法実践をリードする「運動の法理」として構築されなければならないとされた。

渡辺の市民社会論の転回の帰結は、『マルクス主義法学講座』に執筆した論文「近代市民法の基礎原理」（渡辺一九八〇）において明示される。そこでの市民社会のコンセプトは、市民社会と資本主義社会を一体とする理解から、市民革命とその担い手である市民に照準をあて、理念としての市民社会を捉えるものにシフトした。すなわち、市民社会はその出発点において近代市民革命の所産としての近代市民社会であり、市民社会を構成する「市民」はもともと「市民革命の担い手」である。それゆえ「市民社会の理念とは、革命と人間解放の理念を原点にしている。」

渡辺は新たな市民社会の位置づけに立って、次のように現代社会の矛盾的構造を説く。現代の社会は、近代市民革命の所産としての「市民社会」を変質させつつその上に展開してきた「資本主義社会」として存在する。市民社会と資本主義社会は、歴史的現実においては一つの社会であるが、「論理的には」この両者は「解放の理念と階級支配の理念」という異質な「社会理念」として対抗している。

渡辺によれば、この異質な社会理念の対抗は、法の体系において、市民社会に対応する市民法（「自己の労働に基礎を置く所有権法の体系」）と資本主義社会に対応するブルジョア法（「他人の労働の支配に基礎を置く所有権法の体系」）の関係として現れる。現実の法体系としてはブルジョア法であるが、市民法が理念においてこれに対立する。そして、このような理念における対立は、資本主義社会とブルジョア法の社会全体への貫徹と浸透が人々の生存を抑圧し、矛盾を激発させたとき、これへの「対立物として生存権擁護の法体系」を生み出す。まさに「現代における新しい生存権の展開は、ブルジョア法によって歪められた本来の市民法の復権」に他ならない。

このような把握に立って、渡辺は「解放の理念を担う運動の主体としての市民」を歴史的なつなぎ手として「近代市民社会」と「現代市民社会」を次のように対比する。「近代市民社会が、その出発点において、封建的独占からの解放をかちとった勤労市民の社会であるとするならば、現代市民社会は、現代的独占からの解放をめざす勤労市民の社会として位置づけられる。この勤労市民を担い手とする新しい市民社会を形成し、それを基礎にして民主的な国民経済を下から組織してゆく運動が、社会と国家の民主的変革をめざす運動である。」（渡辺の同論文は渡辺一九八四に所収）。

渡辺の新しい市民社会把握は、渡辺自身が表白するように、川島と並んで戦後日本の法社会学の構築をリードした戒能通孝（一九〇八―一九七五）の市民社会論の系譜に立つ。戒能は、歴史的に自由と人権の確立のために市民革命を戦った「市民」によって構成される社会を市民社会として定義し、欧米における近代市民革命を担った市民の課題は、日本の当面する市民革命（社会革命）においてはプロレタリアートがこれを受け継ぐと論じていた（戒能一九七七、論文の初出は一九五八）。戒能と渡辺の市民社会論は、市民社会概念を政治主体的、かつ、実践的に把握するものといえる。

渡辺の『現代市民社会』論は、その理論的根拠づけをともかくとして、社会変革の主体の集合として市民社会を位置づける点において、市民社会論のルネサンスにおけるドイツのコッカ等の市民社会論との共通性を示している。渡辺の市民社会論の戦略的性格は、明らかである。渡辺の「転回」に対しては、資本主義法の歴史論として実証的であるのかという疑問がだされた。筆者はこれについて、渡辺の転回後の新理論が、かれ自身がマルクス主義の課題とみなした日本社会の特殊性の認識（日本社会の矛盾の認識）を法実践に媒介するための中間理論であり、現実における理念の作用を重視する、規範的性格をもつ社会理論であると考えている。その歴史的実証性は、このような理念を担う主体の活動そのものによって示されうる。

加えて言えば、ウッドの危惧は、渡辺には無縁であろう。二一世紀に入って渡辺は、自由・人権の世界的共同体の創出をめざす民主主義観とその担い手となる運動主体の形成こそが、資本主義か社会主義かの体制選択をこえた人類解放の法理念の出発点であり、終着点である、という考え方に大きな共鳴を示した（渡辺二〇〇一参照）。これは、資本主義の擁護論でもなく、また、現存社会主義の護教論でもなく、自由と人権を実現する、すべての来るべき未来に開かれた民主主義論である。

藤田勇（一九二五—）は、渡辺が市民革命の意義を強調し、現代的生存権を市民法の理念によって歴史的に基礎づけることについて、次のように評している。「批判の学問」として言えば、市民革命による「人間解放」は「政治的解放」にとどまり、「労働者の経済的解放」のためには、さらに進んで社会革命による「資本賃労働関係の廃棄」が不可避であり、これは市民法の廃棄をも意味するが、しかし、「創造的理論」としての現代的生存権が対立するのは「本来の市民法」ではなく「ブルジョア的市民法のブルジョア的側面」であるという観点が、渡辺において重視されたのである、と（藤田二〇〇七、また藤田二〇一〇第三章第二節参照）。このように藤田は、マルクス主義の理論的射程内に渡辺の議論を位置づけることを試みている。筆者の受け止め方によれば、渡辺は、市民法が資本賃労働制を媒介する歴史的条件であり、かつ、それと切り離されて歴史的に存在するものではないことを認識しながら、同時にそれが「自由・平等・独立の、生存権の主体としての市民」を基礎づける歴史的理念であること、その意味を追求したのである。

5　フィクション・希望・理念としての市民社会

(1) フィクション論

戦後法学の市民社会論の考察から筆者が示したのは、《市民社会概念の戦略性とは、それが、理念としての性格をもち、人々の行動＝実践に指針を与え、また、その理念が空想的に案出されたものでなく、歴史的な根拠をもつ》ということであった。筆者は清水市民社会論を論じた際にすでに、清水の市民社会概念がそのような性格をもつことに注目して、これを来栖三郎のいうところの「フィクション」に化体できるのではないかと考えた。来栖のフィクション概念の意義は、筆者がすでに何度も引用する文章であるが、来栖がルソーの「社会契約」論を検討して、社会契約をフィクションとして規定する次の文章に明らかである。

「社会契約が存在したとするのは、人民主権国家の原理または正義の諸原理を提唱して規範的現状を変更しようとする目的を達成する手段として、存在しないのに存在すると仮定するものであるが、しかもそれは現実に根拠をもった理想としてであり、架空的なものと考えるべきでない。そのような意味において、社会契約はフィクションと考えるべきなのである。もっとも、フィクションということばは、いろいろな意味に用いられるであろう。しかし、私の一連のフィクション論においては、フィクションのことばを架空的な意味には用いていないのである。」（来栖一九九九、三五八頁）。

筆者が来栖のフィクション論に最初に着目したのは、「近代法の再定位」をテーマにする法制史学会の研究プロジェクトにおいてである（広渡二〇〇一参照）。筆者は、ナチス時代の法を分析するについて、ナチスが否定し克服の対象とする「近代市民社会・市民法」を来栖のフィクション概念を介して擁護すべき対象として位置づける可能性に言及した。それ以前の筆者は、ナチスの「民族共同体と民族法」のカテゴリーを「二重のイデオロギー的歪曲」と規定した。つまり、近代市民社会・市民法は、本質としての資本主義的階級社会についての虚偽の意識形態（イデオロギー）であり、ナチス的カテゴリーは、さらに虚偽性を二重化するものととらえていた。

この立論は、二重の虚偽性を同時に突破する方向に変革を展望するという帰結を伴い、市民社会をそれとして擁護することには向かわず、反ファシズム民主主義の意義を過小評価することになりうる。また、来栖フィクション論は、フィクションを肯定的に意義づけることによって、ポストモダンによる近代市民社会と近代市民法体系に対する批判を「フィクション性の暴露」として反批判し、逆にポストモダンに対してモダンを擁護する視点を提供する。たとえば、法秩序の起点としての個人の自由意思の実証的不在という批判に対して、自由意思をフィクションとして擁護する（広渡二〇〇八参照）。

市民社会をフィクションとして位置づけることは、市民社会概念の戦略性に着目する限りにおいてである。市民社会＝フィクション論をもって、市民社会の歴史的実証を等閑視するものという批判があるが、これは短絡的である。市民社会の理念がフィクションとして戦略性をもって作用するという事柄そのものが、資本主義的社会構成体の実証的研究の対象である。歴史的な資本主義社会の展開において市民社会の理念がどのような役割を果たしたか、新たな実証的研究課題が提起されていると考えるべきであろう。また、筆者のフィクション論は、来栖のフィクション論にもっぱら触発されたものであるが、来栖の視野に全面的にオーバーラップしているものではないことを断っておきたい。

(2) 希望論

筆者は、東京大学社会科学研究所のプロジェクト「希望の社会科学的研究」において、「希望と変革」というテーマを取り上げた（広渡二〇〇九b参照）。この希望学プロジェクトは、筆者の問題提起も受け入れて「希望」を次のように定義した。“Hope is a wish for something to come true by action”すなわち、「希望」とは具体的な何かを行動によって実現しようとする願望である。筆者は、ドイツの哲学者E・ブロッホの『希望の原理』（Bloch 1972）の検討から始め、希望の概念をいくつかの切り口から論じ、最後に、現代日本で雨宮処凛が「プレカリアート」（イタリア語の“precario 不安な”と“proletariat 労働者階級”を結合した造語）として現代の若者に二一世紀における生存権のための闘いを呼び掛けることに議論をつないで論文を次のように締めくくっている。「希望は変革の契機である。希望が抱かれることがなければ、なにも変わらない。そして、希望が希望として人々に『もやい』されるとき、それは未だないが『存在』するものとして社会の現実となる。エルンスト・ブロッホと雨宮処凛を結ぶのは、希望こそが変革を導くということである。」（広渡二〇〇九b、二二三頁）。

ブロッホは、世界の変革が自然必然的な歴史法則によって導かれるというマルクス主義的な理解に対して、未来の構想（これが「原理」としての「希望」である）に導かれた人間の行動が世界を変える契機であること、希望はまだ実現していないが、人々に担われることによって「未だない」という形でいますでに「存在している」こと（「未だない存在 Noch-Nicht-Sein」）を理論的に基礎づけようとした。ブロッホは、この仕事をマルクスが「ドイツ・イデオロギー」において提示した「実践」、すなわちフォイエルバッハに関するテーゼ第一一項「哲学者たちはただ世界を様々に解釈してきたにすぎない。肝腎なのは、世界を変革することである」に示される「変革する」という実践の意義の創造的解明として位置づけた。

このような希望の概念が、戦略性をもったフィクションとしての市民社会概念に論理的な相似性をもつことは、容易にみてとれる。筆者は、フィクションと希望の概念について、前者が空間軸において、後者が時間軸において把握されるという違いがあるが、《事実ではないが、架空のものではなく、実現すべきものとして望まれていることがら》として共通に把握できることを指摘した。

希望は、まずは個人的なものである。それが変革のための未来の構想であるためには、諸個人が「もやい」＝共有し、社会的、連帯的な希望となることが必要である。また、希望はたんなる夢ではなく、希望の提示には、社会の現実とそこから批判的なコンテクストで希望が生成する関係が認識されていなければならない。ブロッホのいう「未だない存在」の「存在」性は、構想＝理念が歴史主体に担われるというだけではなく、その構想＝理念が現実の歴史に反省的に基礎づけられていることを必要とする。このように希望の概念をとらえるならば、市民社会もまた希望の概念によって包摂することができる。

(3) 統整としての理念 (Idee als Regulativ)

理念としての市民社会が市民の歴史的政治的実践を導くという場合、このような「理念」の意義を一般的にあらためて論じるとすれば、どのようなことが考えられるか。

柄谷行人は『世界史の構造』において、何らかの歴史の理念(代表的には社会主義)を嘲笑するポストモダニストに対して、カントの「理念」(Idee)についての考え方を援用し、歴史の理念の有効性を擁護している。カントは、世界史が「世界共和国」にいたることを「理念」とみなした。「理念」とは、カントによれば、「仮象」(Fiktion)であるが、カントはこれを、一方で感性によって生まれ理性によって訂正できる仮象と、他方で理性自身が生み出し理性にとって欠かすことのできない仮象に分け、後者を「超越論的仮象」とよんだ。世界共和国は、この超越論的仮象である。これに関連してさらにカントは、構成的理念と統整的理念を分け、前者について、他の諸条件を充たすと結果が確定的に決まるようなもの、後者について、他の諸条件が充たされても経験的に模索する指標が与えられるだけであり、確定的な結果がえられず、仮定的に決定するしかないもの、として意義づける。カントは、また、この分別に対応して、理性の構成的使用と統整的使用という概念を用いている(柄谷二〇一〇、第三部第四章参照)。

柄谷は、「世界資本主義の悲惨な現実に生きている人たち」にとって歴史の理念(変革への展望)が必要であり、その理念はカントのいう「統整的理念」でなければならないとする。その反対物の「構成的理念」とは、建物を作るための設計図、青写真といったものであり、あらかじめ決められたプランの通りに建物を作るように社会を構築するというイメージとして理解できる。柄谷によれば、歴史の理念は、それに向かって人々が漸進すべき指標としての統整的理念であり、それは仮象であるが、それなくしてはやっていけないという意味での超越論的仮象である。

カントの統整的理念（regulative Idee）ないし統整としての理念（Idee als Regulativ）については、ドイツの政治哲学者のC・ランガーが、その実際の政治理論的射程を論じている（これについてはカント研究者の斎藤拓也氏のご教示をえた）。

ランガーは、カントが市民社会の正当化について、市民社会を設立する契約としての社会契約に新しい位置づけをあたえ、カント的解決を打ち出したこと、そして、カントの新しい社会契約論が一九世紀初頭ドイツ・プロイセンのシュタイン／ハルデンベルクの改革を導くものとなったことを分析しており、理念が政治的実践をいかに導くかの実証例を示している（以下 Langer 1986, Zweites Kapitel 参照）。

カント的解決とは、ランガーによれば、社会契約を歴史的な一回限りの事実行為として捉えるのではなく、社会契約を理念（Idee）として、かつ、「統整としての理念」として規定することである。社会契約を歴史的一回的行為とすれば、たんに統治権者を承認する人民の服従契約も統治の正当性を契約的に根拠づけるものになりうる。それを避けるためにも、社会契約は、契約の目的（人間の権利の保障）の実現に終わりなく接近することを統治権者に義務づけ、その行為を統整する理念として位置づけられなければならない。この理念は、変化の結果を確定的に示すものではない。

しかし、それは統治権者がこの理念に応じた内容の法律を制定するにとどまらず、立法権それ自体の改革を行うべきことも指示し、国民主権への移行の準備まで要請する、改革の原理として理解される。

カントは、このような含意の社会契約を次のように定義した。「社会契約は、理性の理念（Idee）である。理論的理性ではなく、実践的理性の理念である。それは存在するものを説明するための理念ではなく、存在しないものをわれわれの行為と作為によって生成させ、この理念に応じたものとして成立させるための理念である」（Langer 1986, S. 81）。この定義は、前述した希望の概念を彷彿させ、かつ、理念の戦略的性格をよく示している。

ランガーによれば、カントの「理念としての社会契約」論は、一回的な革命的変革ではなく、統治権者に改革の義務を課す漸次的変革の路線を示すものであった。ドイツ・プロイセンの上からの改革に際して、カントの社会契約論がその基礎に置かれたのはこのゆえである。社会契約の理念は、先験的な共和主義的憲法の諸原理（自由と平等の保障）として展開され、「諸原理にしたがった改革」を統整するのである。それを示すように、プロイセン改革時代の立法の特色は、その「計画的性格」、すなわち、方向の明示、原則の提示、具体的な提言、下位の法律へのさらなる委託、にみられる。改革の結果は、約束されるのではなく、計画に基づく実践によって作り出される。立法は、まさにこのような改革のプロセスの軌道設定を行うのである。

ランガーの分析に、これ以上立ち入ることはできないが、ここで論及されているのは、「統整としての理念」が政治的実践に戦略的な意義をもった歴史的事例である。より一般的にいえば、社会構成体の歴史的変化において理念がどのような役割を果たすのかを明らかにする一つの例である。

カントの「超越論的仮象としての理念」、また、「統整としての理念」の概念は、カントの哲学体系のなかに位置づけられるものであるが、人々の政治的実践における理念の役割という視点からすれば、理念としての市民社会への比定は十分に理由があると考える。

6 「ユートピアとしての市民社会」への批判

現代における市民社会論のルネサンスの潮流の中で一つの有力な議論は、ドイツの哲学者ユルゲン・ハーバーマスの新しい市民社会論・公共圏論である。ハーバーマスは、かつて自ら考察した「近代的市民的公共圏」が現代において「市民社会 Zivilgesellschaft」のなかに再発見されると説き、これを次のように定義した。

「現代の市民社会（Zivilgesellschaft）は、マルクスおよびマルクス主義がいうような、私法的に構築され、労働・資本・財の市場を通じて操縦される経済をもはや含まない。むしろ、その制度的核心をなすのは、自由意思に基礎をおいた非国家的、非経済的な連合体であり、結社である。これらの連合体や結社は、公共圏のコミュニケーション的構造を生活世界の社会構成要素に根付かせるものである。市民社会は、あれこれの、多かれ少なかれ自生的に発生した団体、組織、運動から成り立っており、これらが、社会的問題状況について私的生活領域において見いだされる共鳴を、受け止め、濃縮し、より強い声にして政治的公共圏に伝達するのである。」（Harbamas 1992, S. 443-

444)。

ハーバーマスは、ソ連と東欧の社会主義体制が解体するなかで、かつて自らが抱いた、国家の民主主義的掌握を通じて社会の全構造を変革するという実践哲学的イメージが不適切で、不可能になったと判断した。その上に立ってかれは、いまや民主主義の目標が、自立した資本主義的経済システムと官僚制的国家の支配システムの「止揚」ではなく、人々の生活世界を植民地化しようとするシステムの命令と干渉の民主的な封じ込めにあると考えるに至った。ハーバーマスの新しい市民社会論と公共圏論は、おおむね次のような輪郭を示すものである。

第一に、市民社会は、市民が自発的な結社や団体を形成し、それらを通じて公共的意見を構築し、政治システムに影響力を行使する、主体的活動空間として捉えられる。ここでは、市民社会が市民の生活領域＝私的領域に根づいており、公共的意見がそこから湧出することが強調される。

第二に、ハーバーマスの市民社会論は、ヘーゲルおよびマルクスの市民社会論（bürgerliche Gesellschaft）が、政治的国家と経済的市民社会の二元論であるのに対して、システム世界（政治的国家システムと経済的市場システム）とコミュニケーション的世界（公共圏と生活世界）の二分論に立ち、市民社会は後者にあって生活世界に根ざした公共圏の基礎をなすものとされる。

第三に、市民社会と公共圏は、政治システムに対して影響力を行使するがそれに止まり、「決定」するのは政治システム自体であり、重要なのは両者の協働をいかに確保するかであると位置づけられる。ここでは、コミュニケーション的に統合される市民社会がその運動を通じて政治システム（また資本主義的経済システム）を転覆する可能性は、明確に否定される。

第四に、市民社会と公共圏が政治システムに対して影響力を行使しうるものとして安定化し、発展するためにはそのための努力と条件が必要であり、市民の自由な活動を保障するための基本的権利と一連の法制度が確保されなければならないとされる（以上について広渡二〇〇六参照）。

ハーバーマスの新市民社会論は、まとめて繰り返し言えば、市民の民主主義的活動をてこにした資本主義社会の全体的変革の戦略を不可能なものとみなし、市民社会と公共圏がコミュニケーション的統合を果たしつつ、公共的意見の形成によって政治システムに対する影響力を行使し、コミュニケーション的世界を防衛する戦略を示すものであり、そのかぎりで民主主義運動の戦線は後退している。

ハーバーマスのこのような新戦略について、D・リヒターは、N・ルーマンのシステム論に立脚して、それがなお「ユートピア」にすぎないことを分析する。ここでの「ユートピア」は、いうまでもなく「実現できない仮象」という意味で用いられる（以下について Richter 1996, S. 170–208）。

リヒターは、現代の市民社会論が一般的にみて社会主義的ユートピアの代替物として現れていると把握する。かれのみるところ、そこに共通する問題は、近代社会の機能的分化（諸システムへの分化）という現実の社会学的構造（Luhmann 1992 参照）との矛盾である。なぜなら、市民社会論は、社会の機能的システム的分化にかかわらず、社会の全体を統合する（ある地点から全体を統合する）という規範的要求をもつからである。

ハーバーマスは、前述のように、社会をシステム的世界とコミュニケーション的世界に分け、新市民社会論では防衛的な戦略を提示するところに後退している。かれの市民社会論は、社会の全体を統合する規範的要求を立てるものではなく、政治システムに対するコミュニケーション的統合（公共的意見の形成）による影響力の行使にその戦略が限定されている。それにもかかわらず、リヒターによれば、ハーバーマスの市民社会論は、なお近代社会の機能的分化の視点からは、問題を含む。二つの点が指摘される。

第一の問題は、ハーバーマスが市民社会においてコミュニケーション的統合が可能であり、それに基づいて公共的意見が統一性をもつことを期待していることである。機能的に分化した社会において、生活世界に根ざした公共的意見は、さまざまな考察と見通しをもって、さまざまに観察されるのであり、その内容と言明のもつ力について合意を形成し得るとは考えられない。また、公共的意見の「公共性」は、規範的にしか存在しえない。公共的であるためには、ある事項について、どの範囲の人々の関与が必要であるかを決定しなくてはならないが、このことについての合意はどのように成立しうるのか。世界中の人々の関与を必要とするグローバル問題についての公共的意見とは、事実上形成不可能であり、規範的にしか語ることができない。

第二の問題は、ハーバーマスが市民社会のコミュニケーション的統合に基づく公共的意見の政治システムに対する影響を期待していることである。ハーバーマスは、政治システムが外部の公共的意見に共振する能力（Resonanzfähigkeit）を指摘する。しかし、政治システムは、自律的に再生産する市民社会と公共圏に対して、それを知覚するとただちに固有の操作を再調整する閉鎖的なシステムとして機能するのであり、政治システムが市民社会に共振することはない。

リヒターは、こうした理論的な批判に続いて、現存社会主義諸国（東ドイツ、チェコスロヴァキア、ポーランド）における反体制民主化運動の事例を検証し、そのなかで戦略的理念とされた市民社会がユートピアでしかありえなかったことを示そうとしている。リヒターによれば、社会主義体制の解体にまで行き着く運動の全経過を通じて見られるのは、市民社会のコンセプトが個々の局面において成功を収めながらも、その理念の実現という点からみれば最終的に成果なしに終わったということである。つまり、社会主義体制の変革の過程で市民社会を支えた運動の組織は、その後、分裂・分散し、社会主義体制の解体によって生まれたのは、一種の身分制的社会であった社会主義社会の近代化を通じて機能的システム的に分化した社会であり、決して市民社会的な統合要求を実現した社会ではなかったからである。

以上のリヒターの考察は、近代社会の機能的システム的分化という社会学的構造を所与の認識として展開するものであり、その認識への論評なしに議論の適否を云々できない。たしかに、理念が政治的実践を導くという歴史的事態の考察において、当該歴史社会の社会学的構造が何であるかは、避けて通ることのできない論点である。あえてリヒターの議論に関われば、たしかに東欧の反体制民主化運動を導いた市民社会の理念は、その担い手である運動の解体および市民社会的要求に離反した社会の創出によって、実現することがなかった。その限りで、それは「ユートピア」とみなされた。しかし、この理念を担う運動が新たに出現すれば、理念の実現可能性は再生するだろう。そうであるとすれば、市民社会は、統整的理念として、なお存続しているといわなければならない。つまり、ソ連と東欧圏における社会主義から資本主義への体制移行は、それによって歴史が終わったわけではない。

7　学術的な議論を進めるための論点整理──「市民社会概念の歴史化」

本章では、市民社会概念の戦略性という視点から、日本の戦後法学における市民社会論の意義を分析し、現代における市民社会論のルネサンスのモチーフとの連動を示すことを企図した。提示したのは、資本主義的社会構成体に基礎づけられ、同時にそれに対する反省的意識として形成される市民社会の理念が社会変革の政治的実践の指針として機能するという構図であった。

筆者の議論は、客観的に見れば、現代市民社会論に関わる一つの議論の仕方にすぎない。そこで本章を締めくくるについて、現代市民社会論の議論の全体状況をうかがうために、前述したJ・コッカとともにドイツの現代市民社会論研究を進めているD・ゴーゼンヴィンケルとD・ルフトによる論点整理をみておこう（以下について Gosenwinkel 2004b, S. 29-41）。

ゴーゼンヴィンケルおよびルフト（以下では「ゴーゼンヴィンケル」と略記）によると、現代における市民社会の議論において市民社会概念はあいまいなままさまざまに論じられているが、全体の議論を通じて二つの共通点がある。一つは、「市民社会は国家に属さない」という理解、もう一つは、市民社会が「目標にすべき価値」として承認されることである。この状況を踏まえて、ゴーゼンヴィンケルは、今後の現代市民社会研究を実りのあるものにするために「市民社会概念の歴史化」（Historisierung des Konzepts der Zivilgesellschaft）を提唱する。

市民社会というコンセプトを歴史化するとは、どのような意味か。それは、市民社会というコンセプトを「特殊に歴史的な問題状況の表現」、つまり、その時代に固有の歴史的な問題によって規定されるものとして捉えることである。したがって、「市民社会とは何か」として概念の本質規定を争うこと（たとえば「マルクスの市民社会概念とハーバーマスの市民社会概念のいずれが正当か」、「市民社会は経済的社会なのか、市民の社会的ネットワークなのか」）、あるいは、「一定の社会が全体として市民社会であるか、否か」のように問題を立てることは、市民社会のコンセプトを適切に位置づけるものではない。

ゴーゼンヴィンケルは、「特殊に歴史的な問題状況の表現」として市民社会というコンセプトを立てるならば、それは次のようなものであるという。すなわち、市民社会とは《歴史的行動主体が社会変革をめぐって、市場、国家、そして家族の特殊な権力関係によって支配されることのない自由な社会的活動領域のために戦うときに、形成する思想および社会的実践》を捉えるコンセプトである。このように市民社会は、具体的な対象領域（結社・ネットワーク、公共圏などのようなもの）を意味するものではなく、一定の歴史的問題状況を表象する（vorstellen）ものである。

ゴーゼンヴィンケルによれば、市民社会の具体的な歴史的分析については、次のような要素が必須のものとなる。

第一に、自由な社会的活動を阻むものが誰かである。市民社会は、誰がその敵対者であるかによって歴史的に具体的な内容を規定される。第二に、市民社会の担い手が誰か、そしてどのような歴史的機能を果たすのか、である。近代市民社会の創出を担ったのはブルジョアジーであった。労働運動はその後の民主化を担うが、民族的マイノリティやフェミニズムの要求を担いきることができない。では誰が担っているのかが問題となる。第三に、市民社会の歴史的活動主体の価値態度、行動の理念もまた市民社会に歴史的具体的な規定性を与える。第四に、市民社会における包摂と排除の問題である。活動主体である結社のメンバーシップのあり方から、市民社会の形成が国民国家の国民観念に基づく包摂と排除にどのように関係するかまで問題群が存在する。そして第五に、市民社会がナショナルな境界をこえること、また市民社会と国家・経済・家族に対する関係が変化すること、これも市民社会の歴史的具体的な内容を規定する要素である。

以上のようにゴーゼンヴィンケルは、市民社会というコンセプトによって具体的な歴史社会（いうまでもなく現代社会を含む）における《歴史的行動主体の自由を求める社会変革の実践》を対象化している。筆者は、資本主義的社会構成体が生み出す市民社会の理念（それは歴史的行動主体によって表象される）が歴史的行動主体にとって社会変革の政治的実践の指針となることを論じた。ゴーゼンヴィンケルによれば、まさにこれは、市民社会のコンセプトによって歴史的に「対象化」され、その歴史的具体的分析が課題となるものといえよう。

［参照文献］
植村邦彦二〇一〇、『市民社会とは何か―基本概念の系譜』平凡社新書
戒能通孝一九七七、「市民法と社会法」戒能通孝著作集第七巻、日本評論社
加藤榮一等二〇〇四、加藤榮一／馬場宏二／三輪良一編『資本主義はどこに行くのか―20世紀資本主義の終焉』東京大学出版会
柄谷行人二〇一〇、『世界史の構造』岩波書店

川島武宜一九八二、「法社会学4」川島武宜著作集第四巻、岩波書店
来栖三郎一九九九、『法とフィクション』東京大学出版会
清水　誠一九九二、『時代に挑む法律学―市民法学の試み』日本評論社
平子友長一九九八、「市民社会概念の歴史」『法の科学』第二七号
西谷　敏二〇一一、『人権としてのディーセント・ワーク』旬報社
広中俊雄一九八九、『民法綱要第一巻総論上』創文社
広中俊雄二〇〇六、『民法綱要第一巻総論』創文社
広渡清吾一九八〇、「西ドイツにおける国家―社会国家の射程と限界」『講座・現代資本主義国家』第四巻、大月書店
広渡清吾二〇〇〇、「市民・市民社会と国民・国民国家と法」飯島紀昭他編『市民法学の課題と展望』日本評論社（広渡『比較法社会論研究』日本評論社、二〇〇九年に収録）
広渡清吾二〇〇一、「ナチズムと近代・近代法」石井三記他編『近代法の再定位』勁草書房
広渡清吾二〇〇四、「憲法と民法―その関係の多元主義的理解」『法律時報』二〇〇四年二月号
広渡清吾二〇〇六、「市民社会論のルネサンスと市民法論」林信夫／佐藤岩夫編『法の生成と民法の体系』（前掲『比較法社会論研究』に収録）
広渡清吾二〇〇八a、「市民社会論の法学的意義―『民法学の方法論』としての市民社会論」戒能通厚／楜沢能生編『企業・市場・市民社会の基礎法学的考察』日本評論社
広渡清吾二〇〇八b、「ドイツ民法典第1条の含蓄」『ドイツ研究』第四二号
広渡清吾二〇〇九a、「渡辺法学の構図―その素描」戒能通厚／原田純孝／広渡清吾編『日本社会と法律学』日本評論社
広渡清吾二〇〇九b、「希望と変革―いま、希望を語るとすれば」玄田有史／宇野重規編『希望学［I］・希望を

語る』東京大学出版会
藤田勇二〇〇一、『マルクス主義法理論の方法的基礎』日本評論社
藤田勇二〇〇七、「渡辺洋三さんの学問的精神を想う」『法の科学』第三八号
マルクス／エンゲルス二〇〇二、廣松渉編訳／小林昌人補訳『新編輯版　ドイツ・イデオロギー』岩波文庫
山口定二〇〇四、『市民社会論―歴史的遺産と新展開』有斐閣
渡辺洋三一九五九、『法というものの考え方』岩波新書
渡辺洋三一九七五、『現代法の構造』岩波書店
渡辺洋三一九八〇、「近代市民法の基礎原理」『マルクス主義法学講座』第五巻『ブルジョア法の基礎理論』日本評論社
渡辺洋三一九八四、『法社会学とマルクス主義法学』日本評論社
渡辺洋三二〇〇一、『社会と法の戦後史』青木書店

Bloch 1972, Ernst Bloch, Das Prinzip Hoffnung, 3 Bd. Suhrkamp（山下肇他訳『希望の原理』全三巻、白水社、一九八二年）
Chambers 2002, Simone Chambers / Will Kymlicka (ed.), Alternative Conceptions of Civil Society, Princeton University Press
Glasius 2004, Marlies Glasius / David Lewis / Hakan Seckinelgin (ed.), Exploring Civil Society. Political and cultural contexts, Routledge
Gosenwinkel 2004a, Dieter Gosenwinkel / Dieter Ruft / Wolfgang van den Daele / Jürgen Kocka (Hrsg.), Zivilgesellschaft—national und transnational, edition sigma
Gosenwinkel 2004b, Dieter Gosenwinkel / Dieter Rucht: History meets sociology: Zivilgesellschaft als Prozess,

in : Zivilgesellschaft—national und transnational
Harbermas 1992, Jürgen Harbermas, Fakzität und Geltung. Die Beiträge zur Diskurstheorie des Rechts und des demokratischen Rechtsstaat, Suhrkamp
Kratorium 1991, Vom Grundgesetz zur deutschen Verfassung. Denkschrift und Verfassungsentwurf, vorgelegt vom Kratorium für einen demokratischen verfaßten Bund deutscher Länder, Nomos Verlaggesellschaft
Luhmann 1992, Niklas Luhmann, Beobachtungen der Moderne, Westdeutscher Verlag GmbH（馬場靖雄訳『近代の観察』法政大学出版局、二〇〇三年）
Langer 1986, Claudia Langer, Reform nach Prinzpien. Untersuchungen zur politischen Theorie Immanuel Kants, Klett-Cotta
Richter 1996, Dirk Richter, Zivilgesellschaft—Probleme einer Utopie in der Moderne, in : Rolf Eickelpasch / Armin Nassehi（Hrsg.）, Utopie und Moderne, Suhrkamp
Rosenberg 1994, Justin Rosenberg, The Empire of Civil Society, Verso（渡辺雅男／渡辺景子訳『市民社会の帝国』桜井書店、二〇〇八年）
Wood 1995, Ellen Meiskins Wood, Democracy against Capitalism, Cambridge University Press

第2章

現代ドイツの市民社会論と市民法について

1　はじめに

本章は、「現代ドイツ」という限定で、ドイツにおける一九八〇年代以降の市民社会論のルネサンスを中心に検討し、これと関連して「市民法」をめぐる議論の若干を探ることを課題にする。「市民法」という用語は、ドイツ語で bürgerliches Recht ないし Zivilrecht であるが、(1) この日本語訳は、法律学では通常「民法」である。日本の法解釈学で「民法」というところを、あえて「市民法」という用語をテーマとして選択するのは、それが歴史的な文脈で「市民社会」ないし「市民」と関係するという前提的理解があるからである。表題は広範であるが、筆者の問題関心による限定的な考察にとどまることをお断りしておきたい。

2　現代ドイツにおける「市民社会」概念の前史

現在、ドイツでは、日本語の「市民社会」ないし英語の “civil society” に対応する表現として、

①bürgerliche Gesellschaft ②Zivilgesellschaft および③Bürgergesellschaft の三つが並行して用いられている（以下では、印刷上の煩雑をさけるため、まったく便宜的にそれぞれbG、ZGおよびBGと略記する）。それぞれの利用頻度をみる趣旨で、グーグル検索をかけてみると、ヒット件数は、①約五五万件、②約二九六万件、そして③約三五万件であった。ドイツ語のこの三つの表現の存在とその勢力関係は、この概念の歴史に関わることであり、これをまず見ることにしよう。ちなみに日本語の「市民社会」のヒット件数は、約一、一二〇万件に達する（二〇一八年一月時点）。これはこれで興味深い分析の対象ではある。

教科書的にいえば、近代ヨーロッパにおける市民社会概念（société civile, civil society）は、古代ギリシアのアリストテレスが都市国家（ポリス）の定義に用いた「コイノニア・ポリティケー」（市民共同体）をローマのキケロが「ソキエタス・キヴィリス」とラテン語に訳した概念に由来するとされている。市民社会概念は、その後近代ヨーロッパにおいて国家の正当性を根拠づける社会契約論と密接に関連して再登場する。

ロックは『統治二論』（一六九〇年）において、男女の自発的契約によって成立する最初の社会としての「婚姻社会 conjugal society」およびそれを基礎に人間の property（自分自身の体に対する「固有権」としての property および労働に基づく財に対する「所有権」としての property。この区別は加藤節による）の相互保全を目的に社会契約によって設立される「政治社会ないし市民社会 political or civil society」を考察している（加藤節によればここでのギリシア語を語源とする political とラテン語を語源とする civil は、ロックにとってまったく同一の意味である）[2]。

ルソーは『社会契約論』（一七六二年）において、「社会契約」の本質を「われわれの各々は、身体とすべての力を共同のものとして一般意思の最高の指導の下に置く。そしてわれわれは各構成員を、全体の不可分の一部として、ひとまとめとして受けとるもの」と規定し、この「結合行為」によって作り出されるものを「共和国 Republique」または「政治態 Corpus politique」（ロックにおいて political と civil が同じ意味をもったことに注意）、その構成員を集合的には「人民 Peuple」、個々的に「主権に参加する者」として「市民 Citoyens」と呼んだ。[3]

ドイツにおいて、カントは『道徳形而上学』（一七九七年）の中で、ルソーの "Citoyen" に対応するドイツ語として "Staatsbürger" を用いた。これは、マンフレッド・リーデルによると、カントの造語であった。[4] カントは、立法権力の説明において、「人民 Volk の集合された意思のみに帰属しうる」ものとし、「立法のために集合したそのような社会 Gesellschaft（societas civilis）、すなわち国家 Staat の構成員を Staatsbürger と称する」と述べている（丸括弧は原文）。[5] ここで重要なことは、カントが societas civilis を「そのような社会 Gesellschaft」すなわち「国家 Staat」と記述していることである。これは、ロックの civil society やルソーの Corpus politique に通底することである。

カントは、Staatsbürger（ここでは「国家市民」と直訳する）の不可分の属性として、第一に自らが決定に関与した法律以外の法律には服しないという法律的自由、第二に相互に法的に拘束し合うことのできる者以外の上位者を認めないという市民的平等（bürgerliche Gleichheit）、そして第三に自己の存在の保持を他人の恣意に依存せず、自己の権利と力によって図り、法的事務を自ら処理できる市民的独立性（bürgerliche Selbständigkeit）の三つをあげている（カントは、それゆえ、奉公人、女性、未成年者等を国家市民とみなさない）[6]。

カントは、国家市民の本質的属性について、"bürgerlich" な「平等」および「独立性」を挙げているのだから、字面だけからみれば、国家市民が構成員である「社会」を "bürgerlich" な「社会」、すなわち、ｂＧと表示してもおかしくないと思われるが、ここでは、societas civilis のドイツ語訳としてｂＧは、使われなかった。

その理由の一つは、カントが「国家市民」の造語をしたことから見られるように、当時のドイツ語の「市民 Bürger」に政治社会ないし政治的共同体の主権者的構成員というニュアンスが存在しなかったことである。カントもその政治的支配のもとにあったプロイセン王国が制定した一七九四年「プロイセン一般ラント法」によると、「市民 Bürger」は、「市民身分 Bürgerstand」に属する。「市民身分」とは、「生まれによって貴族または農民身分に数えられ得ず、かつ、その後もこれらの身分に編入されない国家の住民」であり、「そもそもの意味の市民」は、「都市 Stadt に住所をもち、市民権 Bürgerrecht を得た者」であるとされた[7]。このような市民の法概念が通有する下では、カントがそうしたように、"Staat" を付加しないかぎり、"Citoyen" と同意義の存在を語れないのは当然であり、ｂＧを societas civilis に対応させるのは無理であった。

ドイツにおいてｂＧに確固とした地位を与えたのは、ヘーゲルである[8]。ヘーゲルは、古典的な societas civilis 概念が経済社会的関係を含んだ政治的共同体を表象していたのに対して、「国家から区別された市民社会の概念」、つまり非政治的経済的社会としての市民社会概念を新たに確立し、それをhGと位置づけたのである。

ヘーゲルは、『法哲学要綱』（一八二一年）第三部「人倫」において、「家族」、「市民社会 die bürgerliche Gesellschaft」および「国家」の章を配置し、「市民社会」の冒頭で次のように記述した。「欲求の全体および自然必然性と恣意の混合物として、自らを特殊の目的とする具体的人格が、市民社会の一つの原理である。他方、特殊の人格は、本質的に他のそのような特殊性との関係において、各々が他によって、かつ、ただ普遍性の形式によって、媒介され、満足させられることが、もう一つの原理である。(9)」

これにすぐ続く「補足」は、第一に市民社会と国家、第二に市民社会の原理について、敷衍している。第一について、市民社会は、国家と家族の間に生じる差異であり、国家の形成に遅れて形成される。市民社会は、その存在のために国家を前提とし、独自の存在としての国家に対面するものであり、市民社会の形成は、現代世界に属し、この世界がはじめて理念のすべての諸規定にその権利を生ぜしめるとされる。第二について、市民社会においては、各々が自己を目的とし、すべての他者はその者にとって無であるが、他方、他者との関係なしには、その者は自己の目的の範囲に到達できない。なるほど、他者は特殊性の目的のための手段であるが、他方で、特殊の目的は、他の特殊性との関係によって、普遍性の形式を装い、他の特殊性の福利を同時に満足させることによって、満足するのであると述べられている。(10)

このように、ヘーゲルは、市民社会の登場が、国家の形成に遅れ、国家を前提として形成され、現代世界（一九世紀前半）に属すること、市民社会において個人が自己の目的達成のために他の個人を手段にする関係をとり結ぶが、同時にその関係が相互的であって、普遍的形式のもとに、相互的満足を得る関係であることを示した。この市民社会は、経済的にみれば商品交換社会として把握され、ヘーゲルはこうして政治的国家から独自化した市民社会を経済関係としての商品交換関係を中心に概念化したのである。ヘーゲルは、市民社会の要素として、さらに、個人間の経済関係を法的に処理する「司法活動」ならびに市民社会の共同性を統治する「社会政策」および市民社会内部の共同体としての「職能集団」を示して、その役割を論じている。[11] ヘーゲルのこのような市民社会の概念化は、いうまでもなく、政治的国家から独自化して運動する資本制経済の勃興を歴史的な条件としていた。

ヘーゲルは、このように位置づけた「市民社会」の「構成員」[12]について、『法哲学要綱』による講義（『講義録』一八二五年）のなかで次のように説明している。「市民社会の基礎とも出発点ともなるのは、個々人の特殊な利害です。『市民』にあたるフランス語には bourgeois と citoyen の二つがあって、前者の『ブルジョア』は、共同体のなかで自分の欲求を満たす活動に従事する人々をさします。かれらは、市の公務にはかかわらず、それにかかわるのが後者の『シトワヤン』です。わたしたちがこの章（「市民社会」の章─引用者）で考察するのは、もっぱら、『ブルジョア』としての個人です[13]」。

ここでは、国家と市民社会の二元論が市民（Bürger）の「シトワヤン」と「ブルジョア」への二重化を導くことが示されている。ヘーゲルは、経済的な領域として市民社会を国家に対して独自化し、そこで活動する「ブルジョアとしての市民」を「私的人格」とし、他方で政治的国家の領域において活動する「シトワヤンとしての市民」と区別したのである。カントによるsocietas civilisの構成員としてのStaatsbürgerは、ヘーゲルのこの二つの市民概念が未分化であり、ヘーゲルとの差異は明瞭である。

ヘーゲルの市民社会概念を継承しながら、同時に、この市民社会の批判的解剖において国家の政治支配の根拠を明らかにする課題を打ち出したのがマルクスである。初期の著作である『ドイツ・イデオロギー』（執筆一八四五―一八四六年）において、マルクスは次のように述べている。

「従来のどの歴史的諸段階にも常に現前した生産諸力によって条件づけられつつ、かつまた同時に生産諸力を条件づける交通形態、それが市民社会である。……この市民社会は、単一家族と複合家族―いわゆる部族制―をその前提とし、基礎としているが、これの立ち入った諸規定は前述したところに含まれている。ここにおいてすでに、この市民社会こそが全歴史の真の汽かん室であり、舞台であるということ、そして大げさな政治劇に目を奪われて現実的諸関係を等閑視した従来の歴史観が、いかに背理であるかということが、明らかである。[14]」（傍点原文）

マルクスは、この箇所に続いて、断章的に、これまでの考察が人間活動の一面、「人間たちによる自然の加工」だけを問題にしてきたが、もう一つの側面、「人間たちによる人間の加工」、そして「国家の起源」、「市民社会に対する国家の関係」に目を向けなければならないと、示唆している。「生産諸力を条件づける交通形態」であり、「全歴史の真の汽かん室」である市民社会について、マルクスは、こののち、史的唯物論（ヘーゲルが考えるように国家が市民社会の不十分な共同性を超えて共同体の理念を現実化するものと理解するのではなく、これを転倒させ市民社会の核心である経済的「生産関係」が政治的国家を規定すると把握する）を方法として、「市民社会」を「資本賃労働制」を生産関係とする資本主義社会として分析し、『資本論』（第一巻一八六七年、第二巻一八八五年、第三巻一八九四年）を著した（第二、三巻は遺稿をエンゲルスが編集し刊行した）。

マルクスは、『ドイツ・イデオロギー』における「フォイエルバッハに関するテーゼ」の第一〇項に「古い唯物論の立脚点は市民社会であり、新しい唯物論の立脚点は人間的社会、あるいは社会化された人類である」と書きつけた[15]。マルクスにとって市民社会（ｂＧ）は、評価の対象ではなく、批判的解剖を必要とすべき、国家的政治支配を根拠づける資本による労働の搾取と抑圧のシステムであり、そのシステムからの解放が「人間的社会 menschliche Gesellschaft」として展望された。ヘーゲル、マルクスによって市民社会が政治的国家と明確に区別されることによって、ドイツの市民社会概念は、ロック、ルソー、カントの理論が仮託した、社会契約論的に正当化され自由と権利を保障する政治社会・政治共同体という近代的含意を失うことになった。

3　現代ドイツにおける「市民社会」概念の再生

歴史学者のＪ・コッカによると、ヘーゲル、マルクス的市民社会概念は、一九世紀以降進展する資本主義的工業化のなかで一般化し、市民社会は citoyen, citizen, Bürger を構成員とする社会というより、ブルジョアジーを構成員とする社会としての理解が広がった。「ドイツ語のＺＧやＢＧという用語は、伝統的に肯定的な含意を伴っていたが、それらはｂＧという用語にとって替わられた。

……英語やフランス語では……伝統的な肯定的な意味合いが、より長く保存された。しかしながら、全体としてみれば、市民社会という用語は、ほとんどの言語において後景に退き、一九八〇年頃に至るまで周辺的な役割しか演じなくなった、……一九八〇年頃、市民社会という語は、見事なカムバックを果たした。[16]」（傍点原文）

コッカが述べるように、一九八〇年代以降、欧米の社会科学において「市民社会のルネサンス」という状況が生まれた。その背景や歴史的意味は追って考察することにし、ここでは、「ルネサンス」のなかで、①bGに代わって普及する②ZGおよび③BGの用語について述べよう。

コッカは、前記のように、②および③が「伝統的に肯定的な含意を伴っていた」ところ、①に「とって替わられた」結果、周辺的な役割しか果たさないものに後退したが、「一九八〇年頃にカムバックした」という。この記述によれば、カントがsocietas civilis、ヘーゲルとマルクスがbGを論じた時には、ドイツ語として②および③が存在していたと読めそうであるが、一八世紀末から一九世紀にかけて、「伝統的に肯定的な含意」で用いられたドイツ語としてZGやBGがあったのか、問題点として確認しておきたい。

冒頭に記したように、現在、利用頻度が圧倒的に大きいと推測されるのは②ZGであり、①bGおよび③BGが同じ程度で使われている。②と③は、明確に①の含意と異なる市民社会を論じるものとして、①との代替関係にあり、再生した市民社会論は、①とは異なった問題意識と視角から市民社会を論じるものであるがゆえに、明確に①と区別して②および③の用語が利用されている。

社会学者のR・ジムザによると、②および③は、現在、ドイツ語圏において英語のcivil society

の同義語として用いることができるとして扱われている。ただし、②および③には、ニュアンスの差がある。ジムザの整理によると、ZGの概念は、強く非制度的な志向をもつ点で、BG概念に対して区別される。「非制度的」というのは、そもそも"zivil"の意味がなにかしらの職務としてではなく、まったくボランタリーに連携することを示すものであり、それゆえZGには、自由で平等の人格の討議的な自治的に組織されたアソシエーションのイメージがある。これに対して、BGの概念は、より強くナショナルで、かつ、ヒエラルヒー的な意味合いをもっている。ジムザによれば、中世において市民Bürgerが都市住民として特別の地位を持っていたように、今日でもまた市民の概念は確定的なナショナルな領域への所属と特別の法的地位に関わり、ある地域の住民がすべて市民となるわけではなく、移民が市民となるためには「市民化する」という特別の行為（ドイツ語の帰化はEinbürgerungという）が必要である。[17]

筆者がドイツの移民法の専門家（Albrecht Weber）と話したときのニュアンスは以上と異なり、新しい市民社会概念としてZGが普及しているが、BGも可能な表現であり、社会のメンバー、「アクターとしての市民」に注目する用語法として、よりダイナミックな市民社会の捉え方になるのではないか、というものであった。ジムザの整理は、ドイツ語の「市民」概念が一方で都市市民（Stadtbürger）の歴史的性格に規定され、他方でカント的意味における世界市民（Weltbürger）という開放性にも馴染まないものであることを指摘するものであり、このような含意がドイツ語圏で通用しているとすれば、新しい市民社会概念としての利用頻度においてZGがBGを圧倒していることの一つの理由になる。

ＺＧ概念を古典的なｂＧ概念に代えて用いることについて、概念の定義およびその歴史的理由を明確に論じて、新しい市民社会の議論にインパクトを与えたのは、Ｊ・ハーバーマスである。ハーバーマスは、自らのかねてからの「公共性」の理論と新しい市民社会論をつなぐ議論を展開した。一九六二年の著作『公共性の構造転換』において、ハーバーマスは、一八世紀から一九世紀にかけて、イギリス、フランスおよびドイツにおいて成立し展開した「市民的公共性」の構造を明らかにし、これが「国家の社会化」（ネオコーポラティズム）および「社会の国家化」（国家の積極的介入主義政策）によって変容することを分析した。一九九〇年、この著作の再版に際し、ソ連・東欧の社会主義圏の崩壊を目の当たりにしたハーバーマスは、本文の補正にかえて長文の「序言」を付し、かつて「市民的公共性」としてかれが論じたことが「今日では〈市民社会ＺＧの再発見〉という標題の下に論議されている」と指摘したのである。[18] かれによれば、これまでドイツでは societas civilis がヘーゲル、マルクスがそうしたように「経済社会」としてのｂＧと捉えられてきたが、これに対して、新たな論議は、ＺＧ概念によって「自由な意思に基づく非国家的・非経済的な結合関係」に焦点をあてるものになった。

では、ソ連・東欧の社会主義圏の崩壊が、なぜハーバーマスをして、市民的公共性に通有するＺＧに注目させたのか。そこには、ハーバーマスの「社会変革」に関する考え方の転換があり、「序言」ではそのことについて述べられている。ハーバーマスによれば、一九六二年の著作は、社会主義者であった憲法学者、ヴォルフガンク・アーベントロートの社会変革構想に負うところが大きかった。アーベントロートは「民主主義的な社会的法治国家は社会主義的な民主主義へとさらに発展」し、基本法のもとでの民主主義の力によって国家を通じた経済社会秩序の根本的変革が可能である。つまり、民主主義は国家を通じて資本主義を制御し、かつ、変革しうると構想した。

ハーバーマスによれば、しかし、こうした社会変革の構想は、この間の事態によってもはや維持できないものとなった。なぜならば「社会全体を、法と政治権力というメディアを介して自己自身へはたらきかけるような一つの結社としてイメージできるという仮定は、機能的に分化した社会の複合性の度合いを考えるとまったく説得力を失ってしまった」からである。実際、ソ連・東欧圏の社会主義体制は、政治的に統一された意思による経済と社会の管理が、経済的には機能不全を引きおこし、政治的には公共性を破壊してしまうことを示した。それゆえ、ハーバーマスは、いまや民主主義にとっての目標が「自立した資本制的な経済システムと自立した官僚性支配のシステムの〈止揚〉ではなく、生活世界を植民地化しようとするシステムの命令の干渉を民主的に封じ込めること」（傍点等原文）に変わったと判断した。

このことは、ハーバーマスにとって「客体化された本質的諸力の疎外とその取り戻し」という「実践哲学的イメージ」との「決別」を意味した。つまり、ハーバーマスは、資本主義体制において疎外される労働者・人民の「疎外の回復」としての社会体制の変革から、民主主義による生活世界の防衛に、実践哲学的課題を転回したのである。

ハーバーマスの新しい立場は、一九九二年の著作『事実性と妥当性―法と民主的法治国家の討議理論に関する研究』においてより明確にされ、展開された[19]。この著作であらためて、ハーバーマスは、一九六二年の著作で対象とした「近代的市民的公共性」が、現代において再発見され、これを表現する概念がZGであると確認し、これを次のように定義した。

「ZGは、マルクスおよびマルクス主義者がいうような、私法的に構築され、労働・資本・財の市場を通じて操縦される経済をもはや含まない。むしろ、その制度的核心をなすのは、自由意思を基礎においた非国家的、非経済的な連合体であり、結社である。これらの連合体や結社は、公共圏のコミュニケーション的構造を生活世界の社会的構成要素に根付かせる。ZGは、あれこれの、多かれ少なかれ自生的に成立した団体、組織、運動からなりたっており、これらが、社会的問題状況に関して私的生活領域に見出される共鳴を、受け止め、濃縮し、より強い声にして政治的公共圏に伝達するのである。ZGの核心は、用意された公共圏の枠の中で、公共の利益の問題について、問題解決に向けた討議を制度化する、結社の制度（Assoziationswesen）である。[20]」

ちなみに、引用文で「公共圏」と訳出しているのは、従来「公共性」と訳されていたÖffentlichkeitである。これに従来と異なる「公共圏」の訳語を最初にあてたのは、社会学者の花田達郎のようである。ハーバーマスの一九六二年著作は、一九八九年にはじめての英訳が刊行されるが、そこでÖffentlichkeitには、public sphereの英訳があてられた。花田は、ハーバーマスのÖffentlichkeit概念が抽象的な概念というより、具体的な空間概念として理解されるべきだと考えており、この英訳に着目し、かつ、ハーバーマス自身がSphäre der Öffentlichkeitの表現をあわせて用いていることにも留意して、「公共圏」の訳語を採用した。[21]なるほど、「公共性としての市民社会」というより、「公共圏としての市民社会」のほうが、イメージを具体化し、分かりやすい概念表記と思われ、この用語が、以降一般化している。

ここで、ハーバーマスが近年の市民社会論についてイタリアのアントニオ・グラムシの市民社会概念の影響を指摘していること注意したい(22)。グラムシの市民社会論は、イタリア・ファシズムに対する闘争のなかで構想されたものであり、マルクス主義的市民社会概念を踏まえながら現代革命における市民社会の位置づけを論じ、コッカによって、一九八〇年代以前に市民社会に注目した「例外的な」言説であるとされている(23)。

グラムシの市民社会論は、その『獄中ノート』(ファシズムによる拘束の中、一九三七年に獄死)において示され、遺された構想である。哲学者の吉田傑俊がグラムシの死後五〇年を機縁に発表した論文によると、グラムシの市民社会論は、マルクスの理論を継承し現代的に発展させたものであり、その市民社会概念は「二〇世紀前半のファシズム期の政治、経済、文化の事態に正面から対決した、現代社会を変革するための構造的分析の中軸概念」とされる(24)。

グラムシが分析しようとしたのは、イタリアの現実における「国家」であり、それは「国家イコール政治社会プラス市民社会」、「いいかえれば国家とは強制の鎧をつけたヘゲモニー」と命題化された(25)。吉田の整理によれば、グラムシは、この命題を基本にしつつ、市民社会について三つの定義を示している。第一に、上部構造としての市民社会、第二に下部構造としての市民社会、そして第三に将来社会の基盤としての市民社会、である。

吉田の示唆するところによって考えれば、史的唯物論的な土台・上部構造論(経済的土台と政治的法的上部構造)の形式的な理解に立つと、市民社会を同時に上部構造であり、下部構造であると位置づけることは論理矛盾である。しかし、人々は、一方で生産と労働のシステムに組み込まれながら、そこで労働者として経済的な闘争を行うし、他方で強制装置としての国家（政治社会）の支配に組み込まれながら、階級的な政治的運動を展開する。その二つの領域は、国家（上部構造）と経済（土台）が相互依存的に展開する現代において（国家と独占体の癒着など）有機的に連関しており、グラムシは、そのような人々の活動（「階級闘争」と性格づけられる）の場を「市民社会」として捉え、史的唯物論的土台・上部構造論を、現代的にダイナミックな構造をもつものとし発展的に捉え直し、理論的な構図を提示したのである。

グラムシの社会変革の見通しは、変革の対象である「国家のヘゲモニー」の奪取である。それは、土台であり、また上部構造である市民社会における闘争によって勤労者階級がヘゲモニー（支配権）を取り戻すという道筋を通じて実現する。それゆえ、市民社会は、「将来社会の基盤」としても位置づけられる。吉田の総括的規定によれば、「グラムシ市民社会論の特質は、（資本主義の―引用者）この歴史的過程において国家から疎外される市民社会的諸契機（政党、労働組合、その他すべての私的な団体と個人など）の増大と成長を前提として、それを国家内部の一契機、国家支配の一契機から国家止揚への一契機の機軸に移行させる試み[26]」（傍点原文）であった。G・プロカッチ『イタリア人民の歴史』（一九七〇年）は、グラムシのこの試みを「開かれた体系としてのマルクス主義の思想であり、この思想の機械論的、非弁証法的解釈に対する論争[27]」であったと位置づけ、イタリアのマルクス主義におけるグラムシ市民社会論に対する評価を示している。

グラムシの市民社会論は、以上に見るように、国家のヘゲモニーの奪取にむけた階級闘争の場として、国家・社会の総体を捉え、そこにおける運動主体の活動の意義を位置づけるものであり、マルクス的な政治的国家と経済的市民社会の分離を論理に含みつつ、伝統的市民社会概念の現代的再生という文脈を語り得る。ハーバーマスが注記するように、そのかぎりで、一九八〇年代のルネサンスにつながっている。

グラムシとハーバーマスの市民社会概念は、人々（市民・勤労者）の活動する場を対象化し、その歴史的社会的意義ないし戦略的意義を説くという点において共通する（この点で伝統的に理解されたbG概念との切断ないし発展がみられる）。しかし、他方で市民社会のヘゲモニーの掌握による全社会構造（政治的経済的共同体としての国家）の変革を志向するグラムシに対して、ハーバーマスはより限定的、防御的な市民社会擁護の課題設定を行った。ハーバーマスにとって、ZGは、コミュニケーション的構造をもつダイナミックな空間であり、国家システムと資本制経済システムに対する制御機能、他方で、生活世界の防御機能を期待すべきものであり、決して全社会構造にとって替わるものでなく、その部分構造に止まる。とはいえ、市民の活動空間の意義をあらためて強調したハーバーマスの議論は、現代社会の民主主義論にインパクトを与えるものであり、その視点から、現代社会変革論を提起したグラムシの市民社会論との親近性を捉えることもできよう。(28)

4　新しい市民社会論の歴史的環境と概念的意義

コッカは、「市民社会という語」の「カムバック」の二つの歴史的文脈を提示している。一つは独裁制批判の文脈であり、もう一つは現代国家・社会に対する一般的な政治的知的批判の文脈である。東欧社会主義諸国の反体制派が「一党独裁、ソ連の覇権主義、全体主義」に反対して「自由、多元主義、社会的自律」を求めてその主張を展開したときに、「市民社会」の語が用いられた。独裁制批判の文脈における市民社会概念の登場は、ラテン・アメリカや南アフリカにおいても見られた。もう一つの現代国家・社会に対する政治的知的批判の文脈において持ち出される市民社会は、第一に干渉主義的福祉国家に対するオルタナティヴとして、第二にグローバル化する資本主義の制御のための媒体として（「グローバル市民社会」）、そして第三に高度に分散化、個人化し、連結力を欠いた社会の変化の方向づけとして、つまり、そのような役割を期待される社会として、論議の的となった[29]。

英米圏における市民社会をめぐる議論の整理もほぼ同様であるが、ニュアンスの差異もみられる。ロンドン経済政治大学の三名の研究者の編による『市民社会探究』（二〇〇四年）は、新たな市民社会論の背景となる文脈を次の三点に整理している[30]。第一に、欧米先進諸国の新たな社会運動のなかで民主主義の再検討と方向の模索が行われるが、そこで市民社会概念が手がかりとされ、東欧諸国の社会主義体制からの離脱を目指す民主主義運動も同様の動きを示して、市民社会の論議が加速化した。第二に、グローバル化のなかでグローバル・レベルの市民の活動を基礎にしてグローバル・イシューに取り組む「グローバル市民社会」の展望が論議される。第三に、資本主義のグローバル化は発展途上国のグローバル市場への接合をうながし、その際の開発投資の条件として一定の社会システムの整備が求められ、そこでは、西欧型市民社会に対して、発展途上国型市民社会のモデルが論議される。以上の三点に示される市民社会論の動因、すなわち西欧諸国の社会運動、東欧諸国の反体制運動、そしてグローバリゼーションは、いずれも一九八〇年代に展開するものであり、「市民社会」の「カムバック」の歴史的環境が確認できる。

S・チェイムバーとW・キムニッカの編になる『市民社会のオルタナティヴな概念』（二〇〇二年）は、そのタイトルが示すように、新しい市民社会論のパースペクティヴを一層広げている。編者は、「市民社会」が現代社会科学のトピックであると同時に、「規範的社会理論 normative social theory」であるとし、この後者に関わる議論を「市民社会論議 civil society argument」と呼ぶ。編者によれば、その発信源の一つは、リベラル・デモクラシーの強さと安定度が「自律的組織的な参加の活力をもった健全な領域」の存在に依存するとアメリカ社会を診断したトクヴィル思想の再発見であり、この動きがアメリカのみならず、西欧、東欧、中欧、さらに南アフリカにも広がった(31)。この著作で探究されるのは、このリベラルな市民社会論に対する「オルタナティヴな概念」である。すなわち、現在のメインストリームの市民社会論に先取り的に前提され、思想の伝統に埋め込まれているコンセプトそれ自身が探究の対象とされる。そこでオルタナティヴな概念を探る視点として取り上げられるのは、古典的自由主義、キリスト教、自然法、ユダヤ教、イスラム教、儒教などである。

さて、新しい市民社会論が以上のような歴史的環境のなかで登場したことは、その論議の性格、市民社会概念の意義を特徴づける。チェイムバー／キムニッカが指摘するように、市民社会は、「社会科学」のトピックであると同時に「規範的社会理論」のトピックである。

そこで、この二つの関係について考えてみよう。

ある研究プロジェクトが、「市民社会」を一定の作業を踏まえて定義し、その定義を基準として、現実の諸社会を実証的に分析し、市民社会としての成熟度を比較的に測定するとする。この研究プロジェクトは、たしかに実証的な社会科学研究でありうるが、では「市民社会」の定義は、どのような手続きで行われるだろうか。

このような役割を与えられる市民社会概念は、M・ヴェーバーの方法である「理念型」と相似的な機能を果たすようにみえる。ヴェーバーは、理念型の構成が「目的ではなく手段である」と位置づけ、構成された理念型が科学上有効な概念構成であるためには、「具体的な文化現象を、その連関、因果的制約性、および意義において認識することに対するその効果」(32)（傍点原文）を規準とすると考えている。つまり、理念型は、客観的事実の相互関連、そこにおける各事実や関連性の意味などについての仮説的なモデルとして、具体的な現象の認識のための手段として効果を発揮しうるものでなければならない。ヴェーバーの理念型は、いうまでもなく、経験科学たる社会科学における認識と価値判断の峻別の要請を充たす方法として位置づけられた。理念型についてヴェーバーのさらなる次の記述は、かりに市民社会概念を理念型として位置づけると、興味深く読むことができる。

「理念型は、ひとつの思想像であって、この思想像は、そのまま歴史的実在であるのでもなければ、まして『本来の』実在であるわけでもなく、いわんや実在が類例として編入されるべき、ひとつの図式として役立つものでもない。理念型はむしろ、純然たる理想上の極限概念であることに意義のあるものであり、われわれは、この極限概念を規準として、実在を測定し、比較し、よってもって、実在の経験的内容のうち、特定の意義ある構成部分を、明瞭に浮き彫りにするのである。こうした概念は、現実に依拠して訓練されたわれわれの想像力が適合的と判定する、客観的可能性の範疇〔カテゴリー〕を用いて、われわれが連関として構成する〔思想〕形象にほかならない。[33]」(傍点等原文)

「市民社会」がヴェーバーの理念型として設定されるのであれば(ヴェーバーの理念型を適切な方法として認めるという前提のもとに)、前記の研究プロジェクトは、社会科学的実証研究として一貫することができる。そうだとすれば、「規範的社会理論」の登場の余地はここにはない。

市民社会概念の「前史」でみたように、ヘーゲルは勃興する資本制経済を哲学的にとらえてその運動の空間をbGとして概念化した。マルクスは、ヘーゲルによる国家と市民社会の関係把握を逆転させ、bGを政治的国家支配の土台として、資本主義社会として解剖した。このようなbGは観察者の分析の対象であり、意図や目的をこめた規範的社会理論として設定されるものではない。これに対して、ロック、ルソー、カントは、社会契約論的に基礎づけられる近代社会のあり方(事実として形成されつつ、そのような可能性をもちつつ、目指されるべきもの)を市民社会(civil society, Corpus politique, societas civilis)として示した。かれらの市民社会概念は、一つの「規範的社会理論」といいうる。

このような前史的理解にたてば、一九八〇年代の新しい市民社会論は、マルクス的なそれから離れ、ロック・ルソー・カント的な系譜、規範的社会理論の系譜に再接続するものとして特徴づけられる。そのような文脈は、マルクス的市民社会概念を擁護する側からの批判を呼び起こす。イギリスのマルクス主義者E・ウッドは、現今の市民社会論の隆盛の背景に、二〇世紀末以降の社会主義的体制の解体のなかで、資本主義の社会主義による克服から資本主義における民主主義の擁護へのマルクス主義的左派の戦線後退があるとみて、これが「資本主義のアリバイ」作りに手を貸すことになると警告している。(34)

また、J・ローゼンバークは、労働力の商品化と自由意思による等価交換の形態を通じて剰余価値の搾取が行われる場が市民社会であり、市民社会の非政治的性格と国家の公共性のイデオロギーのもとで市民社会こそ資本主義的階級支配の構造的基礎であるとして、新しい市民社会論を批判する。(35)このような批判に対しては、新しい市民社会論に資本主義批判的・改革的要素がないか、あるいは、社会主義的オルタナティヴにつながる要素がないか、新しい市民社会が多様に論じられるなかで、これらの見極めが求められよう。

市民社会概念の意味づけについて、コッカも編者の一人である『市民社会ZG―国家的そして超国家的』（二〇〇四年）において、共編者のD・ゴーゼヴィンケルとD・ルフトは、「歴史学と社会学の出会い―プロセスとしてのZG」という視点を示して、規範的社会理論（それは法哲学的、民主主義論的、思想史的に論議される）としての市民社会論に対して、「市民社会概念の歴史化」の必要性を論じている。その含意は、市民社会をめぐる概念史を超えて、「変遷する市民社会の意味内容がときどきの歴史的問題状況の表現である」ことを明らかにすることである。それゆえ、かれらによれば、相異なる市民社会概念の適否を論じることには意味がなく、現代の市民社会論は、その時代的被規定性を自覚して現代に適合的な市民社会概念を形成すべきである。(36)

ゴーゼヴィンケル／ルフトは、現代市民社会論の相対する二つの傾向として、一方で「市民社会概念の本質化」、他方で「市民社会の領域関係的概念」を挙げている。前者は、市民社会の本質的要素が何か（市民の価値的態度・行動様式、そもそも市民性とは何か等）に焦点をしぼる議論であり、ここでは記述的要素と規範的要素が混合して、市民社会概念が形成される。これに対して後者は、一つの限界づけられた「領域」として市民社会の概念化を図るものであり、国家、市場および私的生活空間に対する独自の領域として、社会科学的に市民社会の概念化が行われる。この概念化においては、「本質化」の傾向にみられる記述的要素と規範的要素の混合が回避されうる。形成される領域的概念としての「市民社会」は、「歴史的行動主体の思想形成と社会実践」が展開する場であり、この市民社会概念によって、歴史的行動主体の「市場・国家・家族の特別の権力関係と強制の妥当しない、社会的行為の自由な空間のための、社会変革をめぐる闘争」を捉えることができる[37]。

ゴーゼヴィンケル／ルフトによれば、このような市民社会の領域関係的概念は、規範的要素の混合を免れて社会学的概念として、歴史的状況の分析に適用することができる（「社会学と歴史学の出会い」）。これが「市民社会概念の歴史化」の意味であり、ここから歴史的な市民社会の具体的な考察を進めることになれば、市民社会は一つのダイナミズムとして分析できる（「プロセスとしての市民社会」）。

ところで、この領域関係的市民社会概念は、ハーバーマスの市民社会概念にもあてはまる。ハーバーマスは、前述のように、ZGをもって「近代的市民的公共性」の再発見と位置づけ、政治システム、経済システム、そして生活世界に対して限界づけられる領域としてZGを位置づけた。この市民社会は、事実の認識の対象としての客観的存在である。他方、ハーバーマスは、『事実性と妥当性』において、ZGのあり方について原理的に論じている。たとえば、市民社会は政治システムに影響力を行使するが、「決定」するのは政治システムであり、肝要なのは両者の協働の確保なので、そのために市民の自由な活動を保障する基本的権利と法治国家的諸制度が必要であるとする。この「あり方」は、たんに事実として述べられているわけではなく、規範的な要請を含んでいる。

ここに認められるのは、一方で市民社会の「領域としての記述的概念化」と他方でその「規範的あり方の提示」という関係である。これについては、市民社会概念の「規範的要素と記述的要素の峻別」に関してゴーゼヴィンケル／ルフトが指摘する次のことが示唆的である。すなわち、「峻別」は、市民社会の概念化に際しての、つまり、分析対象としての場の設定に際しての視点であり、他方、その場で活動する歴史的行動主体による市民社会をめぐる論議そのものは高度に規範的であり、そのようなものとして分析されるということである[38]。言い換えれば、歴史的行動主体をとらえる「場」は、記述的な概念として設定されるが、そこで捉えられる歴史的行動主体の活動はいうまでもなく規範的基準に左右されるから、その両者を区分したうえで、歴史的な市民社会において具体的に表出する問題を分析しなければならない。

「市民社会概念の歴史化」の意義として、ゴーゼヴィンケル／ルフトの指摘する論点をもう一つあげておこう。それは、市民社会を「善良で、平和的で、かつ連帯的な社会」として規範的になんの留保もなく理解することの克服である[39]。これは、市民社会の記述的概念化として論理的に当然のことであろう。

現代の市民社会論が社会科学的実証研究であるためには、どのような方法論によって展開しうるかが重要なポイントである。しかし、同時に重要なことは、現代の市民社会論が近代市民社会論に思想的に通底して、現代国家・社会における諸問題に対する処方箋としての規範的社会理論の性格を色濃くもち、むしろそのことが市民社会論のルネサンスの歴史的背景であり、支配的傾向であることだと思われる。

5 「市民法」と現代市民社会論

冒頭で述べたように、ドイツ語の市民法（bürgerliches Recht, Zivilrecht）は、日本の法律学で「民法」と訳されるのが通常である（以下便宜的にそれぞれをbR、ZRと略記する）。日本の民法学の代表的教科書と目してよい四宮和夫／能見善久『民法総則』（第六版、二〇〇二年）は、まず、民法が一般に「市民社会の法的なルール」を扱うものと述べている。民法は「市民社会の法」、つまり「市民法」であるというのが民法学の一般的理解である。そして、民法の意義として「基本的に私人と私人との関係」を扱うものであり、「国家の行為や行政組織に関する法的ルール」である「公法」に対置され、「私法」に属し、かつその中で「私法の一般法」の地位をもつものと説明されている。ドイツの代表的民法教科書であるメディクス『民法総論』（第一〇版、二〇一〇年）もまず、市民法（民法）を私法の一般法とし、原理的に公法と対置されるものと位置づけて記述を始める。

市民法の規定に関する私法と公法の対置は、ヘーゲルがそうしたように、ブルジョアジーとしての市民である私的人格と公的職務に関わるシトワヤンとしての市民に二重化すれば、それぞれのカテゴリーの市民がとり結ぶ関係が、一方で私的人格相互の関係として市民法ないし私法の対象となり、他方、シトワヤンと国家の関係として公法の対象となるという論理から導かれる。ヘーゲルは、私的人格が関係を取り結ぶ場を市民社会bGとして、概念的に確立したのであり、そうだとすれば、市民法がbRとよばれておかしくない。ただし、市民法bRという用語法は、ヘーゲルがbGの概念を確立するより前にすでに、ローマ法の伝統のなかで、概念的意味を明確にもって使用されていた。

G・ベーマーの『市民法秩序の基礎』（一九五〇年）によれば、bRは、ローマ法の〝jus civile〟にさかのぼり、そのドイツ語訳である。Jus civile（市民法）は、もともとは固有のローマ市民に限って適用される特権法であり、ローマ帝国支配地の住民に一般的に適用されるjus gentium（万民法）に対比して用いられたものである。しかし、その後、ローマ市民権が最終的にローマ帝国のすべての自由市民に賦与されることになり、市民法と万民法の区別は意味を失った。このようにローマ市民の特権法という意味をなくしたjus civileは、その適用領域が、ローマ人によって個々の市民間の相互関係の法としてjus privatum（私法）と呼ばれていた領域に限定され、他方で国家組織や国家と市民の関係について適用されるjus publicum（公法）と区別されることになった。市民法は、このようにして私法と同義の用語となり、公法と二分されるものとして位置づけられた。

さらにベーマーによれば、ドイツ民法典の成立後は、民法典と関連附属法をあわせて民法（市民法）とし、これを「私法の一般法」と規定し、商法その他の私法特別法を含めて「私法」と総称する用語法が広がったとされる。[40] 以上のように、bRは、ローマ法以来の法発展史におけるコンセプトであり、私法の一般法という規定を与えられた。

ところで、ローマ法の jus civile は、ローマの societas civilis の法であり、まさに市民社会の法であった。では、近代の市民法（民法）と近代の市民社会の関係はどうであったか。F・ヴィアッカーは『近世私法史』（一九六七年）において、ベーマーの記述を踏まえながら、市民法の法典化である近代民法典の歴史的性格を次のように位置づけている。

bRは、一八世紀においてもなお、教会法（jus canonicum）に対するものとしての jus civile の翻訳として用いられていた。しかし、フランス革命とフランス民法典制定の後、この用語は、「自由で平等の国家市民 Staatsbürger（cives, Citoyens）の政治的パトス」（丸括弧は原文）を獲得した。革命によって旧身分制と属州制を一掃したナポレオン国家は、「フランス人の民法典」において、「統一された、身分制を一掃した、平等の国民（Nation）の普遍的かつ平等の私法」を作り出した。ヴィアッカーによれば、こうして、フランスを嚆矢として、イタリア、ドイツ、スイス、南欧から南米まで続いていく、近代市民法の法典化は、「市民社会（bG）と国民国家（Nationalstaat）の同盟の子」なのである。[41]

このような近代民法典の想定する社会像は、「所有権と契約自由の原則の下にある国民的、統一的、かつ平等の社会」であったが、一九世紀の現実においては、産業革命によって勃興する新しい営利的社会、つまり資本主義社会の先駆者たちのための特別法としての機能がその核心にあった。なぜなら、この先駆者たちは、民法典によって、旧特権身分、旧職業身分に対するだけではなく、新たに生まれる賃金労働者に対しても特権的な地位を確保したからである。ヴィアッカーは、このような分析のうえで、「国民の政治的、法的統一をわがこととした市民層（Bürgertum）の自己愛のみが、そもそもからこの法的統一がフィクションによって購われたものだということを錯覚したのである。(42)」と述べている。

ヴィアッカーがここでドイツ民法典をもって「市民社会と国民国家の同盟の子」という場合、この市民社会はヘーゲルのいうブルジョアジーを構成員とする市民社会である。しかし他方で、フランス革命とフランス人のための民法典は、「市民法」に「自由と平等の国家市民のパトス」を賦与することになった。民法典制定を追求するブルジョアジーは、「自由と平等の国家市民」のパトスを同時に担ったのである。その担い手をヴィアッカーは、「市民層」と表現する。そしてヴィアッカーによれば、この市民層は、市民法たる民法典がすべての市民の「自由と平等」を保障し確立するものであると理解し、主張したが、それは、市民層の「自己愛における錯覚」、つまり自己欺瞞に他ならなかった。このように市民層は、すべての人々の代表として行動しながら、結果において（あるいは自己を欺きつつ）自らの特権的利益を実現したが、しかし、その成果である市民法の法典は、なお「自由と平等の国家市民のパトス」を装うものでありえたのである。

以上のヴィアッカーの市民法・民法典論は、歴史的実証的考察である。再度くりかえせば、法典として成立した市民法は、「市民社会」を代表する「市民層」が「国民国家」との同盟によって産み出したものであり、自由と平等の国家市民によって担われる装いのもとに、ブルジョアジーの経済的特権的地位を核心において確立するものであった。

さて、法典としての市民法（民法典）は、法律学によって、私法の一般法であり、全法体系において公法と原理的に区別されるものと位置づけられる。このように法体系を私法と公法の二元的構造によってとらえる理論は、ヘーゲル的な経済的市民社会と政治的国家の二元論に対応するものである。古典的な代表的教科書であるエネクチェルス／ニッパーダイの『民法総論』（一九五九年第一五版、初版一九二七年）は、公私法二元論について次のように説明している。

「市民法＝民法は私法」であり、「私法は、諸個人の、すなわち私的権利主体およびその共同体の法的地位を秩序づけ、また、そのようなものとして、同等の他者、すなわち公権力的に上位にない他者ないし公権力の担い手でない法共同体に対する法的関係を規制する」ものである。「私法は公法から区別される」が、公法は「上位にある公権力的な法共同体（国家、市町村、教会など）の法律関係、ならびにそれらの相互関係およびその構成員との法律関係を秩序づける」ものである。そこで、公法においては、公的共同体（Gemeinwesen）とその構成員の関係について原則的に「上下の秩序」または「保護と配慮」が支配するのに対して、私法においては原則的に「同位の秩序」が妥当する。このように、「近代法治国家は、公法と私法を分別するが、これは歴史的に規定されたものであり、論理的な必然ではない」[43]。というのも、英米法は大陸法のように公私法の厳格な二分論をしらないからである。この記述には、英米とドイツおける市民社会概念の差異が逆に示唆されている。

公私法の二元論の基礎は、社会における人間のあり方から説明される。すなわち、人間は、一方で「自分の特別の欲求と利害をもった個人」として法の対象になるが、他方で「多様な組織された全体に統合される」ものであり、その統合こそ「統一された人間的意思」が支配し、法的に意思をもつ統一体として、つまり法人である国家として現れる。この説明は、人間を私的利害主体と国家のメンバーの二重性（ブルジョアジーとシトワヤンの二重性）において把えるヘーゲル的論理そのものである。こうして私法は、「個人が公的共同体の構成員としてではなく、個人として立つ法的関係」を秩序づけるものとなる。(44)

公法に対置される私法・市民法の積極的意義は、次のように説かれる。市民法の法典たるドイツ民法典は、「自由主義的法治国家における諸個人の基本権と自由権に基づく私的経済秩序の法的表現形式」である。ここでの自由は、もちろん無制限なものではなく、「憲法的秩序、社会的義務と法的倫理、すなわち社会的法治国家の限界内において」保障される。「私法の精神」は、「個人の人格性の尊厳と発展の自由に基礎をおく」ことであり、「西欧的文化としての基本権と自由権なしに、機能する私法はありえず」、ワイマール憲法よりも一層進んでボン基本法（戦後ドイツ憲法）が「実定私法秩序および経済秩序を憲法的に保障し、保護している」ことに決定的な意義がある。憲法的に保障される「個人の人格性の自由な発展の権利」は、もっとも大きな意義をもち、そこから私法の原理としての「競争の自由」と「契約の自由」が引き出される。そして、憲法上の「所有権保障なしにいかなる私法も考えられない。」(45)

このように、「実定私法秩序」と「経済秩序」を保障する憲法の意義が強調される。歴史的にみれば、ドイツにおいて「実定私法秩序」の基本法典は、一貫して一九〇〇年施行の民法典であるが、その間、第二帝国からワイマール共和国へ、さらにナチス第三帝国を経て、戦後ボン基本法体制へと憲法体制は変化する。他方、「経済秩序」は、政治的な意義をもつ憲法によってより直接的にその原理を規定されるものであり、ボン基本法下のそれは「社会的市場経済」である。社会的市場経済の経済理論的説明はここではおくとして、エネックチェルス／ニッパーダイによれば、それは「(憲法上の) 社会国家原理に相応して自由と強制の均衡を維持する」こと、「自由市場経済」とは反対に、経済秩序が経済システムのまったくの自律に委ねられるのではなく、市場に対する個別の干渉を控えつつ、国家が市場を監視するという市場経済である。(46)

さて、以上の法律学的記述は、市民法の意義について、二つの考えるべき論点を示している。一つは、政治的な意義をもつ憲法と市民法・私法の関係である。前記では憲法が私法秩序を保障するという順接的関係が強調された。もう一つは、市民法・私法が経済秩序、市場をもっぱら対象とするもののように記述されていて、家族の位置が不明であることである。

第一の論点は、所有権保障に関わる。前記では「所有権保障なしにいかなる私法もない」とされた。民法典の所有権規定 (第九〇三条) は、ワイマール憲法とボン基本法にかかわらず不変であるが、周知のようにワイマール憲法は「所有権は憲法によって保障される」としながら他方で「所有権は義務を負わせる。その利用は同時に公共の福利に資するものでなければならない」(第一五三条一項、三項) と規定し、所有権の絶対性を明確に制限した。ワイマール憲法のこの規定は、基本法にも継承された (第一四条)。

これらの憲法規定は、民法典の所有権規定と果たして順接続的な関係（憲法が私法を保障する）にあるのかというのが問題である。これについては、法史学者K・クレッシェルが明快に否定する議論を展開した。

クレッシェルは、土地所有権の歴史的変化を考察したうえで、所有権についてのワイマールとボンの二つの憲法による「所有権の社会的義務づけ」の原理を「反自由主義的反動」と位置づけた。クレッシェルによれば、民法典の所有権は、原理的に無制限な完全支配権として規定され、そこに近代市民層の自由と法治国家の基礎が見出されるのであるが、二つの憲法規定はこれと矛盾し、この自由主義に対する反動はナチス期の民族と国家のイデオロギーのもとに頂点に達していたものである[47]。

このようなクレッシェルの把握は、憲法の規定と市民法の規定の逆接続的関係、つまり、憲法が市民法を制限するという関係にあることを示している。憲法は、法体系上、法律の上位にあり、憲法と市民法が逆接続関係にあれば、市民法の所有権規定は、憲法の所有権規定によって内容的に制限、修正されざるをえない。ところが、クレッシェルは、憲法と市民法をそのような関係において理解しない。その理由は、民法典の所有権は、前国家的権利であり、民法典所有権規定の本質的内容（前国家的権利であるがゆえに、「自由」は原理的に「制限」に優先する）が憲法によって保障されなければならず、その限りで、市民法が憲法に優先すべきものと考えるからである[48]。

クレッシェルは、このような所有権論に基づいて、一九六〇年代後半から一九七〇年代にかけて都市の新開発のなかで土地問題が激化し、その処方箋として当時の政権にあった社会民主党が提唱した都市の土地所有権についての「分割所有権」構想を徹底的に批判した。分割所有権構想は、所有権を処分所有権と利用所有権に分割し、市町村が収用や先買権によって取得した土地について私人には利用所有権のみを与えることとし、これによって都市計画に基づく利用規制を格段に強化することを狙ったものである。(49) クレッシェルの議論は、原理的であるが、同時に、きわめて現実政治的であった。

以上のクレッシェルの議論は、市民社会の法である市民法が政治的国家の憲法と対抗関係にあること、つまり、市民社会と国家の二元論のもとで、国家による市民社会への介入が現代の論点であることを示した。ヴィアッカーが民法典をもって「市民社会と国民国家の同盟の子」と評したときには、この国家はプロイセンのユンカーが政治支配権をもつ国家であったが、クレッシェルが介入を批判する国家は、社会民主主義政党が政治支配の中心にある国家であった。他方、エネックチェルス／ニッパーダイが、憲法と市民法の順接続関係（憲法は私法・市民法を保障する）を強調した時代は、東西対立の冷戦体制下で、保守政権が東ドイツの社会主義に対して厳しく対峙していた時代であった。

もう一つの論点は、市民法・私法がもっぱら経済秩序・市場を対象とするもののように記述されている問題である。いうまでもなく、市民法の基本法典である民法典は、財産に関わる法制度とともに家族に関わる法制度を規律の対象としている。それゆえ実際上、家族に関する法制度が市民法に属することは否定されない。にもかかわらず、市民法の位置について基本的な事柄が叙述される場合に家族の法制度への視野が欠けるのは、市民社会概念の影響、つまり、市民社会と家族の関係についての「前理解」によるものではないかと推測される。ヘーゲルの市民社会は「国家と家族の間の差異」であり、国家からと同時に家族からも、独自化されたものであった。ロックの議論においても、最初の共同体である家族、つまり「婚姻社会」は、「市民社会」と区別された。

他方、現代のZGとしての市民社会論においても、同様に家族が含まれないことがあらためて気づかれる。ハーバーマスの市民社会論では、家族は市民社会の基礎にある「生活世界」に属する。ゴーゼヴィンケル／ルフトが「市民社会の領域関係的概念」を立てる場合にも、「市場・国家・家族」ではない領域が市民社会と規定されていて、家族は市民社会の領域に入らない。

同位関係にある諸個人が取り結ぶ関係を規律する法を私法、他方で公的共同体の一員としての公的共同体に対する関係を規律する法を公法と定義的に区分すれば、家族に関する法が前者の私法に属することは論理的である。その私法関係のなかで、経済関係（＋アルファ）と家族関係が分けられるが、家族関係（婚姻と親子）が、経済関係と同様に固有の欲求と利害の主体である自律的市民の関係として理解できるか、つまり、一方で自己の欲求を等価交換関係において実現することを原理とする経済関係と他方で愛情と血縁に基づき無償の行為が求められうる家族関係が同じ法原理のもとに包摂しるかどうかが、市民社会と家族の関係、市民法への家族法の組み込みについて論点となるものと思われる。

さて、市民法学・私法学では、以上のように法体系における私法と公法の二元論、その背景となる市民社会と国家の二元論がそのあり方を論じる前提の基本論理となっている。ここから生じる論点は、経済的市民社会と政治的国家がどのような関係に立つのかであり、法律学的にいえば、市民法・私法は、国家ないし憲法に対して、また、全体社会(ヘーゲル的にいえば国家・市民社会・家族をすべて包摂した全体)のなかで、いかなる役割を果たすものであるか、という論点である。

市民法・私法の全体社会における役割・機能をいかに考えるかは、戦後ドイツの市民法学・私法学において、決してメインストリームの議論ではないと思われる。この全体像を捉える課題は今後のこととして、ここでは一九六〇年代から七〇年代の代表的論者としてL・ライザーを取り上げよう。

L・ライザー(一九〇四—一九八〇)は、ナチス時代に反ユダヤ主義に同調せず、「非アーリア人」教授として大学を追われた学問上の師や同僚友人との交友を絶たず、また、キリスト教グループ(プロテスタント系)とともにナチズムに対する思想的抵抗を試み、学者としてのキャリアを妨害されたことで知られている。一九三三年一二月にベルリン大学によって教授資格を賦与されたが、「政治的信頼度に対する権力者の懸念にかれのすぐれた学問的能力が打ち勝って」ライザーがシュトラスブルグ大学教授に就任したのは、やっと一九四二年のことである。しかし、就任後すぐに兵役に駆り出され、ライザーが大学教授としてはじめて講義をしたのは、戦後一九四五年の冬学期、ルドルフ・スメントの尽力によって招へいされたゲッティンゲン大学でのことであった。[50]ライザーの七〇歳記念論文集に寄稿したR・ヴィートヘルターは、ライザーが進歩的な自由主義の立場にあって、どんな社会にとっても必要な「賢者のアドバイス」とか「反体制にある市民的知識人」を化体した人であると述べている。[51]

ライザーが立てた課題は、一九世紀的な国家と社会の分離に基づいた公法システムと私法システムの二元モデルが、一九世紀以降の産業社会の進展およびとりわけ戦後の民主的福祉国家の展開のもとで、判断の基準や方向づけとしてもはや妥当しないことを認識したうえで、どのような法システムが構想されるべきか、そしてそのなかで私法にどのような役割が与えられるか（現代における私法の機能変化）を明らかにすることである。ライザーは、反面教師的提案としてM・ブリンガーの「共同法 Gmeinrecht」論を取り上げている（M. Bullinger, Öffentliches Recht und Privatrecht, 1966）。

ブリンガーは、公私法の原理的峻別が実務的に大きな困難をもたらしており、私法が「個人の自由の王国」で公法が「国家的強制権力の活動領域」という二元論が古い硬化したイデオロギーにすぎないことを批判し、公私法をいまや融合して「共同法」とし公私法をそのなかの各パートとすることを主張した。ライザーは、この議論が自由主義とドイツ観念論哲学以前の普通法的議論に結果において接近すること、また、比較法的にコモンローの統一性を語る英米の法律家の考え方に相似的である（ライザーによると英米の法律家には「国家が、独自の超人格的な統一体としての社会に対峙する存在として役割を果たす」という考え方がない）と批評しつつ、ブリンガーの「共同法」の最大の難点が、かれの意図に反して、「私法の公法への解消」であること指摘した[52]。

ライザーによれば、たしかに国家と社会、公法と私法の厳格な区分を認めることは非現実的である。なぜなら、民主主義国家のもとで、国家の支配は民主的なコントロールに服しているというものの「支配から自由な社会」を語ることが難しく、市民はますますその存在の保障と配慮を福祉国家に期待し、膨大な官僚的機構と社会的に公平な配分規則の大集積が生まれ、大きな国家と公法が前面にでているからである。しかし、ライザーは、他方で次のことに注意をうながす。

このような国家領域の増殖にもかかわらず、「市民には政治的意思形成とコントロールならびに国家の社会給付への参加権と並んで、政治的に完全に空白で無関心というものではないが、国家に関係しない、固有の、個人的にまたは共同に行使すべき行為自由の領域が残っている。そのような自由領域および国家によってコントロールされない私的空間の承認と保護への要求は、決して過去の社会哲学的思想のたんなる残存物ではなく、今日まで、われわれの公的共同体における、個人的および共同体的な行為と政治的要求の原動力である。[53]」

ライザーは、「自由領域および国家によってコントロールされない私的空間の承認と保護」に私法の必要性を基礎づける。たしかに現代の産業社会と国家は相互に浸透し、事実上も観念上も分離しがたいものになっているが、ライザーによれば、法的には異なった原理に立つ公私法の区別が必要であり、基本法も憲法として、一方で社会的領域における個人の自由と権利を保障して私法を基礎づけ、他方で制度としての国家への参加権を保障し公法を基礎づけている。

では、原理として異なる公私法の二元性は、「峻別する」という伝統的な論理を克服してどのように展開しうるのか。ライザーは、公私法の二極のそれぞれが「照射の中心としての焦点をなす楕円」として法システムをとらえることを提案する。[54] 公私法の二つの焦点は、相互に非完結的であり、相互に補充的であり、それぞれが独自に全面化すれば、法システムが壊れてしまう関係にたつ。また、ライザーによれば二つの焦点の中間に双方から影響をうける「中間領域」が存在する。そして、この「中間領域」は範囲と政治的意義において増大している。

「中間領域」の概念は、ライザーの議論のもっとも興味深いものである。というのも、ライザーは、この「中間領域」の位置づけについて、ハーバーマスの『公共性の構造転換』を援用して、「中間領域」はハーバーマスが捉えた「国家から自由な領域としての古い市民社会の公共性の瓦解のあとに新たに展開した、完全に国家的でもなく、収縮した私的空間にも属さない〝労働と組織の世界〟」であると規定する（引用文中の引用符は原文）。ライザーによれば、この「世界」では、「圧倒的に非国家的な諸人格、諸団体および諸組織が行為する」が、私的空間とことなり、その行為が公共的（öffentlich）なものとして、政治的に責任をとるべきものとして展開する。

ライザーは、この「中間領域」をO・フォン・ギールケの提唱する「社会法 Sozialrecht」として捉えることを退ける。なぜなら、公私法と社会法の三法領域区分は、公私法の峻別を前提にその両者が並存する領域として社会法を意義づけることになり、法システムにおける公私法の固有の緊張関係と機能的補完関係を見失うからである。

ライザーの提起する「中間領域」は、「領域関係的概念」からみると、社会変革から生活世界防衛に「転換」後のハーバーマスの「公共圏」が国家システムと経済システムから独自の領域であるのに対照すると、私的な社会経済的活動と国家的作用が融合する生活領域として位置づけられている。ライザーは、私法を社会の典型的な生活領域に対応する機能領域にしたがって編成すること、その識別基準を私的性格か公共的性格かの度合いとすることを提案する。その度合いは、濃淡のグラデュエーションであって、個々の法制度にそくして判定されなければならない。ライザーがここでいう「公共的」は「国家的」とは区別される。つまり、私法の機能領域は、極めて私的性格が強く個人の意思と自由が原理となる領域から公共的性格の強い領域にまたがり、公共的性格が強くなればなるほど、社会的答責性の原理が妥当する。前者の典型的なものは、人格・行為能力・財貨の保護、私的個別的法的取引の承認、不法行為による損害賠償、私的結社の権利、そして婚姻・家族法などであり、後者の典型的なものは、経済的大企業、労働経済生活、文化的領域、政治的意思形成に支配力を持つ団体などの法規制である。[55]

以上のように、私法の役割の核心を「自由領域および国家によってコントロールされない私的空間の承認と保護」として位置づけ、産業社会と国家の相互浸透が進む現代に適合的な私法の構想（生活領域に対応する機能領域を公共的性格の濃淡によって編成）を語るライザーは、私法の生命力が将来にも維持されることを期待するが、その際に留意すべき私法の未来についての「危険」として「市民社会ｂＧ」概念を俎上にあげ、次のように論じる。

一つの危険は、私法をもって特定の社会経済システムと同一視し、私法を「自治的領域への国家的介入に対する保塁」と理解することである。この自治的領域こそ「経済的自由に対する自由主義的要求をもった市民社会」であるが、いまやこうした「市民社会」は現代の産業社会によって解体されている。それゆえ、「市民社会」と私法を一体化して理解することは、私法にとって命取りになる。

もう一つの危険は、私法が「市民社会の自己理解」に相応して「非政治的な法」として「理解され、教えられ、扱われてきた」ことである。法典化がこのような理解をさらにプッシュしたが、しかし、これは当時すでに「自己欺瞞」であった。なぜなら、「市民法（ｂＲ）は疑いもなく市民社会の承認と安定化に奉仕する」という政治的機能をもったのであり、市民社会とその経済的基礎の変化のなかで、非政治的、非歴史的、かつ法技術的に理解された私法の諸制度はもともとの目的とはまったく違うもののための手段として濫用されたからである。

ライザーによる市民社会と市民法の歴史的意義の理解は、前述のヴィアッカーの法史学的考察に通じている。歴史的に市民社会は、ブルジョアジーとしての市民の社会であり、その法的ルールとしての市民法はブルジョアジーの市民社会に奉仕するものであった。市民社会の命脈はすでにつき、市民法の政治性も暴露された。他方、それらを経ながら「自由領域と国家によってコントロールされない私的空間の承認と保護」を価値とする私法の理念は、維持し発展さすべきものであり、ライザーによれば、私法規範の価値内容は、歴史的に変化する「市民社会」という社会形態にではなく、原理的に「人類のヒューマニズム」と結びつけて位置づけられるべきである(56)。

ライザーにとって、すでに命脈がつきた市民社会(ヘーゲル・マルクス的な市民社会)に代わって新しい市民社会を構想することは、それ自体課題として意識されていない。とはいえ、国家と市民社会の分離、それに基礎をおく公法と私法の峻別という二元論を否定し、それに対して立てられたブリンガーの「共同法」を退け、「公法と私法を照射の中心としての焦点とする楕円」として法システムを構想することにおいて、ライザー自身の社会モデルが示されていると見ることができる。それは、国家と市民社会の二つの円が対峙するのではなく、国家と社会と「中間領域」が存在し、それぞれが截然と画されることなく、公的なものから私的なものに色合いが量的に変化しているという一つの楕円というモデルである。そして、ここにおける「中間領域」は、「圧倒的に非国家的な諸人格、諸団体および諸組織が行為する」ところである。このように見れば、ライザーの議論は、ポスト「bG」論を示唆するものと言うことができる。

さて、以上を受けて一九八〇年代の新しい市民社会論において、市民法・私法にどのような位置づけが行われたかを見るべきであるが、ここでは一つの理論的志向を確認するにとどまる。それは、ライザーの議論がポスト「bG」論として、国家の肥大化と国家・市民社会二元論の解体の中で、なお私法領域の意義を維持しようという防衛戦略（その限りでハーバーマスの戦略に似ている）の色彩をもつのに対して、逆に反転して、市民社会の独自性の承認の上で、国家に対する市民社会のより積極的な役割を強調するものである。

前記のゴーゼヴィンケル／ルフトの著作は、一つの章に「国家の失敗からガバナンスへ」のタイトルを付している。このタイトルが示すように、ライザーがとらえた国家の肥大化は七〇年代を通じて進行し、八〇年代には「国家の失敗」を示すものとなり、新しい市民社会としての「ZG」論が、ガバナンス論の文脈に位置づけられることになる。

同章に配された「国家的法定立独占から市民社会的自己規整へ」と題する論文で、公法学者のシュッパートは、ZG概念について、政治的権力から厳格に区別される同位的市民的空間であることと強調する防衛的立場に対して、より攻勢的に国家と並んで独自のガバナンス機能をもつ存在（「そうであり、かつ、そうであるべきである存在」）としてのZGに着目する。ZGは、構成要素の相互の交流によって制御される空間であり、それゆえガバナンス論（国家全体の統治を論じる議論）において重要なアクターであるからである。シュッパートによれば、ZGのガバナンス能力について二つの要素が注目される。一つは、ZGの「社会資本」というべきものである。ZGは自閉的なものでも、まったくの私的なものでもなく、公的なものへの関わりによって私的なものの領域を超える、結社、ネットワーク、運動および組織の、自己組織的公共空間である。もう一つは、そのことのゆえに、ZGが自己組織の能力をもち、機能的にみれば、ガバナンスの私有化（Privatisierung von Governance）を語り得ることである[57]。

シュッパートは、ZGのガバナンス機能について、行政法学的に、第三セクター、地方自治・住民自治、福祉行政における給付の方式などの実際を検討し、憲法的正当化も考察した上で、ガバナンスにおける法の規整モデルの選択肢として、①公的セクターにおける国家的規整、②協調的規整―とくに国家法的に枠づけされた社会的自己規整、そして③私的自己規整の三択を示している[58]。これらの議論は、近年の日本における公私協働論でも馴染みのものであると思われるので[59]、これ以上の言及は避けよう。

確認すれば、この議論は、新しい領域的なZG概念を踏まえながら、そのガバナンス機能に注目し、ガバリンス論のなかに一方で国家のガバナンス機能と他方でZGのガバナンス機能を位置づけ、ガバナンス全体において、法定立の三類型、つまり、公的領域、公私混合領域（公的に枠づけられる私的イニシアチブ）および私的領域を構想するものとなっている。この三類型論は、公法、私法を二つの焦点としてその間に「中間領域」をもつ「楕円」として法システムの全体をとらえたライザーの理論と構図として似通っている。

一九七〇年代のライザーの「法システム楕円」論と一九九〇年代のシュッパートの「法規整三類

型論」は、前者が国家の肥大化と力能拡大の状況を、後者が肥大化の結果としての国家の失敗・機能不全の状況をそれぞれ前提条件としながら、公私法の境界を流動化させ、公私法の二元論を包摂するより大きな枠組みのなかで（全体の法システム、全体のガバナンス）、下位の種として公と私の領域および中間的混合的領域に三分するという、共通の論理を示していると思われる。これは、「bG」としての市民社会を基礎にした、国家と市民社会の分離およびそれに応じる公法と私法の二元的峻別の理論に対して、これに代わる、あるいは、超えようとする理論の一つの特徴といえよう。

6 おわりに

すでに紙幅を費やしながら、不十分な検討になってしまった。一九八〇年代以降の市民法・私法の理論がとりあげられなかったのはひとえに筆者の準備不足のゆえである。このことを補充し、より大きな見取り図を得る機会があることを期したい。

最後に付言すれば、日本の法律学とくに民法学において市民社会概念がその法学理論の構成にいかなる意味をもったかは、ドイツのそれと並んで独自に検証されなければならない。近代市民社会（bG）は、戦後日本の法律学にとって、ヴィアッカーやライザーが歴史実証的に指摘するように、そして、戦後の時代に大きな影響力を行使したマルクス主義的見地から、ブルジョアジーの社会であり、資本主義社会として受け止められた。しかし同時にそれは日本に欠落したシトワヤンの社会としても位置づけられた(60)。ドイツにおける市民社会と市民法・私法の関係の法学的把握が歴史的時代条件に規定されていることは、前述の通りであり、日本のそれ、また、日本とドイツの差異も歴史的条件との関連において求められる。

（1）二つの用語はまったく同義であり、民法典をドイツやオーストリアはBürgerliches Gesetzbuch、スイスではZivilgesetzbuchと題する。旧東ドイツも一九七六年にZivilgesetzbuchを制定した。Dieter Medicus, Allgemeiner Teil des BGB, 10. Auflage, C. F. Müller, 2010, S. 8.

（2）ジョン・ロック（加藤節訳）『完訳・統治二論』岩波文庫、二〇一〇年、三八四、三九四、四〇四、四四二、四六〇頁、解説六〇七頁以下参照。

（3）ルソー（桑原武夫・前川貞次郎訳）『社会契約論』岩波文庫、一九五四年、三一頁。同書には「市民社会」という表現が一カ所あるが（一三五頁）、そのドイツ語訳は“bürgerliche Gesellschaft”である。Jean-Jacques Rousseau, Vom Gesellschaftsvertrag (Übersetzt und herausgegeben von Hans Brockard), Reclam, 2011, S. 108.

（4）マンフレッド・リーデル（清水正徳・山本道雄訳）『ヘーゲル法哲学—その成立と発展』福村出版、一九七六年、一五三—一五四頁。

（5）Immanuel Kant, Die Metaphysik der Sitten, Reclam, 2011, S. 170.

（6）Kant, a.a.O., S. 171.

（7）Preußisches Allgemeines Landrecht (hrsg. von Ernst Pappermann), UTB Schöningh, 1972, S. 53.

（8）権左武志『ヘーゲルとその時代』岩波新書、二〇一三年、一一三頁。

（9）Georg Wilhelm Friedrich Hegel, Grundlinien der Philosophie des Rechts, Suhrkamp taschenbuch wissenschaft, 1986, S. 339.

（10） Hegel, a.a.O..

（11） ヘーゲルの市民社会が経済社会としての商品交換社会に単純化されえないことについては篠原敏雄『市民法学の輪郭―「市民的徳」と「人権」の法哲学』勁草書房、二〇一六年、第五章参照。

（12） Hegel, a.a.O., S. 343.

（13） ヘーゲル（長谷川宏訳）『法哲学講義』作品社、二〇〇〇年、三六五頁。

（14） マルクス／エンゲルス（廣松渉編訳／小林昌人補訳）『新編輯版 ドイツ・イデオロギー』岩波文庫、二〇〇二年、七四頁。

（15） マルクス／エンゲルス、前掲書二四〇頁。

（16） ユルゲン・コッカ（松葉正文／山井敏章訳）『市民社会と独裁制―ドイツ近現代史の経験』岩波書店、二〇一一年、一七―一八頁。

（17） Ruth Simsa, Die Zivilgesellscaht als Hoffnungsträger zur Lösung gesellschaftlicher Probleme ?, in Europäische Integration als Herausforderung. Rolle und Reform der sozialen Dienst in Europa, 2011, S. 23-40 (http://www.soziale-dienste-in-europa.de/Anlage16341).

（18） 以下について、ユルゲン・ハーバーマス（細谷貞雄／山田正行訳）『第二版 公共性の構造転換』未来社、一九九四年「一九九〇年新版への序言」参照。

（19） Jürgen Habermas, Fakzität und Geltung, Beiträge zur Diskurstheorie des Rechts und des demokrarischen Rechtsstaats, Suhrkamp, 1992. 訳書としてハーバーマス（河上倫逸／耳野健二訳）『事実性と妥当性（上下）』未来社、二〇〇二年、二〇〇三年。これについては広渡「比較法社会論のパースペクティブ―資本主義・国民国家・市民社会と法」早稲田大学比較法研究所編『日本法の国際的文脈』早稲田大学比較法研究所発行、二〇〇五年、四〇―四九頁で検討した。

(20) Harbermas, a.a.O., S. 443-444. ハーバーマスは、政治的公共圏の担い手としての「国家市民 Staats-bürger」と「社会市民 Gesellschaftsbürger」の間には「ひとつの人格連合 Personalunion」が存在すると述べ（S. 442）、市民の私的性格と公的性格の連結を強調している。のちにみるグラムシの市民社会論が階級闘争の場として市民社会をとらえ、そこに政治的、経済的そして共同体的な契機をあわせて見いだすことと通底する発想と思われる。

(21) 花田達郎『公共圏という名の社会空間』木鐸社、一九九六年、二一六頁。

(22) Harbermas, a.a.O., S. 444, Anm. 53.

(23) コッカ、前掲書一八頁。

(24) 吉田傑俊「グラムシの市民社会論―思想史的一考察（一）」『社会労働研究』一九八九年七月（http://hdl.handle.net/10114/5822）、一七五―一七六頁。

(25) 吉田、前掲論文一七六頁。

(26) 吉田、前掲論文二〇七頁。

(27) プロカッチ（豊下楢彦訳）『イタリア人民の歴史Ⅱ』未来社、一九八四年、二九三頁。

(28) 鈴木信雄「スミス・マルクス・グラムシと『市民社会』」古川純編『「市民社会」と共生―東アジアに生きる』日本経済評論社、二〇一二年。同書の書評として広渡「日本の『市民社会』をどのように展望するか」『専修大学・法学研究所所報』四六号、二〇一三年、七三―八五頁。

(29) コッカ、前掲書一八―二〇頁。

(30) Marlies Glasius / David Lewis / Haken Seckinelgen（Ed.）, Exploring Civil Society. Political and cultural contexts, Routledge, 2004, p. 3-10.

(31) Simone Chambers / Willi Kymlicka（Ed.）, Alternative Conceptions of Civil Society, Princeton University Press, 2002, p. 2-10.

(32) マックス・ヴェーバー（富永祐治／立野保男訳、折原浩補訳）『社会科学と社会政策にかかわる認識の「客観性」』岩波文庫、一九九八年、一一七頁。

(33) ヴェーバー、前掲書一一九頁。ヴェーバーの理念型として市民社会概念を定義し、一九六〇年代以降の日本社会は、この定義における市民社会と規定し、このような「市民社会の法秩序」として民法秩序を中心とする全体の法秩序を位置づけた理論として広中俊雄の民法理論がある。広中市民社会論と民法論は、本文で後述するドイツ的国家と市民社会の分離および公私法二元論を超えた、市民社会一元論、公私法一元論にたって法体系を構成する。

広中理論は、戦後日本法学の科学としての法律学への希求に一つの解答を与えるものとして「戦後法学の記念碑」ともいうべきものである。広中『民法綱要第一巻総論上』（一九八九年）およびその改訂版『新版民法綱要第一巻総論』（二〇〇六年）参照。これを検討するものとして広渡「市民社会論のルネッサンスと市民法論」『法の生成と民法の体系』広中先生傘寿記念論集、創文社、二〇〇六年、二五一―二九四頁、同「市民社会論の法学的意義―『民法学の方法』としての市民社会論」戒能通厚／楜沢能生編『企業・市場・市民社会の基礎法学的考察』日本評論社、二〇〇八年、五八―七九頁。なお広渡「戦後法学の記念碑」『廣中俊雄先生を偲ぶ』廣中俊雄先生を偲ぶ会発行（非売品）、二〇一五年、一五九―一六四頁。

(34) Ellen MeiskinsWood, Democracy against Capitalism, CambridgeUniversity Press, 1995, p. 238.

(35) Justin Rosenberg, Empire of Civil Society, Verso, 1994（渡辺雅男／渡辺景子訳『市民社会の帝国』桜井書店、二〇〇八年、二一二頁以下）.

(36) Dieter Gosenwinkel / Dieter Rucht, "History meets sociology": Zivilgesellschaft als Prozess, in : Dieter, Gosenwinkel / Dieter Rucht / Jürgen Kocka（Hg.）, Zivilgesellschaft—national und transnational, WZB-Jahrbuch 2003, edition sigma, 2004, S. 29–60.

(37) Gosenwinkel / Rucht, a.a.O., S. 33–35.

(38) Gosenwinkel / Rucht, a.a.O., S. 34, Anm. 2.

(39) Gosenwinkel / Rucht, a.a.O., S. 30.

(40) Gustav Boemer, Grundlagen der Bürgerlichen Rechtsordnung, Erstes Buch, Das bürgerliche Recht als Teilgebiet der Gesamtrechtsordnung, J. C. B. Mohl, 1950, S. 1-12.

(41) Franz Wieacker, Privatrechtsgeschichte der Neuzeit, 2. Aufl. Vandenhoeck & Ruprecht, 1967, S. 461.

(42) Wieacker, a.a.O., S. 462.

(43) Hans Carl Nipperdey, Allgemeiner Teil des Bürgerlichen Rechts von Ludwig Enneccerus, 15. Aufl. J. C. B. Mohl, 1959, S. 1 u., S. 224.

(44) Nipperdey, a.a.O., S. 224-226.

(45) Nipperdey, a.a.O., S. 73-78.

(46) Nipperdey, a.a.O., S. 85-91.

(47) Karl Kroeschell, Grundeigentum im Wandel der Geschichte, in ; Volkmar Götz（Hg.）, Agrarrecht im Wandel, Festschrift für Wolfgang Büttner, 1986, S. 78f..

(48) Kroeschell, Eigentumsordnung und Eigentmusbegriff. Ein Rückblick auf zwanzig Jahre, Agrarrecht, 11/1981, S. 37-39.

(49) この問題については広渡「ナチス民族法典の所有権規定」で考察した。広渡『ドイツ法研究─歴史・現状・比較』日本評論社、二〇一六年、第一五章参照。

(50) Ulrich Bälz, Nachruf von Ludwig Raiser, Juristische Zeitung, 1980, S. 486-487.

(51) Rudolf Wiethölter, Privatrecht als Gesellschaftstheorie ?, in : Fritz Baur u.a., Funktionswandel der Privatrechtsinstitutionen, Festschrift für Ludwig Raiser zum 70. Geburtstag, J. C. B. Mohl, 1974, S. 691.

(52) Ludwig Raiser, Die Zukunft des Priatrechts, De Gruyter, 1971, S. 19-21.

(53) Raiser, a.a.O., S. 21.
(54) 以下について Raiser, a.a.O., S. 22-24.
(55) Raiser, .a.a.O., S. 29-35.
(56) Raiser, a.a.O., S. 36-37.
(57) Gunnar Folke Schuppert, Vom staatlichen Rechtssetzungsmonopol zur zivilgesellschaftlichen Selbstregulierung, in : Gosenwinkel / Rucht / Kocka (Hg.), a.a.O., S. 245-246.
(58) Schuppert, a.a.O., 257-259.
(59) 日本法社会学会編「現代における私法・公法の〈協働〉」『法社会学』第六六号、二〇〇七年参照。
(60) 広渡「渡辺法学の構図—その素描」戒能通厚/原田純孝/広渡清吾編『日本社会と法律学(渡辺洋三先生追悼論集)』日本評論社、二〇〇九年、八二七—八四九頁参照。

第3章 市民社会論のルネサンスと法社会学

1 「市民社会論のルネサンス」の含意と歴史的文脈

一九八〇年代以降、世界の社会科学において「市民社会論のルネサンス」と評される状況が生まれた。「ルネサンス」の意義は、次のように文脈化される。

近代における市民社会論は、近代西欧社会を社会契約論的に市民の構成する政治的共同体として定位したロック（civil society）、ルソー（Corpus politique）、そしてカント（societas civilis=Gesellschaft, d. i. Staat）の系譜において（一七―一八世紀）展開した。これは、封建制と絶対王政に対する市民階級による社会構築のための政治的プロジェクトの意義をもつものであった。そこでは、市民社会（civil society）は、政治社会（political society）と同義であり、市民社会は政治的国家を内的存在として包摂し、かつ、経済的諸関係もこれと未分離であった。

この後ヘーゲルは、一九世紀における勃興する資本主義的商品交換経済社会を歴史的与件に、政治的国家と分離した経済的諸関係を独自にとらえ、これをもって citoyen と区別される bourgeoisie としての市民から構成される市民社会（bürgerliche Gesellschaft）として位置づけた。ヘーゲルは、国家から区分される市民社会の概念を初めて提示した人であった。マルクスは、ヘーゲルの市民社会概念を受け継ぎつつ、国家が市民社会の矛盾の止揚者であるというヘーゲルの論理を逆転し、経済的諸関係としての市民社会こそ歴史の竈であり、国家は市民社会の矛盾の産物にほかならず、市民社会それ自身における矛盾の止揚こそ国家の死滅につながるという論理を提示した。それゆえ、マルクスにとって、市民社会は歴史の矛盾の所在を明らかにする対象であり、プロジェクトとして構築すべきものでは決してなく、かれ自身の立場（かれのプロジェクト）は「人間的社会」であると表明された。

ヘーゲル／マルクス的な国家と分離された市民社会の概念、それゆえ、政治的国家と経済的市民社会の二元論は、その後の社会科学において、また、法律学においても（少なくともヨーロッパ大陸諸国において）支配的となった。マルクス主義においては、一九三〇年代にイタリアのマルクス主義的哲学者アントニオ・グラムシが、社会構成体全体を市民社会として把握し、社会構成体の変革の道筋を論じた（「土台としての市民社会」、「上部構造としての市民社会」および「将来社会の基盤としての市民社会」の三つの層を定置しその関連を考察した）。これは、ヘーゲル／マルクス的な市民社会論の偏差をなし、一九八〇年代の「ルネサンス」につながるものと評されている（広渡二〇一八）。

一九八〇年代に入り、それまで支配的であったヘーゲル／マルクス的市民社会概念（商品交換経済社会としての「市民社会」）に対して、市民社会を市民の政治的プロジェクトとして位置づける、社会科学における新しい動きが生まれた。これは、まさに、近代形成期の市民社会論に通じるモチーフであり、これによって、この動きが「市民社会論のルネサンス」として語られる。端的にいえば、《行動主体としての市民の公共的活動とその場に着目する市民社会概念》が論じられるようになった。これを「新市民社会論」とよぶとすると、その代表がＪ・ハーバーマスの Zivilgesellschaft 論である。ヘーゲル以降、ドイツ語では市民社会を bürgerliche Gesellschaft と表記することが常態化していたから、ハーバーマスは異なった表記で異なった概念を提示したのである（ハーバーマス一九九四「一九九〇年版への序言」）。

Ｊ・ハーバーマスの Zivilgesellschaft（ＺＧと略記）概念については、すでに多く論じられている。この議論の核心と政治的位置を指摘しておく。第一に、ＺＧは、近代においてブルジョアジーが形成した公共圏（Öffentlichkeit＝Sphäre der Öffentlichkeit=public sphere）の現代版である。その制度的核心は、非国家的、非経済的な連合体、結社である。公共圏は、公共の利益にかかわる問題を討議し、それを政治的レベルに伝達する機能をもち、一方で国家システムおよび経済システムと、他方で生活世界としての私的生活領域と区別される。第二に、ＺＧ論は、ソ連・東欧圏の社会主義体制の崩壊のなかに、システム的に構成された社会における政府権力を通じた社会の全体改革の機能不全を認め、社会民主主義的変革方式を断念し、公共圏の機能の活性化によって、国家と経済のシステムによる浸蝕から生活世界の防衛をはかる戦略への転換を企図した（Habermas 1992）。

2　「市民社会論のルネサンス」の歴史的背景

「市民社会論のルネサンス」を生み出した「一九八〇年代以降」を特徴づけるのは、第二次世界大戦以降の世界の構造変容である。経済のグローバル化のもと、資本主義国家の介入主義的福祉国家路線が見直されはじめ（新自由主義）、社会主義体制下で自由と多様性をもとめる反体制運動が展開し、発展途上国で開発独裁に反対し民主主義制度と市民社会的ストック形成が求められ、また、世界各地で環境保護・反原発・フェミニズム・新しい人権と反差別を掲げる多様な新しい社会運動（市民的イニシアチブ）が生まれ広がった。さらに、ナショナルな社会に対してグローバルな社会のあり方が論じられるようになった。これらは社会の変化を目指す政治的プロジェクトであり、そのキーコンセプトとして、市民ないし市民社会がもちだされた。整理すれば、市民社会論のカムバックの歴史的文脈は、第一に独裁制批判、第二に現代国家・社会に対する政治的知的批判である（コッカ二〇一一）。

これに加えて、八〇年代末から九〇年代初頭におけるソ連東欧圏の社会主義体制の解体は、反資本主義運動の展望を変態させ、市民社会論への傾斜を生み出す。資本主義から社会主義への移行の歴史的必然性に対する懐疑が決定的なものとなり、現代資本主義の際限のない利潤追求運動を制御しうるものとして、近代社会が作りだした自由・人権・人民主権、すなわち社会契約論的民主主義（政治社会としての市民社会）の再定位が試みられる。政治的な歴史的対立構図が、「資本主義対社会主義」から、「資本主義対民主主義」にシフトする。正統マルクス主義者にとって、これはマルクス主義的戦略の陣地後退とみなされたが（Wood 1995）、それは他方で、社会科学の議論におけるマルクス主義的政治革命論の影響力の縮小を意味した。

市民社会論がカムバックする歴史的文脈からは、多様な現代国家・社会批判の勃興において、社会変化の歴史的必然性よりも、個人としての市民の能動性が、かつ、エスタブリシュされた現代国家と経済に対する市民による民主主義的制御（コントロール）が力点として存在することを読み取ることができる。

3　新市民社会論をめぐる議論と法社会学の課題設定

市民社会論のルネサンスと新市民社会論のディスコースのもとで、法社会学は「市民社会」をどのように学問的課題として設定しうるかを考えてみたい。現代市民社会論の展開は、多様であるが、理論的志向は大きく二つに分かれる（Gosenwinkel / Rucht 2004）。一つは、市民社会論のルネサンスの歴史的意味の記述的研究であり、市民社会論を「社会科学のトピックス」と位置づけるものである。他の一つは、市民社会を規範的に論じる研究であり、「一九八〇年代以降」の多くの市民社会論が政治的プロジェクトと結びつけて論じられ、そのことのゆえにその形態は「規範的社会理論normative social theory」と位置づけうるものとなっている。

このような理論的志向の分岐は、「市民社会とは何か」を問う市民社会の概念的把握に即して規範的タイプと記述的タイプの分岐として認めることができる。規範的タイプは、そもそも市民社会にとっての本質的要素は何かという問題を設定し、それをめぐって解答を探るものである。たとえば、市民の価値的態度と行動様式、そもそも市民性とは何か、あるいは市民社会にとって本質的な政治的原理と構造は何か、が問われて探索される。規範的タイプの議論のしかたは「市民社会概念の本質化」とよばれている。これは、論者が目指すべき市民や目指すべき社会を探究するものであって、「規範的社会理論」の志向にみあうものである。

一方、記述的タイプは、市民社会を経済社会として規定したヘーゲル、マルクスの bürgerliche Gesellschaft 概念が経済社会を対象にしたことに対して、異なった領域的ディメンジョンを捉えることによって、異なった市民社会概念を提示するものである。これは、分析対象としての市民社会を社会構成体の或る領域として特定するという志向をもつ理論であるから、「市民社会の領域関係概念化」とよばれる。もちろん、このように市民社会を一定の領域に関係づける概念は、論者の規範的志向と無縁のものではないことが留意されなければならない。前述のハーバーマスのZG論は、非国家的、非経済的な公共的議論のフォーラム＝公共圏をとらえて「市民社会」と位置づけるものであり、市民社会を領域に関係づけて概念化する代表的な試みであるが、同時にそのような市民社会の新たな位置づけが、ハーバーマスの歴史状況認識に由来するかれの現状批判的な戦略選択であることは前述の通りである。

「市民社会とは何か」をめぐる議論は、近代から現代への歴史状況の変化に応じて、議論の目的と射程が変化し、それゆえ「市民社会とは何か」は、普遍的な一つの解答が与えられるような問題ではないと考えなければならない。それゆえ、これが論じられる歴史的状況を与件として、目的論的に市民社会論を構成することが必要である。つまり、市民社会概念を歴史的条件と関連させて位置づける「市民社会概念の歴史化」が必要である。市民社会概念は、「なぜいま市民社会なのか」という歴史的状況認識の自覚と明示をともなって論じられなければならない。

以上を踏まえて、法社会学的に市民社会論を論じるために、現代市民社会論の歴史的意味（市民社会論のルネサンスの歴史的文脈と新市民社会論の問題意識）を前提的認識として、そこにおける記述的側面と規範的側面をそれぞれ位置づけ、両者を分析の対象として総合的にとらえる方法を考えてみよう。

まず記述的側面は、市民社会を領域に関係づけて概念化することである。これについては、いまやハーバーマス的なZG論、つまり、非国家的、非経済的な公共圏としてとらえる理解が有力である。さらに敷衍すれば、公共圏とは、歴史的行動主体＝市民が思想形成し、それに基づいて社会的実践を展開する「場」として記述することができる。この場は、法社会学にとって観察の対象であり、それゆえ記述の対象である。

他方、この「場」において展開する歴史的行動主体＝市民の思想と実践は、不可避的にそれとして価値的、規範的な内容をもつ。「場」における市民の思想と実践は、「市民たち」の政治的プロジェクトという性格をもって具体化し、現実化される。法社会学は、「場」と同時にこの「政治的プロジェクト」を観察するが、価値的、規範的内容の観察は、観察者が市民社会に内在しているかぎり、評価的考察を不可避とし、コミットメントをともなうものにならざるをえない。

いいかえれば、市民社会は、「場」という形態でありながら、そこには相せめぎあう価値的、規範的「市民プロジェクト」が内容として充填されている。この市民社会の観察は、それゆえ、この両要素を一体としてとらえて記述し、分析することによって実行されうる。そして、この観察は、記述的性格をもつものではあるが、観察者も市民として存在し、市民的プロジェクトの価値的、規範的内容に不可避的に関わらざるをえず、このことの自覚的意識を位置づけることが方法的に求められる。

法社会学的課題として具体的に整理すれば、一方で、歴史的行動主体である市民の思想と実践の場としての市民社会について、「場」としての法制度的条件、主体（個人と組織）間の関係、社会的情報ネットワークシステムのあり方などの要素を考察し分析すること、他方で、「場」において展開する市民の政治的社会的実践、市民の政治プロジェクトの内容を個々の具体的事例にそくして分析することである。このような市民社会の対象化によって、歴史的な現代市民社会のダイナミズムを捉えることができよう。さらに市民社会論は、近代形成期と現代のルネサンス期において、ともにその時々の歴史的課題に係る市民プロジェクトとして位置づけうるものであり、現代市民社会のダイナミズムの法社会学的記述的研究は、この市民プロジェクトに対する論者の評価的態度、コミットメントを自覚的にともなうことによって、歴史性と市民性をもった総合的な研究に深められるのではないかと考える。

4 「ルネサンス期」における日本の法社会学と市民社会論――二つの例

現代市民社会論としての法社会学的課題設定を踏まえて、市民プロジェクトの具体的事例を考察するまえに、市民社会論のルネサンス期（一九八〇年代以降）に日本の法社会学において市民社会概念を基軸にした法社会学理論的な問題提起があったことを確認しておかなければならない。

戦後日本の法社会学にとって市民社会概念は、制定法実証主義に対する科学的批判の立場から、かつ、戦後日本社会の近代化に対する学問的コミットメントの立場から、重要な位置を占めた。川島武宜の戦後初期の市民社会論はその代表例であるが、広中俊雄と渡辺洋三（両者は法社会学会創設五〇周年記念学会で記念講演を行ったように、戦後法社会学の代表的研究者といいうる）は、師である川島のモチーフを継承し、市民社会論のルネサンス期にそれぞれ独自の市民社会把握によって法理論を展開した。そこでは、ヴェーバーの理念型を利用した市民社会概念（広中）とロック的含意の市民社会概念（渡辺）の対比をみることができる（広中一九八九、二〇〇六、渡辺一九八四）。

川島市民社会論について、行論の必要上、筆者の視点からその骨子をまとめれば次のようである。

第一に、市民社会は資本主義経済社会と同置される（資本主義経済社会と市民社会は用語としても互換的に用いられる）。第二に、市民社会の歴史的類型として英仏とドイツを区別（日本はドイツに近い）するが、その類型的差異の基準は国家と市民社会の関係におかれ、(a)国家は市民社会に奉仕する市民社会の投影である（英仏型）、(b)国家は市民社会に対抗し、市民社会の上位にあって権力を及ぼす（ドイツ型 Obrigkeit としての国家）、および(c)国家は市民社会を後見し、育成する（日本型）の三類型に分けられる。

第三に、典型的市民社会としての(a)においては、国家が私としての等質で平等な主体の総体であり、全体と個人を区別する公私の区分はあるが、市民社会と国家が公私として区分されることはなく、それゆえ「公法は私法に同化」し、公私法は一元化するとされる。そして第四に、典型的市民社会の内部関係は「対等な独立な人間によって構成される非特定個人的なインパーソナルな人間関係が支配」し、「権利義務関係としての社会関係」が成熟的に成立すると説かれた（川島一九八二）。

川島の市民社会論は、前記のような典型的市民社会を前提し、ここから戦前来の戦後日本における市民社会の欠如を認め、その根源的な歴史的条件を資本主義の未発達（半封建的生産関係の規定的存在）に求めた。それゆえ、川島の市民社会欠如論は資本主義欠如論であり、そこから、高度経済成長期を通じる工業化・都市化の進展によって、市民社会が成立するものとして見通された。

(1)　広中法学と市民社会論

広中の市民社会論は、川島市民社会論を正当に継承した。同時に、広中は、法社会学が目指した「科学としての法律学」の課題に川島を超えた解答を与えた。川島は法の解釈の科学的観察にとどまり、科学的基礎をもった法解釈学の構築を課題としなかったが、これに対して広中は、法社会学的な基礎づけをもって構築された体系的な民法解釈学を提示した。広中の民法理論は、その意味において戦後法学のキーコンセプトである「市民社会」と「科学としての法律学」の二重の課題に応答した記念碑的作品となっている。広中理論の構図は次の通りである。

第一に、市民社会についてヴェーバーの理念型カテゴリーに依拠して、欧米に共通のメルクマールを取り出して理念型としての市民社会を設定し、これを基準として日本社会が市民社会であるかを診断する。理念型としての市民社会のメルクマールは、①資本主義的生産関係が支配的であること、②権力分立を基調とする民主主義的形態の国家の存在、③人格の尊厳を承認する社会的意識の一般的浸透の三つであり、この三規準に照らして一九六〇年代後半には日本において市民社会が成立していると認知された。

第二に、現在する市民社会を分析の対象とし、市民社会の基本秩序として、①財貨秩序とその外郭秩序、②人格秩序とその外郭秩序、および③権力秩序の三つを析出する。市民社会の基本秩序の一つとして権力秩序が位置づけられることによって、政治的国家は市民社会内的存在であることが明確化され、国家と市民社会の二元論ではなく、市民社会一元論が提示される。

第三に、このような市民社会の基本秩序の規範的表現として把握される市民社会の法規範秩序は、国家と市民社会の一元論に相応して、公私法二元的ではなく、公私法一元の体系として把握される。

第四に、民法解釈とは、市民社会の基本秩序に規定される民法規範秩序の意味内容を明らかにすることであると定義され、こうして民法解釈学は、市民社会についての法社会学的認識に基礎づけられて科学としての性格を獲得する。

広中が「川島市民社会論を正当に継承した」という意味は、川島が《市民社会は資本主義社会であり、資本主義的生産関係の発展こそ市民社会確立の決定的条件》と位置づけ、《戦後日本社会の工業化・都市化の進展が市民社会の確立をもたらすだろう》と見通した、まさにその見通しを継承したということである。市民社会における公私法二元論も同様である。

広中市民社会論は、他方で、「現代」市民社会論として川島の「近代」市民社会論をこえている。その理由は、第一に市民社会の基本要素として「人格の尊厳を承認する社会的意識の浸透」をとらえたこと、第二にこれを基礎として「人格秩序の近代から現代への二段階的発展の理論」を示したことである。二段階的発展の含意は、第一段階として市民の権利主体としての法的人格を商品交換主体の普遍化という資本主義の論理によって基礎づけ（近代法的人格）、これを前提にしつつ、第二段階として第二次世界大戦後の法の世界における「個人の尊厳」の承認が尊厳としての人格を基礎づける（現代法的人格）と理論構成したことである。一方で近代法的人格を資本主義の産物とし、他方で現代法的人格を人権意識の発展によって基礎づける広中理論は、資本主義と法の関係を直線的に、経済的土台による法の規定関係としてだけでなく、複層的に、歴史的条件による人間主体の意識の作用も含めて、理解するものといいうる。

広中市民社会論の問題は次のところにあろう。広中の理念型としての市民社会の三要素は、予定調和的に並立するものではなく、現実の社会において、資本主義・民主主義・人権の相克する関係において捉えるべきものである。資本主義経済が労働者に対して人権制約的な、権利抑圧的な作用を営みうることは、経験知によって明らかである。このような資本主義経済の作用を規制しようとすれば、それは民主主義のあり方に懸かる。とすれば、三要素並立の市民社会モデルは、きわめてスタティックなモデルであり、その意味で実定的な法規範秩序の基礎づけに資するものであるが、社会のダイナミズムをとらえるものでは必ずしもないといわなければならない（広渡二〇〇八）。

(2) 渡辺法学と市民社会論

渡辺は、戦後の法社会学者として、もっとも「市民社会」にこだわった人であり、日本社会における市民社会欠如論のモチーフを方法的意識に持ち続けた人である。渡辺法学と市民社会論の関係は三つの時期において変化する（広渡二〇〇九）。この三つの時期における変化は、渡辺自身も認めている。第一の時期は戦後、一九六〇代半ばころまで、第二の時期が七〇年代、そして第三の時期が一九八〇年代で、ルネサンス期に重なる。

第一の時期は、川島の初期市民社会論を受け継ぎ、典型的市民社会のあり方が市民法＝資本主義法の基礎となるべきものと位置づけ、典型的市民社会と市民法を戦後日本社会の改革目標として、実現すべきことを主張した。

第二の時期は、戦後日本資本主義の高度成長とともに、近代化＝市民社会化としての戦後改革の帰趨が不透明となり、「近代法から現代法へ」のシェーマによって資本主義法の変化を分析することに重点が移る。現代法の特徴として国家の経済過程への介入が強調され、その認識論的枠組みとして国家と経済社会（市民社会）の二元論が採られた。それゆえ、第一の時期の市民社会論の位置づけは後景にしりぞいた。

第三の時期は、ルネサンス期に重なり、渡辺法学にとっても市民社会論のルネサンス（市民社会と市民法の再考）となった。きっかけは、渡辺自身によればマルクス主義法学講座における「ブルジョア法の基礎理論」の執筆（マルクス主義法学講座第五巻、一九八〇年）であったが、オイルショックをしのいで形成される日本の企業支配型社会をどう批判するかという問題意識を背景にした。

渡辺の新しい市民社会論は、こうして「現代資本主義批判としての市民社会と市民法の再定位」というべきものとなった。第一の時期では、市民社会と資本主義社会が一体として捉えられ、資本主義あっての市民社会であり、市民法を媒介にして資本主義が運動するものと位置づけられた。これに対して第三の時期では、近代市民社会と資本主義社会の差異と対立性が強調される。

ポイントは、近代市民社会を「近代市民革命の所産としてつくられる社会」であり、構成員たる市民を「市民革命の担い手」、かつ、市民社会の原点を「革命と人間解放の理念」と見ることである。渡辺によれば、この市民革命を経たのち、市民社会の商品交換経済市場を前提として、「その上に資本主義社会が成立する」のであって、市民社会と資本主義社会は一体のものではない。なぜなら、「歴史的現実には」、市民社会と資本主義社会は一つの社会であるが、「論理的には」、両者は「解放の理念と階級支配の理念」という異質な理念において対立するからである。

渡辺は市民社会と資本主義社会を理念的に対立するものとして捉えたうえで、第一の時期の「資本主義法は市民法である」という理解に代わって、一方で市民社会の法＝市民法を「労働に基礎をおく所有権法の体系」（市民の人権を保障する体系）、他方で資本主義社会の法＝ブルジョア法を

「他人の労働の支配に基礎をおく所有権法の体系」（資本に利潤を保障する体系）として対置する。

こうして、資本主義社会の法体系において市民法とブルジョア法は対立と共存の関係にあり、そのなかで市民法のブルジョア法化が進み、資本家的所有権システムが社会の人々の生存を抑圧する方向に機能する。このプロセスにおいて、市民革命を経て近代市民社会が成立した欧米に比して、市民革命を経ずに近代市民社会が不全の日本では、市民法のブルジョア法化がより深刻となる。ここには、渡辺に一貫する日本社会の市民社会欠如論が認められる。

渡辺の新しい議論は、すくなからぬ批判を呼び起こした。基本的な批判は、二つである。第一に、第一の時期に川島にしたがって「市民社会は資本主義社会として成立する」と理解したのと異なり、歴史的にまず市民社会が、続いて資本主義社会が成立、展開し、それに応じて、市民法とブルジョア法が対立的な理念をもって成立するという渡辺の新理解は、非歴史的とされた。第二に、所有について、マルクスの資本論によれば、「ロックからリカードにいたるまでの一般的法律表象」である「労働に基づく所有」が表現する「商品生産の所有法則」＝「ブルジョア的所有の第一法則」は、労働力の商品化による「資本家的領有」＝「ブルジョア的所有の第二法則」の成立によってはじめて「自分を全社会に押し付ける」ことになる、とされている。つまり、第二法則は第一法則を前提にし、また、第一法則は第二法則を通じてのみ作用すると理解すべきであり、両者を段階的に独自に作用するものとして切り分ける渡辺の理解はこれに反するとされた。

渡辺新理論が資本論の理解に反するという批判には、資本主義社会における法の存在をあまねく資本論によって説明しうると考えるべきなのかという反論の余地がある。また、市民社会と資本主義社会は渡辺がいうように現実には一つの社会であるが、歴史的にみて原理を異にする市民法とブルジョア法の形態が存在したかどうかは、法の歴史的実証の問題として十分に検討に値すると思われ、実際に渡辺新理論を支持する法史学的実証研究もでている。たとえば水林彪は、一つの社会におけるウクラードの複数性を認め、それに対応する複数の法原理を認めるという方法論をとる（水林一九九六、二〇一四）。

渡辺の新理論は、以上のように、一九八〇年代の市民社会論ルネサンスに通底し、法の歴史的実証研究および現代の規範的社会理論に検討課題を提示したものといえよう。

5　現代市民社会論の事例研究

市民社会概念は、歴史を通じてみれば、いずれも政治主体としての市民ないし商品交換主体である市民の社会形成活動とその場をとらえるものである。とりわけ、現代市民社会（ルネサンス期以降に論じられる市民社会）は、前述のように、非国家的、非経済的な公共的議論のフォーラム＝公共圏として、歴史的行動主体としての市民が思想形成を行い、それによって社会的実践を展開する場として記述的にとらえることができる。そのように「場」として市民社会の枠組みを設定するとともに、その場における具体的に個性的な市民プロジェクト―このプロジェクトは規範や価値を内容とし、社会形成的な活動として展開する―を調査検討することによって、現代市民社会論の記述的、規範的側面を総合的にとらえて現代市民社会の動態を部分的であれ明らかにすることが、ここでの法社会学的課題である。

事例として二〇一五年初夏以来の、集団的自衛権の承認を核心とする安全保障法制に反対する市民運動から生まれた「安保法制の廃止と立憲主義の回復を求める市民連合」を《場としての市民社会における社会形成的な市民プロジェクト》という位置づけにおいてとりあげる。この市民プロジェクトに対して筆者は、同調し共感をもって主体的に参加しながら、同時に観察するという立ち位置にあった（広渡二〇一六a、二〇一六b、二〇一七、高田二〇一七）。

(1)「市民連合」の市民プロジェクトとしての位置と特徴

まず、「安保法制の廃止と立憲主義の回復を求める市民連合」とは何かを述べよう。

第一に、市民連合は、二〇一五年五月に国会に上程された安全保障関連法案（自衛隊法など既存の一〇の法律を一括改正する「我が国及び国際社会の平和及び安全の確保に資するための自衛隊法等の一部を改正する法案」および新法として「国際平和共同対処事態に際して我が国が実施する諸外国の軍隊等に対する協力支援活動等に関する法案」）に反対する社会各層、各領域および各地域のシングル・イシューの法案反対運動を出発点にし、同法成立後に法制廃止を目的として市民運動諸組織が二〇一五年一二月に結成した連合的市民運動組織である（安保関連法案に反対する学者の会、安保関連法案に反対するママの会、ＳＥＡＬＤｓ＝自由と民主主義のための学生緊急行動、立憲デモクラシーの会および総がかり行動実行委員会＝労働組合や平和・憲法運動団体等の統一組織＝の五団体有志が反対運動をともにした約三〇の市民団体によびかけて結成）。

第二に、市民連合は、違憲の法制廃止と立憲主義の回復という目標をかかげたので、そのための国会多数派の形成、さらに野党連合による政権交代までを視野にいれた運動を展開することになった。

第三に、市民連合は、国会多数派形成のため、国政選挙（二〇一六年七月参院選、二〇一七年一〇月衆院選）に市民運動として関与することになった。全国各地に市民連合的地域組織が結成され、第一で述べた経過により東京において組織された市民連合を中心に全国的ネットワークが生まれた。

第四に、市民連合は、国政選挙に際して、市民連合とともに安保関連法案に反対してたたかい、市民連合の要求を支持する諸野党との共同を求め、かつ、諸野党間の共同を求めて行動した。つまり、要求実現のために、「市民と野党」および「野党と野党」をつなぐことを活動の目標にした。つなぐ内容は共通の政策と要求であり、市民連合は、諸野党に市民連合としての政策を提示し、諸野党との共有化をはかり、また、各地域における野党間の候補者調整にも関与し、調整できた統一候補者を市民連合として推薦し、支援した。

第五に、市民連合は、個別の平和運動、護憲運動、反原発運動等と異なり、安保法制廃止と立憲主義の回復という柱を軸に九条改憲反対も含んでその政策要求が包括的であり、かつ、諸野党と共同して政権交代を目標にかかげることにおいて、市民運動組織として日本の戦後政治史において特徴的な位置を占めるものと考えられる。すなわち、市民連合の活動は、特定の政治課題の実現を目指すだけでなく、政権交代を目標とし、そのために世論をかえ、小選挙区型選挙制度のもとで、一強的与党に対して野党の共同行動を求める活動を行い、そのゆえに市民社会形成的なスケールをもった活動であるということができる。

第六に、市民連合は、二〇一七年衆院選に際して民進党の希望の党への合流決定、それに反発した議員による立憲民主党の設立、その後の希望の党の急速な衰退、国民民主党の結成など野党陣営の流動化のなかで「野党をつなぐ」運動に困難をかかえながら、所期の目標を維持して、二〇一九年夏に予定される参院選に向けて活動を続けている。

以上のように、市民連合の存在と活動は、世界における市民社会論のルネサンスに枠づけして考察しうる。市民連合は、日本社会のなかで、市民社会形成的なスケールにおいて政治的作用を果たしているが、それにみあう人的スタッフ、財政的基盤は決して十分なものではなく、むしろその政治的意義に比して極めて貧弱である。これも市民連合というプロジェクトの特徴である。

(2) 市民連合の活動による市民社会形成の可能性

市民連合は、市民プロジェクトとして、「市民と市民をつなぐ」、「市民と野党をつなぐ」、「野党と野党をつなぐ」、そして「政治を変える」と定式化できる運動を進めている。この活動は、市民の具体的な政治目標と要求実現のために国会多数派の形成を目指す政治運動でありながら、同時に、市民社会における政治行動のあり方を変革する可能性を持っている。

「市民と市民をつなぐ」には、組織に結集して、組織的に動く、組織を媒介に人々がつながるという方法ではなく、個人が個人として自律的に主体的に運動の場に直接的に参加し、そして場を創っていくという状況が表現されている。これを助けているのは、たしかにソーシャル・ネットワークであり、情報宣伝・通信連絡が個人単位で大量に機動的に確実にできるという条件なしには、「市民と市民をつなぐ」ことは容易ではない。同時に、市民の意識がそうした参加への志向を強くもち、求め、促進しているとみることができる。

「市民と野党をつなぐ」および「野党と野党をつなぐ」は、場としての市民社会における政治活動を仕切る既存の制度的枠組み（選挙制度・政党制度等）を初期条件にして、この枠組みをこえるダイナミズムを創り出そうとする運動である。その意味において、場としての市民社会の制度的枠組みの新形成という作用をもつ。市民連合は、野党をつないで、野党と共同する活動として、市民の多数派形成に対する要求の強さを諸野党に認識させる活動（集会や街頭宣伝活動を市民と野党が一緒に行う）や意見交換会などを基本にしながら、選挙に際しては、市民の要求に基づく政策を諸野党に提示し、必要な調整を行い、また、選挙区ごとの候補者の推薦や擁立に関与し、調整された統一候補者を支援して選挙運動に参加する。

政党は政治目的としてのプログラム（綱領）をもち、党運営のルール（規約等）を明定し、メンバーシップを確定し、程度の差はあれアイデンティティ集団であり、組織本位のあり方をもつ。日本の政治文化において、政党に所属することは垣根の高いことがらに属する。また、有権者の政党支持の明確度は、欧米諸国にくらべれば極めて小さい。この事情のもとで、具体的な選挙において、政党は、党内議論を経て選挙公約を決定し、候補者を選定、公認し、候補者はその党の政策を中心に、個人的資質や能力をセールスして、有権者からの票を獲得する運動をする。政党と有権者市民は、それゆえ、通例として、アドホックな商品（政策と候補者）の売り手と買い手の関係に立つにとどまる。

市民連合の「市民と野党をつなぐ」および「野党と野党をつなぐ」を進める活動、その中での市民運動としての選挙活動は、このような政党と有権者の典型的な関係パターンを融解し、新たな関係をつくりだすことに作用する。市民連合は、野党の政策と候補者について全体として、また、各選挙区において、市民が積極的に、直接、間接に関与する機会をつくりだす。政党は、市民連合を通じて市民の支持をえようとすれば、自己の政策や候補者について、市民および共同しようとする他の政党との連携・調整が必要となる。また、とりわけ重要なことは、「市民と野党をつなぐ」と「野党と野党をつなぐ」活動は、それを通じた政策や候補者の「共同」がそれとして、市民に対する新しい政治的選択肢となることである。市民連合は、このように、政党と有権者市民の関係を流動化し、市民がより主体的に選挙に参加する可能性を開き、拡げる役割をはたす。政党もまた市民連合を通じて、従来リーチが届かなかった階層や領域の市民と交流し、政党のプレゼンスを伸ばし、強める機会をえることができる。

以上をまとめれば、市民連合の活動は、一方で、受け身の買い手・消費者としての市民から、自発的能動的に政治をつくりだす主体としての主権者市民へ、他方で、政策と候補者の売り手としての政党から市民とともに政治をつくりだす組織と文化をもつ政党へ、双方向の変化をもたらしうる。国際比較において日本社会の特徴である政党支持なし層の多さ、また、投票率の低さは、こうした双方向の変化を通じて、変動する可能性をもつ。実際、市民連合にコミットする市民は、新しい政治文化の創出、民主主義の活性化をもたらす、このようなストーリーに大きな共感と期待を寄せている。ここに、市民連合の市民プロジェクトとしての市民社会形成の可能性が確認できる。

市民連合の求める政策的要求は、この市民プロジェクトの規範的、価値的内容を示す。その核心は、安倍政権が強行した集団的自衛権の法制化を軸にする自衛隊の軍事的役割強化の否認、つまり、憲法九条の規範的意味を日本の軍事主権に対する制約として堅持することにある。同時に、市民連合は、野党連合政権の実現を目指して、現政権が背を向ける、未来志向的な基本政策（原発ゼロの実現、核兵器禁止条約の早期批准、ＬＧＢＴなど性の多様性を保障する社会の実現など）を掲げる。市民連合は、それゆえ、九条を焦点に改憲を目標とする「戦後レジームからの脱却」の安倍政治に、日本国憲法の基本理念の発展を対置するオルタナティブ運動といってよい。市民連合は、日本の市民社会の政治文化とともに、政治の内容の変革を目指す市民プロジェクトであり、市民社会のルネサンス期における二一世紀型の市民運動である。

(3) 場としての市民社会について

市民社会＝公共圏における市民プロジェクトは、民主主義的制度、法治国家的制度、すなわち、憲法と法令が保障する政治的社会的自由と権利の行使の条件に、その展開が基礎づけられ、枠づけられる。それゆえ、この枠組み条件の維持と発展は、さまざまな市民プロジェクトの共通の関心事であり、市民プロジェクトの普遍的な課題となる。市民連合が共謀罪法案反対（二〇一七年）に取り組んだのはその趣旨である。

市民社会の民主主義制度の国際比較的差異は、市民プロジェクトにバリエーションをもたらす。

日本の市民連合が、国会多数派の形成を目指して、「市民と野党をつなぐ」、「野党と野党をつなぐ」活動を追求するのは、衆参両議院とも小選挙区制度が高い比重を占めていて、与党に対する諸野党の共同による候補者の統一なしには有効なたたかいが困難だからである。たとえば、ドイツのように比例代表制が徹底していれば、市民が政党連合を求める必要性は小さくなり、また、市民と政党の垣根が高くないという政治文化があれば、市民運動が市民プロジェクトとしてではなく、新党設立の政党プロジェクトとして展開する可能性が十分に予期される。

場としての市民社会は、それとして市民プロジェクトの成功を保障するものではない。一九八九年の東欧の民主主義革命は、社会主義的に統制された全体社会が市民社会＝公共圏の場に変化し、そこにおいて立ち上がった市民による市民社会形成のプロジェクトが展開した歴史的事象であった。しかし、そのプロセスで市民社会形成プロジェクトが部分的に成功した局面があったにせよ、最終的に公共圏による政治の創出は達成できず、この市民プロジェクトはユートピアに終わったと評されている（Richter 1996）。

また、場としての市民社会は、市民社会形成プロジェクトが達成しようとするものと真逆の転倒した構造をつくりだすことがある。ドイツ・ワイマール革命が作りだした公共圏は、労働者階級とファッシストの宣伝戦と実力闘争を通じて、ファッシスト的公共圏に転移した。そこでは、さまざまな仕掛け、新メディアの巧みな利用によって「大衆を国民化」する公共圏が作り出された。それは、なるほど、自由主義モデルの市民社会＝市民的公共圏とは両立しないが、民主主義モデル（人々の拍手と喝采による合意と同一化による民主主義）とは両立したのである（佐藤二〇一八）。

日本の市民プロジェクトが街頭的、ネット的「公共圏」を重要な手段としながら公共的世論形成を目指すとき、市民社会＝公共圏をポピュリズム的でなく、市民的理性的討議空間として発展させる条件がたえず探られなければならない。

以上のような意味において、市民プロジェクトは自己の存立基盤としての「場」の市民社会的形成を必須の条件とするのであり、場としての市民社会と市民プロジェクトは、切り離すことのできない相互依存の、あるいは循環的な関係にあるといわなければならない。

本章は、事例観察について状況の紹介と論点の指摘を超えなかったが、法社会学として市民社会をどのように学術的課題として受け止めるかの問題提起として意義をもつものであることを願っている。

［参考文献］

川島武宜一九八二、『川島武宜著作集』第四巻、岩波書店
コッカ、ユルゲン二〇一一、『市民社会と独裁制―ドイツ近現代史の経験』（松葉正文／山井敏章訳）岩波書店
佐藤卓己二〇一八、『ファシスト的公共性―総力戦体制のメディア学』岩波書店
高田　健二〇一七、『二〇一五年安保、総がかり行動』梨の木舎
ハーバーマス、ユルゲン一九九四、『第二版　公共性の構造転換』（細谷貞雄／山田正行訳）未来社
広中俊雄一九八九、『民法綱要第一巻総論上』創文社
広中俊雄二〇〇六、『新版民法綱要第一巻総論』創文社
広渡清吾二〇一八、「現代ドイツの市民社会論と市民法についての覚書―概念的考察」水林彪／吉田克己編『市

民社会と市民法—civil の思想と制度』日本評論社
広渡清吾二〇〇九、「渡辺法学の構図—その素描」戒能通厚他編『日本社会と法律学—歴史・現状・展望（渡辺洋三先生追悼論集）』日本評論社
広渡清吾二〇〇八、「市民社会論の法学的意義—『民法学の方法』としての市民社会論」戒能通厚／楜沢能生編『企業・市場・市民社会の基礎法学的考察』日本評論社
広渡清吾二〇一六a、「戦争法は廃止しなければならない—日本社会の岐路と新たな選択」『法と民主主義』一月号
広渡清吾二〇一六b、「安倍政権へのオルタナティブを—個人の尊厳を擁護する政治の実現を目指す」『法と民主主義』八／九月号
広渡清吾二〇一七、「『市民連合』というプロジェクト—二〇一七年一〇月衆院選をたたかって」『法と民主主義』一一月号
水林　彪一九九六、「西欧近現代法史論の再構成」『法の科学』第八四号
水林　彪二〇一四、「近現代所有権法論の構図試論」『法社会学』第八〇号
渡辺洋三（一九八四）『法社会学とマルクス主義法学』日本評論社
Gosewinkel, Dieter / Rucht, Dieter 2004, "History meets sociology," Zivilgesellschaft als Prozess, in: Gozenwinkel / Rucht / Kocka, Jürgen (Hrsg.), Zivilgesellschaft—national und transnational, WZB-Jahrbuch 2003, edition sigma
Habermas, Jürgen 1992, Fakzität und Geltung. Beiträge zur Diskurstheorie des Rechts und des demokratischen Rechtsstaats, Surkamp
Richter, Dirk 1996, Zivilgesellschaft-Probleme einer Utopie in der Moderne, in: Eickelpasch, Rolf / Nassehi,

Armin (Hrsg.), Utopie und Moderne, Surkamp
Wood, Ellen Meiskins 1995, Democracy against Capitalism, Canbridge University Press

第4章

「市民連合」の参与的観察

1　個人の尊厳を擁護する政治の実現

二〇一五年九月の安保関連法案の強行成立は、その春以来の反対運動を新たな次元に引き上げた。六〇年安保条約改定反対闘争以来の大きな国民的昂揚をみせた二〇一五年反対運動は、法成立後も陣形を崩すことなく、九条違反の安保関連法の廃止および集団的自衛権を先導した二〇一四年七月の閣議決定の撤回を目指して、新たな国会多数派の形成とその上にたつ立憲主義擁護の政権を作る闘いを始めたからである。

この闘いは、安保関連法案反対運動における市民と五野党の共同行動の発展形態として展開し、二〇一六年四月二四日北海道五区の衆院補選を前哨戦にして、七月一〇日の参院選、そして同月三一日東京都知事選のダイナミズムを大きく規定した。「安倍政権に対するオルタナティブを―個人の尊厳を擁護する政治の実現を目指す」という標語は、この闘いを特徴づけるものである。以下では、この運動のなかで考えさせられたいくつかのことと今後について述べることにしたい。

(1) 市民運動と政党

安保関連法の成立後、五つの市民団体（戦争させない・九条壊すな！　総がかり行動実行委員会、SEALDs、安保関連法に反対する学者の会、立憲デモクラシーの会、および安保関連法に反対するママの会）と五野党（民主党、維新の党、日本共産党、生活の党、社民党）は、持続して安保関連法の廃止と立憲主義の回復を目指す運動をどう進めるかの協議を行った（二〇一五年一〇―一二月）。「法案反対」運動の域を超えた新たな局面では、それに見合う野党共闘のレベルが必要であった。市民団体側は、そのことを明確に課題として提示し、五野党の努力を要請した。具体的には二〇一六年七月の参院選における野党共闘の実現である。

協議に「学者の会」を代表して参加していた筆者は、これについて二つの基本的なイメージがあった。一つは、安保関連法を廃止すべく新たな政権を作る闘いが「市民革命的」ではあるが、「市民革命」ではない、つまり、市民運動は既成の野党を乗り越えるものではなく、あと押し、共同するものであることである。もう一つは、選挙を戦う候補者を擁立するのが政党の仕事、責任であり、市民運動側がこれを担ぐということである。前者について言うと、同じ課題を掲げた市民運動として「国民の怒りの声」が新政治団体として参院選に参入したが、これは野党選挙共闘の不十分さを補うという理由によった。後者については、参院選三二のすべての一人区での統一候補者擁立が、それぞれの地域の市民運動の関与と野党との協力によって、多様な取組みを通じて成し遂げられた。

市民団体側は、野党共闘をプッシュするために、先行して、協議参加五団体が中心となって二〇一五年一二月に「安保法制の廃止と立憲主義の回復を求める市民連合」を結成した。市民連合は、「二〇〇〇万人戦争法廃止を求める統一署名」を共通の基礎とし、①安保関連法の廃止、②立憲主義の回復（集団的自衛権の閣議決定の撤回を含む）、および③個人の尊厳を擁護する政治の実現に向けた野党共闘を要求し、これらの課題についての公約を基準として参院選における候補者の推薦と支持を行うことを基本方針として打ち出した。まさにターゲットは、参院選における野党共闘に明確に向けられ、こうして二〇一六年二月一九日、五野党党首による選挙を含む野党共闘の合意が成立した。その日、国会前での総がかり行動実行員会の集会で合意成立を報告した民主党（当時）枝野幹事長の第一声は、「みなさん、お待たせしました！」であった。その場にいた筆者も本当に嬉しく思った。

「市民連合」という組織の結成、これを中心に多様な全国各地域の市民運動と四野党（二〇一六年三月、民主党と維新の党が民進党として合同）が参院選を共同で闘うという構図、つまり市民と野党が現政権に対するオルタナティブを目指すという共同行動は、日本の戦後政治史のなかで極めてユニークなものである。筆者のドイツ人の友人で日本政治の研究者が「市民連合って、べ平連みたいなもの？」と聞いた。なるほど一九六六年に「ベトナムに平和を！市民連合」が結成され、アメリカのベトナム侵略とそれに加担する日本政府と闘い、その時代を象徴する活動を展開した。また、一九八三年の参院選では「無党派市民連合」が名乗りを上げている。これらは、市民個人に発する自律的運動をエネルギーとする特徴において、二〇一五年市民連合と通底するが、決定的な差異は、市民が既存の野党をまとめて共同し政権交代を目指すべく選挙運動を闘うというその戦略にある。六〇年代末から七〇年代にかけて東京、大阪、京都などに社会党、共産党と市民運動が協力して革新統一知事を誕生させたが、これらの共同は、地方自治レベルに限られていた。

安倍政権へのオルタナティブを目指す市民と四野党の共同のユニークさ、それがもたらす日本政治における新しい可能性、つまり、「チャンス」は、安倍政権のもとで「戦後社会」としての日本社会が岐路に立っている、その「危機」に対応するものだと考える。侵略戦争と植民地支配の反省と教訓に基礎づけられる日本国憲法の、その転覆という危機の深さが新しい形の政治運動を求めているのである。

参院選における市民と野党の共同は、明確に一定の成果をおさめた。三二の一人区で野党統一候補者は、一一区で勝利した。これは、野党の勝利が前回二〇一三年に二区にすぎなかったことに比して大きな前進であった。朝日新聞と東大法学部谷口研究室の共同調査によると、野党統一候補者につき、比例区の野党四党の合計票を一〇〇%にして、上積み率を計算すると、二八名が最高一七一%(山形・当選)から一〇五%の範囲にあり、共闘の相乗効果が確認できる。一一名の当選者中、七名が次点と五万票以内の僅差にあり、野党共闘なくして一人区の勝利は、覚束なかった。

野党四党(無所属の統一候補者を含む)が比例区を含めて獲得した議席総数は四四名であり、市民と野党の共同が目標とした最大で全改選議席数の過半数獲得、最小で非改選議席とあわせて改憲阻止の三分の一以上の議席確保はいずれも達成できなかった。選挙戦で自公は、もっぱら「民共」野合を非難した。これに対しては、野党共闘が「戦争法」廃止、立憲主義の回復そして安倍政権のもとでの憲法改正阻止、さらに個人の尊厳の擁護を実現する政治の実現を願う市民の広範な要求に基づくものであり「選挙互助会」などではまったくないと反論した。とはいえ、市民と野党が選挙で共同するという新しい可能性が深い危機に由来する—昔流にいえば反ファシズム統一戦線的な国民の大同団結が必要である—という見取り図は、自公の争点化回避戦術を突破できず、有権者に十分には浸透しなかったのではないかと思われる。市民と野党の共同は、ＳＥＡＬＤｓのみなさんの創意にみちたエネルギーを一つの大きな推進力としたが、安倍政権へのオルタナティブを作り出す闘いには、なお多くの知恵と工夫と力を必要とすることが痛感される。

(2) 平和主義、民主主義、立憲主義

二〇一五年春以来の安保関連法案に反対する闘い、そして成立した安保関連法の廃止を求める闘いは、平和主義・民主主義・立憲主義の三位一体的擁護を旗印に掲げてきた。安倍政権による「戦争法」の強行は、憲法九条の平和主義に反し、国民の過半数の反対を無視し、かつ、憲法尊重擁護義務を侵すものであるからである。それでは、三位一体的に擁護される三つの相互関係はどのように理解できるだろうか。

第一に、平和主義は、民主主義、立憲主義という制度的原理で守れるか。憲法改正手続きに則れば九条改正ができるから、立憲主義的、民主主義的に問題なく九条の規範内容は変更されうる。それゆえ、憲法九条＝平和主義擁護のためには、それ自体のための国民多数派の形成こそが運動の核心ではないか。第二に、他方で、民主主義、立憲主義なしに平和主義は守れるか。それはありえない。平和を擁護する闘いは、憲法と民主主義を必要とする。つまり、民主主義、立憲主義は平和主

義の大前提に他ならない。そして第三に、民主主義、立憲主義は、日本と世界の歴史的経験からすれば、平和主義を制度的存立の事実上の要件とする。他民族を抑圧し侵略戦争をする国家は、憲法を無視し民主主義を否定して軍事国家を作り出した。平和のために闘うことは、憲法と民主主義を擁護することでなければならない。このように平和主義・民主主義・立憲主義を擁護する課題は不可分一体となる。

この三つのキーワーズのうち、市民と野党の共同の闘いの中でクローズアップされたのは、立憲主義であった。多くの市民にとってこれまでおそらく歴史的事象のネーミング、あるいは学術的概念にとどまっていたこの用語は、安倍政権へのオルタナティブの表現としてもっとも訴求力の強いものとなった。必要に迫られた我流立憲主義理解によれば、立憲主義は、制度としての立憲主義(「憲法の保障」制度)と原理としての立憲主義の二つに分けて説明できる。

「憲法の保障」制度は、日本の場合、①加重された改正手続き(議会の特別多数による発議と直接民主制の表現としての国民投票)、②裁判所の違憲立法・違憲行政の審査権、および、③すべての国家機関の憲法尊重擁護義務として規定されている。比較のためにドイツ基本法を取り上げると、①改正手続きについて、特別の手続きを予定しないが黙示の憲法改正を認めたワイマール憲法の実務(法律制定後に憲法に反することが明らかになっても事実上三分の二の特別多数で可決されていれば憲法改正となる。これは「憲法破棄」と呼ばれた)を教訓にして明示的改正のみを認め、かつ、議決に総定数の三分の二の特別多数を要求(ドイツ基本法は国民投票などの直接民主制をワイマール憲法を反面教師として採用していない)、②法令の抽象的、具体的規範統制および国家による基本権侵害に対して何人にも保障される憲法訴願を管轄権限とする憲法裁判所の設置、および③憲法による改正不可条項の明定が憲法保障の役割を担っている。

日独の憲法保障を比較すると、日本の憲法保障の脆弱性がすぐに分かる。裁判所による違憲審査が十分に機能せず、九条について判断停止であり、国家機関の憲法尊重擁護義務も実効性に欠け、かつ、改正の限界について明示の規定はない。こうして、日本の憲法保障は、加重された改正手続きにもっぱら依存する。かつて安倍首相が改正手続きを定めた九六条先行改正論を言いだしたことは、この事情の反映である。

ドイツ基本法は改正不可条項を明定する。それによると、人間の尊厳が不可侵でありすべての国家権力がそれを尊重すべきこと（第一条）、民主的社会的連邦国家であること、国民主権、三権分立、法治主義、国民の抵抗権の保障など（第二〇条）が改正不可事項として示される。イタリア憲法も「共和政体」を改正の対象とすることを禁止している。ドイツ基本法およびイタリア憲法は、戦後社会の憲法として侵略戦争を遂行した戦前の体制に逆戻りしない憲法上の保障を規定したと考えることができる。日本国憲法の解釈論としても憲法改正限界説が多数説とされる。

これに関連して、憲法尊重擁護義務の機能を独伊と同様の視点からながめてみるとどうなるか。国家機関はいうまでもなく憲法尊重擁護義務にしたがって、すべての憲法規範を順守しなければならないが、国会は改正の発議に際して一般的にその順守義務を解除される。しかし、憲法の本質的部分、すなわち〈侵略戦争を遂行した戦前の体制に逆戻りしない憲法上の保障〉として位置づけうる規定について、これを〈逆戻り〉させる方向での改正は憲法尊重擁護義務に反すると解釈できないであろうか。これは、制度としての立憲主義の解釈論的拡張である（樋口陽一説と同一論旨）。

もう一つは原理的な立憲主義である。これは、日本国憲法もその系譜にあるホッブスやロックを源流とする近代立憲主義の論理にしたがって、国家のあり方に関わる思想として立憲主義を理解することである。それによれば、国家とは人民がその生存保持と幸福追求のために人民相互の契約である社会契約によって設立するものであり、憲法は設立した国家の運営の基本を定める契約に他ならない。政府をはじめとした国家機関が憲法に服すべきことは、この摂理に基礎づけられている。

ここにおける人民（people）は、主権の主体であるとともに基本的人権の享有主体である。主権は集合的に行使されるが、基本的人権は市民の一人ひとりに帰属し、その人権は国家設立によって初めて生まれるものではなく、逆にこれを保障することこそ国家設立・憲法制定の目的である。ロックによれば、「人は誰でも自分自身の身体に対する property（固有権）を持つ」（加藤節訳『完訳　統治二論』岩波文庫、二〇一〇年、三二六頁）。Property（固有権）は、「生命・自由・身体の健康・苦痛からの解放」の権利であり、自然状態における人間存在そのものの保障として、国家設立の目的となる。property は、また、この固有権に基礎づけられて労働生産物に対する物的権利でもある。

ロックのこの固有権は、現代における人間の尊厳ないし個人の尊厳のコンセプトにつながるものではないか。フランスの人権宣言（一七八九年）第一条「人は自由で権利において平等なものとして生まれ、自由で権利において平等なものとしてあり続ける」は、二〇世紀の二つの世界大戦の悲惨さから、世界人権宣言（一九四八年）第一条「すべての人間は、生まれながらにして自由であり、尊厳と権利について平等である」に発展した。ナチズムの非人間的暴虐を忘れ去るべきでない過去と自認する戦後ドイツ社会は、基本法一条に「人間の尊厳は不可侵である。その尊重と擁護は、すべての国家権力の義務である」と規定した。日本国憲法もまた「すべて国民は個人として尊重される。生命、自由及び幸福追求に関する国民の権利は、公共の福祉に反しない限り、立法その他国政の上で最大の尊重を必要とする」（一三条）と規定する。両者はその表現の峻厳さにおいて差異があるが、論理は相似的である。

このように原理としての立憲主義は、国家が個人の尊厳を起点にして構築されるものであり、決して「まず国家ありき」でないことを明確にする。これこそ、安倍政治と自民党改憲案に対する、市民のオルタナティブを本質的に規定するものである。

(3) 安保条約、自衛隊法、安保関連法（戦争法）

安保関連法について講演をする機会のなかで、安保関連法廃止の運動はそもそもの根源である日米安保条約の廃棄をなぜ主張しないのかという質問がだされることがまれでなかった。これには、運動の焦点が安保条約の是非にはなく、翁長知事も安保条約に反対しないが辺野古基地を許さない運動の先頭に立っているように、安保条約に賛成する人も含めて安保関連法廃止を求めることが肝要だと応答した。また、安倍首相が選挙戦の中で安保関連法の廃止は「日米同盟の根本を揺るがす」と主張することに対して、野党側は「日米同盟」の法的基礎は安保条約であり、安保関連法廃止は安保条約の廃棄を主張しているわけではなく、安倍発言は自分に都合よく事態を解釈する、言いくるめの論法だと批判した。

安保条約は、多数の憲法学説によれば、米軍への基地提供の義務を負い、その駐留に権利を与え、また、六〇年改定によって米軍と自衛隊の共同防衛行動（集団的自衛権の行使）を認めたことよって憲法九条違反と論じられている。砂川事件第一審判決（一九五九年三月三〇日）は、米軍の駐留が九条二項の戦力不保持に抵触し違憲と認定した。これに対して砂川事件最高裁判決（一九五九年一二月一六日）は、高度の政治性を有する同条約のような場合には「一見極めて明白に違憲無効であると認められない限り」司法審査の範囲外として、いわゆる統治行為論を採った。とはいえ、判決は「一見極めて明白に違憲無効でない」ことを論拠づけるために実質的判断として、九条がそもそも固有の自衛権を否定したものでないこと、米軍の駐留が防衛力の不足を「諸国民の公正と信義に信頼して」補うものであること、米駐留軍が日本の指揮・管理権に服しないことを挙げ、これらの判断が「憲法九条二項が自衛のための戦力の保持をも許さない趣旨であるか否かにかかわらない」としている。それゆえ、同判決は、米軍の駐留が九条二項の問題ではないことを明示することを趣旨とし、自民党が言うような集団的自衛権に根拠を与えるものでなく、逆に日本の指揮・管理権のもとにある自衛隊の違憲審査の論理的可能性すら示すものと読める。

安保関連法案反対とその廃止の運動において、安保条約違憲論と並んで隠れた論点は自衛隊違憲論の位置づけであった。運動の中では、自衛隊違憲論と合憲論が並存したが、両者は専守防衛・個別的自衛権をこえる海外での武力行使（集団的自衛権はもとより重要影響事態、国際平和協力対処事態、ＰＫＯにおいて）を可能にする安保関連法は憲法違反、立憲主義に反するという対抗論理で協働し、それによって広範な法律家が結集し市民をあと押しした。

このような運動の構図の中から、安保関連法案反対運動の対抗論理を踏まえ、これに見合う実効的なものに九条を改正してはどうかという提案がでてきた。しかし、これは、運動のダイナミズムから遊離していた。安保関連法に反対する運動の最も強い基盤は、安保条約と自衛隊の違憲論を踏まえた平和主義であり、現行九条そのものの擁護派である。また、安保条約と自衛隊を合憲としながら安保関連法を違憲とする運動にコミットする立場は、現行九条の解釈論として両者の合憲性を論拠づけるのであるから九条の存在を前提とし、かつ、この拘束性によって安保関連法の違憲性を主張しているのである。いずれにしても前述のような九条改正提案は不要であるばかりか、有害であった。

四野党もそれぞれに安保条約と自衛隊の違憲、合憲について見解を有する。しかし、安保条約も自衛隊法も、最高裁判所の違憲無効の判決があってはじめてその存在を否定されるものであり、それまでは法的に有効な存在として扱われる。四野党が市民とともに新しい政権の課題とするのは、違憲の安保関連法の廃止であり、集団的自衛権の閣議決定の撤回である。さらに政府と国会多数派が安保条約と自衛隊を違憲として九条に事態を適合させるかどうかは、時間軸のうえで次の課題として設定されるべきことであり、その帰趨は四野党と市民の共同がこれからどのように発展するかにかかるものである。安倍政権へのオルタナティブとして市民と野党の共同によって作り出す政権は、岐路に立つ日本社会に未来を切り開くものであるが、未来のすべてを先取り的に計画するものではない。

(4) 今後について

市民と野党による政権を目指す共同というユニークな政治運動は、すでにふれたように、日本社会の現在の危機の深さが産み出したものである。危機を突破し、社会を前進させるためには、この政治運動をより強くより大きく発展させることがとりうる最善の選択肢である。参院選の結果について世論調査によると、安倍政権の政策が評価されたと考える人は一五%にすぎず、七割以上の人は野党がだらしないからと考えている。これは、野党に大きなチャンスがあることを示している。参院選に際して有権者は、経済政策と社会保障にいちばん大きな関心を示し、投票後の出口調査でも同様の結果である。アベノミクスが成果を示すどころか失敗に終わっていることが指摘され批判されても、現に施策の決定と実行を担当する政権側は、その指摘や批判をそらし巧みなデータ操作で有権者の支持をかすめとる。

二〇世紀末以降の現代グローバル資本主義が生活と所得における格差を急激に拡大し、世界に貧困を蓄積していること、社会のなかでエスタブリッシュされた階層と縁辺に振り落とされる階層の離反を大きくしていることは、個々の世界的事象の発生のなかに—その具体的な要因やプロセスがさまざまであれ—、共通にみてとることができる。ドイツのシュピーゲル誌を読んでいて、イギリスのメイ新首相がBrexit問題の国内的対処についてprecariat問題を政策課題として重視するメッセージを発したことに共感を寄せる評論が目に付いた。ドイツでもPrekariatは、社会学的用語である。このことばは、もともとイタリアで「不安定なprecario」と「労働者階級proletariato」を結び付けて生まれたものであり、不安定＝非正規雇用の社会階層を指すものとして使われる。日本ではたとえばすでに雨宮処凛さんが『プレカリアートーデジタル日雇い世代の不安な生き方』（二〇〇七年）で鋭く問題を提起していた。

「個人の尊厳を擁護する政治の実現」は、憲法体系的に位置づけると、一三条の個人の尊厳と九条の平和主義そして二五条の生存権の正三角形で表現できるのではないか。人間の尊厳にふさわしい生き方は、どんなことがあっても人を殺さない、殺させないことを追求するとともに、それぞれが人間の尊厳にふさわしい生活を手に入れることができるものでなければならない。「まず経済成長ありき」のアベノミクスは、貧困と格差問題を改善するどころか、深刻化させた。市民と野党の共同によって安倍政権へのオルタナティブを作り出すためには、市民一人ひとりが人間の尊厳にふさわしい生活を獲得できる経済政策と社会保障について、これもまた市民と野党の共同作業によって、政権構想としての政策体系を練り上げることが必要である。

市民と野党の政権を目指す共同の闘いは、二〇一六年一〇月の東京一〇区と福岡六区の衆院補選を前哨戦に、その時期は安倍政権の仕掛け如何に関わるが、次期総選挙に向けて進めなければならない。衆院の二九五の小選挙区における統一候補者の擁立は、共通政策の策定とあわせて、参院の場合に比しても一層大きな努力と知恵が求められる。なんとかしてこの闘いの展望を切り開かなくてはならない。

最後に安倍政権の歴史的性格について、①皇室の尊崇、②憲法改正、③国防の充実、④愛国教育の推進を基本方針に掲げ、神社本庁を中心とする宗教団体を活動部隊とする日本会議との思想的、組織的連携に着目して、世界的な思潮の一つである「ポスト世俗主義」（政治と宗教の分離の近代的原理に逆抗する運動）と関連づけて分析することは、一つの重要な課題ではないかと思われる（島薗進／橋爪大三郎『人類の衝突』二〇一六年参照）。

2 「市民連合」というプロジェクト

(1) 安倍首相の憲法違反解散

二〇一六年七月の参議院議員選挙は、四野党（民進党、共産党、自由党、社民党）の選挙共闘が実現し、三二の一人区のすべてで野党統一の候補者が擁立され、一一区で勝利した。前回に比べて野党勢力の大きな前進であり、「市民と野党の共同」の成功が確認された。野党統一を要求し、支援し、ともに選挙運動をたたかったのは、「市民連合」（二〇一五年一二月に結成された「安保法制の廃止と立憲主義の回復を求める市民連合」）およびこれと連携する全国各地の多様な、そして個性的な市民運動団体であった。「市民と野党の共同」の特集（『法と民主主義』二〇一六年八／九月号）は、このたたかいを「市民と野党による政権をめざす共同というユニークな政治運動」、「市民が創出した新しい政治」と意義づける論稿を掲載し、各地からの具体的運動の報告を収録した。そこでは、次期衆議院議員選挙に向けて、このたたかいを発展させるという熱い期待が示されていた。

その衆院選は、安倍首相の「国難突破解散」によって二〇一七年一〇月二二日を投票日に実施された。解散が与党にもっとも有利な時期と条件をみこして行われるのは、日本の政治の「常道」であるが、さすがに今回は度が過ぎた。同年六月中旬の通常国会終了後、四野党は、未解明の森友・

加計問題、自衛隊日報問題など、国会審議によって真相を明らかにすべく、憲法五三条に基づく臨時国会召集を要求したが、安倍内閣は、先延ばしの挙句、やっと召集した臨時国会で一切の審議なしに冒頭解散したからである。今回の解散は、憲法違反解散であり、かつ、民進党の不安定な党内事情をみすかした安倍首相の「ジコチュウ」解散であった。

(2) 衆院選と市民連合

市民連合は、参院選終了後、衆院選に向けて準備をはじめ、二〇一六年一二月九日、四野党との意見交換会で「市民連合が実現を目指す政策」を説明し、「立憲四野党が共通の政策を掲げ、国民に対して別の選択肢を提示し、安倍政権の暴走を止め、政治を転換する戦いをともに進めるよう、強く求めます」と四野党の検討を要請した。二〇一七年四月五日、四野党は「『市民連合が実現を目指す政策』に関する四党の考え方」を意見交換会で市民連合に提示した。それは、「市民連合の現状認識および基本理念を共有」すること、予想される解散総選挙に向けて「今後も、安倍政権の打倒を日指して政策面や国会活動における四野党間の協力を進めていく」ことを明らかにした。市民連合は、これに対して四野党との協力を一層すすめる「市民連合からの要請」を手渡した。

ここで市民連合と四野党間で合意された政策の柱は、①安保法制を廃止し、集団的自衛権行使容認の閣議決定を撤回、立憲主義を回復する、②アベノミクスによる国民生活破壊、格差と貧困を是正する、③ＴＰＰや沖縄問題など、国民の声に耳を傾けない強権政治を許さない、④安倍政権のもとでの憲法改悪に反対する、の四点であった。意見交換において、そのときの情勢を背景に、共謀罪法案反対および森友・加計問題の真相追及が共同の課題に付け加えられた。そして、市民連合と四野党の共同の政策は協議を通じてさらに内容を充実させていくことが確認された。

衆院選における候補者の統一化が参院選の場合にくらべて、はるかに複雑で困難なものになることは十分に想定されていた。それだけに参院選で活動した全国各地の市民運動団体と市民連合の役割がいっそう重要になるものと思われた。その前提条件として、衆院選に向けて四月の段階で市民連合と四立憲野党の共同の枠組みが、組織的、政策的に確認されたことは、大きな意味をもった。

このような共同の枠組みが活かされることへの期待のなかで、九月一日実施の民進党の代表選で「市民と野党の共同」方針が争点となった。市民連合は、代表選に際して前原誠司および枝野幸男両候補者に対して、どちらが代表になっても前記した四月五日の合意枠組みを踏まえて立憲四野党と市民の協力を発展させるべく「要望書」を渡した（八月二五日）。その後九月二六日、市民連合は、新代表になった前原氏にあらためて市民と立憲四野党の共同を進めることを要望し、他の三党党首とともに、七項目の政策（①安倍加憲案反対、②安倍政権下の三つの悪法の白紙撤回、③原発ゼロ、④「モリカケ」・自衛隊日報問題真相追及、透明で公平な行政実現、⑤こども、若者政策推進、⑥働き方改革反対、⑦ＬＧＢＴ差別反対、女性政策推進）について合意した。

ところが、前原代表は、九月二五日に立ち上げられた小池新党（希望の党）への民進党の合流を提案し、二八日の民進党両院議員総会は、これを了承したのである。改憲推進と安保法制の積極的評価を基本政策とする小池新党への民進党の合流は、大局的にみれば、改憲勢力・安保法制容認派による、市民と立憲四野党の共同を解体する謀略であった。これに対して、共産党は、市民と反安倍野党の共同の路線をあらためて強く打ち出し、小池新党を拒否した民進党議員による立憲民主党の結党（一〇月二日）を勇気づけた。市民連合は、ただちに立憲民主党の枝野代表と前記七項目の政策合意を行い、あらためて共産党、立憲民主党および社民党の立憲三党と共同で衆院選をたたかう体制をつくることができた。こうして、一〇月三日、市民連合は、「市民と立憲野党の新たな共闘がはじまります―全国各地の市民の皆さんへのよびかけ」を発出した（この間の経緯および衆院選の結果について、市民連合の立場からの政治学的分析は、この運動の文字通り中心として活躍した中野晃一「インタビュー『非立憲野党』は止められるか」『法と民主主義』二〇一七年一一月号を参照）。

(3) 市民連合全国意見交換会のなかで

市民連合は、発足以来、志しを同じくして活動する全国各地の多様な市民運動団体との意見交換会を東京で行ってきた。そこでは、情報の交換とともに、いかに有効適切に市民と野党の連携と共同をすすめるかが議論された。衆院選に向けて、二〇一七年九月一〇日に第四回の全国意見交換会が開催され、三三都道府県から現場で具体的に活動を進めているみなさんが集まった。民進党の代表選で市民と野党の共同に消極的な前原新代表が選出された後であり、出席者の最大の気がかりは、民進党の方向性であった。交換会の最後のまとめをした佐藤学氏は、「みなさんがどんなに民進党を愛しているかがよくわかりました」といって会場の笑いを誘った。

この会合で筆者は、「市民連合の紹介」を担当した。いまさら紹介でもない、というところであるが、じつは初めて意見交換会に参加する市民もいるという。そこで、結成に至る事情やその後の参院選での活動と成果を紹介しつつ、後半では「市民連合の特徴」を筆者なりに説明することにした。以下、その後半部分の発言メモをそのまま示してみたい。

「みなさん、私たち市民連合の特徴を少し自己分析してみたいと思います。私の友人のドイツの政治学者が、市民連合というネーミングを聞いたときそれって『べ平連』みたいなもの、と言いました。私と世代の近いかたなら、よくご存じですが、一九六六年、作家の小田実さんや鶴見俊輔さんが中心となって、『ベトナムに平和を市民連合』が結成されました。アメリカのベトナム侵略に反対し日本がそれに加担することに抗議し、アメリカの兵隊が脱走することまで援助する活動をしました。一九七七年には社会党を抜けた江田三郎らが作った『社会市民連合』の結成があり、一九八三年の参院選には『無党派市民連合』が名乗りをあげています。これは、青島幸男や中山千夏、美濃部亮吉など革新系の著名人がメンバーでした。これらの「市民連合」と比べると、私たちの市民連合の特徴がはっきりします。

第一に、私たちの市民連合は、単独のイシュー、テーマを掲げて運動する組織ではなく、安倍政権の反立憲主義、反民主主義、そして反平和主義の政治に対して、それを新しい政治に変える、政権をとりかえるというトータルな要求を掲げています。そして第二に、安倍政治に対するオルタナティブを目指すについて、市民運動が既成政党にかわる新しい政党をつくるというシナリオではなく、安倍政治に反対する野党をあと押しし、市民の力を接着剤にして野党の共闘、野党の連合政権を目指しているということです。市民連合が、新しく市民連合党をつくって選挙にでても、安倍政治を倒す展望は決してでてきません。市民運動が、社会のなかにある安倍政治、安倍政権に反対するすべての力を結集して、野党との共同に結び付けることがもっとも現実的で合理的な選択だと思います。

この選択は、野党の側からみても、同じように合理的だと言えると思います。政党は、理念と政策をかかげて政権を目指す政治団体だといいます。しかし、これは政党側の言い分です。民主主義における政党の役割は、国民の政治的意思の形成を助けることにあると思います。まず政党ありきではなく、まず主権者国民ありきだと思います。いま、国民がかかえている矛盾と問題をどのような政策と方法で解決していくべきかを、政党は考えるべきでしょう。通常ならば、政党が国民にメニューを披露して選んでもらう、ということでいいのかもしれません。しかし、安倍政権の進めている政治は、戦後の日本社会を転換させる大きな危機をもたらしうるものです。この危機を突破するために、市民の側が政党に対して、あなたがたならば、このメニューでつくれるはずだから、お願いします、私たちも一緒にやりますからと野党に要請している、このメニューで政権をつくりましょうと呼びかけているわけです。安倍政治、安倍政権に代わる新しい政治をつくりだすためには、市民と政党の新しい関係が必要なのではないかと思います。今日の意見交換会では、現在の状況の中で、市民連合の果たすべき役割が非常におおきなものがあることをみなさんと一緒に確認することができれば大変ありがたく存じます。」

(4) 市民連合の特徴は民主主義とどう関わるか

前記の紹介では、市民連合が第一に単一のイシューやテーマでなく、政権交代を目指してトータルに政治活動をする、第二にそのために自らが政党をつくるのではなく、自らの政策を実現してくれる複数の政党と共同し、共同する諸政党の接着剤になる、ことを特徴として指摘した。

市民連合の第一の特徴は、なによりも、その結成の経緯によるものである。市民連合は、安保関連法案（戦争法案）に反対して立憲野党と共同してたたかった市民団体によって結成された（学者の会、ママの会、ＳＥＡＬＤｓ、立憲デモクラシーの会、および総がかり行動実行員会の五団体の有志が呼びかけ人となり、三〇に近い市民団体の賛同の上に成立）。法案反対運動は、法案の成立によって終わるのではなく、成立した法の廃止を目指すたたかい、それゆえ、国会での新しい多数派の形成、つまり政権交代を目指すたたかいにヴァージョンアップした。このことは、運動をになった市民にとって当然の成り行きのように受け止められたと思う。それは、戦争法が憲法九条の核心を侵食し、集団的自衛権承認によって日本が戦争のできる、そして戦争をする国家になってしまうこと、文字通り、戦後日本社会が岐路にたっていることを実感していたからである。

憲法九条に反する戦争法の強行（その前提としての二〇一四年七月の集団的自衛権承認の閣議決定）は、憲法の個別の条項の侵害というにとどまらない。それは、戦後日本社会の憲法体制の原理である立憲主義、民主主義そして平和主義をないがしろにし、安倍首相がいまでは明言することを避けている「戦後レジームからの脱却」にほかならない。戦争法反対運動のなかで市民が認識したのは、このことであった。

市民連合は、結成のよびかけにおいて、実現を目指す政治の理念として「個人の尊厳を擁護する政治」をかかげた。これは、社会経済的政策の基本である。同時に、筆者の理解によれば、この理念は、日本国憲法の立憲主義、民主主義および平和主義を三位一体的に根拠づける原理である。日本国憲法は、近代社会の普遍的理念に依拠して、国家を社会契約論的に基礎づけている。国家設立の目的は、個々の市民の尊厳の擁護であり、自由と権利の承認である。設立された国家の権力行使は、市民が制定した憲法に拘束され、憲法の保障する民主主義に基づいて市民の関与と監視のもとに行われる。戦争を否定し、軍隊を拒否することは、第二次世界大戦および世界で唯一原爆投下の惨禍をみた市民の絶対的反省として、決して国家の名のもとに殺し、殺させないという究極の個人の尊厳の擁護を貫くためである。

このように戦争法案反対運動は、戦争法の廃止へ、そしてトータルな政治の転換を目指す運動へ発展した。問題は、その実現の道筋である。市民連合の第二の特徴はこれに関わる。市民連合の結成に際して、目の前にある実績は、戦争法案反対を共同でたたかった市民と立憲野党のスクラムである。市民連合は、このスクラムの目的をヴァージョンアップして選挙戦にコミットし、国会多数派の形成を目指した。市民連合党という新党結成は、選択肢としても検討されたことはない。市民連合が野党間の接着剤として役割をはたして、市民と野党の共同を進めるというプロジェクトは自然の成り行きと考えられる。とはいえ、あらためて考えるに値することがあり、それは市民と政党との関係についてである。

日本では特定の政党を支持しない無党派層が有権者の大きな割合を占めている。その状況のもとで、市民連合が野党の接着剤となるということは、複数の野党の支持者をブリッジして一つにまとめるということだけではない。もちろんこのことは、小選挙区制（参院選の一人区、衆院選の小選挙区）のもとで、政権与党に対抗して勝利をえるためには絶対の条件である。であるが、さらにこれをこえて、「市民と野党の共同」という別種の選択肢を有権者に、とくに広範な無党派層に提起することが重要な意味をもつ。特定の政党にコミットしない、したくないという政治的感覚は、政治的無関心と決して同じではない。政治的無関心は、政治の側のアプローチのしかたの問題として捉え返す必要がある。この状況のもとで、市民と野党の共同は、政党の「お仕着せの公約メニュー」（政党に距離をおいている市民にそのように感じられてもしかたがない）の選択ではない可能性をつくりだす。市民の側から政策を提案し、メニューをつくり、それを市民と野党の共同の旗印にすることができる。前述のように、市民連合が野党に理念と政策を提起し、野党がこの検討のうえに共通のものとし、さらに活動と協議を通じて政策を豊富化する、というモデルが実際に示されている。

市民は、特定の政党を支持し、その政党に投票することによって、自分の政治的意思を実現する。政党は、自党を支持する市民を獲得するために活動する。これは政党のプロジェクトである。市民連合のプロジェクト（ここでいう「プロジェクト」は市民連合という中央の組織と全国各地の多様な市民運動団体によって担われているものの全体を指す。以下同じ）は、これに加えて、市民に新しい可能性をつくりだす。市民は、まず市民とつながり、政党に提案し、政党をつなぎ、市民と政党のより大きな共同をつくりだし、これを通じて自分の政治的意思を実現する。このルートでは、市民はより主体的に、より能動的に政治的意思の実現にコミットする。同時に、市民と野党の共同は、そこで共同する政党に対しても新しい可能性をあたえる。市民連合のプロジェクトは、政党にとって市民との新たな回路を開き、主体的、能動的市民と連携し、政党の力を強め、そうして個別の政党ではなしえない、政権交代に挑戦する機会を提示する。

以上のように、市民連合のプロジェクトは、市民と政党の関係に新しい展開をつくりだし、市民の政治参加と民主主義のエネルギーをひきだす可能性をもっている。その手がかりは、参院選において示され、今回も小池新党によるかく乱のなかで、立憲民主党が立ち上がり市民と野党の共同が持続したことにあらわれた。安倍政治をひっくりかえすためには、潜在している市民の政治的意思を存分に発揮させるたたかい方が必要である。この可能性を現実のものとしなければならない。

(5) 市民と立憲野党の共同で九条改憲阻止の市民社会的合意をつくろう

衆院選の結果は、自公の政権与党がほぼ現勢を維持し、三分の二超の議席を保持した。市民連合のプロジェクトは、民進党の解体、小池新党への合流決定という事態に直面し、立憲野党の接着剤としての役割が危ぶまれた。だが、市民と野党の共同の実績は、共産党がぶれずに前進を表明し、社民党が呼応し、ぎりぎりの状況で立憲民主党が立ち上がるなかに示された。このプロジェクトは、今後の発展の条件を確保したといえる。

安倍新政権は、選挙公約にかかげた（選挙演説で安倍首相はいっさい触れなかった）憲法改正の国会発議の日程を示している。いうまでもなく九条改正が本命である。安倍加憲案（九条一、二項をそのままとし三項ないし九条の二で自衛隊の地位を書き加える）は、戦争法反対運動の中にある自衛隊違憲論と合憲論の間にくさびを打つ戦術である。政府与党は、自らは自衛隊を合憲としつつ、あらためて九条に書き加えて（憲法学者その他に対して）有無をいわさぬお墨付きを得ることを狙いとする。安倍首相流の「言いくるめ」を借りれば、「みなさん、なにも変わりません。苦労している自衛隊の諸君を安心させてください」となる。しかし、自衛隊の加憲は、戦争法と集団的自衛権の公然たる憲法的承認である。それゆえにこそ、安倍加憲案への反対は、市民連合と三立憲野党の七項目確認事項（九月二六日初発）のトップにおかれている。

国政選挙は、二〇一九年夏の参院選まで、おそらくない。安倍政権は、参院選と憲法改正国民投票の同時実施をも視野に入れている。憲法改正国民投票は、主権者市民一人ひとりの文字通り主権者による決定が求められる。この決定は、政党選択を通じて自分の政治的意思を間接的に実現するのと異なり、直接的である。市民連合のプロジェクトは、ここでその意義を発揮しなければならない。市民が市民をつなぐ、市民と市民がつながる、立憲野党と共同する、その共同が市民のつながりを押し広げる。九条改悪阻止の市民と立憲野党の共同は、九条改悪を許さず、九条を日本国憲法体制の軸心として守り抜くという、日本の市民社会における合意の形成を目指す。そのための手段は、「安倍九条改憲NO！ 全国市民アクション」の三〇〇〇万人を目標にした全国統一署名である。三〇〇〇万人の主権者市民の意思表示は、安倍改憲をストップし、安倍政治を打ち倒す決定的な一歩になる。守り抜くことが新しい政治を切り開くカギであり、市民連合というプロジェクトの志しである。

3　市民連合と立憲野党の共通政策の発展

(1)　二〇一九年七月参院選と一三項目の共通政策

二〇一九年七月二一日の参院選を前にして、法律家六団体は、「市民連合との政策合意を支持し、立憲野党と会派を応援する法律家の共同記者会見」を行った。そこでは、五月二九日に「安保法制の廃止と立憲主義の回復を求める市民連合」と立憲民主党、国民民主党、日本共産党、社会民主党および社会保障を立て直す国民会議の四党一会派が参院選を共同でたたかうために合意した一三項目の共通政策について、それを支持し、実現する立場から紹介され、論評が行われた。

この政策合意は、市民連合が各党・会派に「参院選において（一三項目の）政策を掲げ、その実現に努める」ことを「要望し」、各党・会派代表者が「要望を受け止め、参院選勝利に向けて、ともに全力で闘う」ことを約束する、という形式で成立した。一三項目の共通政策は、こうして、市民と立憲野党が安倍政権の九条改憲を断固阻止し、安倍政治を変える新しい政治を拓くための「共通の旗印」として位置づけられた。この形式が示すように、共通の旗印は市民連合を結び目として各党・会派がつながることを確保するものであり、二〇一六年七月参院選、二〇一七年一〇月衆院選に続いて、そして今回はより充実し強化された政策内容をともなって、市民の力で野党をつなぐという新しい政治のあり方が根を張ったとみることができる。こうして、市民の力で野党をつなぐという政治のあり方が根をはったとはいえ、これが社会のなかでどのような広がりにおいて、受け止められ、支持されたかは、選挙結果の分析を必要とする。

一三項目の共通政策を対決ラインとして参院選の選挙結果をみれば、自民党が単独過半数を失い、かつ、改憲勢力が改憲発議に必要な三分の二の勢力を確保できなかったから、政権与党の勝利とは決していえない。しかし他方で、市民と立憲野党が、政権与党に大きな打撃を与えたとも言い難い。投票率が五〇％を割り込み、これは一九九五年以来二度目のことであった。対決ラインの重要さは、市民に十分浸透せず、選挙戦全体を規定しえなかった。とはいえ、市民と立憲野党の共同は、改憲に向かう政権与党の暴走をしのいで、反攻に転じる機会を確保したといえよう。

(2) 共通の旗印の期待された役割、現実の作用およびその評価

共通の旗印の役割は、全国的に広く市民に、参院選の本質的な対決点が、自公安倍政権の政治か、市民と立憲野党が目指す新しい政治か、の選択にあることを示すことであった。参院選は、政権選択選挙ではないと制度上言われるが、政治の実際においては、参院選で与野党の逆転を含む勢力変化がしばしばその後の衆院選における変化を条件づける。今回、安倍自民党が九条改憲を含む四項目改憲を表にだして選挙戦をたたかい、これに対して共通政策の第一項目は「改憲発議阻止」を掲げ、「あれか、これか」の選択肢を市民社会において明確に示す役割を果した。

「あれか、これか」の選択は、三二の一人区のすべてで、市民と立憲野党の共同の候補者が立ち、自公政権与党候補者との一騎うちになるという状況において、もっとも明確な形をとることができた。各選挙区では、地域の市民連合を中心とする市民と各野党の間で、候補者と政策、具体的選挙

協力について、その密度は分かれるがさまざまに協議と折衝が行われ、選挙結果につながった。このプロセスのなかで、旗印としての共通政策は、選挙区ごとの政策合意・政策協定の成立について、基礎や枠組みを提供してこれを助け、また、さらに地域の固有の状況に応じて内容が積み上げられ、発展させられた（たとえば新潟選挙区では、五本柱四一項目の政策に展開し、さらに候補者との政策協定では共通政策に含まれていなかった核兵器禁止条約の早期批准もとりいれられた）。

このように、共通の旗印は、選挙区ごとの具体化を媒介として有効に有権者に届いたのである。三二区のうち、一〇区で市民と立憲野党の共同候補者が当選した。二九一六年参院選では一一区で当選したが、今回は、七名が新人で現職を破り、また、秋田（イージス・アショアの設置）、新潟（原発再稼働、自民党現職議員の忖度発言）そして沖縄（辺野古基地新設）の三つの選挙区で地域に特徴的な明確な対決構図のもと、市民と野党の共同候補者が勝利するなど、前回に比して前進があったといいうる。

複数区および比例区において、共同する立憲野党は、共通政策を党の公約で具体的に内実化しながら、競争的な関係に立って選挙をたたかった。有権者がここで安倍自公政権を支持しないとすれば、立憲野党のいずれかを選ばなければならない。一人区の場合、これと比較すると、次のような議論が成り立つ。

一人区では、市民と野党の連携によって候補者と公約が用意され、有権者にとってこの選択肢は、立憲野党のどれかを選ぶという既定のものではなく、安倍政治に対するオルタナティブとして、新しい選択肢として現れうる。つまり、立憲野党のどの支持者でもない有権者の獲得の可能性が大きく広がるのである。このことは、すでに二〇一六年参院選の一人区でも実証され、今回も、一人区での共同候補者は、比例区での立憲野党の得票数を合計した票に上積みして得票している（三二区の平均で一一四％、二〇一六年は一二〇％だった。今回の最高は愛媛選挙区の一八八％）。具体的に、一人区での市民と野党の共同候補者の当選を可能にする最低条件は、立憲野党の合計票を基礎にして、無党派層の六割以上、自民支持層から一割以上の票を獲得することであった。

明らかなことは、市民と立憲野党が政策と候補者を共同してたたかうことの意義が立憲諸野党の支持者の統合にとどまるのでなく、無党派層および与党支持層に対する新たな政治的選択肢の提示となり、さらにこのことを通じて立憲野党の支持者を活性化する、ということである。これは、各政党がそれぞれその公約と候補者に対して有権者の支持を求め議席を獲得するという通常の選挙モデルと異なったあり方である。二〇一五年「戦争法案」反対運動に起源し、安倍政権を代えることを目指す市民と野党の共同運動は、政党と市民の関係のあり方を変える、もっといえば、日本社会の政治文化を変える契機をもって、展開し、進行しつつあるのではないか。

このようにみれば、安倍自公政権により有効な打撃を与えるためには、一人区のみならず、複数区および比例区においても、共通の旗印を掲げた市民と野党の共同行動を活かせるような連携・協力のあり方が求められていたといえよう。しかし、この課題は、安倍政権に代えて市民があと押しをする立憲野党の連合政権に関する政党間の明確な合意なしには、リアルなものにならない。有権者の側にとって、一人区だけの立憲野党の共同はいわば、県知事選の共闘と同じレベルであり、ここからただちに全国的意味をもった政権交代につなげるという立憲野党の意思と意気込みを感じ取ることは難しい。

安倍政権による戦争法の強行以来、四年間、市民と野党の共同は、安倍政権の軍事のメインストリーム化を阻止するカウンター・パワーとして展開してきた。戦後日本社会は、侵略戦争と植民地支配を反省し、非戦・非武装の平和国家としてアジアと世界のなかで生きる、その保障として憲法九条を掲げてきた。安倍政治は、これを実質的に骨抜きにすることを歴史的課題とし、まさに戦後日本社会は岐路に立たされている。市民と野党の共同を創意的に発展させることは、この歴史的状況にみあう課題として捉えられる。参院選を終え、次期衆院選に向けて、市民と野党の共同は、次の発展ステージを必要としている。それは、安倍政権に対するオルタナティブとして、市民のあと押しする立憲野党の連合政権の展望を市民社会のなかで明確にし、市民に新しい政治をアピールすることである。

(3) 新しいステージとしての連合政権構想――市民と野党の共同の挑戦

参院選挙後の朝日新聞の調査では、投票率が低かった原因について、回答者の四三％が「投票しても政治が変わらないから」と考えている。三二％が「政治に関心がないから」、一七％が「投票したい候補者がいないから」と答えた。この状況は、新しい政治の選択肢を示そうとする市民と野党の共同の企図が市民に十分にアピールしていないとして受け止める必要がある。そこから引き出すべき帰結は、政治が変わりうること、政権交代が実現可能であり、立憲野党にその意思と準備があることを明確に示すべきだということである。その場合、同時に重要なことは、政権交代を可能にする政治勢力を政党間の離合集散で、いわゆる政党の数合わせで一本化して作り出すという思考がアウトオブデート、すなわち現在の状況にまったく不適合であることを市民と野党の共同の前提として確認することである。政権交代の展望をもちうる政治勢力は、市民の政治参加をひきだし、その活力を政治の変革に活かすことのできる、多様性と柔軟な組織性をもつことではじめて成り立つ。つまり、市民と立憲諸野党の共同を正の方向で、次の発展ステージをリアルに構想することが現時点での課題でなければならない。

連合政権の展望においていちばん大切なことは、市民に対する選択肢としての信頼度である。信頼度を決めるのは、なによりも政権の設定する政策目標であり、かつ、連合政権に参加する政党の目標達成に向けての意志と政党間連携のための相互信頼である。連合政権の目的は、安倍政治に代わる新しい政治、未来を拓く政治の実行である。

連合政権を市民と野党の共同の発展ステージという視角から論じると、三つの「変える」位相を考えることができる。第一に、「政権を変える」、第二に、「政治を変える」、そして第三に、「社会を変える」である。これは、時間軸で進行する市民と野党の共同運動の目標の変化を表す。以下では勝手に思いつくことを記してみたい。

第一の「政権を変える」位相では、選挙で勝つことが目標である。連合政権を作ることを目指す選挙として、市民連合と各党間の選挙協力のあり方は、候補者の選定について、市民と野党が一体として政権交代を目指していることを市民に明示するものでなければならない。また、「共通政策」も、「連合政権が実現をめざす政策」としてアピールされるべきである。

この共通政策の策定は、「政権を変える」位相でのもっとも重要なことがらである。市民連合は、全国各地域の市民連合などとの全国意見交換会を通じて意見の集約を図り、他方で、各政党との調整を行い、最終的な政策案を準備してきた。それゆえ、ここには全国の市民のさまざまな運動の課題が集約的に示されることになった。このプロセスについてもまた、連合政権の実現を目指す政策にふさわしい創意性が発揮されなければならない。一つは、積み上げ的意見集約とならんで、専門家グループによる検討などの横からの入力を活かすことである。もう一つは、一般の市民、とくに若い世代に参加機会を提供し、同時にアピールするために、政策シンポジウムなどのオープンな討論の場所を設けることである。これらのマネージは、市民連合と各政党の連携によって行われることとして相当に大きな工夫とコストが必要である。

第二に「政治を変える」位相では、政権を組織し、政府と議会多数派を掌握して「連合政権が実現を目指す政策」が実行に移される。連合政権について、まず、内閣の構成における政党間協力をどうするかという問題がある。内閣の構成は、連合政権の信頼度について市民にとっても重要なことがらであり、「政権を変える」位相においてすでに一定のイメージが共有されていることが望ましい。公約した政策の実行のためには、国会での連合政権および連合政権を担う政党間の共同が円滑に効率よく進められなければならず、そのためのメカニズムと実効性保障措置の準備が必要とされる。いうまでもなく、このメカニズムは、政権期間中に浮上する政策課題・政治外交案件についても適用される。民主党政権時代の教訓とされている中央省庁の官僚制度と政権の関係を適切に保持・運用することも検討すべき課題の一つである。さらに、真に「政治を変える」ために、連合政権を一期止まりのものにせず、十分の継続性を確保するべく、次期以降の国政選挙について、市民と野党の選挙における共同の枠組みを維持し、発展させることに向けての取り組みが進められなければならない。

とくに問題として指摘したいのは、第三の「社会を変える」位相である。政権交代による新しい政治の実現は、期限を切ったアジェンダつきの改革である。一期で終わらせず、継続して「政治を変える」可能性をさらなる国政選挙の共同によって追求するとして、各政党が綱領レベルで長期的な視野で掲げる目標の共通化まで進むわけではない。各政党は、どのような社会を作るかを綱領的展望として持ちうる。それは「社会を変える」目標といえる。「社会を変える」位相の問題は、日本国憲法下の戦後日本社会のあり方をめぐる認識と理想が何かという問題といってもよい。戦前の大日本帝国の侵略戦争と植民地支配の過去を反省し、それを克服する社会となっているか。憲法の規定する社会契約論的人民主権が十全に実現しているといえるか、それに照らして象徴天皇制の現況はどうなのか。九条の非戦・非武装の平和主義をどのようにリアルに国際政治の中で実現することができるか。これらの問題は、日本社会のなかで、市民一人ひとりが考えるべき問題であり、考えは分岐し、それゆえ各政党もそれぞれの現実認識と方向性を有し得る。

このレベルに係る課題については、市民と野党の共同の議論をオープンにする必要がある。つまり、議論を避けず、積極的に推進し、議論を通じて「社会を変える」可能性を共同で認知していく、ということである。第二の「政治を変える」と第三の「社会を変える」の関連を言えば、連合政権にとっての政治・政策課題は、第二のレベルで実行されるべき政策と第三のレベルでオープンに議論されるべき課題とに、明確に仕分けされることが必要であり、これは、連合政権の信頼度に関わって重要である。

最後に希望を述べたい。市民連合の一三項目の共通政策は、冒頭のみだしに「だれもが自分らしく暮らせる明日へ」と記した。安倍政治を変える新しい政治は、このような「明日」を実現する政治である。市民と野党の共同の意義は、その「明日」がどのようなものであるか、市民が、そしてとくに若い世代が共同で構想し、政治参加によって実現する可能性を拓くところにあるのではないか。

4　市民連合の目指す新しい政治

(1)　菅新政権のいきなりの強権政治

菅新政権は、官邸も自民党にとっても予定外の安倍首相辞任によって、安倍体制下の権力構造を維持し、自公政権を存続させるためのもっとも安易な選択肢として登場した。菅新首相は、それゆえ、安倍政治の継承をメインスローガンにし、大きな政治をうちだすのではなく、「スモール・サクセス」を積み重ねて国民の支持を獲得する戦略をとるだろうと論評された。

それを裏書するように、菅首相の所信は、縦割り行政を打破する、前例主義をとらない、そして、既得権を認めない、と官房長官談話のような趣であり、霞が関に向けてのメッセージに聞こえていたが、なんと、前例主義をとらないどころか、前代未聞の日本学術会議会員の任命拒否という「蛮行」を行った（一〇月一日、新会員候補者一〇五名のうち、六名が任命されなかったことを学術会議が明らかにした）。この問題をめぐる状況がどのように展開するか分からないが、執筆時点（二〇二〇年一〇月七日）での問題の構図を簡単に示しておこう。

日本学術会議は、日本学術会議法（一九四八年制定）に基づいて設立された国の特別の機関であり、日本の科学者を国内外に対して代表する機関として、二一〇名の会員によって構成される。政府と社会に対して、学術的見地から学術的助言・提言を行うことを基本の職務とし、職務を「独立して」行うことが保障され（学術会議法三条）、政府に対する勧告権（同五条）が与えられている。

職務の独立性の保障と同様の趣旨によって、会員の選考は科学者自らが行うこととされ、当初は科学者による公選制、次に学会による推薦制（一九八三年改正）、そして現在では学術会議の自己選考制（二〇〇四年改正。二一〇名の会員および二〇〇〇名の連携会員が各二名まで候補者を広く推薦し、学術会議に常置された選考委員会がおよそ半年をかけて選考する。三年ごとに半数改選）が採られている。

こうして科学者自らがいわば自分たちの代表として選考した会員候補者は、学術会議から首相に推薦され、首相がこの学術会議からの「推薦に基づいて」任命するというのが、法の仕組みである（同七条）。公選制の時期には、選挙結果をうけて会員選挙管理委員会が当選証書を交付することで会員が確定した。そこで、学会推薦制への移行に際して首相の任命がセットされたとき、首相の任命は形式的なものであり、学術会議の推薦が尊重されることを当時の中曽根首相と担当大臣が国会で答弁した。答弁は、いうまでもなく、学術会議の独立性を会員選考においても保障する趣旨であった。

菅首相は、これに対して、学術会議には一〇億以上の国のお金が使われている、会員は特別職とはいえ国家公務員である、さらに公務員の選定罷免権が国民固有の権利であり（憲法一五条）、首相の人事権の行使がなければ国民に対して責任をとることができないなどと説明している。これらから判断すると、菅首相は、学術会議会員について、多少特別扱いになっているけれども（つまり、首相が学術会議の推薦と関わりなく誰かを任命することはできない）、自分が他の省庁の役人に対すると同じように人事権を持っているのだ、と考えているらしい。

霞が関の幹部職員を自分の意向に反するから他のポストにとばす、というのが菅人事（あるいは安倍官邸人事）だと言われてきた。内閣人事局による人事システムは、これを制度上サポートする。しかし、同じことを学術会議会員人事で仕掛けると、いくつも問題が生じる。第一に、学術会議法の「推薦に基づいて」任命するという規定の解釈である。第二に、会員選考はもっぱら学術上の「優れた研究又は業績」によることとされていて（同一七条）、政府の政策に賛成か反対かなどは問題にならないし、してはならない。第三に、任命拒否が学術上の基準によるのでなければ、拒否された科学者の思想・信条を問題にしたのではないか、学問の自由の侵害ではないかという大きな疑いを産む。

そして、もっとも重要なことは、第一の解釈問題が「基づいて」の字義的解釈にとどまらず、そもそも学術会議が独立に職務を行い、政府に学術的助言をする、そのための会員選考が自立的でなければならないという本質的な意義である。それゆえ、菅首相は、学問の自由、学術会議の独立性の意味をまったく理解できていないという批判の声が一挙に社会に広がった。

学術会議は、会員任命拒否に対して、ただちに会員総会の決定によって、任命拒否についてその理由を説明せよ、拒否された六名を任命せよ、という要望書を首相に提出した。学術会議の要望を支持し、菅首相の措置に抗議する声明・態度表明が数多くの学会から発信され、学術関係団体、労働組合、市民団体からも同様である。市民連合も一〇月六日に声明を発表した。

菅政権の今回の「蛮行」が、安倍政権下で準備され、仕掛けが始まっていたものであることは、重要な事実である。野党の追及と新聞の取材調査によって、学術会議法の解釈問題について官邸は内閣府事務局と内閣法制局に用意させていたこと、また、学術会議に対して以前から任命権を実質的なものとする操作を行っていたことが、この間、明らかになった。菅政権は、文字通り安倍政権を踏襲したが、準備から「実行」に飛躍したのである。安倍政権以来仕組まれてきたとすると、その射程がどこまで及ぶか、大きな警戒が必要である。

(2) コロナ危機と安倍亜流政権としての菅新政権

いきなりの強権政治の展開は、菅政権に対して安倍亜流政権という表現を使うことをふさわしくないもの（安倍を超えるから）にしたかもしれない。とはいえ、アベノミクスも改憲も、外交政策も安倍政権の通りにという菅首相の政権は、安倍亜流政権というしかない。菅政権応援団は、安倍―菅政権と括って、政権の仕事の継続性を期待している（たとえば橋本徹氏）。その亜流性は、前述のように、〈人事権を梃子にした首相専権支配〉に強烈に示された。

菅首相は、自民党総裁選で「自助、共助、公助、そして絆」というキーワードをかかげ、政策の柱を「規制改革」と主張した。これに対して、石破氏が「納得と共感、グレートリセット」、岸田氏が「分断から協調へ」を示し、安倍政治への批判をにじませたのとは対照的であった。「自助」の強調は、菅氏が「たたき上げ」キャリアを売りにし、処世訓的なモットーにも見えるが、これは「立党五〇年・自民党二〇一〇年綱領」に盛られた政策に由来する。同綱領によると、「反共産・社会主義、反独裁・統制的統治」および「日本らしい日本の確立」を二つの目標とし、政策の基本的考え方として七つをあげ、そのうちの一つが「自助自立する個人を尊重し、その条件を整えるとともに、共助・公助する仕組みを充実する」である。

「自助自立する個人」とは、いわゆる新自由主義の思想と政策の推奨する個人像である。新自由主義は、第二次世界大戦後、先進諸国が社会主義体制への対抗のため「福祉国家」づくり、つまり、労働者を中心に全国民の福祉保障を進める政策をとってきたのに対して、それによる公的セクターの拡大を巻き戻し、経済成長の停滞を突破すべく、登場した政策思想である。その理論的基礎を提示したフリードリッヒ・ハイエクが一九七四年にノーベル経済学賞を受賞し、一九七九年のギリスのサッチャー政権、一九八〇年のアメリカのレーガン政権が、現実政治に持ち込み、世界に広がっていく。

新自由主義の政策目的は、市場の自由の保障、市場の役割の拡大であり、民営化と規制緩和が手段となった。この中で、個人には、国家に依存せず、自分の能力によって市場のなかでチャンスを獲得していく「自助自立」が要求される。日本では八〇年代末のバブル崩壊、九〇年代前半の戦後初めてのマイナス成長を経て、橋本龍太郎内閣の「六大改革」が新自由主義による政策主導の開始であった。

問題は、こうした新自由主義が世界にもたらしたものが何であったか、である。「コロナ危機」は、この四〇年間世界を支配してきた新自由主義の「成果」をあらわにした。新自由主義は、いいかえれば、国家や労働の制約を排除した資本主義の自由を目指すものである。九〇年代初頭にソ連・東欧の社会主義体制が解体し、資本主義は文字どおりグローバル化した。資本主義的経済開発は、世界の隅々にまですすみ、免疫学者によれば人間と動物の地理的境界が消失し、こうして「人獣共通感染症」が増え始めた。新型コロナウイルス感染症（COVID―19）は、その一つであり、極めて感染力が強い。グローバル化した資本主義は、人から人に移動するウイルスのグローバル化を促進する。世界の過密大都市は、のきなみ、エピセンター化した。

新自由主義は、国家的公的セクターに支えられるいわゆる社会的共通資本の貧困化をもたらす。不要不急とされる医療制度、公衆衛生制度の機能は大きく削減された。具体的に日本で言えば、指定医療機関における感染症病床は、一九九六年から二〇一九年に約八割減となった。保健所数は、一九九二年から二〇二〇年までに約半減した。COVID―19の感染被害拡大が顕著であるイタリア、スペイン、アメリカなどにおいても、識者の問題指摘はまったく同じである。

資本主義のグローバルな自由拡大は、世界大で貧富の格差を広げた。この事態をCOVID―19は襲った。世界の人口の四割の三〇億人には、水と石鹸で手を洗える場所がない。在宅勤務が推奨されても、所得水準に規定され、「在宅勤務は特権」というのが世界の標準である。そもそも、世界の富裕層の上位二一五三人が下位四六億人の貧困層より多くの資産を保有する。不安定な雇用と中小の営業は、たちまち危機に陥った。

コロノ危機は、いのちを守ることが資本主義のあり方、したがって資本主義を支持する国家のあり方にかかっているという認識を世界に広げた。人のいのちが守られなければどんな資本主義であれ、存続しない。経営者も投資家も、グローバル資本主義を推進した株主本位資本主義（最大利潤の実現を目指す）から多様な利害関係者（とりわけ従業員）を尊重する資本主義（ステークホルダー資本主義）に変わる必要性を唱え始めた。

ポストコロナ社会は、こうして「いのちと暮らし」を守ることを個人の尊厳の核心とし、一人ひとりが十分に用意された公共的インフラに支えられ、働くことが生活のなかでバランスよく位置づけられるような社会、つまり、公助を基礎に個人の自由が発揮される社会として展望されなければならない。

菅首相の自助論について、つけくわえれば、これは、すでに安倍政治のもとでも大きく広がっていた若者の自己責任論的心情をさらに強める。自分のことは自分で始末をつけなくてはならない、社会や政治は頼るものではない、自分がだめなのは自分が悪いから、という心情は、公助を求める主権者としての意識をマヒさせる。自助論は、また、コロナ危機における自粛論にも結びついた。政府や自治体の責任ぬきに市民の協調行動だけに頼る感染症対策のあり方は、批判的な検討を要する。自助の本来の（近代の歴史における）意味は、この社会、市民社会と、そこから形成される国家が一人ひとりの社会参加、政治参加なしにありえないことを示すものであり、菅的自助論は、主権者が主権者たるべきことを隠す、反憲法的機能をもっている。

菅首相のかかげた政治目標は、コロナ危機の本質を理解せず、次の社会への「展望」を欠いた、継続性のうえに乗っかっただけの、それだけに一層危険な亜流政治を示している。安倍—菅政権の新自由主義政策に対するオルタナティブこそ、市民と立憲野党の連合政権の目指すものである。

(3) 安倍政権の「レガシー」

安倍政権の「レガシー」は、「改憲のセッティング」と「軍事のメインストリーム化」である。第一次安倍政権は、教育基本法改正によって「愛国心」的要素を挿入し(二〇〇七年一二月)、日本国憲法の改正手続きに関する法律(国民投票法、二〇〇七年五月)を成立させた。国民投票法の未成立は、改憲派にとって大きなハードルだった。逆にいえば、護憲運動にとって、国民投票法の成立は、それまでとは時期を画す、大きな危機の到来であった。改憲は、こうして制度的にセットされた。

安倍政権は、軍事を政治と社会の中心に押し出した。第一次政権での防衛庁の省への昇格、第二次政権では、特定秘密保護法による軍事機密等の特権化、日本経団連の「武器輸出を国家戦略に」と題する提言と相関して武器輸出禁止三原則の防衛装備移転三原則への改定による輸出解禁、防衛予算の一貫した増額、専守防衛原則に抵触しうるアメリカからの高価で大量の防衛装備購入、防衛省の「安全保障技術開発研究制度」による軍事研究の推進、そして、集団的自衛権を認めるための政府憲法解釈変更の閣議決定とその法制化は、とりわけ深刻であり、これらは、軍事のメインストリーム化と特徴づけうる。

改憲のセッティングは、二〇一二年四月の自民党の全面改憲案の決定を経て、第二次安倍政権の最初のジャブとして憲法九六条先行改正論があった。これは、「裏口入学」という分かりやすい世論の批判で消え去った。二〇一七年五月三日、安倍首相は読売新聞の独占インタビューで、九条加憲案という新たなコンセプトを打ち出した。これは、二〇一二年自民党案（自衛権の承認、国防軍の創設）の形では国民多数の支持が難しいという状況判断のもとで、日本会議の理論家によってすでに考案されていたものであり、現行九条を存置したまま、自衛隊の存在を規定する新条項を置くというものである。

安倍加憲案は、自民党の二〇一八年の党大会において採用され、他の改憲項目とならんで改憲四項目と整理されてそのトップに置かれた。自民党は、この改憲四項目を条文化し、改憲推進の運動を展開している。

条文化した加憲案をみれば、九条の二として、前条（現行九条）は必要な自衛の措置をとることを妨げず、そのための実力組織として自衛隊をおく、と規定される。ここでは、「妨げず」が絶妙の効果を発揮する。九条の二によれば、「必要」であるかぎり、自衛の措置に対して九条の憲法上の制約がはずされ、かつ、自衛隊の防衛装備についても同様となる。また、自衛隊は、防衛省所管の国家行政組織の一つであるにかかわらず、国会、内閣、裁判所、地方公共団体とならんで、憲法上の特権的機関に成り上がる。ここに軍事のメインストリーム化の仕上げが示されている。

辞職を決めた安倍首相は、最後までレガシーにこだわった。二〇二〇年九月一一日「安全保障に関する談話」を発表した。閣議決定を経ない、文字通りの首相談話である。これによれば、イージス・アショアの配備計画を防衛省が取りやめた後の措置について、「専守防衛」、「日米防衛協力分担」は不変であるが、「迎撃能力だけで国民が守れるのか」、年内に国家安全保障会議で方針を決定すべきものとされ、「敵基地攻撃能力」保持問題を菅政権へ申し送った。

敵基地攻撃能力論は、イージス・アショアによって日本攻撃のミサイルを防御できないとすれば、敵のミサイル発射基地を先制的に攻撃して防御することが必要だという議論である。そもそも、イージス・アショアについて、それは、日本を防衛するものなのか、韓国のサードとともにアメリカ本土のミサイル防衛体制の一環なのではないか、また、仮に北朝鮮の核弾頭を搭載したミサイルが迎撃によって日本上空で爆発したとすれば甚大な放射能被害が日本全土を襲うことになる、などの問題が指摘されていた。

ミサイル発射寸前の敵基地を攻撃することは、実際上可能なのか。たとえば北朝鮮の保有するミサイル数に応じて、それも把捉しにくい移動式発射台を、発射寸前に確実に捉えて攻撃することが可能なのか。可能だとして、これは先制的武力の行使であり、国連憲章の武力行使の禁止に違反する。また、先制攻撃だけで事態が終わるのか、全面戦争に発展することは容易に想定できる。

安保法制による集団的自衛権の導入は、日本が武力攻撃を受けていなくとも、友好国に武力攻撃を行っている第三国に対して先制的に武力行使をすることを認めた。敵基地攻撃能力は、これに加えて、一般に先制的武力行使を可能にする類型を作り出すものであり、戦争の出来る国へのさらなる一歩となりうる。日本の自衛隊がすでに、専守防衛の域を超えた攻撃用の防衛装備を獲得しつつあることも、重大な問題である。

菅政権は、改憲をどのように進めるであろうか。菅首相には「国家観がない」と陣営内部からもいわれ、また、改憲推進を生涯の課題にした政治家祖父をもつわけでもない。安倍前首相にくらべて一身的なモチベーションは低いかもしれないが、改憲は自民党の「党是」と確認され、安倍政権の路線踏襲なしに菅政権がないとすれば、マスコミや野党対策をより巧妙に仕組み、改憲推進を図るであろう。たしかに、自民党の党三役と改憲推進本部の人事配置は、強力な改憲推進体制を示していると評されている。

改憲をめぐる世論の動向はどうだろうか。安倍首相の辞意表明のあとの世論調査では、安倍政権の実績評価について、「大いに評価」と「ある程度評価」をあわせると七一％と、好意的評価がでた（朝日新聞九月二―三日調査）。「朝日川柳」の「なんですぐ　忘れちゃうのよ　許せるの」という投稿は、多くの人が共感したと思われるが、評価すべき具体的政策として憲法改正をあげたのは五％にすぎなかった。

二〇二〇年五月の時事通信社の世論調査によると、九条は改正しないほうがよいが六九％、改正するほうがよいが二九％、安倍政権支持層でも改憲しないほうがよいが五七％にのぼる。憲法改正全体については、改正支持が四六％、改正反対が五二％となっている。世論の分岐の論点を九条について測ってみれば、①文字通りの九条厳格擁護（自衛隊・日米安保条約違憲）、②自衛隊を軍隊として位置づけ、戦争のできる普通の国にするべく九条明文改正、そして③自衛隊も安保条約も必要だがこれ以上の自衛隊増強や日米軍事協力の拡大には反対、そのため歯止めとしての九条維持、となろう。

安倍加憲案は、①と③の間にくさびをいれることを狙ったものだが、新設条項がまさにこの歯止め効果をなくす作用をもつことが理解されるならば、①と③はいうまでもなく、安倍加憲案に反対し、九条を守る共同の取組みを進めることができる。市民連合の新しい政治は、まさに九条を柱にした平和と安全保障の政策を世界とアジアで実現することである。

(4) 市民連合の目指す新しい政治——これまでの活動と新しい政策体系

二〇一五年に発足した市民連合（安保法制の廃止と立憲主義の回復を求める市民連合）は、安保関連法案反対運動から政権交代を目指す運動へ発展してきた。政権交代なしには、その要求課題を実現できないからである。これまで三回の国政選挙（二〇一六年参院選、二〇一七年衆院選、二〇一九年参院選）で立憲野党との共同を成立させ、取り組み、一定の成果を挙げてきた。

活動の軸は、「市民と市民をつなぐ」、「市民と野党をつなぐ」そして「野党と野党をつなぐ」、三つのつなぐ、である。市民運動としての市民連合の特徴は、たしかに後二者にある。この間、二つの立憲野党の合同が成功し、より大きなかたまりとして立憲民主党が誕生し、市民連合の取組みに、より有利な条件が産み出されたが、これを活かすことは、運動の源泉として、「市民と市民をつなぐ」輪をどれだけ広くすることができるかにかかっている。

市民連合は、安倍政権下で「安倍政治のオルタナティブ」を掲げてきた。そのもっとも重要な標語は「あたりまえの政治を取り戻す」であり、これが安倍政治の根本を批判するものとなった。あたりまえの政治とは、①憲法を護る、②民意を尊重する、そして③嘘をつかないことである。市民連合がこだわる立憲主義は、個々の立法や行政が違憲であるかどうかという問題にとどまるのではなく、日本国憲法のもとでの国家と社会の基本的あり方に関わる。あたりまえの政治は、立憲主義の表現である。

日本国憲法の原理としての立憲主義によれば、国家は自由と権利を相互に保障しあうために人民が制定した憲法によって組織され、運営されるのであるがゆえに、国家の諸機関は憲法にしたがい人民の自由と権利を擁護して活動するべく義務づけられ、これに反することはそもそも国家としてありうべからざることである。安倍政権は、この原理を理解せず、無視し続け、菅政管は同じ轍を踏む。新しい政治は、これを転換しなければならない。

市民連合は、国政選挙に際して、立憲野党との選挙共同の取組みのために共通政策を合意してきた。二〇二一年一〇月の衆院任期満了をひかえ、解散総選挙も想定しつつ、市民連合は次期衆院選に向けて、二〇二〇年九月に「立憲野党の政策に対する市民連合の要望書―いのちと人間の尊厳を守る『選択肢』の提示を」を決定した。これは、市民連合全国意見交換会における議論や市民団体との意見交換を踏まえながら、作成されたものである。

「要望書」は、政権交代を目指すこれからの市民と立憲野党の共同の取組みにおいて、次のように位置づけられる。「要望書」に盛り込まれた政策要求は、市民団体としての市民連合の政策要求である。これと並んで、第一に、選挙を共同でたたかうために立憲諸野党と合意する具体的な共通政策がありうる。「要望書」は、すでに日本維新の会をのぞく野党に提示されている。第二に、立憲野党間で政権を目指すための政権構想と政策の合意がありうる。そして第三に、全国各地域の市民連合がそれぞれの地域の具体的政策要求をまとめて立憲政党や候補者との間で合意する政策文書がありうる。北海道、新潟など先進的地域では、すでにこのカテゴリーの政策文書が成立している。ちなみに市民連合の全国ネットワークには、一八〇近い地域市民連合が結集している。「要望書」の政策要求は、これら三つの基礎として活用されることが期待される。

「要望書」は、三回の国政選挙での市民連合の活動を踏まえ、二〇一九年参院選における立憲野党との一三項目の共通政策をさらに発展させたものである。一五項目の政策項目を示し、これを体系的に四つの柱にまとめた。副題には、それとして重要な含意がある。「いのちと人間の尊厳を守る」は、コロナ危機をのりこえポストコロナ社会を展望している。「選択の提示」は、立憲諸野党がそれぞれの利害をこえて市民のために自公政権に対する明確なオルタナティブを示すことを要求するものである。

四つの柱は、「I　憲法に基づく政治と主権者に奉仕する政府の確立」、「II　生命、生活を尊重する社会経済システムの構築」、「III　地球的課題を解決する新たな社会経済システムの創造」、そして「IV　世界のなかで生きる平和国家日本の道を再確認する」であり、安倍―菅政権の反立憲主義、新自由主義、そして対米従属の「積極的平和主義」を転換し、人類社会的課題に積極的に立ち向かう新たな社会像を構想している。「要望書」は、その前文で、次期総選挙が新たな社会像についての「国民的合意」、いわば「新たな社会契約を結ぶ機会」と位置づけた。

第一の柱「憲法に基づく政治と主権者に奉仕する政府の確立」は、市民連合の政策要求の「一丁目一番地」である。「1.立憲主義の再構築」として、安倍政権が強行した違憲諸立法の廃止、九条を擁護し憲法の理念の実現を目指す、「2.民主主義の再生」として、国会の行政監視機能の強化、選挙制度の見直し、地方自治体の役割の強化・促進、市民参加制度の拡充など、そして「3.透明性のある公正な政府の確立」として、権力的な官邸主導、歪んだ忖度行政をただして政策への信頼を取り戻すべく内閣人事局の改廃を含めた改革の推進などが、それぞれ政策項目として提起される。

第二の柱「生命、生活を尊重する社会経済システムの構築」は、コロナ危機からポストコロナ社会を展望して政策項目が次のように提起される。「4.利益追求・効率至上主義（新自由主義）の経済からの転換」、「5.自己責任社会から責任ある政府の下で支えあう社会への転換」、「6.いのちを最優先する政策の実現」、「7.週四〇時間働けば人間らしい生活ができる社会の実現」、そして「8.子ども・教育予算の大胆な充実」。

前述のように、コロナ危機は、新自由主義的政治の問題を明らかにした。感染症対応の病院や保健所機能の脆弱化、雇用や中小企業の経営の不安と危機の増大、保育や教育現場の余裕のなさと過重な私的負担、そしてそのなかで広がる自己責任の強調。政治の責務は、これらの課題に正面から立ち向かい、生命《いのち》と生活《くらし》を守る社会経済システムを構築することである。

項目8.では、学問の自由の理念のもと、研究の自立性を尊重し、政策形成に学問的成果を反映すべきことを提起している。学術会議会員任命拒否問題は、この政策要求にまったくそぐわないものであり、市民連合の一〇月六日声明は、この項目も踏まえて発出された。

第三の柱「地球的課題を解決する新たな社会経済システムの創造」は、世界が共通に取り組むべき地球的、人類的課題にむけてどんな日本社会を創るかを政策として提示したものであり、この柱の提起は、市民連合として大きな前進である。COVID―19の感染拡大防止、治療薬やワクチンの開発も、人類的課題として位置づけられる。

ここでは、四つの政策項目、「9.ジェンダー平等に基づく誰もが尊重される社会の実現」、「10.分散ネットワーク型の産業構造と多様な地域社会の創造」、「11.原発のない社会と自然エネルギーによるグリーンリカバリー」、そして「12.持続可能な農林水産業の支援」が挙げられる。ジェンダーを含めてあらゆる差別の解消を目指すこと、地球環境保護のために地域中心の産業構造を発展させ、農林水産業の持続可能性を確保すること、脱炭素化を推進し、二〇五〇年までに再生可能エネルギー一〇〇％を実現し、地元の同意のない原発再稼働を認めないこと、コロナ危機からの脱出を環境保全型の経済復興で進めること、などがポストコロナ社会への展望を含めて具体的政策として提起される。

第四の柱「世界の中で生きる平和国家日本の道を再確認する」は、日本国憲法九条を核心にして平和国家としての日本を国際社会のなかで実現する課題を示す。戦後社会日本において追求されるべきこの課題は、自民党政権のもとで、ネグレクトされ、逆に戦争の出来る国日本の再興に導かれようとしている。新しい政治は、これを逆転させなければならない。政策項目としては、「13.平和国家として国際協調体制を積極的に推進し、実効性ある国際秩序の構築を目指す」、「14.沖縄県民の尊厳の尊重」、そして「15.東アジアの共生、平和、非核化」が挙げられる。

沖縄県民の苦しみと困難を共有し、基地問題に取り組むことは市民連合の一貫した政策になっている。新基地建設の中止、普天間基地の返還、日米地位協定の改定、そして沖縄県の経済振興と自治の強化が要求される。平和と人間の安全保障、核のない世界の実現をめざして、ただちに核兵器禁止条約を批准し、軍拡を阻止し、自衛隊を災害対策中心の組織に切り替えること、国際連合をはじめ国際機関との連携を深めて役割を果たすこと、そしてとりわけ東アジアにおいて、中国、韓国、北朝鮮との間で、これまでの外交的成果を踏まえつつ、多様な対話と交流によって共生と平和の関係を作り出し、東アジアの非核化を目指すことなどが具体的政策として示される。

(5) これから

市民連合の五年間の活動は、全国的ネットワークを形成するとともに、政権交代を課題にして進んできた。現在の選挙制度のもとでは、自民党に対抗して、立憲野党が総がかりでたたかわなければ活路をみいだすことができない。市民連合は、その中で、立憲野党をつなぐ役割を果たそうとしてきた。新しく大きくなった立憲民主党が市民連合の目指す目標の実現に有利な条件となるためには、安倍―菅政権に対する「選択肢」として、市民と立憲野党の連合政権を国民に明確に打ち出す、立憲野党の共同意思、それを示す政権構想と政策が必要である。「要望書」は、それに向けて発出されている。

いま、市民と市民をつなぐ輪をもっと広げることがなにより重要である。市民連合をつなぎ役としながら、多様な要求をかかげて運動する市民団体・市民組織の総結集を図り、政権交代を求める一大市民運動を創りださなくてはならない。

第3部

日本社会と日本国憲法

第1章 「平和憲法の世界的、現代的意義」について

1 はじめに――「非戦」と「平和」

私が日本パグウオッシュ会議にかかわりをもつようになったのは二〇一四年夏に諮問委員会の委員に就任してからです。その年の一一月にもたれた学習会で「日本国憲法九条の意義について」と題して報告をしています。いま、そのレジュメをみると、キーワードが「約束と希望としての日本国憲法」となっています。この表現は、第一次安倍政権が成立し（二〇〇六年九月）、改憲の動きが本格化するなかで、使い始めたものでした。その趣旨は九条は世界への約束、かつ、国民の希望であり、希望とは、Ernst Blochを借りて、「現在に根拠をもった未来に実現すべき理念」であるといった議論をしています。あまり、法学的議論でなく、報告の内容は、集団的自衛権を容認した二〇一四年七月の閣議決定に対する批判でした。

その後二〇一五年春に安保関連法案（いわゆる戦争法案）が国会に上程され、九月に強行成立、私も仲間と一緒に「安保関連法に反対する学者の会」（同年六月結成）や「安保法制の廃止と立憲主義の回復を求める市民連合」（同年一二月結成）で活動をすることになり、今日に至っています。

今回のテーマは、企画者から提示されました。ただ、このテーマをそのまま受け止めて自分自身のストーリーを提起することは私の持ち合わせの材料では難しいので、このテーマに「ついて」考えてみるという形で話の中身を作ってみることにしました。いずれにしても、ここでの課題は、《「世界の非戦と平和」(positive peace を含む趣旨)を実現する人類史のプロセスの中に平和憲法と九条の役割を位置づけること》であると思います。

本論に入る前に、今回の連続講義が「パグウォッシュ会議と『非戦』」の思想」という統一テーマでなので、「非戦と平和」のカテゴリーの関係について、述べます。

ラッセル・アインシュタイン宣言を創始の理念とするパグウォッシュ会議の基本思想は、核時代において戦争が核戦争として展開する必然性をもち、核戦争は人類を破滅に導くがゆえに、核兵器の廃絶はもとより、いかなる戦争も非として廃絶しなければならない、というものです。絶対的非戦の立場であり、絶対的という意味は、一義的であり、他の条件に依存しないということです。これに対して、「平和」は、これは複数の当事者間の一定の関係的状態を示すといえますが、ローマ時代に由来する格言「平和を望むならば戦いに備えよ」が示すように、その状態をもたらすプロセスや手段が問題となる、相対的な概念のように考えられます。たとえば、安倍首相は、安保関連法案について「積極的平和主義」を実現するものと位置づけました。この「積極的平和主義」は、英語で"proactive contribution for peace"と表現されましたが、内実は世界の「平和」実現のために自衛隊を積極的に活用する、というものに他なりません。ここでは、軍事力を通じた「平和」創出という、日本国憲法の平和主義と相反することがらが語られたわけです。このようにみれば、

「平和」をその形成のプロセスや手段と切り離して語ることが大いに問題を含むことが分かります。

日本国憲法の想定する平和は、非武装平和です。いうまでもなく、戦争の放棄をかかげた「非戦平和」であり、さらに一切の戦力の保持を自らに禁止した「非武装平和」です。パグウオッシュ会議の非戦の思想は、日本のパグウオッシュ運動において日本国憲法九条の「非戦・非武装」の思想によって強化されました。一九六二年五月の「第一回科学者京都会議声明」が「九条は制定当時にまして大きな新しい意義をもつ」と記したのは、これを示しています(湯川秀樹ほか編『核時代を超える―平和の創造を目指して』岩波新書、一九六八年)。以上のような理解にたって、本論では「平和憲法」の「平和」が日本国憲法九条の規範内容に応じた「非戦・非武装平和」であることを前提にして論を進めることにいたします。

2 「平和憲法」ということの意味――平和憲法と九条の関係

最初に、「平和憲法」とは何? という問題を立ててみます。思いついて、このことばをネット検索してみました。そうすると、平和憲法とは日本国憲法のことである、とでてきます。そこで、平和憲法のドイツ語訳 Friedensverfassung、英訳 peace consititution を引いてみると、これも日本国憲法がでてきて、安倍政権による改憲問題がイシューとしてとりあげられています。つまり、「平和憲法」は日本国憲法を指す、固有名詞ということになります。これは、比較法的にみて、日本国憲法の希少性と関わるといえるかもしれません。

軍隊をもたない国家は、世界で三〇か国くらいあるようです。日本でも非武装国家として有名なコスタリカは、実定憲法の規範上、常備軍を禁止しているが、臨時軍を招集し、対外的軍事行動は可能とされています。しかし、現行憲法制定（一九四九年）以降の国民的議論によって再軍備禁止、戦争放棄の合意が形成されているということのようです。つまり、「非武装平和憲法」ではないが、非武装平和国家であるということになるでしょうか。逆をいうと、日本は「平和憲法」をもつが、現実には非武装平和国家とはいえない、となります。この点については、あとでふれることにします。

さて、日本国憲法が「平和憲法」であるということは、もっぱら九条の存在に依存するのか、ということです。いうまでもなく、「九条平和主義」の法規範的意味を明らかにすること、かつ、その歴史的系譜や世界的意義をさぐることは決定的に重要です。しかし、「平和憲法」という問題設定は、九条の規範的意味だけでなく、憲法構造がもつ平和実現への役割を考える必要を示しているように思われます。いくつかの論点を挙げてみます。

(1) 平和憲法の構造――九条と不可分の原理

第一に、「立憲主義・民主主義・平和主義の三位一体的擁護」という論点です。これは、安保関連法案（戦争法案）反対運動において市民の意識に浸透しました。わたし自身は、最初のこだわりがあり、九条擁護は独自課題であって、民主主義・立憲主義擁護の一般的課題にすりかえてはいけない、と考えていました。おそらく、六〇年安保条約改定反対闘争が衆院での強行採決のあと、議会制民主主義擁護に課題が移行したことを否定的に想起していたのではないかと思います。しかし、この考え方をあらためました。なぜなら、九条は、政府・国会を憲法に拘束する立憲主義、政府・国会がたえず民意を尊重すべき民主主義の擁護によって守られる、また、平和主義なしに立憲主義・民主主義は守れない、つまり、憲法の三つの原理の三位一体的擁護こそ、九条擁護の課題であると認識したからです。カントが『永遠平和のために』（宇都宮芳明訳、岩波文庫、一九八五年）のなかで、第一確定条項として「各国における市民的体制は、共和的でなければならない」と記して平和確保と共和制を条件関係で捉えたことが想起されます。

第二の論点は、以上をもっと詰めた形で整理できるということです。わたしの理解によれば、日本国憲法の核心は、①社会契約論的人民主権（アンチ統治者天皇制＝主権者の総意に基づく象徴天皇制とセット）、②非武装平和主義（アンチ軍国主義＝軍隊の否定）、および③個人の尊厳を基礎にする基本的人権保障であり、この三つが原理的不可分性を持っています。

これを敷衍すれば、日本国憲法が拠って立つ原理は、国家が人民の自由と権利を確保するために設立されるものであり、国家設立の目的を保障するために憲法が制定され、それゆえ、一人ひとりの人民の自由と権利の保障に反する国家権力の行使は許されないというものです。ここで「人民」という表現を使いました。日本国憲法の英語テキスト（GHQ草案を日本語に訳し、補正を加えた政府案を英訳した）をみればすぐ分かりますが、主権者として日本国民を表示するところは、前文の書き出しでもそうであるように、the Japanese people であり、これに対して、「日本国民」の範囲について規定する第一〇条（「日本国民たる要件は法律でこれを定める」）は、a Japanese national と表示されています。つまり、英文テキストにおける people と national は訳し分けられず、ともに「国民」と表示されたわけです。

その理由について、アメリカの歴史学者、ジョン・ダワーは、政府が people＝人民にこめられた革命的ニュアンスを嫌ったからではないかと推測しています（三浦陽一ほか訳『敗北を抱きしめて──第二次大戦後の日本人』岩波書店、二〇〇四年）。people と national は、たしかにどちらも国民と訳すことができますが、日本国憲法の論理にしたがえば、people は、国家設立に関与した始原的国民としての人民であり、national は、後発的ないし承継的国民ということになるでしょう。このような事情を踏まえて、人民主権と言うわけです。

日本国憲法の出発点（国家設立の原理的根拠）は、それゆえ、人民の個人としての自由と権利、そして人間としての尊厳の保障であり、その実定法化が、普遍的で永久的なものとしての基本的人権の保障だと考えられます。「尊厳」については、フランス人権宣言（一七八九年）第一条の「自由および権利における平等」（「人は自由にして権利において平等なものとして生まれ、かつ、自由で権利において平等なものであり続ける」）から世界人権宣言（一九四八年）第一条「自由かつ権利および尊厳における平等」（「すべての人間は、生まれながらに自由であり、かつ、権利と尊厳について平等である」）への発展が、基礎にあります。

近代において人間は自由で平等な人格として承認されました。その経済的土台は、すべての人間が自己の労働力を商品として交換できる自由な主体となったことにあります。こうして、すべての人間は、商品所有者として商品交換主体として平等に位置づけられえました。これが「権利における平等」の意味です。

二つの世界大戦の人間的悲惨さは、これを超えて、人間存在そのものに対する社会によるリスペクトをすべての人間の与件として捉える「尊厳」という概念を生んだわけです。これは、人間を人格としてとらえる捉え方が近代から現代へと段階的に発展したと位置づけることができます。第二次世界大戦のなかで、もっとも非人間的な国家としてあらわれたナチスドイツの否定に立って建国されたドイツ連邦共和国の憲法である「基本法」（一九四九年施行）は第一条に「人間の尊厳は不可侵である。それを尊重することはすべての国家権力の義務である」と規定しました。

こうして、日本国憲法における立憲主義・民主主義そして平和主義の三位一体性を基礎づける原理は、人民一人ひとりの自由と権利、個人の尊厳の保障に発するわけです。日本国憲法は社会契約論的人民主権を「人類普遍の原理」と位置づけています。ただし、社会契約論的人民主権の国家が当然に日本国憲法のように非武装平和主義をとるわけではなく、多くは軍隊を常設しています。その場合でも、社会契約論的に考えれば、人民の自由のために、最小限でも武器をとることを強制されない「良心的兵役拒否制度」が不可欠であると考えられます。

(2) 平和憲法をささえる制度

日本国憲法が平和憲法であることを支える個別の憲法制度としては、他に、学問の自由の保障（二三条）、労働三権の保障（二八条）、そして地方自治の保障（第九章九二―九五条）などをあげることができます。たとえば、二〇一七年三月に日本学術会議が公表した「軍事的安全保障に関する声明」は、政府の進める軍事研究に対する否定的立場を学問の自由の論理によって基礎づけました。また、労働者運動、労働組合運動が平和の要求をかかげてきたことは、歴史的にもよく知られています。戦争が国家の支配権をにぎる資本家層・軍需産業の権益擁護にでるとすれば、狭隘なナショナリズムに労働者が巻き込まれないことが条件ですが、これは当然のことだと考えられます。さらに、現に展開する沖縄のたたかいは、まさに九条平和主義の実現につながるものですが、その制度的条件が日本国憲法の創設した地方自治の制度です。

もう一つ重要なものは、立憲主義的制度としての特別の憲法改正手続き（九六条）です。立憲主義は、すでに述べたように、国家権力の行使を憲法の拘束のもとにおく、という原理ですが、憲法自身、憲法の拘束力を保障するための制度、立憲主義的制度（憲法を保障する制度）を設けています。代表的なものは、司法権に与えられる違憲立法審査権です。そして、日本国憲法においてとくに重要なものが、憲法改正の特別手続きです。これによると、憲法改正は、衆参各院の定数の三分の二以上の多数による改正発議および、それに基づく国民投票（投票者の過半数の賛成で改正成立）が必要です。これは、逆からいえば、どちらかの院で三分の一の議会少数派が改正反対であれば、改憲発議阻止が可能であり、加えて国民投票過半数の二段階ハードルが予定されていることになります。

この制度は、多数派が現実政治の必要性に引っ張られて平和憲法を変える志向をもちがちであるという見通しのもとに、議会少数派とそれに結合する国民に憲法のオリジナリティ擁護を期待したものと解釈できます。アメリカ合衆国憲法は、世界でもっとも改正が困難な憲法ですが（全州の四分の三以上で州議会の批准が必要）、日本国憲法も比較法的にみて改正困難な憲法の部類に属します。ここには、オリジナルな憲法を尊重するという思想が示されていると考えられます。日本の護憲運動は、この制度的条件のうえで、憲法のオリジナリティ擁護の議会少数派と国民の結合した運動として展開してきたととらえることができるでしょう。

また、憲法九六条二項の「改正はこの憲法と一体を成すものとして、公布する」という規定を一つの重要な根拠にして、日本の憲法学説は、憲法改正に限界があるという理論を提示しています。じつは、憲法改正に限界があるという考えは、第二次世界大戦後の憲法の一つの特徴でもあり、ドイツ基本法は明文の規定で一条（前述）、二〇条（国家統治の諸原則を規定）および連邦制を改正できないとし、イタリアおよびフランス憲法は、共和制は改正不可としています。この文脈において、代表的戦後憲法である日本国憲法の解釈論として改正限界説が有力であることは納得できます。

以上のように「平和憲法」としての日本国憲法は、九条を核心としながら平和擁護の構造をもつものとして理解することができます。

(3) 平和憲法と「平和国家」

「平和憲法」との関連で「平和国家」という概念について述べておきます。「平和国家」の概念は、戦後日本が九条を憲法の核心とし、より広く世界の平和を希求するという国家目標を選択した、という文脈において語られます。つまり、九条が非戦・非武装という国家のあり方の一方的誓約であることを踏まえて、さらに世界の平和という国家間関係を創りだすことを使命とする平和国家としてのミッションを自覚したということです。「平和国家」は「戦争国家」の対語で、国家像としての一般名詞だと考えられますが、「平和国家」という国家目標をもった（はずの）戦後日本国家のあり方を問題にするならば、平和憲法の構造を法的基礎枠組みとしながら、米軍の全面占領、平和条約と日米安保条約、沖縄の占領継続と返還、自衛隊創設と在日米軍の駐留など、戦後七〇年余の政治的ダイナミズムのなかの「平和国家」を分析しなければなりません。法学的課題としての平和憲法論は、歴史的実証的分析としての平和国家論を抜きにして十分なものにはなりません。このことを自覚しつつ、次のテーマに移ります。

3　「九条平和主義」の規範的意味

ここでは、日本国憲法九条が包摂する規範的な意味を検討します。これを考察するについて、九条（前文も含む）は、①人民の安全保障、②国家の安全保障および③国際社会の平和維持の三つのレベルでの対応を含んでおり、それぞれの内容と相互関係を明らかにすることが重要です。

(1)　九条の法的拘束力

最初に、九条の核心的メッセージを確認します。それは、戦争の放棄、武力不行使、軍隊不保持の対内的および対外的誓約であることです。この誓約はいうまでもなく対内的には法的拘束力をもちますが、対外的には一方的約束であり、九条はそれに応えるべき国際社会の信義を要請しています。

九条は、対内的に最高法規としての憲法による法的拘束力をもちますから、九条違反として自衛隊法や日米安保条約の違憲論が社会において、また、法学説によって持続的に、かつ、強く主張され、それには根拠があります。しかし、憲法解釈の最終決定権をもつ最高裁判所の確定判断がないがゆえに、違憲の存在として主張されるものも合法律的存在として機能します。たとえば、自衛隊違憲論に立って、自衛隊法を解釈上違憲、無効だと前提すると、自衛隊は無法状態下にあり、ただちに政府、国会、国民は自衛隊をコントロールする法的手段を持たないという矛盾におちいります。自衛隊の災害出動は、国民が求め、しばしば感謝の対象となる自衛隊の活動であり、だれも否定しませんが、これは自衛隊法に基づく適法な活動として機能しているわけです。自衛隊違憲論の側から、「違憲合法論」が提起されるのは、こうしたパラドキシカルな事情によるものと思われます。

戦争に係る憲法規定の対内的拘束力の例として、ドイツ基本法の侵略戦争禁止条項をあげてみます。ドイツ基本法（一九四九年制定・施行）は、原始規定に軍隊に関する規定がなく、一九五五年の改正で「防衛のために」国防軍設立を承認しますが、もともと侵略戦争を禁止し、侵略戦争の準備に刑事罰を科す次の規定を置いています。二六条一項「諸民族の平和的共存を侵害し、とくに侵略戦争の遂行を準備すると認められうる、または、それを意図して行った行為は、憲法違反である。これらの行為は刑罰に処せられる」。これをうけて、刑法八〇条は「ドイツ連邦共和国が関与すべき侵略戦争を準備し、それによって連邦共和国に戦争の危険を生ぜしめた者は終身刑または一〇年以上の自由刑に処する」（侵略戦争準備罪）、および同八〇ａ条は「本法の適用範囲において集会において公然と、または、文書の流布によって侵略戦争を扇動した者は三か月以上五年未満の自由刑に処する」(侵略戦争扇動罪)と規定しています。これらによって、侵略戦争禁止の憲法規定の対内的な実効性が確保されています。

九条は、このような形での法的実効性を確保する実施法をもっていません。仮の話ですがたとえば、軍隊設立準備禁止法、武器製造禁止法、軍役禁止法などが考えられます。九条のもとで徴兵制は合憲か、意に反する苦役の禁止(一八条)で禁止されるのでは、などの議論が行われているわけですから、九条の趣旨を明確にするために徴兵制＝軍役禁止法が制定されておかしくありません。

また、憲法が個別規定の実効性を確保する実施法をもたないという例は、天皇・摂政および国務大臣以下の公務員の憲法尊重擁護義務(九九条)についても同じです。この制度も憲法保障の制度、つまり、立憲主義的制度の一つとして位置づけられますが、これを実施する法律がありません。首相が所信表明演説で憲法改正を内閣の方針として表明するのは、憲法改正が国会の発議によるものとされていることからして、行政府の長としての首相の憲法尊重擁護義務に反するか否か、政治的議論になりえますが、これも天皇等憲法尊重擁護義務法を制定して、明確化することが考えられます。法的な疑義があっても解釈に委ねる方が柔軟で融通が利く、という考え方が日本の法文化にみられますが、これが憲法の立憲主義的拘束力を弱めること、つまり、人民の自由と権利、尊厳の保障という根本原理に鈍感なことに通じてはなりません。

それでは、次に、九条の「非戦・非武装」平和を上記の三つのレベル、人民の安全保障、国家の安全保障、および国際社会の平和維持のそれぞれについて敷衍してみます。

(2) 人民の安全保障

人民の安全保障、つまり人民一人ひとりの自由と権利、尊厳を外からの侵略的攻撃に対してどのように保障するかという問題に対して九条は「非戦・非武装」と応えているので、その趣旨を明確にしなければなりません。

第一に、九条は《過去の戦争への反省と教訓によって歴史的に基礎づけられている》ということです。「旧」国家が「自存自衛」という名分のもとに人民を戦争にかり立て、却ってその自由と権利を奪ったこと、その戦争がアジアへの侵略および世界の平和維持秩序侵害であったこと、さらに人類ではじめての原子爆弾の悲惨な被害を被ったこと、これらを二度とくりかえさないという反省と教訓は極めて深いものがあったと理解できます。

第二に、九条は、人民に《戦争の名において国家によって死を賭すことを絶対に強いられない》ことを保障しています。国家が「人民のため」と称して、人民を戦争にかりたて、犠牲を強いることが、国家の戦争というものだ、これを禁止する、国家の命令によって死命を賭すことを強制されえないことが規定されています。

第三に、これは、九条の文意から直接に引き出すことができませんが、社会契約論的人民主権を基礎にした、国家の「非戦・非武装」は、《人民一人ひとりがその自由と権利を守るため他に手段がないならば、共同して外からの侵略とたたかうこと》を排除していない、むしろ、それは個人の尊厳の保障の出発点だと認めているのではないかということです。日本の九条絶対擁護を突き詰めて考える論者は、このように、市民の非武装抵抗運動や市民的防衛活動の具体的あり方を検討しています。ここで「ほかに手段がない」という状況は、外からの侵略に対して、国家の対応として警察活動としての国境警備活動がまず展開し、これが奏功しないことによって生まれ、その先に市民の非武装的抵抗運動、市民的防衛が考えられます。とはいえ、現在の国際社会のなかで、こうした事態を具体的にイメージすることは難しいです。

以上のように、九条の保持する可能性として、人民の尊厳の保障に基礎づけられる固有のあり方が考えられることを指摘しておきます。

(3) 国家の安全保障

九条の「非戦・非武装」は、国家の安全保障について決定的です。九条は、国家の安全保障をもっぱら国際社会の平和維持機能に依存することを宣言しています。九条は、日本国家が非戦・非武装平和をつらぬくために、これに対応する国際社会のあり方を要請しています。すなわち、九条は、非戦・非武装の前提として「正義と秩序を基調とする国際平和を誠実に希求し」と述べていま す。そして前文では「平和を愛する諸国民の公正と信義に信頼してわれらの安全と生存を保持しようと決意した」と述べています。自国の安全保障を国際社会に委ねるという論理そのものは、たとえば、一九五九年一二月砂川事件最高裁判決における田中耕太郎長官の個別意見にみられます。田中意見は、他国の軍隊に自国の安全保障を委ねること、つまり日本の安全保障を米軍に託することが国際社会の公正と信義を頼むという憲法の趣旨に適うとして、日米安保条約の合憲性を基礎づけていますが、この立論は、平和保持へのプロセスを非戦・非武装によるという九条の本旨に反すると批判できます。

そこで、問題は、《対外的誓約としての非戦・非武装平和主義は国際社会にどのように受け止められるのか、国際法的にどのように位置づけられるのか》ということになります。

(4) 国際社会の平和維持システム

ここでは、国際社会における戦争の意味づけ、国際法における戦争への法的対処についてみてみます。

(i) 一九二八年「不戦条約」(戦争の放棄に関する条約)の画期的意義

国際社会そして国際法における戦争の意味と位置づけについての、決定的転換をもたらしたのは、一九二八年の「不戦条約」(正式名称「戦争の放棄に関する条約」)だとされます。この条約は、「国際紛争を解決するために戦争に訴えること」を非難し「国家の政策の手段としての戦争を放棄する」ことを宣言しました。第一条は「締約国は国際紛争解決の為戦争に訴えることを非とし且つその相互の関係において国家の政策の手段としての戦争を放棄することを其の各自の人民の名に於いて厳粛に宣言する」、第二条が紛争の平和的解決義務、第三条が批准・加入について規定する全三カ条の条約です。

それまでの近代国際法においては、グロチウス以来の戦争観、つまり、政府の存在しない自然状態としての国際社会では自己の権利を擁護し実現するために、市民社会状態における裁判利用と同じ意味で、戦争に訴えることができ、勝者に正義ありとするほかないという戦争観、つまり、「戦争は国家の権利である」という命題が支配していました。不戦条約は、まさに「戦争は国家の権利」を否定し「戦争は違法」としたのです。不戦条約の意義の画期性については、最近イェール大学の二人の法学教授（O. A. Hathaway, S. J. Shapiro）の執筆にかかる“Internationalists : How a radical plan to outlaw War remade the World, 2018”（船橋洋一解説／野中香方子訳『逆転の大戦争史』文芸春秋、二〇一八年）が説得的に解明しています。

伝統的近代国際法においては、古代、中世以来の「正戦論」が支配し、正しい目的をもつ戦争、つまり、不法な権利侵害に対抗し、あるいは、正当な権利を実現するための戦争は、正義にかなうものとされました。しかし、国際社会には、戦争目的の正当性を判断するシステムも機関もありませんから、勝ったものが正義であると認めるほかないわけです。正戦論のもとでは、それゆえ、結果的に、無差別戦争観（戦争に正当かどうかの区別はない）が支配的になり、戦時国際法とは、決闘のルールを定めるものであり、戦争の理由を規制することはできない、とされました。このような伝統的国際法に対する批判は、たとえば、国際的社会主義運動から行われ、一九一〇年の第二インターナショナルのコペンハーゲン大会は、「軍国主義反対決議」を行い、①国際紛争の強制仲裁裁判制度の創設、②全面軍縮への段階的前進、③秘密外交の廃止、すべての条約の公刊などを要求しました。

いうまでもなく、不戦条約に先立って、一九二〇年には国際連盟が発足していました。とはいえ、国際連盟は不戦条約の原理をあと押しするシステムをもちませんでした。国際連盟規約（一九二〇年一月発効）は、戦争を開始するについての事前手続きを規定し、手続き違反国に対する経済上、外交上の制裁を予定しましたが、制裁実施は加盟国の判断に委ねられ、しり抜けになっていました。つまり、国際連盟は、戦争を始める自由を制限したが、戦争それ自身を制限しなかったとされます。

(ii)「違法でない戦争」としての「自衛のための戦争」論の登場

不戦条約は、「戦争を違法」とすることによって、「違法とされない戦争」として「自衛のための戦争」論を登場させることになったとされます。不戦条約の成立過程でも、解釈として自衛のための戦争は条約の適用外という了解があったようです。そこで、第二次世界大戦後の国際連合憲章にも、この論点が作用しました。

国連憲章(一九四五年一〇月発効)は、「戦争」をコンセプトそのものとして認めず、加盟国の「武力行使禁止」を原則にしました。にもかかわらず、憲章制定過程の事情により、武力行使国家に対する国際的制裁が実効性を発揮するまでの措置として「集団的、個別的自衛権」の行使を許容しました(憲章五一条)。その結果、国連憲章のもとでの加盟国の武力行使は例外なく「自衛権」の行使と主張されることになります。

国連憲章が認めた一切の武力の行使禁止の原則に対する例外としての自衛権行使は、本来の論理からすれば、侵略に対する自衛としての武力行使を違法性阻却事由とするものであって、積極的権利行使が認められたというものではありません。これを「自衛の権利」として原則化すれば、権利の行使は正義であり、積極的に行使されるべきものとなり、伝統的国際法に逆もどりすることになりかねません。

実際、国連安全保障理事会の運営においては、自衛権の行使や違法な武力行使等に対する強制措置の認定・発動に際して、その正当性・原因が正面から議論されざるをえなくなり、「正しい武力行使」如何が問われる事態となっています。この状況下で、大国の利害がからみ衝突し、一方的なテロ国家というレッテルはりなどの問題が生じ、これでは、国際社会が「正戦論」のレベルに逆戻りしているということになります。これは、「現代正戦論」と呼ばれており、松井芳郎『武力行使禁止原則の歴史と現状』（日本評論社、二〇一八年）は以上に関する必読文献です。この事態は、九条の求める国際社会のあり方では決してないでしょう。

(5) 九条と国連憲章の関係

そこで武力の行使を禁止し、例外的に自衛権行使を認める国連憲章と九条の関係を考えてみます。

(i) 九条にみる「軍事（的国家）主権の自己制約」

日本国憲法九条の非戦・非武装平和を批判する「改憲論者」（明文改憲と解釈改憲）は、《国家には現代国際法のもとで「自衛のために武力を行使する権利」が認められているのだから、九条は不適当だ》とするか、《九条の解釈のもとでも自衛権の行使は可能だ、なぜなら国際法がそれを認めているからだ》という議論を展開しています。

これに対しては、九条は明確に戦力の不保持、交戦権の否認、非戦・非武装を規定しているので、国連憲章（国際法）が自衛権を許容しているとしても、日本国憲法は日本国家として、自らその可能性を放棄している（「軍事主権の自己制約」とかりに呼ぶ）と反論することになります。ここでは、「自己制約」というより「自己放棄」が適切かもしれません。そして、放棄の相手方が指定されていず、国際社会全体に向けて意思表示が行われているわけですが、たとえば、国際社会を具体的に代表するものとして、国際連合を放棄の名宛人にしているのだと考えることは可能です。柄谷行人氏は、この考え方にたって、かれの独自の「互酬＝贈与と返礼」理論を媒介にして、日本の軍事主権の贈与に対する返礼としての国連による日本の安全保障を位置づける議論をしています（柄谷行人『憲法の無意識』岩波新書、二〇一六年）。

(ii) ドイツ基本法、イタリア憲法における軍事主権の自己制約

ところで、「軍事主権の自己制約」の論理は、日本国憲法のみならずドイツ基本法（二四条）、イタリア憲法（一一条）も採用しています。枢軸国三か国がこの論理を採用していることは、偶然の符節ではないでしょう。ドイツ基本法は侵略戦争の禁止、イタリア憲法は戦争の放棄を明示し、これとあわせて、国際組織（集団的安全保障機構）への主権委譲を次のように規定しています。基本法二四条二項「連邦は平和の維持のために相互的集団的安全保障システムに加入することができる。連邦は、それに際して、ヨーロッパと世界の諸民族の平和的持続的秩序を招来し確保するところの、主権の制限に同意する」。イタリア憲法一一条「イタリア国は、他国民の自由を侵害する手段として、および国際紛争を解決する方法として、戦争を否認し、他国と互いに均しい条件のもとに、諸国家のあいだに平和と正義とを確保する秩序にとって必要な主権の制限に同意し、この目的を有する国際組織を推進し、助成する」。

ドイツ基本法は一九四九年五月に施行され、これによって東西ドイツの分裂は確定しました。まさに冷戦激化のなかでの戦後憲法でした。イタリアは、一九四六年六月政体選択（君主制か共和制

か）の国民投票と憲法制定会議選挙が行われ、一九四七年二月講和条約調印、一二月に憲法が承認され、一九四八年一月に施行されています。イタリア憲法は、ドイツ基本法と比べると、時期的条件が日本国憲法に近いわけです。

ドイツの再軍備（一九五六年基本法改正により「防衛のために」国防軍設立を規定）については、フランスを中心に進められた戦後の「ヨーロッパ防衛共同体構想」が先行しました。この構想では、ドイツに軍隊を提供させるが、その軍隊を防衛共同体の統一指揮のもとに置き、ドイツ政府に管轄権なしとされました（この限りで軍事主権ゼロ）。結局条約が成立せず、アメリカの推進するNATO（北大西洋条約機構）にドイツは加盟しました。NATOは国連型の集団的安全保障機構でなく、集団的自衛権にもとづく軍事同盟ですから、ドイツ国防軍は、自国防衛だけでなく、NATO加盟国の一国が攻撃されれば、NATO条約上の義務に従い、集団的自衛権の行使として参戦することになります。

(iii) 改憲論＝右翼ナショナリズムからの批判

九条は「国の交戦権」を否定していますから、「軍事主権の自己制約」の極みであり、右翼ナショナリズムに立つ改憲論は、これこそが日本の独立と自立を妨げ、ナショナリズムの欠如をもたらす元凶という認識です。改憲論は、占領下での憲法制定を主権制限のもとでの憲法制定であってこれも日本の自立性の問題であり（それゆえ「自主憲法」の制定が政治課題となる）、まさに九条は「アメリカによる日本の牙を抜く戦略」の産物にほかならず、九条改正による自衛権の確立と交戦権の取り戻しこそ、日本と日本国民の自立に必須のものと主張しています（明確な主張としてたとえば江藤淳『一九四六年憲法―その拘束』文芸春秋ライブラリー、二〇一五年、初版は一九八〇年)。

アメリカは朝鮮戦争以降、中国をにらんだアジア軍事戦略のもとで日本の再軍備とその強化を要求しはじめ、目下の同盟者として日本を動かすことがアメリカの戦略となりました。それゆえ、この文脈におけば、九条改憲論は、日本の自立性の回復というより、対米従属の深化としてみることができます。

では、歴史的実証の問題として、九条の創設は戦後アメリカの対日戦略だったかどうかです。マッカーサー草案が九条を創設した条件として、①沖縄の米軍による軍事占領(沖縄の植民地同様の自由な軍事的使用)により極東の軍事的おさえは可能と考えた、②天皇の戦犯裁判を回避し象徴天皇制であれそれを存続させるために、連合国に対する代償として九条を位置づけた、という理解があります。この理解も確かに一理ありますが、消極的な状況証拠というべきかと思います。

九条成立の積極的な条件を語ろうとすれば、和田春樹氏がいうように、平和国家を求めた日本国民の敗戦体験、とくに広島、長崎の原爆の悲惨な被害、天皇とその周辺による新国家構想、知識人の非武装国家志向であり(和田春樹『「平和国家」の誕生―戦後日本の原点と変容』岩波書店、二〇一五年)、そして直接的な縁由はマッカーサーと幣原喜重郎の共同でしょう。そして九条にとっての決定的に重要なリアリティは、占領終了後、占領下の憲法改正にルサンチマンをもつ政治家による改憲イニシアチブに対して、カウンター運動が護憲運動として起動し、憲法のオリジナルについての国民的合意形成運動として発展したことにあると思われます。

(6) 国際社会の平和維持と九条

以上の考察を踏まえて、国際社会の平和維持に対して日本国憲法九条がどのような地位にあるかをまとめてみます。

(i) 九条の世界史的地位

二〇世紀の国際社会の法秩序において、国際紛争処理手段としての戦争は、国際連盟の創設による戦争の国際的管理（戦争に至る手続きを秩序化し、手続き違反の戦争を違法とする）、不戦条約による戦争の違法観の確立、そして国際連合による武力行使の原則禁止と続くなかで、一貫して否定的なものとして位置づけられています。その理念は、国際社会における戦争の絶滅、非戦の平和にあります。九条は、この流れに棹さし、さらに武力によらない平和（非戦・非武装の平和）を目指す国家であることを誓約し、そのような国家が存続しうる国際社会の構築を課題として展望するものということができます。

(ii) 戦後日本外交の不履行と九条改憲の現在

そのように九条を位置づければ、日本国家の世界に対する姿勢と外交がそれにふさわしいものであることこそ、憲法の要請です。しかし、連合国との戦争状態と連合国の占領を終結させる平和条約および同時に締結された日米安保条約（一九五二年）は、沖縄の米軍の占領継続および本土の米軍の条約による駐留を認め、国家の安全保障を米軍に委ねます。さらに自衛隊の創設（一九五四年）により「専守防衛」の名のもとに独自の武力を保有します。日本の国連加盟（一九五六年）も、九条の要請する国際社会の構築に向かう契機にはならず、戦後日本の自民党政権は、そのような方向性をもった国際社会での活動を追求してきませんでした。逆に、九条の無理な解釈と対米依存の軍事政策によって国家の安全保障を追求するという安易な道を進み（集団的自衛権の法制化と米軍と自衛隊の共同軍事行動の強化）、いまや、九条を桎梏として九条改憲を打ち出しています。

九条をめぐる分岐は、第一に、《九条の世界史的位置を自覚してその真の実現を目指す》、第二に、《九条を国家安全保障の制約であるとみなし、その制約の解除をはかり、「普通の国家」となる》の二つが原理的に対決していますが、第三に、《在日米軍と自衛隊の武力を国家安全保障に必要だとみなしつつ、それを一定の限度に制御するために九条の機能に期待する》という立場があります。九条改憲の国民投票になれば、第一と第三の立場は、改憲反対として合流するでしょう。

現在の自民党案（いわゆる安倍加憲案）が九条を存置し九条の二を加えるという、本来の自民党九条改憲案（九条二項を改定し、自衛権を明記し国防軍を設置する）より後退した（と印象づける）案を提案しているのは、このような分岐を想定しているからです。「九条の二」案は巧妙であり、「前条（現行九条）の規定は、我が国の平和と独立を守り、国及び国民の安全を保つために必要な自衛の措置をとることを妨げず、そのための実力組織として、……自衛隊を保持する」と規定しています。

この規定は、現行九条があっても、自衛隊が必要な自衛の措置をとることを憲法で認めますから現行九条はそれを邪魔しません、というのが本旨です。「必要な自衛の措置」には何の限定もありません。それゆえ、自衛隊の活動と装備には、憲法上、なんらの限定もないことになります。現行九条は、こうして骨抜きになります。前記第三の立場は、九条の制約機能をあてにしているわけですが、この九条改憲案は、そこを言いくるめて、すべてを奪う案になっています。

先にふれたように、憲法改正の二段階ハードルのもとで、最後に決するのは国民です。その判断基準はどこに求めるべきだということになるでしょうか。簡単に論ずべき問題ではありませんが、国民一人ひとりが、その自由と権利の保障、つまり、人民の安全保障を、人民主権の担い手として、徹底的にリアルに考えることではないかと思います。戦争は自然現象ではありません。人民主権の議会制民主主義国家が非戦の誓約を貫くことについては、主体的な取組みのために多くの手段と機会が存在しています。

4　九条のより原理的な擁護のために

最後に、九条の歴史的、原理論的位置づけをもっと掘りさげる必要があること、そして、九条が内包する国際社会の平和構想ないし人民の安全保障構想を具体的につめることが課題であることを述べて終わりにいたします。

(1)　明治一五〇年における九条の歴史的位置づけ

九条の歴史的位置づけとして、非武装平和主義は国家の安全保障政策として、日本の近代の建国期において（明治の自由民権期）一つの有力な思想として社会のなかで論じられていたこと（色川大吉氏などの自由民権運動研究を参照）、そしてその思想と運動は、マイノリティであっても持続的に担われ、戦後に再生し、そして実定憲法化したということが重要だと思います。

また、これと並行していえば、社会契約論的人民主権も、一八八九年の大日本帝国憲法が天皇主権を明記するまで、知識人の多くが支持した国家構想であったことが重要です。大正期に吉野作造は、民本主義を唱えますが、これは実定憲法の天皇主権を前提とし、現実の状況に応じて主張された限定的な民主主義論でした。同時にかれは、自身の自由民権期研究に基づいて、この時代の多くの知識人が人民主権を当然と考えていたことを述べています。つまり、日本国憲法の核心は、すでに近代日本の建国期における重要な政治思想であり、その持続と再生を経て、第二次世界大戦後の実定憲法化の道をたどったのであり、敗戦と占領という時代的条件のもとで、外在的な思想として押しつけられたものでは決してなかったのです。そのゆえに、日本国憲法のもとでの戦後の出発は、人民によって新しい建国と受け止められ、その規範的内容が社会に受容されていったと考えられます。

(2) 社会契約論的人民主権論による基礎づけ

日本国憲法の土台である社会契約論的人民主権論にたったとき、原理論的に九条の構想である、人民の安全保障、国家安全保障そして国際社会の平和維持の三つのレベルは、どのように関係づけられるのが次の問題です。

社会契約論的にいえば、人民はその自由と権利を相互に確保するために社会契約によって国家を創設し、国家は人民の自由と権利を守るべくあり、国家が外敵に攻撃されるときには、国家の人民は国家がその自由と権利の擁護者であるがゆえに、国家のために外敵とたたかうが、それは、人民の権利であって、国家の権利ではない、国家は人民に戦争を強制できない、と考えられます。

社会契約論によれば、国家内部は社会契約によって市民状態となり、国家機構が人民の安全を保障し、個々の暴力が否定され、禁止されます。これに対して、国際社会には世界国家がなく、いわば自然状態であり、相互の敵対と闘争が必然と考えられ、個別国家には自己の権利を守るために戦争する権利があると伝統的に考えられてきました。しかし、社会契約論的にみて、人民による国家設立以前の社会の自然状態と、世界国家のない国際社会の状態を同一視することは適切ではありません。

なぜなら、国際社会は、個別国家によって構成され、その個別国家は自然状態を克服し、市民状態にある存在だからです。国際社会は、市民状態にある諸国家が関係を取り結ぶ社会であり、各単位の市民状態がその作用と影響を国際社会に及ぼします。それゆえ、国際社会には世界国家がないとしても、国家以前の自然状態と同視されるべきものではなく、そこには、世界国家の法（主権によって統一された法秩序）が存在しないが、市民状態にある国家間の契約により、あるいは国家間の慣習的なモラルにより秩序が形成されると考えられます（木庭顕『憲法九条へのカタバシス』みすず書房、二〇一八年が示唆に富む）。

(3) 世界共和国を最終目標にしないモデルの探究

国際社会を真の市民状態に高めるためには世界共和国の設立が必要だと考えたのは、カントです。

しかし、現実のヨーロッパ社会をみたとき、これが極めて困難であり、それゆえ「戦争を防止し、持続しながらたえず拡大する連合という消極的な代替物」を求めるとして国際社会を「自由な諸国家の連合制度」によって基礎づけることを提案しました（カント前掲書）。カントの示した究極の世界共和国は、しばしば非戦の思想の実現と表裏の思想と考えられています。

世界共和国が共和制の個別国家を解体し、世界国家と世界市民が相対するという構図を描くとすれば、それは、人類の成果物（近代共和制国家）をなくすことになるのではないかと思います。人民が民主的にその意思を形成しうる共和制国家は、決して直線的に進行するわけではないが、その内部に平和を実現したのと同じ志向をもって国際社会の平和を志向する可能性をもつと考えられるからです。これを活かす道は、世界共和国をもたないより立憲化された国際社会の追求です。

このような方向を提起するのが、カントのよき理解者であるJ・ハーバーマスです。かれは、自己の構想を「国際法の立憲化（Konstitutionalisierung des Völkerrechts）」、「世界政府なき世界内政」と位置づけています（Habermas, Der gespalte Westen, Surkamp, 2004, 大貫敦子ほか訳『引き裂かれた西洋』法政大学出版局、二〇〇九年）。それは、国際法による国家主権の制限システムの構築であり、主権の委譲をうけて限定された目標をもつ国際機関の設立です。それらの制度と権限を基礎づけるのは、国連憲章と諸国家が締結する国際条約群に求められます。国連憲章の目的は「世界の安全および平和の維持」「すべての者の自由と基本的人権の尊重」であり、この目標の実現のために、人民、共和制国家、そして世界共和国なき国際法的立憲システムが協働するというのが、ここでの世界平和のための構想です。

最後に付言すれば、安倍改憲の緊迫した情勢のなかで、九条の世界的現代的意義を原理的に考えることの意義は、安倍改憲の本質を捉えることに役立つものと思います。現行九条をそのままにして九条の二を付加し「必要な自衛の措置を行う実力部隊としての自衛隊の保持」を明記する安倍自民党改憲案は、自衛隊の活動にいかなる制約もかさず、フリーハンドの軍隊を作りだすことになります。九条の二の追加は、現行九条をまったく形骸化するものです。九条の意義を擁護しぬくことこそ、世界の平和実現に対する私たちの責任だと思います。

後註　日本パグウォシュ会議は、核兵器廃絶をはじめとして科学と社会の諸問題に取り組んでいる世界の科学者の組織「パグウォシュ会議」の日本グループであり、湯川秀樹、朝永振一郎らが中心となって一九五七年一〇月に結成されて以来、活動を続けている。パグウォシュ会議は、一九五五年の「ラッセル＝アインシュタイン宣言」のアピールに応えて一九五七年七月にカナダのパグウォシュに集まった世界の科学者たちによって創設された。筆者は二〇二〇年一〇月に日本パグウォシュ会議の会長職に就いた。詳しくは同会議のウェブサイトを参照。

第2章 明治一五〇年と日本国憲法

1 はじめに

私の専門は、ドイツ法および比較法社会論であり、日本とドイツの法と社会の比較を主たる仕事にしています。したがって、明治一五〇年のテーマは、専門家としてというより、一人の市民として、自分の属する社会の歴史をどうみるかという問題です。そこで、これ自体を専門的に論じることはできないとしても法学研究者として、明治一五〇年を考察するとしたらどのようなアプローチができるかを考え、切り口を日本国憲法とすることにしました。

その理由は、三つあります。第一に、現在、日本社会では日本国憲法をめぐる護憲と改憲の対抗が政治的焦点になっていること、第二に、この問題がじつは明治一五〇年の全体を通じる必須のテーマであると考えたこと、そして第三に、日本国憲法の切り口であれば、法学者として明治一五〇年へのアプローチが馴染みやすいこと、です。

さて、日本政府は、本年（二〇一八年）の一〇月二三日に明治一五〇年を祝賀する記念式典を行いました。野党の社民党、自由党、そして共産党は、明治一五〇年の歴史を一貫して祝うことは、戦前の侵略戦争と植民地支配の歴史を反省しないものであって問題だとして欠席しました。安倍首相は式典で「明治の時代は現在の日本の土台をつくった」と述べました。この構図は、きわめてシンプルに明治一五〇年をどうみるかの対立を示しています。そこで、ここから本論に入りたいと思います。

2　明治一五〇年——二つの日本

明治一五〇年は、市民の共通の認識としても、前半の時代一八六八—一九四五年の七七年間と後半の時代一九四五—二〇一八年の七三年間に分けられます。それぞれの時代の憲法は、一八八九年の大日本帝国憲法と一九四六年の日本国憲法であり、それぞれのモデル国は、ドイツ・プロイセンとアメリカです。もちろん、二つの憲法の制定経緯とその特徴は学問的考察の対象として大いに議論が行われており、これだけでも一回のシンポジウムのテーマになりえます。

前者については「明治一四年の政変」によってイギリス型が否定され、プロイセン型が選択されたことがポイントです。余談ですが、わたしが天皇とはじめてお話しする機会があったときに、最初に質問されたのが「大日本帝国憲法はプロイセン憲法に似ていますか」でした。後者については、占領軍による短期間の憲法草案作成とその際にすでに発表されていた民間の憲法研究会の「憲法草案要綱」が参照されたことがポイントです。この要綱は、憲法学者の鈴木安蔵などによって明治の自由民権期に作成された多くの憲法案の研究を下敷きにして作成されたものでした。

このように二つの時代を分ければ、それぞれの時代の特徴づけは、明瞭です。前半の時代は「富国強兵」の時代、後半の時代は、「強兵なき富国」の時代となります。前半の時代は、軍備増強を通じて朝鮮・中国への軍事進出を図り、日清戦争で台湾を、日露戦争で樺太を領有、さらに韓国を併合、第一次世界大戦ではドイツの植民地の青島を占領、戦後の国際連盟では常任理事国となるが、満州事変と満州国建国によって国際的批判をあびて、国際連盟を脱退、ドイツ、イタリアとの提携を図りつつ、日中戦争に突入し、最後に英米と衝突し戦争、敗北という経緯をたどります。このように見るとまさに前半の時代は、戦争と植民地支配を求めた時代と特徴づけられます。

後半の時代は、連合国軍としての米軍の占領、占領下の日本国憲法の制定と一連の戦後改革、ソ連、中国などが参加しない平和条約による占領終結と沖縄の米軍統治の継続、日米安保条約の締結、安保条約のもとで在日米軍の軍事力に依存し日本独自の「戦力」を保持しない「軽武装」の路線をとり、経済成長を進め、経済大国化をなしとげる。このなかで、アメリカに対する従属的関係が深まるという経過をたどります。

第二次大戦後の後半の時代がどのような時代として日本の人々に受け止められたか。戦後七〇年の二〇一五年に日本のＮＨＫが実施した世論調査によると、「戦後どのような社会を築いてきたか」という問いに対して（一二の選択肢から三つを選ぶ）、八七％が「戦争のない平和な社会」、五一％が「経済的に豊かな社会」と回答し、第一位、第二位となっています。市民の意識においても戦後は「強兵なき富国」の道を歩んできたと受け止められているようです。

このように二つの日本を対比的に特徴づけたうえで、さらにこの二つの日本の連続面と断絶面を観察するとすれば、次のことが言えるでしょう。連続面は、第一に、憲法による統治、第二にそのもとでの内閣制度と議会制度、与党と野党の対立をともなった複数政党制です。この関連では、一九一八年九月、全国に広がった米騒動のあと、政友会の原敬（はらたかし、地元では「はらけい」と愛称）がはじめて平民として（士族の生まれだが爵位は辞退）政党内閣を組織し、いわゆる大正デモクフシーのシンボルとなったことが重要です。今年は、それから一〇〇年でもあります。

大正デモクラシーのもとでは、地主、資本家、中産階級の利害とならんで、労働者や農民、女性などの社会階層の利害が全国的に組織化され、現代的な政治状況が生まれました。そして連続面の第三は資本主義的工業化、第四には統治権の総攬者から象徴にその地位が代わるとしても天皇制です。このような連続面と関連しつつ、二つの日本の究極の断絶面を特徴づければ、それは、人民主権の確立と軍隊の廃止であり、この究極の断絶面を体現したのが日本国憲法という位置づけになります。

日本国憲法は第一章で「天皇」、第二章に「戦争の放棄」を規定しています。まさに断絶面の核心が憲法の最初の二つの章で規定されています。ただし、人民主権の確立と軍隊の廃止の意味を正確に理解するためには、憲法の前文を含めて読み込む必要があります。憲法前文は、主権の所在と平和主義について根本的な基礎づけを行っているからです。たとえば、第一条では、天皇が主語であり（「天皇は日本国の象徴であり……」）、天皇を象徴天皇とする総意の主体として主権者国民が規定されるにとどまり、国民主権確立の明確な宣言は前文をみなければなりません。

憲法の前文を含めて第一章、第二章に示された二つの日本の間の断絶面の核心は、私の表現を使えば、「社会契約論的人民主権論」であり、「軍事主権の自己制約としての非武装平和主義」ということができます。「軍事主権の自己制約」という意味はこうです。なるほど人民が自己の国家を武力によって自衛する権利が国際社会おいて承認されているとしても、日本の人民は日本国憲法によってそれを自ら制約するという立場を宣言したのだということです。ここで私は「人民」と「国民」を使い分けています。

じつは占領軍の作成した日本国憲法の草案は、憲法を制定する主権者をpeopleと表現し、憲法制定後の国会制定法としての国籍法にもとづく国籍者をnationalと呼び分けています。日本国憲法の規定は、両者を区別せず、ともに「国民」としていますが、この二つの概念をきちんと使い分けることによって憲法の基礎にある社会契約論的人民主権論は、よく理解することができます。日本政府が占領軍草案の二つを区別せず、ともに国民と翻訳した理由について、アメリカの歴史学者ジョン・ダワーは、日本政府が「人民」ということばにひそんでいる革命的ニュアンスを警戒したからではないかと論評しています（三浦陽一ほか訳『敗北を抱きしめて―第二次大戦後の日本人』岩波書店、二〇〇四年）。

このような核心をもつ日本国憲法は、占領終了後から今日に至るまで護憲と改憲の対抗の中に置かれてきました。それは、戦後日本社会において、一方で明治維新以来の連続性を重視し尊重し日本国憲法の縛りを解きたい、緩めたい政治と他方で戦前戦後の断絶の獲得物として日本国憲法の完全実施を求める政治との相克が持続しているからです。このような憲法をめぐる対抗は、ドイツでは存在しない現象であり、戦後社会日本を特徴づけるものということができます。

改憲の動きは占領終了後ほぼ一貫して政権を担当した自民党が主導してきました。自民党は、一九五五年に自由党と民主党の二つの保守政党が合同して結成され、結党の目標に「自主憲法の制定」をかかげました。改憲の第一の波は五〇年代から一九六四年までで、ここから八〇年代までは「改憲受難の時期」と特徴づけられ、自民党も改憲を封印し、社会全体で憲法定着の意識が強まります。一九六八年のいわゆる大学闘争は、このように憲法の安定期に起っています。一九六八年は日本がGDPで世界第二位になった年であり、大学闘争は、戦後世代である学生たちが定着したとみられる憲法体制、民主主義体制および経済成長の内実を問いただす、いわば戦後の「強兵なき富国」の意味を批判的に問うものだったと思います。

このあと、「戦後政治の総決算」を掲げた中曽根政権が登場した一九八二年以降、改憲の第二の波がみられ、第三の波が一九九〇年代以降といわれています。第三の波は、東西冷戦の終焉とグローバリゼーションを基本的与件としています。現在の安倍政権による改憲推進は、この流れを一挙に加速、強化したもので、その狙いを一言でいえば、社会契約論的人民主権の国家主義的復古的な修正（天皇の政治的地位の強化と基本的人権の貶価）、非武装平和主義による軍事主権の自己制約からの脱却（自衛権による武力行使と国防軍の憲法的承認）にあるといえます。

3　「戦後っ子・少年」としての私にとっての日本

ここで、二つの日本に係わって、私自身の少年期の日本という国のイメージをお話しし、次の展開のための準備にしたいと思います。このような手法は、歴史学者の和田春樹氏による戦後日本の平和国家の誕生を考察した著作（和田『平和国家の誕生』二〇一五年）からヒントをえました。和田氏は次のようなエピソードをこの著作のカギとして利用しています。

一九四六年正月、書初めの題として、皇太子昭仁（当時六年生、現天皇）は「平和国家建設」、当時小学二年生の和田春樹は「太平の春」を選んだというエピソードです。書初めとは、お正月に年の初めにあたって希望や決意を筆で書きあげるもので、一般的な習俗になっていました。この二人の書いた文字は、じつは一九四五年八月一五日の終戦の詔勅「万世のため**太平の世**を開かんと欲す」、一九四五年九月四日帝国議会開院式勅語「朕は終戦にともなう幾多の艱苦を克服し国体の精華を発揮して信義を世界に布き**平和国家**を確立して人類の文化に寄与せんことを願い日夜軫念措かず」という、それぞれ天皇の言葉に由来するものであり、二人の少年の書初めは、まわりの大人の思惑や社会的雰囲気を反映していて、大きくは憲法九条への流れにつらなるものだった。これが和田氏の意味づけです。

そこで、少年時代の私の日本イメージを形づくったものとして、少年時代の三つの日本自慢をあげてみます。第一に、湯川秀樹博士のノーベル賞受賞です。これは一九四九年一一月のことですが、このあとも長く日本の少年に影響を与えました。第二に、白井義男選手がプロボクシング世界フライ級チャンピオンになったことです。これは一九五二年五月ですが、白井選手は少年のヒーローでした。第三に南氷洋捕鯨オリンピックでの日本の優勝です。一九四六年から一九五九年までクジラの捕獲数の上限総数を決め、この枠内で参加国が捕獲数を競うという仕組みがあり、これが捕鯨オリンピックと呼ばれていました。日本のライバルはノルウェイでした。これらは、科学、スポーツ、そして第一次産業である漁業の領域の話です。加えて、小学校では、日本は戦争に負けて「大日本帝国」からただの「日本国」になった。日本は、Nipponではなく、Nihonと読むのだと先生から教えられました。ちなみにこれについて公式の決定は何もありません。また、学校で歌う歌も、戦前の勇ましい歌ではなく、少年の私にとって、これからの日本は「強くなく、豊かでなく」ても「清く、明るく、正しく生きる国」なのだというメッセージを伝えるようなものでした。

このような少年時代の日本のイメージをもつ私にとって、質的に異なるものとして大きな違和感が生じたのが、一九八〇年代後半からの「経済大国」日本という社会における自意識の広まり、軍事面を含んでそれにふさわしい国際貢献をという議論でした。そして軍事的国際貢献論は、「積極的平和主義」(proactive contribution for peace)のお題目によって現在さらに強まり、国内政治における軍事のメインストリーム化とでも称すべき事態が生まれています。

4 「小国日本」という歴史的可能性

こうしたなかで、少年時代の私の感覚にぴったりとくる歴史学者の発言に出会いました。三谷太一郎氏の二〇一六年のある対談でのものです。かれは「第二次大戦後、立ち返るべき時代として意識されたのは、日清戦争前の明治日本だった。植民地帝国前の日本、『小国日本』に立ち返るというのが、敗戦後の日本の目標だった。今でも『小国日本』は日本の将来像、一つの原型として考えることが重要だ」（三谷太一郎『対談集・近代と現代の間』二〇一八年、九頁）と述べています。「小国日本」ということばは、そのまま受け止めれば「事実としての小さな国日本」を指すものですが、同時に「小さな国というあり方を追求する」という規範的な意味をもっています。後者の意味であれば、「小国主義」といえます。日清戦争以前の日本は、軍事的にも小規模な常備軍しかもたない文字どおり「小さな国」でした。ここから国の方向を考えるときに、そのような小国をそのようなものとして自認し、朝鮮や清国への軍事的進出を否定し、両国と親和し、立憲主義的民主的な国として自立し文化的発展を示して欧米列強に向き合うというのが「小国主義」となります。これに対して、軍備を拡大し、朝鮮・中国に軍事的に進出し、支配圏域を拡大して強国となり、欧米列強とも渡り合うという方向が対立します。自由民権運動の時期は、このような国の方向をめぐって政論がたたかわされました。

大正期や昭和前期においても、すでに植民地を領有している状態のもとで、中国への一層の軍事的進出の是非をめぐって、同様の対立がみられます。リベラルな論調で一貫していた雑誌『東洋経済新報』は「小国主義」の拠点でした。一九一三年には「大日本主義乎小日本主義乎」、「満州放棄乎軍備拡張乎」と題する論説がみられます。ここで大日本主義とは、「領土拡張と保護政策」、小日本主義とは「内治の改善、個人の自由と活力の増進」とされ、大日本主義の「禍根」として、「国民的大浪費」、「軍閥の跋扈」、「軍人政治の実現」などが指摘されています。

この論調は、同誌において石橋湛山に引き継がれます。石橋は戦後自民党の政治家として首相になった人物です。かれは論文「大日本主義の幻想」（一九二一年）で植民地領有が経済的、軍事的、人口政策的にみて合理性のないことを具体的に論証し、また「満蒙問題解決の根本的方針如何」（一九二一年）で朝鮮人民、中国人民の力を決して過小評価すべきでないことを強調しています（『石橋湛山評論集』松尾尊兊編、岩波文庫、一九八四年）。

5 「戦後社会としての日本社会」論

私は、専門領域での仕事として、戦後社会（Nachkriegsgesellschaft）というコンセプトを使って日本とドイツの法と社会の比較を試みてきました。「戦後社会」として日本とドイツを比較するという方法は、社会学者の富永健一氏、ドイツ史学者の望田幸男氏のアイディアから学んだものですが、ここには、私のなかにある小国主義的な日本像が反映しています（広渡『二つの戦後社会と法の間―日本と西ドイツ』大蔵省印刷局、一九九〇年、同『比較法社会論―日本とドイツを中心に』放送大学教育振興会、二〇〇七年）。

戦後社会とは、最も抽象的に定義すれば、「第二次世界大戦の敗戦が戦後の社会を本質的に規定する社会」となります。日本に即していえば、新憲法である日本国憲法のもとに、侵略戦争と植民地支配という過去の克服に努力し、憲法九条の非武装平和主義を実現し、新しい民主主義と豊かさを目指す社会が「戦後社会」となります。このような「戦後社会としての日本社会」は、「小国日本」が「事実としての小国」と規範的な「小国主義」の二つの契機を含んでいるのと同じように、事実を分析する視角であると同時に社会批判のための準拠枠という性格をもっています。

「戦後社会」を「事実としての戦後社会」として位置づけた場合、戦後社会はいつ終わるか、あるいは終わったかという問題が立てられます。これについてのもっとも有名な出来事は一九五六年の『経済白書』が「もはや戦後ではない」と述べたことです。同白書は、鉱工業生産指数が戦前のピークを超えたことをもって戦後復興の時期が終わり新たな経済成長の時期にはいることを告げたものと言われています。

ところで、この「もはや戦後ではない」のフレーズは、同年二月の雑誌『文芸春秋』に掲載された文芸評論家、中野好夫氏の論文のタイトルに由来するといいます。では、中野がこのフレーズに託した意味はなんだったのか。

かれは、保守合同で出発した第三次鳩山内閣（一九五五年一一月）の閣僚一八名中一三名が公職追放を受けていた者である状況に危機感をいだいて旧世代の復活に警鐘を鳴らし「いまや戦後意識から抜け出して未来に向かってビジョンを明確にすべき」であり、「敗戦後に小国になった日本の現実を直視し、アジア・アフリカの『小国』に学んで小国として人々の幸福を実現する理想に向かうべきだ」と主張したのです。このような中野の主張は、私のいう「戦後社会」の終わりではなく、まさに「戦後社会」であることの自覚を求めたものと言えます。

もう一つ例をあげます。岩波書店が二〇〇六年から二〇〇九年までに「シリーズ日本近現代史」全九巻を刊行しました。このうち戦後を扱った第七巻『占領と改革』（雨宮昭一）は、「戦後体制」から「脱戦後体制」へという見取り図を示して、一九五〇年代に成立した「戦後体制」が現在「脱戦後体制」に移行しつつあり、法的な体制の面では「日本国憲法体制から憲法改正へ」移行と予測しています。

また、最終の第九巻は、表題そのものを『ポスト戦後社会』（吉見俊哉）として、一九七〇年代後半を分岐点としてポスト戦後社会がはじまると述べています。その移行の特徴は、冷戦からポスト冷戦へ、福祉国家から新自由主義へ、高度成長からグローバリゼーションへ、社会運動のあり方が対決の政治から生活の政治へ、先端産業が重化学工業から情報サービス産業へ、雇用形態が年功序列と日本型経営からリストラと非正規雇用拡大へ、家族は核家族から少子高齢化へ、そして社会意識は「夢」（理想）の時代から「虚構」の時代へと概括されています。

「戦後体制」から「脱戦後体制」へ、「戦後社会」から「ポスト戦後社会」へ、という社会の変化は、歴史的現象としておおむねそのようであると考えられます。ただし、私の戦後社会論からいえば、「戦後の戦前に対する断絶を意識し、戦前の自覚的克服を課題としてとらえる意識が社会において失われる」ことこそが、「戦後社会」の終わりを意味することになるでしょう。そして、最も客観的なメルクマールをあげれば、日本が戦争をすることがあれば、いかなる意味でも戦後社会とはいえなくなります。戦後社会を成り立たせる自覚的意識は、ドイツのように、政治的リーダーシップによって「過去を心に刻む」ことが強調されるのではなく、逆に現職の首相によって「戦後レジームからの脱却」が復古的に唱えられる政治が進行する日本では、「上から」も消し去られることになるでしょう。

ところが現実の日本は、ロシア、中国、韓国との領土問題をかかえ続けています。領土問題は本来平和条約の課題です。また、一九六五年の日韓基本条約と請求権協定によって処理されたはずの問題、いわゆる「慰安婦」や「徴用工（強制動員労働者）」の法的処遇が一九一〇年の日韓併合条約の不法性にまでさかのぼってあらためて問題となっています。沖縄の米軍基地問題（現在の焦点は辺野古基地の新設）は、戦後の米軍統治に発する本土と沖縄の負担格差をあらためて明らかにし、その根っこにある問題として、明治における琉球処分、つまり日本の武力による琉球国の併合まで考えざるをえなくしています。

戦後社会が解決すべき課題、つまり明治一五〇年の前半期に起因する諸課題は、このように依然として現在的な問題です。つまり、日本社会は、なお戦後社会の課題に直面しながら、他方で戦後社会の自覚的意識が失われつつあり、政治的リーダーシップがこれを助長しているという状況にあります。この状況を打開するために、明治一五〇年をどのように見るべきかを最後に考えてみます。

6　日本国憲法の核心の歴史を明治期にさぐる——明治一五〇年の連続性

さきに見たように、三谷太一郎氏は日清戦争までの「小国日本」を「立ち返るべき日本」と言いました。これと符節があう形で、歴史学者の宮地正人氏は、明治一五〇年を前半の時代と後半の時代に二分するのではなく、さらに前半の時代を日清戦争前後で分け、三分する考え方を示しています（宮地『通史の方法―岩波シリーズ日本近現代史批判』名著刊行会、二〇一〇年）。

宮地氏によれば、ペリーの来航（一八五四年）から日清戦争（一八九四年）までの時代は、欧米列強が軍事力をもって非キリスト教的地域を、その植民地化も含めて、単一的な世界形成にひきこもうとする動きに対抗して、日本というまとまりの国家をどう作り出すかの人民の運動が激しく起こり、国家形成をめぐってさまざまな可能性が議論され、暴力的衝突も避けられなかった、いわば建国の時代と位置づけられます。そして、五か条の御誓文に始まる維新後には、建国のために議会の開設と憲法の制定が要求され、社会のなかでさまざまな憲法案がつくられました。

いわゆる自由民権期に作成されたさまざまな憲法案は、歴史学の研究によれば、当時の世界的な動向を反映したものであり、そこには、社会契約論的人民主権論も、非武装平和主義の思想と理論も有力なものとして示されていました。大正期に民本主義を唱えた吉野作造は、天皇主権の大日本帝国憲法のもとでは、民本主義が一般民衆の利益幸福ならびに意向を尊重する「政権運用上の方針」であり、決して「主権」にかかわるものではないとしました。しかし、かれは、自由民権運動の研究に基づいて、この憲法施行以前には知識階級の多くが「国家の主権が一人にある」と考えるのではなく「国を組織する人民が主権者」と説いていたと述べています（「自由民権時代の主権論」一九二六年）。

歴史学者の色川大吉氏は、一八八〇年代、常備軍四万人の軍事小国日本では二つの防衛構想がたたかわされたことを分析しています。その一つは、特定の軍事大国と組んで安全保障を確保し自ら進んで軍事力を強化し国を守る構想、もう一つは、非武装抵抗、中立の立場をとって道義的な平和主義に基づく集団安全保障を追求するという構想でした（色川大吉『自由民権』岩波新書、一九八一年）。後者の構想が植木枝盛、中江兆民などの主張だったわけです。

さて、「戦後社会としての日本社会」論は、戦後の日本社会のあり方として、社会契約論的人民主権と非武装平和主義による軍事主権の自己制約を核心とする日本国憲法の完全実施、侵略戦争と植民地主義の過去の克服、そして国民の豊かな生活の創造を目指すべきであるという規範的な主張でもあります。このような議論の仕方は、中野好夫氏のことばを借りれば「小国として向かうべき、人々の幸福を実現する理想」、つまり一種の建国の論理を語るものです。

日本国憲法によってはじめて実定制度となった人民主権と非武装平和主義は、宮地氏のいう日清戦争以前の建国の時代、明治一五〇年の最初の時代に人民によって熱心に議論され支持されたものでありました。つまり、日本国憲法の核心は、明治一五〇年を二つに分ける断絶を示すものですが、同時に、明治一五〇年の歴史をその運動や思想においてみるならば、建国以来の理想の実現として、連続を示すものであります。それゆえ、現在の護憲と改憲の対抗の大本は、明治一五〇年を通じて、一定の時期には確かに一方によって他方が完全に抑圧されたことがあったとはいえ、連続しているものと位置づけることができます。

戦後社会の自覚的意識は、戦前と戦後の断絶を強調することにとどまらず、むしろ、明治の建国以来の歴史を尋ね、断絶の獲得物としての日本国憲法の思想が明治一五〇年を通じて、大日本主義に対する「小国日本」のオルタナティブであったことを知ることによって勇気づけられるでしょう。

現在の安倍政権は、憲法九条の改正を推進する体制にあります。安倍政権は、二〇一五年に九条の縛りを緩めて集団的自衛権の行使を可能にし、自衛隊の海外派兵を強化する違憲の法案を強行しました。これに対しては、立憲主義、民主主義、平和主義の擁護をかかげて市民の運動がこれまでにない形で大きく広がり、今日まで持続しています。基調報告においてフォルヤンティ教授（Gesine Fojanty-Jost）が位置づけられた一九一八年、一九六八年における人民・市民のたたかいは、二〇一八年のいままた見ることができると言えるかもしれません。

第3章

「改憲」論を日独比較から読み解く——危機とチャンス

1 はじめに

安倍政治のもとで「九条改憲」は至上課題と位置づけられています。「安倍政治と九条改憲」について、日本とドイツの比較の視点から、それがもたらしている危機とそれを打開するチャンスについてお話しいたします。柱は大きく二つです。

第一に、「安倍政治と九条改憲」をめぐる構図は、以前、麻生太郎副総理が「ナチスの手口をまねる」といみじくも漏らしたように、論理的に描き出すとじつはナチス支配形成の構図に似ています。かれの発言は政治的に糾弾されるものですが、本質をついています。現在の状況はそれほど危機的であり、戦後日本社会が岐路にあることを検証してみます。

第二に、日本では第二次世界大戦後に制定された憲法が一度の改正も経験せず、市民社会のなかで憲法擁護運動が持続しています。このことがどんな意味をもつのかを考えるために、日本国憲法における立憲主義と民主主義の関係について、制定来六〇余回の改正を重ねるドイツ基本法のそれと比較してそれぞれの特徴を分析します。これらを通じて、「安倍改憲」に対抗する市民社会の憲法擁護運動が日本における新しい政治とより安定した憲法的統治（護憲を通じて憲法の発展へ）へのチャンスであることを示したいと思います。

私の専門の看板は、ドイツ法・比較法社会論であり、日ごろ憲法学に親しんでいるわけではありません。安倍政権が安保関連法案、いわゆる戦争法案をもちだしたころから、これに反対する学者の会（安保関連法に反対する学者の会）を組織し、また、戦争法が成立したのちは、安保法制の廃止と立憲主義の回復をめざす市民連合を呼び掛けて、この間、運動に参加してきました。その中で、立憲主義、民主主義、平和主義について考えざるをえず、今日の話の中身もそういうなかで形を成してきたことです。市民連合は、市民と立憲野党の共同で安倍政権に代わる新しい政権をつくることを目標にしていますが、じつは昨年五月の日本法社会学会で「市民社会論」が総合テーマとしてとりあげられ、この市民連合の活動を「市民社会という場における市民プロジェクト」として理論的に位置づける報告をしました。運動の中から生まれた一つの産物だと思っています。

それでは本論に入ります。第一のテーマは、「安倍政治とファシズム的シンドローム」です。

2　安倍政治とファシズム的シンドローム

(1)　安倍政治の外見的特徴

安倍政治あるいは、安倍首相の政治スタイルを批判して、「反知性主義」という言い方がありま す。評論家の佐藤優氏は、これを「事実と論理に基づいて説明し、主張するのではなく、自分に都合のよいように事態を解釈し、そして言い張る」やり方と言っています。また、ジョン・ロックの研究で知られる哲学者の加藤節氏は、安倍首相の「無知と無恥」と酷評しました。

市民連合は昨年来、街頭宣伝で「あたりまえの政治をとりもどす」、というスローガンを掲げました。私は、その際のスピーチで、「なぜこんなことが政治課題になるのか」、「あたりまえの政治」とは「憲法を護り、実現する、民意を尊重する、そしてウソをつかない」ことであり、このあたりまえのことができない安倍政権は民主主義にとって危険なものになりつつあると述べました。フランスの政治学者、ピエール・ロザンヴァロン、カウンター・デモクラシーの提唱者ですが、かれは、現代の政治リーダーにもっとも必要な資質として、「本当のことをいうこと」「誠実であること」をあげています。安倍首相がこの条件をみたさないことは、いうまでもありません。

最近、トランプ側近のスティーブ・バノン氏が訪日し、自民党本部で講演しました。かれはそこで、「安倍首相は偉大なヒーロー、安倍首相は先進国のかじ取りをしている初めてのナショナリスト、トランプ氏がトランプ氏であるまえから、安倍氏がトランプ氏であった」（二〇一九年三月八日自民党本部における講演）と評しました。そのこころは、格好よくいえば、ポピュリズムに訴えて、ナショナリズムを推進する、下世話にいえば、言いくるめ、不誠実な言説、フェイクニュースで世論を操作する、先駆的政治家ということだと思います。安倍首相は世界的規準でいうと、独裁者的政治家、トランプ、プーチン、習近平、ドテルテ、エルドアン、オルバン、ミニトランプとよばれるブラジル大統領（ボルソナーノ）、右派ポピュリストのオーストリア首相（セバスチアン・クルツ）などと並べられる政治家になっています。

(2) 「あたりまえの政治」の逆張りはファシズムに通じる

「あたりまえの政治をとりもどす」という課題は、よく考えると、極めて深刻です。さきほど述べた三条件の逆張り、つまり、①憲法を無視する、さらに進むと憲法を解体する、②民意を無視する、さらに進むと事実上民意を無意味なものにし、これを正当化する政治的理論と装置をつくる、③ウソをつく、さらに進むとそれが政治の要諦となる、こうみると、これは、独裁政治、ファシズム政治の兆候であることに気が付きます。

ナチスムをその一形態とするファシズムという体制の政治原理的特徴は、議会政民主主義の否定、行政＝執行権力への権力集中にあります。ナチズムが国民主権の民主主義に代わるものとして主張したのが、国家を民族共同体とする理論、および共同体の政治原理としての指導者原理Führersprinzipでした。指導者原理によると、共同体は指導者およびその指導に従う者によって構成される。共同体の意思は、指導者の意思であり、指導者以外の者は、それに従い、共同体のために奉仕することがミッションであり、法的義務であるとされます。

ナチスの独裁制は、その基盤は政治的テロ＝暴力によって築かれましたが、同時に、ポピュリズム的国民操作、扇動によって、ポピュリズム的民主主義がそれをささえました。ナチスは政権掌握後、あとで取り上げますが、授権法を制定し議会の機能をマヒさせます。他方で、重要な問題について国民投票を多用し、国民投票は世論操作によって圧倒的に政府支持が示されるものとして仕組まれます。こうして、国民の見る現実は、民意の尊重の上で政治が行われているかのように現れます。こうするうちに、国民は、圧倒的多数が支持しているというつくられた状況のなかで、そして政府が行使する権力へのおそれも背景にして、政府の方針に先取的に服従する、という心理的な状況におかれることになります。

いま、日本の安倍政権の官邸支配、安倍一強とよばれる政治構造のもとで、官僚と政治家による安倍首相への「忖度」が浸透しています。森友・加計問題、最近の塚田副大臣の件は、それを示すものであり、どこまで深刻化しているか計り知れません。ドイツ語でこの忖度を意味的にとれば、vorauseilender Gehorsam（訳すると先取的服従）ではないかとドイツの政治学者がいっています。この先取的服従が国民にまで浸透することによってナチスの独裁制は、確立した、国民が権力者、独裁者の意向を先取りして、従属する、その意向を実現するように行動する、これがナチズムだというのです。つまり、忖度は、独立に自律的に判断するという人格の本質的要件を奪う、政治のメカニズムにつながるもので、民主主義にとってきわめて危険なシンドロームなのです。日本の政治家と官僚において現れている忖度現象は、民主主義の問題として決して軽視できない、深刻な問題です。

(3) ナチスの授権法体制――ファシズム的シンドロームの終着駅

ナチズムは、ワイマール共和制に対する反革命でした。ワイマール憲法は、ドイツではじめて人民主権＝共和国を実現し、直接民主主義的制度を規定し、経済社会に関する労働者の基本権を保障した当時世界でもっとも先進的な憲法でした。ナチズムは、これを形骸化し、解体しますが、ワイマール憲法に代わる明文のナチス憲法を制定するのではなく、憲法という存在、つまり、すべての法の最上位にあって、下位の法を拘束するもの、そのような存在自体を消滅させました。

(i) ヒトラー政権はどのように授権法を制定し、利用したか

それが授権法、ないし、全権委任法の体制です。この法律は、一九三三年一月に成立したヒトラー内閣が提案し、一九三三年三月にドイツ議会で制定されました。ヒトラー内閣の成立は、大統領が選挙で第一党となったナチス党の党首ヒトラーを首相に任命したものであり、憲法にしたがったものでした。ヒトラーは、ナチス党の絶対多数を確保するために、内閣発足後ただちに国会議員選挙を実施し、強力な野党であったドイツ共産党、ドイツ社会民主党に対する謀略をふくんだ選挙妨害を行いますが、選挙の結果、ナチス党は過半数をえることができませんでした。

そこで、仕掛けたのが、授権法の制定です。授権法の内容は、すべての領域について法律制定権をヒトラー内閣に与える、その法律制定は憲法改正法律を含む、というものです。ワイマール憲法によれば、憲法改正は特別の手続きを予定せず、憲法改正を内容とする法律制定手続きによって行い、議決要件だけが通常の法律に対して加重される、つまり、定足数が議員定数の三分の二、賛成が出席者の三分の二以上とされていました。

授権法の制定は、ナチス反対派である社会民主党と共産党の反対が当然予想されました。ヒトラー政府は、そこで、共産党議員を国会議事堂の放火事件を仕組んで国家反逆罪の容疑で全員逮捕、社会民主党議員も個別に議場への出席をはばまれ、議場をナチス親衛隊が包囲するという暴力的雰囲気のなかで、中間政党がナチスに妥協し、授権法が成立しました。

授権法は、国会の立法権を廃止しませんでしたが、授権法制定以後、国会は、ヒトラーがとくに

国民にアピールをする必要があるときにだけ招集され、審議なしに拍手喝さいで政府提案を承認するだけの機関になりました。授権法による法律制定には、もちろん閣議決定が必要でしたが、三〇年代末から閣議はほとんど開催されず、立法の形式はヒトラーの単独の命令と布告が中心となりました。文字通り、ナチスの時代は、議会制民主主義が解体されたのです。

それゆえ、ここには、憲法を護る、民意を尊重する、という要素はまったく存在しません。当時のナチス的憲法学者は、ナチスドイツの憲法とは何かという問いに対して「ドイツ民族の政治的共同体がその一体性と全体性をみいだすところの不文の法秩序」、つまり、明文規範によって確定できるものが何もない、といわざるをえませんでした。

憲法を護る、民意を尊重する、という政治原理を放棄した政治は、国民に対して、本当のことをいう、誠実に対応するという「インセンティブ」をもちません。国民は、それゆえ、体制の権力維持のために、ひたすら「啓蒙し宣伝する」対象に貶められます。ヒトラー政府では、「国民啓蒙宣伝省」が設置され、ヒトラーの側近、ヨゼフ・ゲッペルスが担当大臣となります。かれは、ウソも一〇〇〇万回くりかえせば真実になる、ウソは、おおきければ大きいほど真実らしくなると宣伝の要諦を語りました。

(ii) 授権法と関連する日本の新旧二つの問題

ここで、授権法と関連する日本の重要な問題を二つあげます。

一つは、戦前日本において軍国主義のもとでファシズム体制が成立したとみるかどうか。つまり、議会制民主主義の解体が日本にもあったかです。これについては、一九三八年の国家総動員法体制が授権法体制と比較されます。結論的にいえば、総動員法体制は、授権法体制と二つの点でことなります。総動員法は、授権法と同様に内閣に立法権を付与しますが、その領域を経済的事項に限り、また憲法改正権は含まれません。そして、帝国議会の立法権は排除されませんでしたが、大政翼賛会の設置によって議会内野党の存在が否定されました。授権法と総動員法の議会制民主主義の否定の程度の違いは、ドイツではナチス党と肩をならべる力をもった野党勢力（社会民主党と共産党）の存在が徹底した議会制民主主義の否定を必要としたのに対して、日本では野党勢力の存在が体制にとってドイツのように決定的な障害にならなかったことによると思います。

もう一つは、自民党憲法改正案が予定する緊急事態制度についてです。二〇一二年の全面改正案は本格的緊急事態制度を規定し、現在の自民党の四項目案は、それを縮小していますが、いずれも緊急事態における政府の立法権を認めます。一九六八年に憲法改正によって制定されたドイツの緊急事態制度は、緊急事態においても政府に立法権を認めず、議会内に委員会、すなわち一六の州の代表（連邦参議院の議員）と同数の連邦議会議員の計三二名で構成する委員会を設置して、そこに議会の立法権を代わって行使させるものとなっています。ここには、政府に立法権を与えることを原理的に拒否する考えが表明されており、この拒否にはナチスの授権法体制の教訓が決定的な意味をもっています。そこで、日本をよくしるドイツの研究者のなかには、安倍改憲でもっとも危険なのは、九条改正より、緊急事態制度だという意見があるほどです。

(4) 安倍改憲の手口──「転釈 Umdeutung」

(i) ナチスの手口とは

安倍九条改憲は、二〇一四年七月の集団的自衛権を承認する閣議決定による解釈改憲から、これを法律化した安保関連法、そしていまや自民党が準備する九条の二を新設する明文改憲（四項目改憲案中の一項目）として、段階的に進んでいます。ところで、法制度や法秩序の内容的転換を図るときに、まず解釈を変える、その後準備し条件をつくったうえで条文を明示的に変える、というやり方は、政権をとったナチズムがすすめた方法でした。これまでと同じ法律規定から解釈によって、これまでと異なった、ある場合には正反対の意味を引き出すことがナチス法学において行われました。その場合の方法は、いわゆる一般条項を活用すること、また、法律規定の土台になっている基礎的法概念を作り替えることでした。

一般条項は、法学者によって「古い法的生活に新しい法思想が流れ込む侵入口」と位置づけられ、民法典の規定する信義則条項（債務者は誠実および信義にしたがって義務履行すべし）は、法生活の基本原理として、ナチス的世界観、民族共同体の思想によってその意味が決まるものとされました。こうした解釈方法は、ナチス支配に都合のいい結論をどんなものであれ導く手段の役割を果たします。戦後西ドイツではじめてナチス民法学の総合的な批判的研究をしたB・リュッタースは、このように解釈を変えて法規の意味を変える、いわば「転釈 Umdeutung」にはなんの制限もなかったことを分析し、ナチズム下の民法学のあり方を「無制限の解釈」と特徴づけました。

(ii) 二〇一四年七月集団的自衛権の閣議決定の手口

ここで、二〇一四年七月閣議決定の集団的自衛権承認のための転釈論法をみることにします。

従前の内閣法制局の九条解釈によれば、九条は他国の武力行使に対して自衛権を行使することまで禁じてはいないとして、①我が国が武力攻撃を受けるか、受けるおそれがある場合、②その状態を解消するために他に手段がないこと、③自衛の措置が必要最小限であること、を条件として個別的自衛権を行使できるとしました。そこで、①の大前提がない集団的自衛権はもともと論外であるとされていました。重要なことは、自衛権発動の大前提である①我が国が武力攻撃を受けるか、受けるおそれがある場合という要件が、具体的な事実の存否として確定できるものだということです。

これに対して、集団的自衛権行使を承認する新解釈は、①日本となんらかの関係をもつ他国が第三国によって武力攻撃を受け、あるいは受けるおそれがあり、①—1そのことが我が国にとって武力攻撃を受け、あるいは受けるおそれがある場合と同視できるならば、②および③の許容条件のもとで自衛権を行使できる、というものです。そして、新解釈は、従前の解釈と論理的整合性をもつ、つまり、大前提①と許容条件②③は、従来と同様であり、安全保障環境の変化という実際的状況の変化のもとで発展した解釈であると理由づけました。

この安倍政権の転釈のポイントはどこでしょうか。閣議決定による新解釈を踏まえた二〇一五年九月自衛隊法改正では、従前の解釈の想定事態を「武力攻撃事態」、新解釈の想定事態を「存立危機事態」として並列的にカテゴライズしました。しかし、この二つは、前者の武力攻撃事態が事実として確認できるものであるのに対して、後者の存立危機事態が事実として客観的に確認できるものではなく、事態に対する主観的評価、政治的判断によって左右しうるものであり、質的に異なります。この質的差異こそが、個別的自衛権と集団的自衛権をわける本質的な問題です。「武力攻撃事態」を法命題として「我が国が存立の危機にある事態」として一般条項的に拡大し、政府の判断によって決定できる「存立危機事態」という新制度を根拠づけたのです。それゆえ、これは、どこまでも拡大する危険性をもつものであり、ここに「転釈」の最大のポイントがあります。

(5) ナチズムにおける無制限の解釈——政治に従属する法学

ここでナチズムのもとでの法学の問題性を少しお話しいたします。

(i) ナチズムの法に対する態度—徹底的に政治の手段とする

ナチスにおける無制限の解釈、転釈という方法は、政治支配の便宜からすれば、整然とした法規の体系をつくることへのインセンティブを失わせるものでした。最高の意思決定権者であるヒトラーは、自らの意思を拘束するような確定的規範体系ができることには何のメリットも感じていませんでしたから、ナチス憲法典なるものにいかなる関心もありませんでした。

民法典については、別途の事情がありました。ナチス党は党綱領でドイツ民法典とそれを基礎にするドイツの法秩序を「ローマ法的唯物的」であり、それに代わる「ゲルマン法的民族的な法の形成」をうたっていたからです。党綱領一九項は、「われわれは、唯物主義的世界秩序に奉仕するローマ法に代えてドイツ共通法 ein Deutsches Gmeinrecht の制定を要求する」と規定していました。そこで、ナチスの民法学者たちは、弁護士出身でナチス党の法部門担当幹部であるハンス・フランクの指導のもとに、一般条項の活用による民法秩序の転釈を進めながら、ドイツ民法典に代わる「ドイツ民族法典」を制定する作業を進めます。しかし、この事業は、ヒトラーの関心をひかず、むしろ反発され、帝国司法省の法務官僚も冷淡であり、戦争の激化によって中断に追い込まれました。

ナチス支配は、法のない、無法の支配ではなく、支配の道具として法制度をおおいに活用しますが、政治権力の行使をしばるものとしての法は徹底的に排除します。ナチスの法思想は、自然法論や法実証主義といった特定の法思想の形をとるのではなく、政治的支配の便宜を実現することを目的にした実体的決断主義、実状に合わせて個別に決定する、つまり、絶対的ご都合主義でした。それゆえ、ナチスにおいては、転釈から新たな制定法という段階論は決して必然的なプロセスではありませんでした。

それでは、解釈による法規内容の意味転換がどのように強烈であったかの例を紹介してみます。

(ii) 転釈の代表的事例—ユダヤ人をどのように排除したか

民法体系の基本概念が、法人格＝権利主体＝権利能力、そして権利＝主観的法であることは御承知の通りです。当時の新進の法哲学者であり民法学者であったカール・ラーレンツは、次のようにこの基礎概念の転釈を提案しました。第一に、法哲学的な方法論として、法概念の形成に当たっては、従来の抽象的普遍概念にかえて、具体的普遍概念をとるべきである。つまり、存在するものを抽象的にとらえるのではなく、具体的にとらえた上で一般概念を形成すべきである。第二に、従来、法主体は人＝人格として捉えられてきたが、これは具体的に「民族共同体の構成員（分肢）」と把握しなければならない。また、人＝人格に帰属するものである権利は、民族共同体における法的地位と位置づけられ、法的地位は、民族共同体構成員が民族共同体に対して果たすべき義務および義務履行のための権限から成ると把握できる。そして、第三に、それゆえ、民族共同体構成員でないユダヤ人は、現にドイツ国籍者であっても、このような法的地位を有さず、民族共同体の外にあり、外国人法の対象となる。

ラーレンツは、一九〇三年生まれでナチス時代に嘱望された若手であり、戦後も引き続きドイツでもっとも重要な法哲学者、民法学者として活躍し長寿を全うしました。戦後のラーレンツは、人＝法人格の概念について伝統的な理解に復帰し、これを戦後西ドイツの現実に対する具体的普遍概念の適用の帰結と説明しました。そして、民族共同体概念によってユダヤ人を民法的主体から排除した問題を弁明するどころか、まったく言及することがありませんでした。つまり、具体的普遍概念の方法的適用という一貫した解釈論によって、学説の変更が合理化されました。しかし、これはその政治的意味において、一八〇度の転換であるのは、いうまでもありません。さきに引用したリュタースは、ラーレンツの具体的普遍概念が政治的機会主義を正当化する概念カプセルであると批判しましたが、ラーレンツの学問的業績は、ときに個別に厳しく批判されることがあっても、ドイツの学界において動じることなく今日も評価され続けています。

いささか単純にラーレンツの例を示しましたが、ここには法の解釈のもっとも深刻な問題性が表れています。法の解釈は、法規の条文ということば的枠と解釈共同体（法律家の世界）の共通了解などに拘束されて解釈者がまったく自由にいかなる意味でもそこからひきだしうるというものではありません。しかし、そのような限界もまた、価値秩序の政治的な大変動のなかでは、簡単に突破されうることが示されています。法の解釈は、法規の意味内容を確定する作業であるかぎり、解釈者の価値判断に、つまり解釈者が依拠する価値体系に左右される。とすれば、解釈者が自己の解釈を社会的に正当化し、社会的に責任をとるためには、社会に普遍的な規範として承認される憲法規範の有する価値に依拠すること、そしてそのような価値の根拠を歴史的社会的に認識的に把握することが不可欠だと思います。

(iii) 戦後のドイツ基本法(憲法)のナチス的犯罪への反省的応答

戦後のドイツ基本法は、その第一条でナチスの反人類的所業の決定的反省のうえに、人間の尊厳は不可侵であること、すべての国家権力がこれを尊重すべきことを規定しました。人間の「尊厳」は、世界人権宣言第一条が示すように、第二次世界大戦後の法の世界において、フランス人権宣言第一条が宣言した「自由と平等」に付け加えられたものです。日本国憲法も「個人の尊重」「個人の尊厳」を規定し、この系譜に立っています。「安倍政治と九条改憲」のもつ問題の根本は、日本国憲法を基礎づける戦後世界のこの新しい法の基本概念に敵対するところにあります。

3 日本国憲法のチャンス

それでは第二の柱として「日本国憲法のチャンス」についてお話しします。

(1) 立憲主義と民主主義の関係

まず、立憲主義と民主主義の関係についてです。

集団的自衛権承認の閣議決定、これを受けた安保関連法案の国会提出、これに反対する社会各層、全国の地域の市民の反対運動のひろがりは、六〇年安保改定反対運動以来の盛り上がりを示しました。このなかで、市民運動がかかげたスローガンは、立憲主義・民主主義、そして平和主義の擁護であり、もっと正確にいえば、その三位一体的擁護でした。つまり、三つのものは相互に支えあい、それぞれを擁護することが同時に全体を護ることになるという関係として、理解され、擁護されました。

このなかで立憲主義と民主主義の関係について、私自身は、それまでそのような問題を自分の課題として検討したことがなかったのですが、運動を進めるうえで必要に迫られ考えることになりました。その際に、私の場合、日独比較が方法論となりました。結論からいえば、ドイツ基本法における立憲主義と民主主義の関係は、「立憲主義によって民主主義を護る」ものであり、「立憲主義的民主主義」とよぶことができる。これに対して、日本国憲法の場合は、民主主義によって立憲主義を護るものであり、「民主主義的立憲主義」とよぶことができるというものです。このような表現だけだけだと、いうまでもなく誤解を生じる余地が大きいので以下説明します。

立憲主義ということばは、安保関連法案反対運動以前には、もっぱら学術用語でした。これを市民社会に一般化したのは、皮肉なことに、立憲主義を護れという運動を勃発させた安倍政治です。この学術用語は、一義的に簡単に説明できるようには、必ずしも扱われていませんので、私流の解釈をいたします。立憲主義は、二つの論理的レベルがあります。

一つは、原理としての立憲主義です。立憲主義とは、近代国家の正当性を論証する原理であり、社会契約論的人民主権論を内容とします。つまり、人民一人ひとりは、自らの自由と権利を確保するために相互に社会的に契約し、憲法を制定し、国家を設立し、運営する。それゆえ、国家機関の目的は人民の自由と権利の保障であり、憲法に従い憲法に基づいて活動する、という原理です。日本国憲法は、これを「人類普遍の原理」と述べています。

もう一つは、制度としての立憲主義で、人民主権論に基礎づけられる憲法の実効性を保障する憲法的諸制度をその内容とします。したがって、立憲主義に反する政治とは、この二つに照らして問題があるという政治です。

(2) 立憲主義におけるワイマール憲法と日本国憲法の違い

さて、日独比較をすれば、第一の「原理としての立憲主義」、社会契約論的人民主権論は、ドイツではすでに一九一九年のワイマール憲法において、日本では一九四六年の日本国憲法において、憲法の基礎原理として採用されました。ところで、第二の「制度としての立憲主義」は、ドイツにおいて、ワイマール憲法から戦後の一九四九年基本法へ、一八〇度の転換がみられます。ワイマール憲法は、制度としての立憲主義をほとんど採用せず、むしろ、民主主義の機能を徹底的に重視し、議会制民主主義とならぶ重要な制度として直接民主主義制度を位置づけました。

ワイマール憲法が制度としての立憲主義に関心がなかったことをもっとも典型的に示すのが、当時の学説および判例が承認した「憲法破棄 Verfassungsdurchbrechung」です。ワイマール憲法下では、憲法改正の要件は通常法律より加重された定足数と議決要件（定数の三分の二以上の出席、出席者の三分の二以上の多数）のみであって、ほかにはありません。そこで、憲法改正と明示されない法案が可決され、結果においてその内容が憲法に抵触する場合には、公布に先行する大統領の認証手続きの際に、憲法改正に必要な定足数と議決要件が満たされていれば、有効な憲法改正と認められる、つまり、黙示の憲法改正が認められました。これが「憲法破棄」です。

戦後の基本法の立法者たちは、ワイマール憲法のこの構造、つまり、制度としての立憲主義によって憲法の保障を十分に行うことなく、直接民主主義制度を重視したことが、ポピュリズムによるナチズムの台頭を許したと考え、これとまったく反対の構造を基本法に採用しました。つまり、制度としての立憲主義を最大限強化すると同時に、直接民主主義制度を憲法的制度として拒否することです。ワイマール憲法は、予算をともなう法律についてすら国民提案による国民表決制度を認めていましたが、基本法は国民投票制度をまったく規定していません。

(3)　制度としての立憲主義――日独比較

日本国憲法は、以上の文脈からすると、ワイマール憲法と基本法の中間に位置しています。つまり、制度としての立憲主義をそれなりに採用し、また、直接民主主義的制度もそれなりに重要視しているということになります。そこで、具体的に基本法と日本国憲法の制度としての立憲主義を比較します。

(i) 違憲法令の司法審査制度

第一に違憲法令の司法審査制度です。違憲審査制度は、第二次世界大戦後の法の世界におけるアメリカナイゼーションの二つの柱の一つと言われます。もう一つは、反トラスト法＝独占禁止法です。日独とも、司法審査制度を採用しましたが、日本が通常裁判所に審査権を与え、かつ、抑制的に具体的規範統制にしぼり（個別事件の前提問題としての法令違憲審査に限定）、違憲判決の効果も個別の事件に限定したのと異なり、ドイツでは専門裁判所として唯一審の連邦憲法裁判所を新設し、具体的のみならず、抽象的規範統制の権限をあたえ（法令そのものの違憲審査を行う）、さらにすべての個人にその基本権侵害についての出訴をみとめる「憲法訴願」の制度をつくりました。

連邦憲法裁判所の違憲判決は、法律と同じ効力をもち、裁判所は連邦議会が新たな立法措置をするまで、暫定立法を行う権限も与えられています。つまり、立法者類似の地位を与えられているのです。そこで、連邦憲法裁判所の一六人の裁判官は、立法機関によって、すなわち半数が連邦議会によって、半数が連邦参議院によって選任されます。日本の最高裁判事が内閣によって任命され、行政府の意向に左右されるのと異なります。

連邦憲法裁判所は、法令審査、個人の基本権保障のみならず、基本法民主主義を擁護する任務をもちます。基本法民主主義は、「たたかう民主主義」、ないし、「たたかうことのできる民主主義」(streitbare Demokratie) と呼ばれます。その根拠になる考え方は、基本法が擁護する核心である「自由で民主主義的な基本秩序」を侵害しようとする者は、個人であれ、集団であれ、政党であれ、憲法上の基本権保障をうけることができない、というものです。これを実行するために、憲法制度として個人の基本権はく奪、政党の禁止、そして集団については行政法上の結社禁止の制度が用意されています。

連邦憲法裁判所は、この実行に責任をもち、個人の基本権はく奪、政党禁止の審査と決定の権限を与えられています。政党禁止のもっとも有名な例は、一九五六年冷戦の真っただ中における、一九二〇年来の伝統をもつドイツ共産党（ＫＰＤ）の禁止判決でした。それ以降は政党禁止の具体例はありません。連邦憲法裁判所は、まさに憲法の擁護者という役割を与えられ、また、国民からも、もっとも信頼できる国家機関という評価をえています。

他方、一六人の裁判官が民主主義のあり方、そして発展の方向まで決定してよいのか、という基本的な批判も持続しています。日本の裁判所の違憲立法権の行使については、その消極性が特徴として指摘されています。この消極性は、司法制度や裁判官のあり方が規定的な条件であり、また、自民党一党支配的な政治構造の作用を抜きには論じることができません。改革案として、違憲審査の積極化のために、通常裁判所とは別に、ドイツのように、専門裁判所としての憲法裁判所をつくればよい、という主張も行われています。

(ii)　憲法改正に限界をさだめる—改正不可条項の規定

第二に、ドイツ基本法は、改正手続き規定において、改正できない条項を明示しています。それは、第一条（個人の尊厳を国家権力はおかすことができない、基本的人権は法律と同じ効力をもつ）、第二〇条（国家統治の諸原則、国民主権、法治国家、権力分立などの保障）、および連邦制です。基本法には、憲法改正とならんで、新憲法制定のあることが規定されています。これは、東西ドイツ統一に際して、西ドイツの基本法が統一ドイツの基本法となった際に、旧規定がそのまま残されたものです（再統一の際には新憲法を制定する趣旨の規定）。ドイツの憲法解釈論では、なんらかの理由で新憲法が制定される場合にも、改正不可条項が準用されるとしています。

日本の場合は、解釈論の多数説が憲法改正に限界があるという説ですが（どこに限界があるかは議論が分かれる）、明文の規定のあるなしは大きいでしょう。ただ、フランスもイタリアも戦後の憲法は、「共和制」が改正できないという明文規定をおいていますので、戦後憲法である日本国憲法が改正不可条項をもつという解釈は、世界的に見て道理があります。

第三に、日本に固有の憲法保障として、天皇をはじめとする公務員の憲法尊重擁護義務があります。一般公務員については公務員法上の一定の義務賦課があると思いますが、憲法上のこの義務は、法律による実効性担保がなく、政治的なものにとどまるという恨みがあります。

(iii) 憲法改正手続き

第四が、憲法改正手続きです。世界の憲法比較で、もっとも改正が難しいのはアメリカ合衆国で、四分の三以上の州の議会での批准が要件です。日本は困難な手続きのベストテンにはいり、ドイツは極めて容易な改正手続きです。ドイツ基本法は、ワイマールの教訓で立憲主義的制度を強化しましたが、改正手続きの原則は同じで、憲法改正について特別の手続きを設けず、通常の立法手続きによります。つまり、憲法改正のための法律を制定するわけですが、ワイマールと異なり、黙示の改正、つまり、憲法破棄をみとめず、憲法改正法案であることを明示すべきことになり、議決要件を出席者の三分の二以上から、議員定数の三分の二以上にハードルをあげました。

日本については、改正手続きのシステムが、制度としての立憲主義の最大のポイントです。各議院の定数の三分の二以上で国民投票を発議し、国民投票で投票の過半数を必要とするという制度ですから、いずれかの議院で三分の一以上の改憲反対グループが存在すれば発議が阻止され、いずれにしても、国民投票で最終決着をつけなければならないという二つのハードルが設けられています。安倍首相は、第二次政権の発足直後に、国会発議の三分の二要件を過半数にするべく、九六条先行改憲のアイディアをだして、「裏口入学」と批判されてすぐにひっこめました。これはハードルを一段階にしようという狙いでした。

(4) 日本の護憲運動の制度的与因と意味

(i) 護憲運動は二段階ハードルの改正手続きを条件としている

この二段階ハードルの憲法改正システムが、戦後の日本において政治的少数派による護憲運動をささえる制度的条件になりました。制定時に日本国憲法の規範内容―とくに憲法九条―について国民的合意がどの程度成立していたかは、原案作成者としての占領軍の意向と権威の作用を無視できず、また、明治憲法の改正手続きによって、明治憲法下の立法機関（女性参政権の承認で女性議員が参加したが最後の帝国議会）で審議が行われたという事情のもと、判断が難しいといえます。むしろ、重要なことは、占領終了後に国会の政治的多数派が改憲をもちだしたときに、国会の政治的少数派が国民とむすびつき国民運動として護憲運動を展開し、この護憲運動が実は、日本国憲法のオリジナルな規範内容の実現を目指す運動という性格をもったことでです。

ドイツは、憲法規範と憲法現実のギャップをできるだけさけることが憲法のあり方（法というもののあり方）と考えられていて、必要に応じて与野党をこえた憲法的合意がつくりだされ、ひんぱんに憲法改正が行われます。その前提条件は、改正不可条項があり、憲法の擁護者としての連邦憲法裁判所が議会の憲法実践を広範にチェックし、憲法改正が枠づけられた調整可能な処理事項になっていることです。それゆえ、ドイツには日本のような護憲運動という形の市民運動はみあたりません。

(ii) 日本国憲法は日本人民の運動にリアルな基礎をもっている—占領の産物ではない

日本の戦後の歴史は、戦前の「富国強兵路線」と「統治者天皇制」、とりわけ昭和期の軍国主義社会を一掃して、新しい社会・国家を日本国憲法の実現としてつくっていく、いわば建国の歴史としての性格をもっています。ドイツでも戦後の建国は、基本法を統合の基礎として社会に定着させることが政治的に追求されてきました。ドイツ統一に際しても、西ドイツの左派と東ドイツの民主派は、基本法にかわる新憲法の制定を要求しましたが、多数派は政治的安定性と継続性を重視して基本法の微修正にとどめました。戦後ドイツは、制度としての立憲主義によって基本法民主主義を構築し、発展させる、という道をたどっています。

日本の場合、占領統治にルサンチマンをもった保守政治家が占領終了後に改憲を言い出しますが、六〇年代の高度成長期を経て一九八〇年代はじめまで、改憲の動きはとまっていました。しかし、八〇年代の中曽根政権が「戦後政治の総決算」をいい、二〇〇〇年にはいってからは二次にわたる安倍政権が「戦後レジームからの脱却」をいい、正面から日本国憲法体制に疑義を示しています。

日本国憲法は、このように、戦後日本社会において、一貫して争論の対象であり、社会的統合の基礎として機能すべきものとして扱われてきませんでした。二〇一二年四月の自民党全面改憲案は、戦後いくつかの短い時期をのぞいて政権を継続して担当してきたこの政党が、現在、戦後日本の建国をどのようにネガティブにみているかを示すものでもあります。そこに見られるのは、社会契約論的人民主権、それに基礎づけられる個人の尊厳と基本的人権の保障、そして、非戦・非武装の平和主義にたいする嫌悪感であり、日本国憲法の普遍主義的原理にたいするルサンチマンです。つまり、安倍自民党政治は、日本国憲法に基づく戦後日本の建国プロセスの否定的な修正を企図しています。戦後日本社会はいま、岐路に立たされていると思います。

(5) 民主主義的立憲主義ということの政治的含意——危機をチャンスに変える

安倍政権が強行した安保関連法、いわゆる戦争法は、日本の市民が立憲主義、民主主義、そして平和主義の三つのキーワードを結び付けてたたかう全国的な反対運動をひきおこしました。戦争法の強行ののち、安倍首相周辺では、六〇年安保後の池田内閣のように、平和をもとめる国民運動におそれをなして、ひたすら経済成長にまい進した、という轍を踏むべきでなく、アベノミクスで経済成長を追求し国民の支持を確保しながら、九条改憲まで突き進むべきだという議論が行われました。安倍政治の求心力は、自民党政治のもとにありながら、これまでおさえられてきた復古的意味を担った憲法改正を求める、日本会議のような社会的宗教的勢力の存在にあります。

この状況の下で大事なことは、憲法改正決定権が国民にあることをどう主体的にうけとめるかです。日本国憲法の改正は、ドイツ基本法と対照的に、国民投票によって決定されます。そのことの政治的含意は、とても深いものがあります。これは、憲法が人民の自由と権利を保障するために作られたという社会契約論的論理に文字通り対応して、憲法を擁護し、憲法を実現する担い手として国民が位置づけられていることを意味しています。日本国憲法を社会に定着させ、日本社会の統合の基礎として確立するためには、国民自身の選択としてあらためて、戦後日本の建国をみちびくものとして日本国憲法の選択が重要です。憲法は人民の自由と権利を擁護するものであり、それゆえ政府は憲法に拘束されます。その憲法自身を守るものは、政府の暴政を批判し行動する人民自身の力です。

危機をチャンスに転換するのは、市民の力です。日本国憲法の体制が危機にある今、市民の街頭での行動とともに大小さまざまな講演会、討論会、学習会などを通じて、憲法の歴史的意義と価値と内容を市民一人ひとりが自分のものにすることが憲法をまもる力、憲法が社会に根付く力を大きくすると思います。安倍改憲の危機を転じて、日本国憲法を守り、実現し、発展させる、憲法に基づいて日本の社会を作っていく、そのための絶好のチャンスとする、という展望をもつこと、それが、民主主義的立憲主義の政治的含意です。

第4章 民法と市民社会、そして憲法

1 はじめに——何を問題とするのか

日本では大きな民法改正が行われたところです。①一二〇年ぶりの債権法の改正（二〇一四年）、②成年年齢改正（二〇一八年）、③相続法改正（二〇一八年）、そして④特別養子法改正（二〇一九年）であり、①と③は二〇二〇年四月施行、②は二〇二二年四月施行、④は公布の日から一年以内に政令で施行されます。

このような民法制度の変化について、その背後にある社会の変化との関係を明らかにし、変化の内容の当否を論じることは、法律学の重要な課題ですが、この講演では、そのような変化を通して基本にある問題を考えるという視角から「民法と市民社会」というテーマを選んでみました。

さて、「民法とは何か」のいちばん分かりやすい説明として、「日常生活や経済活動（取引生活）などわれわれの日々の活動に係る法律のなかで最も基本的な法律」（内田貴[1]）という定義があげられます。なるほどその通りであり、日常生活における私たちの行動は、おおよそ民法の世界に翻訳することができます。民法の世界に翻訳できることによって、私たちの行動は強制的な通用力をもったルールに裏打ちされ、紛争が生じても法的な解決が可能になるわけです。

人は、出生によって法の世界に入ります。権利能力や行為能力は、人を法主体にする民法の制度です。法主体となった人は、そのライフサイクルにおいて出生によって親子関係、婚姻によって夫婦関係に入り、死亡によって財産の相続が生じます。人は社会的経済的活動のために、他者と関係を結びますが、種々の契約を利用し、また、不法行為を受けて損害賠償を請求することもありえます。このように人の地位や活動は、それなしに身動きできないほど、民法のさまざまな制度によって法の世界に組み込まれています。

民法は、このように、それぞれに関係する人間の間のルールを規定する多様な法制度によって成り立っています。ところで、人間集団の中でルールを設定し、それにしたがってプレイするというのは、スポーツに見られます。二〇一九年に大いに盛り上がったラグビーにも種々のルールがあることを「にわか」ファンは知りました。そして、これらのルールを成りたたしめている基本となる精神は何かと問うならば、おそらく「フェアプレイの精神」というのが素直な答えでしょう。

それでは、民法のさまざまなルールの基本となる精神は何だろうかと問うてみましょう。民法学者の星野英一（一九二六—二〇一二）は、『民法のすすめ』という著作で、福沢諭吉が明治の初めに『学問のすすめ』で説いた「天は人の上に人を造らず、人の下に人を造らず」とする「人民相互の平等」の国家法上の根拠がじつは民法にあるのだと述べています(2)。つまり、民法の精神の第一番目のものは、「平等」であるということです。さらに民法が「自由」（意思の自由、所有権の自由、契約の自由、過失責任の原則に基づく行動の自由）をその基本精神としていることは、民法を学び始めればすぐに知ることができます。

さて、人間の平等と自由を近代社会において基礎づけたのは、「市民社会論」ということができます。その核心は人々の社会契約による法・国家の創設と人民主権という思想です。一七八九年のフランス大革命の成果として発された人権宣言は、その第一条で「人は、自由で権利において平等なものとして生まれ、あり続ける」と規定しました。一七九〇年一二月フランスの革命議会は、社会の大変革を導いた思想家として、社会契約論によって市民社会を基礎づけたルソーに感謝の意をこめてその銅像を建立する決議を行いました。一八〇四年には近代民法典の嚆矢として、「フランス人の民法典」がフランス市民社会の法として制定されました。

民法の精神は、このように市民社会論を基礎にしています。このことを考えることは、民法が近代社会においてもつ基本的な意味をたえず問うことであり、社会の変化によって民法の制度が変わることを研究することと同様に、現代においてとりわけ重要なことであると私は考えています。そこで、以下では、このことについて論じることにします。(本文中の人名のあとの丸括弧内は生年と没年を示している。)

2 「市民社会」とは何か

議論を進める前提に、市民社会概念についてかいつまんで説明しましょう。市民社会概念の起源は、古代ギリシアの哲学者アリストテレスによる都市国家(ポリス)の定義「コイノニア・ポリティーケ」（市民共同体）であり、ローマの思想家キケロが「ソキエタス・キヴィリス」（societas civilis）とラテン語に翻訳し、この概念が近代において国家と社会の新たな思想的基礎づけのために再生することになったとされます。(3)

イギリスのロック、フランスのルソー、そしてドイツではカントがそれぞれ市民社会論を基礎づけました。押しなべていうと、それは、人間の自然状態を想定し、そこに人間の始原的な自由と権利を確認し、その上で、人間がこれらを確実に相互に保障しあうために社会契約に基づき法を制定することのできる統一体（国家）を設立し、自分たちの自由と安全、幸福追求の権利の相互保障状態に自然状態から移行すると論じました。この相互保障状態にある人間の集団＝社会が、ローマ的概念の「societas civilis 市民社会」として把握されたのです。

ロック（一六三二―一七〇四）は、人間の最初の社会として男女の自発的契約によって成立する「婚姻社会 conjugal society」を確認します。そして、これを基礎にしながら、人間各自の property、これは意味的には、自分の身体についての所有権（これは加藤節によって「固有権」と訳されています）および自己の労働に基づく生産物に対する所有権に分かれますが、この property の相互保全を目的に社会契約によって設立される社会として、「政治社会ないし市民社会 political or civil society」を位置づけ敷衍しました。ロックにおいて、political と civil は同義的に用いられています。

ルソー（一七一二―一七七八）は、社会契約によって、人がその身体とすべての力を共同のものとして「一般意思」すなわち、社会の普遍的利益を保証する法律のもとにおくことによって、この結合行為によって、「共和国 Repubulique、ないし政治共同体 Corpus politique」が作り出され、その構成員は全体として「人民 peuple」、個々的には主権に参加する者として「市民 citoyen」とよばれると理論構成しました。

カント（一七二四―一八〇四）は、ルソーの思想を継承しつつ、citoyen に対応することばとして新しいドイツ語 Staatsbürger を作り出します。これは、ドイツ語の市民 Bürger に政治的共同体の主権者的一員というニュアンスが欠けていると考えたからです。Staatsbürger は、直訳すると「国家市民」になります。膾炙している言葉をあてれば「公民」でしょうか。カントによれば、国家市民とは、すべての人が参加し、かつ、平等に従う法律をつくるために集合した「社会 Gesellschaft すなわち国家 Staat の構成員」のことと定義されます。カントは、societas civilis に対応するドイツ語がないとして、ドイツ語で表現すれば「社会すなわち国家」としか言いようがないと考え、societas civilis というラテン語をそのまま使いました。

市民社会は、ロックによれば civil society、ルソーによれば société civile、カントによれば societas civilis と表示され、これは、政治と経済を区別することなく政府を含んだ社会全体を捉えるものであり、そのメンバーは citizen, citoyen, Staatsbürger と呼ばれたのです。

この後の時代にあって、ヘーゲル（一七七〇―一八三一）は、前記の古典的市民社会論と異なって、はじめて市民社会を国家から分離し独自の存在として把握し、国家と市民社会の二元論を示しました。すなわち、市民が自己の欲望にしたがい行動し、相互に欲望を充足する経済生活を営む場を「市民社会 bürgerliche Gesellschaft」とし、国家はこの社会を統合し、理想（世界精神）を実現する倫理的共同体であると位置づけました。ヘーゲルは若い時代、フランス革命に熱狂し、ルソーの思想を受け入れたのですが、革命後のフランスがナポレオンのもとでヨーロッパ諸国を政治的に支配する状況に直面して、社会契約によって国家を基礎づける立場から、それぞれの国家の歴史的形成を重んじる歴史主義の立場に変わります。そして、重要なことは、その間の資本主義経済の発展がヘーゲルにとって、国家から独自の経済社会として市民社会を把握する歴史的条件となったことです。(4)

ヘーゲルには、広い意味の国家 Gemeinwesen という概念もあり、これには狭い意味の国家 Staat、これと区別される市民社会そして家族 Familie が含まれますが、狭い意味の国家 Staat と市民社会 bürgerliche Gesellschaft は、前記のように独自に対峙しあうものと位置づけられました。ヘーゲルは、市民社会と国家の構成員を区別して、フランス語で言えば前者がブルジョア、後者がシトワヤンと述べています。(5)社会の構成員が、経済的市民と政治的市民、私的存在と公的存在に二重化されたのです。カントが「社会すなわち国家」の構成員として「国家市民」という新しい概念をつくったことと対照的です。

ヘーゲルに続いてマルクス（一八一八―一八八三）も同様に国家と市民社会二元論をとり、市民社会を経済社会と把握しますが、唯物論の見地から市民社会こそ「歴史の竈」であり、市民社会における労働者と資本家の階級対立が国家を生み出す基盤と捉えて、国家が市民社会を統合するというヘーゲルの二元論を逆立ちさせました。いずれにしても、ヘーゲルとマルクス以降、少なくともドイツでは、市民社会を経済社会として位置づける国家と市民社会二元論が支配的になったと言われています。

3 「民法は私法の一般法」および「公私法二元論」

市民社会のイメージを以上のように共有したことにして民法の話に移ります。日本語の「民法」ということばは、穂積棟重（一八五五―一九二六）によると、慶応四年（一八六八）に津田真道（一八二九―一九〇三）がオランダ語の Bürgerlyk regt（市民の法）を翻訳して作ったことばであり、この訳語は、その後対案が出されることもなく定着したとされています。(6) 津田は、オランダのライデン大学に幕府派遣で留学し（一八六二―一八六六）、オランダ語に精通していました。「民法」は、それゆえ、「市民の法」、フランス語では loi civil、ドイツ語では bürgerliches Recht を原義とするわけですが、なぜ「民法」であって「市民法」でなかったのかという疑問が生じます。

これは探索を要する課題ですが、カントがドイツで直面したのと同様の事情、つまり、当時の日本には政治的共同体の主権者的一員を示す概念もことばもなかったということではないでしょうか。「民」は、統治される客体としての「民」であり、社会一般の構成員を表示するに適切なものとして選択されたのではないかと推測できます。

それでは、「民法」とは何か、その定義を日独の代表的教科書から引いてみましょう。

四宮和夫（一九一四―一九八八）／能見善久（一九四八―）『民法総則』（第六版、二〇一二年）

は、師弟関係にある学者が継続して改訂し版を重ねるもので、日本では珍しい試みですが、その分、引用するには安定感のある本です。それによると、民法は「市民社会の法的ルール」を扱うもので、「私人と私人との関係」を扱う「私法の一般法」であり、「国家の行為や行政組織に関する法的ルール」である「公法」と区別されると定義されます。

ここでは、「市民社会の法的ルール」、「私法の一般法」および「私法が公法と区別されること」が定義の要素です。最後者は「公私法二元論」と呼ぶことにします。ただし、「市民社会」については、参考文献の指示があるだけでそれとして説明されることがありません。そこで、民法の定義としては、法体系が「公私法二元論」、そのもとで民法が「私法の一般法」ということが核心になります。

この定義は、ドイツの教科書で定評のあるディーター・メディクス（一九二九—二〇一五 Dieter Medicus）の『民法総則（Der Allgemeiner Teil des BGB）』（二〇一〇年）にも同様にみられます。そこでも民法は「私法の一般法」であり、その前提として私法と公法が対置されます。より古典的な代表的教科書、ハンス・カール・ニッパーダイ（一八九五—一九六八 Hans Carl Nipperdy）の『民法総則（Allgemeiner Teil des BGB）』（第一五版、一九五九年）も同じです。[7] 民法は「私法の一般法」、であり、私法は「私的権利主体間の同位の秩序」を取り扱い、公法は国家等の公的共同体と構成員の「上下の秩序、保護と配慮の関係」を取り扱うとされます。ただし、「上下の秩序」という公法の定義はいまやアウト・オブ・デートであり、前記四宮／能見の定義のほうが一般的です。ニッパーダイは、公私法二元論は近代法治国家に必然的なものではなく、英米法はこれを知らないと述べています。これは、公私法二元論が国家と市民社会を対置して把握するヘーゲル以降のドイツ的思考に一つの基礎づけをもつことを示唆しています。

ドイツ法学における公私法二元論は、その概念史によれば、ローマ法以来の用語法として説明されます。すなわち、民法 bürgerliches Recht は、jus civile（ローマ市民の法）の翻訳であり、これは本来 jus gentium（万民法）に対して使われた。しかし、ローマ時代の後期には、非ローマ人にも市民法が適用され、万民法との対置が意味を喪失し、そこで、市民相互関係の法としての jus privatum と国家組織と市民との関係の法としての jus publicum の区分が重要となり、私法と公法を二分する考えが定着した、とされています。(8)

その上に、ヘーゲルの国家と市民社会二元論が大きな影響をもち、ドイツの通説となったのです。日本の学説も明治のドイツ法学の輸入以来、これにしたがって公私法二元論を自明視することになったと理解できます。

もう一人、戦前・戦後を通じた代表的民法学者、文化勲章受章者の我妻栄（一八九七—一九七三）の『民法総則』（第一版一九三〇年、新訂第一刷一九六五年）をあげましょう。我妻民法学の教科書は、私たち世代にとって決定的な標準テキストでした。かれの定義も以上と同様ですが、興味深いのは、公法と私法を区分する説明のし方です。かれによれば、人間は「人類の一員」という地位と近代に特殊な組織である「国家の国民」という地位をもっており、そこで人間の社会生活は、国家と直接の関係のない「人類としての生活関係」と「国家を組織し維持しまたはその保護を受ける関係」、つまり「国民としての生活関係」とに分けて考察でき、前者が「私法関係」であり、後者が「公法関係」である、とされます。

我妻は、私法も公法も国家法であり、国家法のもとにある人々が「人類の一員」であり、同時に「国民」という地位をもつと言っているのですが、「人類の一員」としての地位と「国民」としての地位を時間軸の段階としてとらえると、これは、自然状態にある人間と市民社会状態に入った（国家創設の後の）人間の区分としてイメージできます。じつは、このイメージは、カントの私法と公法の定義に沿っています。

カントは、『道徳形而上学』（一七九七年）において市民社会の法体系を論じていますが、かれの私法と公法の概念は、ヘーゲル的なドイツ法学の公私法二元論の説明と異なります。カントによれば、《私法は、自然状態の人民の自由と権利、交流に係る法である。この自然状態の人民の自由と権利を保障するべく国家を設立し、法を制定し、市民社会状態に入るのであるが、ここで私法を保障するために国家が制定する法を公法と呼ぶ》と定義されます。つまり、自然状態の法が私法、市民社会状態において国家によって制定される法が公法という考え方です。(9) このように、我妻の公私法二元論の説明にカント的な色合いがあることについては、次に見る川島の議論が注釈しています。

我妻の『新訂民法総則』が上梓された一九六五年には、有斐閣の法律学全集第一七巻として川島武宜（一九〇九―一九九二）の『民法総則』が刊行されました。川島は、戦後日本における新しい学問領域としての法社会学の旗手であり、そのこともあって、同書には注目が集まりました。川島は、ここで、市民社会論を基礎にして、通説であった我妻説を批判し、公私法二元論に代えて、私法を原理とする公私法一元論を主張しました。

川島説の背景は、戦後日本社会において勃興した「近代主義」と呼ばれる改革思想がありました。それによれば、西欧社会には「近代市民社会」があったが、戦前日本には「近代市民社会」がなく、前近代的な社会、つまり、個人の平等、自由と権利が保障されない社会だった。それゆえ、戦後社会の課題は近代市民社会をつくりだすための「近代化」だとされました。川島もその近代主義に属するとみなされ、川島が戦後すぐに刊行した『日本社会の家族的構成』（一九四八年）や『所有権法の理論』（一九四九年）は、新しい社会と学問を求める当時の学生の必読文献でした。[10]

川島は、公私法二元論が近代社会の私法の意義を明らかにするものではない、と主張します。法実務的にみれば、戦前はなるほど国家の行為が通常裁判所とは異なった裁判所、行政裁判所で審理されるので、公法関係を私法関係と区別する必要があったが、戦後はすべての訴訟が通常裁判所で行われ、行政訴訟は民事訴訟の特例でしかないので、もはや原理的区別は必要がない、と言います。

では、私法とは何であるのか。川島によれば、市民社会は資本制経済社会であり、この資本制経済の基本構造を規範的に表現するものが私法である定義されます。資本制経済社会は、商品交換が全面化した社会であり、それゆえ私法は商品交換法として特徴づけられ、商品交換関係の要素として私的所有、契約、および法的主体性の三つが不可欠の法概念になります。そして、この規範関係は一定の明確な利益範囲を相互に承認しあう関係、すなわち権利義務関係＝法的関係として現われ、非近代的社会の義理人情関係から区別される近代的社会関係を創り出すというわけです。

川島によると、このような資本制経済社会は、歴史的に政治権力が全面的に社会を支配する前近代社会のなかで、自由な商品交換関係＝市場の自律的拡大とともに成長し、これに伴い商品交換法としての私法が政治権力の関与と介入なしに生成します。このような私法は、近代国家確立以前に生成する存在であり、資本制経済を担うブルジョアジーが市民革命によって国家権力を掌握することによってはじめて、国家法として政治権力の保障を獲得することになるのです。

川島は、近代国家において、資本制経済が自律的に進行する自己完結的な社会、これを「市民社会 bürgerliche Gesellschaft」と呼びます。私法は、この市民社会の法であり、市民社会の自律的進行を外側から保障する法として制定されるのがこれまで公法と称されてきたものであり、「国家は市民社会の影」にすぎず、これも私法原理のもとに、市民社会の法に包摂され、公私法一元となるというのが、川島の説明です。

以上のようにみると、川島の私法と公法の関係についての理解は、論理的にみて（私法の国家に対する先行性の承認）、カントに相似的です。その限りで我妻説に近いのですが、川島は、我妻説が私的所有・契約・自由な法人格を「前国家的な自然状態 Naturzustand」とした近世の自然法教説の「無自覚的反映」であり、自説こそが公法私法概念成立の歴史科学的研究によるものであると自認しています。

川島が戦後日本で開拓した法社会学は、法解釈学と異なり、社会における法の機能、社会と法の関係を実証的、理論的に研究する学問であり、川島の民法論は、法の理論的、社会学的分析において大きな影響力をもったのに対して、民法解釈学においては必ずしも十分な浸透力を持ちませんでした。川島の「公私法一元の市民社会の法」論も同じでしたが、時期を隔てて、以下にみるように有力な後継論が生まれることになります。

4 「民法は市民社会の基本法」および「公私法一元論」

次の民法の定義をめぐる議論の前提としてまず簡単に、一九八〇年代の市民社会論のルネサンスについて述べておきます。

川島は、市民社会を「資本制経済社会」として把握し、市民社会の法体系を資本主義的な商品交換に係る法として特徴づけました。他方で、川島によれば、市民社会は、市民革命によってブルジョアジーが国家権力を掌握した社会として把握されています。つまり、市民社会は、資本主義経済社会であると同時に、自由と権利が保障される人民主権の民主主義社会であり、後者は前者の必然的帰結であると認識されていたのです。

戦後の日本社会は、高度経済成長期（一九五〇年代後半から一九六〇年代）を通じて資本主義が戦前の水準を超えて発展するなかで、川島の見通しのように進まないこと、つまり、資本主義経済の欧米並みの発展が欧米並みの民主主義と人権の発展を自動的に保障するものではない、という状況が認知されてきます。そこで、日本社会の改革目標を「市民社会化」と考えるのであれば、「市民社会は資本主義経済社会」という側面とならんで、あるいはよりいっそう「市民社会は市民革命によって作り出される民主主義社会」という側面を重視すべきだという議論が生じます。

世界的動向として、一九八〇年代以降、社会科学の議論の中で市民社会論のルネサンスとよばれる状況が展開します。これは、端的にいえば、市民社会を国家から独自に経済社会として位置づけたヘーゲル／マルクス的議論に対して、ロック以来の社会契約論的な市民社会論、つまり王権を廃した人民主権の社会としての市民社会を創るというモチーフを現代社会において再活性化するというものでした。代表的議論は、ドイツの哲学者ユルゲン・ハーバーマス（一九二九— Jürgen Harbermas）の「新市民社会論」です。かれは、現代においてシステム化された政治と経済に対して、市民がその意思を適切に入力するためには、市民の組織とネットワークの活動によって公共的意見を形成する「公共圏」が必要であるとし、この公共圏をヘーゲル／マルクスの bürgerliche Gesellschaft と区別して Zivilgesellschaft（zivil は英語の civil）と表現しました。かれの議論を新市民社会論とよぶ所以です。

日本の法学的議論がこの世界的動向からどのような影響を受けたかは、個別に論証しなければなりませんが、社会科学における市民社会論の議論の活性化は、法学にも作用したと考えられます。もともと、市民社会論を要素にした戦後の近代主義は、法学の議論に大きく影響しており、法学の底流において持続していました。これは、たとえば川島の弟子で法社会学者の渡辺洋三（一九二一— 二〇〇六）の議論に明瞭に認めることができます。[11] この中で、川島の問題提起を正面から受け止めた民法論が提示されます。

川島の弟子の広中俊雄（一九二六—二〇一四）の民法論がそれであり、体系的な提示は川島の『民法総則』から四半世紀あとの一九八〇年代末のことでした（広中『民法綱要第一巻総論上』一九八九年、『新版民法綱要第一巻総論』二〇〇六年）。広中は、川島の考えを受け継いで、市民社会論を基礎に、公私法二元論に対して市民社会の一元的法秩序に基づく民法解釈論を展開しました。

広中によれば、戦後日本において市民社会は、六〇年代末に成立したと認識され、そのメルクマールが、①議会制民主主義の定着、②資本主義経済体制の確立、および③社会における人権意識の普及として示されます。この市民社会の秩序は、①人格秩序とその外郭秩序、②財貨秩序とその外郭秩序、および③権力秩序から構成され、民法規範の解釈は、これらの秩序において存在する法規範を認識する作業であると定義されます。

広中理論の特徴は、第一に、市民社会を実現すべき課題でなく、すでに実現したものとして把握すること、第二に、実在としての市民社会のなかに権力秩序、つまり国家と国民の関係を規律する秩序（いわゆる公法秩序）を位置づけ、国家を市民社会内的存在として捉える市民社会一元論を提示すること、そして第三に、民法の解釈を、法解釈者の価値判断でなく、この市民社会に存在する法規範秩序の認識であると捉えることです。こうして、民法は、一元的な秩序体としての市民社会の基本法として位置づけられます。ここでは詳述できませんが、広中は、以上の理論的枠組みによって、川島が企図した法社会学と法解釈学の連携問題（法社会学的認識によって法解釈学を分析し、基礎づけるという「科学としての法律学」問題）について、まったく新しい次元を拓いたのです。

広中の市民社会論は、市民社会論のルネサンス期に対応する現代的な性格を示しています。それは、市民社会の構成要素として前述のように民主主義の確立と人権の普及をとりこみ、川島の公私法一元論を継承発展させながら、川島と異なり、「市民社会＝資本主義経済社会」論に収斂しないことです。広中が日本の市民社会化が達成されもはや課題ではないと規定する点は、「新市民社会論」と問題意識のズレがありますが、わたしが広中理論の現代性、新市民社会論性格として重要だと考えるのは、市民社会秩序の一環をなす人格秩序について、近代から現代への二段階的発展を語ることです。

広中によれば、市民社会の人格秩序は、まず、第一段階として資本主義的商品交換社会に基礎づけられて、すべての人間が少なくとも自己の労働力を商品として所有する商品交換主体として、その限りで自由で平等の法人格として現れることによって形成されます（近代民法典形成の段階）。

そして第二段階は、一九四八年に国連総会が採択した世界人権宣言がフランス人権宣言をさらに進め「人間は自由にして、権利と尊厳において平等なものとして生まれる」と「人間の尊厳」を規定し、すべての人間を「尊厳の主体」として位置づけたことを歴史的条件とします。「尊厳」のコンセプトは、身分制社会における高級身分に対して社会的に与えられる敬意に発しています。現代における「尊厳」は、人間であることそれ自体を、人間という身分として社会的に尊重することを含意しています。いうまでもなくこれは、第二次世界大戦におけるナチスのユダヤ人虐殺等の非人間的事象に対する人類の根本的自省から生まれたものです。こうして、市民社会の人格秩序は現代的な段階に入るというのが、広中の認識です[12]。

このような広中の民法論は、ではどのように受け止められているでしょうか。

「はじめに」に述べたように、広中と同世代の星野英一は、平等保障の国家法的根拠が民法典だと認識していますが、その上で民法典は「社会の憲法 constitution」であり、「市民社会の基本法」だと位置づけています。星野は、フランス法の専門家でもあります。フランスでは、民法典

(Code civil) は、私法の一般法というのでなく、まさに社会の constitution、私人と私人の関係にとどまらず、社会のあり方を示す基本法として理解されているようです。そこで、星野の弟子で、やはりフランス法に詳しい民法学者の大村敦志(一九五八―)の議論をみてみましょう。[13]

大村によれば、フランス民法典は、「私法の一般法」ではなく、「市民社会の基本法」であり、「私権の法」ではなく、「市民的権利の法」だとされます。その根拠の一つとして、フランス民法典八条が「すべてのフランス人は、droits civils(市民的権利)を享有する」と宣言し、これに応じて、民法典がフランス人たる資格要件の得喪、つまり国籍制度について規定することをあげます。日本では国籍について国籍法が制定されていて、これは公法という位置づけです。フランス民法典は、このようにだれが国民であるかについて規定し、私人と私人の関係を扱うことに射程を限定していません。また、国際私法に関する規定(外国人が当事者になる渉外事件に関していかなる国の法律を適用するかを定める)は、日本では民法とは別に法適用通則法が定めていますが、これもフランス民法典は自ら規定しています。つまり、法適用の基本ルールを民法が定めているわけです。さらに、八条にいう droits civils は、droits politiques の対語ですが、後者は「公権」ではなく「参政権」の意味であり、それゆえ、droits civils は、参政権以外の市民的権利を広く含み、私権に限定されないとされます。このようにみれば、民法は市民社会の基本法であり、公法は私法の特則にすぎない、というのが大村の整理です。

民法が「社会の constitution」であるとすると、憲法の位置づけはどうなるでしょう。これはすぐに思いつく疑問です。参政権の所在を定めるのは、憲法です。カール・シュミット(一八八八―

一九八五 Carl Schmitt）は、近代憲法の本質的構成部分として法治国家的構成部分と政治的構成部分をあげ、前者の中核として基本権規定をあげましたが[14]、現行フランス憲法（一九五八年制定第五共和制憲法）は、いわゆる基本的人権に関する規定をもちません（ただし、現在では、一九七〇年代以降の憲法院の人権保障の観点からの法律審査を通じて一七八九年の人権宣言が、また、二〇〇四年の環境憲章が人権規定として憲法的効力を持つと位置づけられています[15]）。一八〇四年のフランス民法典とセットになった当時の憲法典は、一七九九年憲法ですが、この憲法は、それまでの革命期のいくつかの憲法と異なり、「人と市民の権利」に関する規定を置かず、憲法の目的を「統治の基本法」と位置づけました。つまり、憲法は、「政治ないし統治の constitution」とされたのです。民法が「社会の constitution」とされるのは、こうした歴史的な憲法の自己規定に起因しています。

フランス民法典は、「フランス人の民法典」と公式に表示され、だれがフランス人であるかを民法典自身が規定しています。この「フランス人」を前提にして、参政権の主体は、憲法によってさらに成人男性のみにしぼり込まれました。民法は、「女こども」を含めて「すべてのフランス人」が市民的権利を享有すると宣言しました。他方で憲法は「女こども」を受動的市民とし、能動的市民たる成人男性にのみ参政権を与えて、政治的な差別を設けたのです。この差別の完全な撤廃は、第二次世界大戦後のことになります。民法典が、フランス的理解において、平等の国家法的根拠であり、社会の constitution だと強調されるのは、以上のような歴史的事情に由来するのです。

ともあれ、大村の「民法は市民社会の基本法」、「公法は私法の特則」という議論は、論理的に広中民法論に通じています。これを超えて、より積極的に、広中民法論に対して、フランス民法典を基礎づけた法思想原理の現代日本における再生版、という位置づけを与えるのが比較法制史学者の水林彪（一九四七―）です。

水林は、フランス民法典の規範構造（個々の条文の内容）の分析から、大村と同様に、フランス民法典が通説の言う「私法の一般法」ではなく、広中のいう意味での権力秩序を含めた包括的市民社会の基本ルールを定めたものであることを論証します。と同時に、ここが注目すべきところですが、フランス民法典が規定の対象とした大革命後のフランスの市民社会société civileとは何であったかを考察しています。

水林によれば、société civileが何であるかは、一七八九年人権宣言と一七九一年フランス憲法に次のように示されています。すなわち、《人hommeは、自然状態において自由、所有、安全、圧政への抵抗の権利、つまり自然権を有していたが、自然状態ではこれを十分に確保することができないので、この自然状態を脱して、法によって相互保障を確実にするために政治的アソシエーションを設立する。これが市民社会société civileである。この政治的アソシエーションのメンバーは、市民citoyenとよばれ、人々の自然権droits naturelsは、市民の権利droits du citoyenとなる。これが、民法典にいう市民的権利droits civilisの淵源である。hommeとcitoyen, droits naturelsとdroits du citoyenは、完全な転換、移行ではなく、重畳的に法秩序のなかに組みこまれる[16]》。

フランス民法典の前提となる市民社会société civileは、このように自然状態から移行した人々の新しいアソシエーションであり、政治的経済的社会に他なりません。フランス民法典は、それゆえ、この新しい社会、フランス国のメンバーを決定するための国籍に関する規定を置いたのです。ところで、このようなコンセプトに対して、明治に制定された日本の民法典はどのように関わったのでしょうか。そこで、日本民法典についてみてみましょう。

5　日本の民法典と市民社会——大日本帝国憲法と日本国憲法に対する関係

日本民法典とフランス民法典との対比で象徴的なことは、日本民法典第一条が「私権の享有は出生に始まる」と規定していることです。この規定は、二つの重要な意味をもっています。一つは、「私権の享有」の解釈であり、《民法は自然権ではなく、実定法上の権利を対象とし、また、国家に係る権利である公権を対象にしない》と確定されました。私権とは、フランス民法典の droits civils のように、参政権などをのぞく市民的権利ではなく、ドイツ的に私的性質の権利に限定するという解釈が採られたのです。民法起草にあたった三博士のうち梅謙次郎（一八六〇―一九一〇）はフランス的解釈を主張し、これに対して富井政章（一八五八―一九三五）がドイツ的解釈を主張し、後者が採用されました[17]。つまり、日本民法典は、フランス型の市民社会の基本法ではなく、ドイツ型の「公私法二元論」に基づき「私法の一般法」として制定されたのです。

もう一つは、第一条が出生によってすべての人々が例外なく私権の享有の能力、権利能力をもつことを規定し、この限りで人間の平等を宣言したことです。日本民法典第一条が参照したドイツ民法典第一条は、「人間の権利能力は、出生の完了とともに始まる」と規定します。この規定の画期性は、ゲルマン法（ローマ法に対するドイツの伝統的慣習法）の大家として知られた民法学者オットー・フォン・ギールケ（一八四一―一九二一　Otto von Gierke）によれば、「ドイツでは奴隷制が認められないことを宣言した」と意義づけられました。まさに、日独民法の第一条は、近代民法典の原理である平等を宣言するものでした。

日本民法典の制定は、幕末に列強から押しつけられた不平等条約を改正し、国際的な対等の地位を回復するため、明治初期日本の最大の政治目標を実現する手段として位置づけられました。列強は、条約改正の条件に、泰西（ヨーロッパ）主義による法制度、裁判制度の整備を求めていました。それゆえ、日本民法典の制定は、明治日本社会の近代化（欧米化）の手段であっても、新たな日本の市民社会形成の基本として位置づけられたわけでなく、フランス民法典が大革命、人権宣言を経て、市民社会の基本法として制定されたのとは、その歴史的背景を異にしました。

日本民法典の制定については、初期にフランス民法典の翻訳をそのまま使うという荒っぽいプロジェクトも試みられますが、フランス人法学者ギュスターフ・エミール・ボワソナアド（一八二五―一九一〇　Gustave Emile Boissonade）を招聘し、かれに起草が依頼されました。ボワソナアドは、明治政府の欧米使節団がフランスで知己をえて来日を招請、当時かれはパリ大学法学部のアグレジェ（教授資格の保持者）でした。一八七三年に四八歳で来日し、一八九五年まで二二年間滞在し（一八八九年一時帰国）、その間、法学教育も行い、また日本政府の法律顧問として活動しました。(18)

ボワソナアドは、法というものが人類に普遍的な自然法 droit naturel（当時「性法」と訳された）に基づくものであり、フランス人であっても自然法に通じる自分が起草すれば、日本に妥当するものができると自信をもっていました。ましてや財産法は、条約改正の条件として泰西主義によるべきことが列強から要求されており、かつ急務であって、自分が起草することが適切だと考えました。ただし、親族法、相続法は慣習と伝統に規定されるところが大きく、これは自分が起草するのは無理であると判断し、親族法、相続法は、日本人委員が起草することになります。民法の編別構成はフランス民法典のモデル（人、物、行為に三区分する、いわゆる「提要方式」）を採用しました。

ボワソナアド民法の起草は、一八七九（明一二）年からおおよそ一〇年を経て完成し、一八九〇（明二三）年、日本帝国憲法施行と同年に公布されます。財産編五七二条、財産取得編二八五条、債権担保編二九八条、証拠編一六四条、合計で一三一九条、これだけでもすでに現行民法一〇五〇条を越えています。これに日本人委員起草の人事編および財産取得編の相続関係規定が加わります。財産法部分の施行は一八九三（明二六）年一月一日とされ、日本人委員の手によって起草された人事編および財産取得編相続関係分は、一八九〇（明二三）年に遅れて公布、同様に一八九三（明二六）年一月一日施行と決まります。

ここで生じたのが、有名な法典論争です。公布されたボワソナアド民法典の施行を前に施行反対、延期による手直しの主張が法学界から強くおこり、そして社会に広がり、最終的に反対論が勝利することになります。反対派の法学士会（東大法学部出身者の会）が一八八九年春季総会で、拙速主義と泰西主義による慣習無視を批判して反対意見を採択し、口火を切ります。これに対してボワソナアドが教育した司法省法学校系の法律家達は、施行断行を支持します。論争は私学にも拡大し、英法系学者が施行延期、仏法系学者が施行断行に分かれました（英法系は東京法学院（現中央大学）、東京専門学校（現早稲田大学）、仏法系は明治専門学校（現明治大学）、和仏法律学校（現法政大学））。

反対論のスローガンとしてもっとも有名になったのは、帝国大学憲法教授であった穂積八束の「民法出でて忠孝滅ぶ」です。かれの非難は「断行派は、耶蘇教国にならって極端な個人本位の民法を布き、三〇〇〇年来の祖先教に基づく家制を弊履のごとく捨てようとしている」というものでしたが、ボワソナアド民法典の個々の内容にまったくふれず、一般的なレッテルはりの攻撃であり、日本人委員の起草した人事編、相続編は日本の「慣習」や「美風」に反するものを斥けていたので、かれの非難は当時すでに的外れと反論されていました。

このなかでボワソナアド民法典に対する批判として、憲法の起草にも（伊藤博文を助けて金子堅太郎とともに）関わった切れ者の法制官僚、井上毅のものが重要だと考えられます。かれの批判の論点は、①憲法と矛盾すること、②固有の慣習を破ること、③学術講義の条の多きこと、④個人主義に偏すること、でしたが、とくに憲法に矛盾するという論点が注目されます。大日本帝国憲法の発布はボワソナアド民法典公布の一年前、そして民法典の公布の年に施行されたのですから、当然、憲法との関係が問題になります。では、大日本帝国憲法とはどういうものであったかです。

明治維新以来、日本の国家体制をどのように定めるか、大いに議論が起こりました。そこには、フランス流の天賦人権論と人民主権論、イギリス型の議院内閣制など、さまざまな方向性が模索されました。大正デモクラシーの時代に民本主義を唱えた吉野作造によれば、自由民権期当時の知識人の多くは、人民主権を当然のことと考えていたされます。[19]

このような状況のもとに、明治政府では伊藤博文が中心となって憲法制定にあたることになり、かれはヨーロッパに留学し、ベルリン大学のルドルフ・フォン・グナイスト（一八一六―一八九五 Rudolf von Gneist）、ウイーン大学のロレンツ・フォン・シュタイン（一八一五―一八九〇 Lorenz von Stein）に学んで、自信を深めて帰国したと言われます（留学期間は一八八二年三月―一八八二年八月）。伊藤の自信とは、いまやヨーロッパでは、フランス型の社会契約論、天賦人権論は退潮し、国家有機体説（国家は人民の契約によって作られるものでなく、国家と人民は歴史的に一体的に生き物のように生成するものである）が有力であること、そして君主主権体制が趨勢であるということでした。さらに、グナイストは伊藤に、国を立てるためには宗教が重要であり、キリスト教国でない日本にはそれに代わるものが必要だ、とアドバイスをし、そこで、伊藤は、国民の天皇崇拝を日本という国を立てるための宗教として仕組むことを構想したのです。[20]

こうして大日本帝国憲法は、開闢以来万世一系の天皇を統治権者である君主とし、かつ、天皇を天照皇大神の子孫である生きている神、現人神と位置づけ、その統治権を代わって行う国家機関として内閣、帝国議会、裁判所を設置し、人民の政治参加（参政権）を極めて制限的にのみ（成年男子の高額納税者）認めました。法のもとの平等の規定はおかれませんでした。日本の普通選挙権（二五歳以上の男子選挙権）の導入は第一次世界大戦ののち、大正デモクラシーに支えられて一九二五年に実現し、女子参政権の承認は戦後一九四六年のことになります。

ジョン・ロックが、一七世紀末に社会契約論によって批判したのは、「王権神授説」です。この説は、君主の統治権を神によって授けられたとして正当化し、これに対してロックの社会契約論は、人民主権の基礎づけを行ったのでした。大日本帝国憲法は、ロックの著作から二〇〇年後、フランス革命から一〇〇年後の時代に、王権神授説どころか、君主＝天皇が神としてこの国を統治し、その統治権は神代における日本という国の建国以来のものであると憲法で規定したのです。大日本帝国憲法が制定されるまで、自由民権期には社会契約論的人民主権の主張が有力な思潮であったにもかかわらず、憲法制定によって、日本は神の国、現人神が統治する国と宣言されたわけです。このことを国民に教化するために天皇自らの著作という形で示されたのが教育勅語（一八九〇年一月）です。

この憲法のもとで、市民が自由・平等の主体であり、社会の主人公であるというフランス型の民法典の精神を実現することは困難です。法典論争は延期派が支持を集め、帝国議会は一八九二（明二五）年一一月に延期法案を可決しました。とはいえ、外交課題としての条約改正のために、また、日本に近代的な産業と商業取引を起こすために、経済的取引、財産関係に係る一般法としての民法の制定は早急に、かつ絶対に必要でした。

施行延期を受けて、当時の伊藤博文内閣は、一八九三（明二六）年三月に「法典調査会」を設置し、梅謙次郎、富井政章および穂積棟重の三博士を起草委員に任命しました。その編纂方針は、①ボワソナアド民法典を根本的に改修する、②法典の様式をフランス民法典方式からドイツ民法典方式に変える（いわゆるパンデクテン方式を採用し、編別の順序は一八六一年制定のザクセン民法典にしたがって総則編、物権編、債権編、親族編、相続編とする）というものでした。ヨーロッパではプロイセンがオーストリア、フランスとの戦争に相次いで勝利し、一八七一年にドイツ帝国を創設、その後帝国全体に適用すべき民法典の編纂が一八七四年から開始していました。一八八八年にドイツ民法典第一草案が発表され、法典調査会はこれを利用することができたのです。起草委員の一人、富井は、そもそもボワソナアド民法典が編纂中のドイツ民法典を参照していないことを批判していました。

法典調査会は、一八九五（明二八）年に前三編（総則、物権、債権）、一八九七（明三〇）年に親族、相続編を完成し、一八九六（明二九）年、一八九八（明三一）年にそれぞれ公布、同年に施行されました。ここで重要なことは、親族、相続編において、日本の伝統として家父長としての戸主が家の構成員を指揮監督する「家制度」が採用され、国家における神権天皇制と社会における家父長制的家制度が明治の統治体制の二本柱になったことです。

法典調査会の編纂作業は、多くの外国法令、とくに新たにドイツ法を参照するボワソナアド民法典の改正であり、決してその否定ではありませんでした。施行延期派がボワソナアド民法典を外国産の民法だといくら非難しても、ヨーロッパの民法制度を参照することなしに民法典をつくることはできません。こうして独仏混淆型の民法典ができあがります。独仏民法典の半分以下に条文数が絞りこまれ、社会の発展にしたがって柔軟に対処できるように、より一般的な規定の仕方が選択されました。条約改正と産業の発展の手段として急いで創り出された日本民法典は、ともあれ、裁判所と学説の運用によってその後日本の法体系を支えることになります。

ちなみに、佐野智也の研究によると、法典調査会での起草作業において、参照された国、地域ごとの回数は、ドイツ七九〇回、フランス七〇八回、イタリア六九五回、スペイン六四六回、ベルギー六三六回、オランダ五七七回、オーストリア四八〇回、ポルトガル二六〇回ということです。この他にドイツのザクセン三四六回、プロイセン二五二回、バイエルン一〇八回が加わりますが、イタリア、スペイン、ベルギー、オランダ、ポルトガルは、フランス民法典の影響をうけている国々ですから、ドイツ系、フランス系の参照頻度は拮抗していると言えます。以上のほかに、参照の国名だけを数えると、モンテネグロ、スイス、インド、アメリカ、イギリス、カナダ、アルゼンチン、ハンガリー、エストニア、ラトビア、デンマーク、と多岐にわたり[21]、法典調査会における日本民法典の起草過程は比較法の学習過程のようです。

以上のように、大日本帝国憲法下の明治民法典は、富国強兵を進める日本社会の近代化の手段として役割を果たしますが、自由と平等の市民社会の基本法という性格をもつことができませんでした。第二次世界大戦後の日本国憲法は、「人類普遍の原理」として社会契約論的人民主権の思想を基礎に統治のあり方を規定し、家父長制的家制度を排しました。戦後の民法改正で日本国憲法を受けて「この法律は、個人の尊厳と両性の本質的平等を旨として、解釈しなければならない」という規定が新設されたことの意義はとても大きいといえます。日本国憲法のもとで初めて、市民社会論が民法の位置づけについて重要な役割をもつものとして論じられることになったのです。

6 市民社会と民族共同体――ドイツ民法典の危機

日本における法典論争のように、民法典が自国の伝統や慣習に合わないから改正すべきだという議論は、じつは極めて深刻な形でドイツに現れました。それは、ヒトラーとナチス党の独裁体制下でのことです。[22]

ナチス党、正式には国家社会主義ドイツ労働者党（Nationalsozialistische Deutshe Arbeiter-partei＝NSDAP）は、一九二六年制定の党綱領において「唯物論的世界秩序に奉仕するローマ法に代えて、ドイツ共通法（deutsches Gemeinrecht）の制定を要求する」と規定しました。ヒトラーは、ナチス党が国会選挙で比較第一党になり大統領から帝国首相に任命され、一九三三年一月に内閣を組織します。三月には、謀略とテロによって、ナチス反対派の社会民主党、共産党を弾圧する中で、国会で全権委任法（授権法ともいう）を成立させます。この法律は、憲法改正を含む法律制定権を事項無限定にヒトラー内閣に与えるものであり、ヒトラー独裁体制確立の制度的起点となったとされています。ナチスは、議会制定法を通じて新しい独裁体制を確立したことを自賛して「合法的革命」と喧伝しました。

ナチスの法理論は、ドイツ民法典に対して、ローマ法に由来する一九世紀の個人主義、自由主義、唯物主義（物質的欲望を第一にする）の産物という批判を展開します。そこで、民法典をどうするか、ヒットラーの法律顧問で、ナチス党の法律分野の指導者、ハンス・フランク（一九〇〇―一九四六　Hans Frank）は、有力な法律家（大学教授と法実務家）の組織である「ドイツ法アカデミー」をつくって検討を始めます。一九三九年には、帝国司法省が民法典解体案（「民法典からの訣別」）を提唱し、職業身分ごとの個別法をつくる（農民法、労働者法、手工業者法、官吏法，兵士法など）という構想を示しました。これに対してドイツ法アカデミーは、個別解体案を退け、民法典に代えて「民族法典」制定の目標をかかげて審議を進めることになります。

民族法典のコンセプトは次のようなものでした。すなわち、《民法典は市民 Bürger の法だが、市民というのは、抽象的な概念であり、具体的には民族共同体の一員として把握するのが正しい。民族ナチスが最も価値をおくのは、ドイツ人の民族共同体であり、ここにはユダヤ人は入れない。民族共同体の一員である者は、自分の身体と財産のすべてを使って民族のために奉仕しなければならない。これまで権利と言われていたものは、民族共同体に奉仕する義務を遂行するための職務権限に他ならない。》

一九四二年にはドイツ法アカデミーの審議の成果として、民族法典草案の「基本原則」および第一編が公表されました。基本原則は、「民族共同体の生活の諸原則」の筆頭に、「最高の法律は民族の福祉である」と規定しました。第一編は「民族同胞」と題され、第一条は「①すべての民族同胞は、自己の人身と財産によって、民族共同体の存続と繁栄のために必要なものを与えなければならない。それゆえ、労働と兵役奉仕を行い、公的負担に寄与し、民族共同体の生活に義務意識をもって、かつ、精力的に協働しなければならない。②そのために法秩序は、民族同胞にその人格と責任の表現として民族共同体における法的地位を保障する。」[23]と規定しました。この規定の内容は、まさに、ナチス法理論の主張そのものでした。

これまで見たように、民法典は、出生とともにすべての人間が平等に権利能力を与えられ、自由な所有と自由な契約によって活動し、その生活を形成するという基本原理に立っています。これに対して、民族法典ではすべてが民族共同体への奉仕に収斂するものとされます。こうして、自由と権利の主体である市民が構成する「市民社会」は否定され、代わりに民族同胞が民族のために奉仕すべき「民族共同体」が立ち現れます。

ナチスが民法典を否定するのは、それがローマ法の産物、つまり外国産の法であり、それに代わってドイツ民族にふさわしい法をつくることが必要だとみなしたからです。それでは、歴史上、ドイツ民法典の成り立ちはどうだったのでしょうか。

ドイツは、一〇世紀の半ばに（九六二年）、大小さまざまな君主や領主が一人の皇帝を認めて、「ドイツ人の神聖ローマ帝国」を創りました。ローマ帝国に侵入したゲルマンの人々は、自分たちをローマ帝国の継承者だと位置づけ、自分たちの帝国を建設したのです。そしてこの帝国の国家としての枠組みは、ナポレオンとの戦争でドイツの国々が敗北する、一九世紀はじめまで続きました（一八〇六年）。神聖ローマ帝国の裁判は、地域ごとの、また各身分、つまり貴族、農民、手工業者ごとの法により、また、ゲルマンの慣習法を法的規準として行われましたが、一四九五年に皇帝のもとに創設された帝室裁判所は、その裁判を「帝国の成文法」たる「書かれたる理性としてのローマ法」にしたがって行うべきことを定めました。こうして、ローマ法が帝国の共通法になります。

その背景を成したのは、ヨーロッパにおけるローマ法の研究、教育の進展でした。一二世紀にはボローニャ大学でローマ法に基づく法学教育がはじまり、この後ヨーロッパ各地に設立される大学で、ボローニャ方式で法学教育が行われるようになります。教材とされたローマ法は、五二九年から五三四年にかけて東ローマ帝国（ローマ帝国は三九五年に東西にそれぞれ皇帝を戴く形になり、西ローマ帝国は五世紀の末に消滅し、東ローマ帝国は一四五三年にオスマン帝国によって滅ぼされるまで続く）のユスティニアヌス皇帝が編纂した「ローマ法大全（Corpus Juris Civilis）」でした。ドイツの法律家たちは、こうして共通の法学的知識をローマ法に基づき形成し、これが帝室裁判所によるローマ法の採用の前提条件となったのです。これがのちに「ドイツにおけるローマ法継受」とよばれた歴史的事象です。

神聖ローマ帝国の崩壊後、ばらばらになったドイツの諸国は、そのなかで最も軍事的に強力になったプロイセン王国が中心となり、一八七一年に二五か国が集まって「ドイツ帝国」を創建します。プロイセンは、このような形でのドイツ統一を実行するために、オーストリア（一八六六年）およびフランス（一八七〇年）と続けて闘い勝利し、ドイツ帝国の結成にこぎつけたのでした。そして、この二五か国の法の統一を図るために、一八七四年からドイツ民法典の編纂事業は始められました。

ドイツでは、このように民法典の制定前から、長い間、法律学によってローマ法源を基にした体系的な理論がつくられ、大学で教育され、そこで学んだ法律家が司法や行政を担っていました。ローマ法を法源にして学問的に形成された規範体系は、ドイツ各地域の特別法に対して、ドイツ全体に適用しうる「普通法」と位置づけられ、それゆえ、民法典の制定は、ドイツにおけるローマ法の継受以来、ドイツ地域で発展してきたローマ法学の集大成という意義をもっていました。

一八八八年に民法典の第一草案が公表されたとき、オットー・フォン・ギールケは、ゲルマン法学者としてこれを全面的に分析すべく一冊の著書を刊行し（『ドイツ民法典草案とドイツ法』一八八九年）、「ドイツ的でなく、民族的でなく、創造的でもない」「新しい私法の道徳的、社会的使命がどこにもみあたらない」と批判しました。また、社会主義的法曹として知られるアントン・メンガー（一八四一―一九〇六 Anton Menger）は、『民法と無産者階級』（一八九〇年）において民法典が有産者階級（ブルジョアジー）に資するものにすぎないと批判し、無産者階級（プロレタリアート）の利益を考慮する法典を要求しました。最終的に制定されたドイツ民法典は、このような批判（ゲルマン法的、社会的、また、階級的批判）に多少は応えるものでしたけれども、ローマ法に由来するという基本的性格を変えるものではありませんでした[24]。

ナチスが掲げたローマ法にかえてドイツ共通法という要求は、民法典制定時のこうした批判が示すように、まったく根拠がなかったわけではありません。しかし、ドイツ法学の形成史自体が長いローマ法継受のプロセスそのものであり、これを全面的に否定することなどできない相談でした。ドイツにおけるローマ法の継受は、日本が極めて短期間に西欧諸国から学んで民法典を作ったこと（これは日本における「外国法の継受」とよばれる）とは、大きく異なっています。そして決定的なのは、民族法典草案の内容が「ローマ法からドイツ共通法へ」という大義名分とは何のかかわりもなく、ひたすら戦争国家が国民を最大限動員するという目的を示すものだったことです。

幸いなことに、民族法典の制定作業は、戦争の激化のなかで、中断され、法典編纂が実現することはありませんでした。ヒトラー自身は、もともと法というものに何等の重要性も認めず、政治の手段としか考えていなかったので、民族法典制定には関心も熱意もありませんでした。ドイツ民法典は、こうして、第一次世界大戦後のワイマール革命とドイツで初めての共和国の成立、これを転覆したナチスの独裁制、第二次世界大戦の敗北と東西ドイツへの分裂、そして一九九〇年の東西ドイツ統一を経つつ、政治権力の変遷を超えて、今日まで多くの改正をともないながら妥当し続けています。

7　まとめ

最後に、今、なぜ「民法と市民社会」というテーマを取り上げたかをあらためてまとめてみましょう。

市民社会という概念は、次のことの重要性を私たちに示しています。すなわち、《私たちが生きている、この時代において、国家という一つのまとまりを考える場合、社会を秩序づける国家というものは、神によって選ばれた統治者、あるいは自ら神であると称する統治者が、その理由によって統治を正当化できるようなものではない。国家は、社会を構成するメンバーがそれぞれの自由と権利（自分のものを自分のものとして他人に主張し得る地位）を相互に保障しあうために、そのための秩序をつくり維持するべく組織し、設立したものであると理解しなければならない。国家は人々の相互の契約、社会契約に基づいて形成されており、そのゆえに、一人ひとりが自律して責任を負う主権者だと認識しなければならない》。

市民社会とは、社会の構成メンバーが、こうした自己理解にたって共同して営みを行う社会のことです。もっと簡単にいえば、私たちが共生しているこの社会の成り立ちは、まず国家ありき、私たちより国家が先にある、優先するのではなく、まず私たちがあり、国家は私たちのよりよき生活のための手段であり、国家の運営は私たちの総意に基づき、そのために行われるべきものである、ということです。市民社会とは、そのように相互に認めあった市民の集合体であり、民法はその市民社会の相互交渉の原理とルールを規範化したものなのです。

民法典の原理は、社会の構成員がその出生によって等しく自由な権利主体であり、その意思に基づいて、所有と契約の自由の上に社会のなかで他の構成員との関係を形成していくことを保障するというものです。これに対して、ナチスの民族法典草案の原理は、社会の構成員に対して民族共同体の手足として、民族共同体とその政治的形態たる国家に無条件に奉仕し、国家のために死ぬことを要求しました。ヒットラーの側近、ナチスの最高幹部の一人、国民啓蒙宣伝大臣のJ・ゲッペルス（一八九七―一九四五　Joseph Goebbels）は、国民を戦争に動員するためには、ヒトラーを神のように崇拝させることがカギだと考えたが、さすがにドイツではこれが無理だと悟り、この点で、当時の日本で天皇が神として崇拝されていることをとても真似ができない、羨ましいことだと述懐したそうです。ナチスは、同時代の日本の天皇制と軍国主義をそのように認識していたのでした(25)。

戦後、日本国憲法は、社会契約論的人民主権の原理にたってこれを人類普遍の原理と宣言し、天皇を国民の総意に基づく象徴と位置づけました。とはいえ、昭和から平成への、平成から令和への代替わりにおいて、戦前のように、神としての天皇の代替わりの儀式が基本的に踏襲され、神話と歴史が切断されるどころか、国費を使って、その連続性を儀式化するという事態が続いています。これは、市民社会のコンセプトからすれば認めがたいことと言わなければなりません。

大日本帝国憲法のもとで、民法は市民社会の基本法という役割を発揮することができませんでした。その役割は、資本主義的経済体制を作り出すために、財産関係における意思自治、私的所有と契約自由の承認に限定されていました。同時に、大日本帝国憲法のもとで、民法は家制度を枠づけ、家父長制的社会構造を維持する作用を持ちました。日本国憲法によってはじめて、市民社会の基本法であるという民法の思想は、全面的にその意義を社会において貫くことができる条件を獲得しました。日本国憲法の民法の支え手としての役割を確認し、民法と近代市民社会の関係を探り、民法の思想を理解し位置づけることは、現在の法と社会のあり方を考え、そして展望するうえで小さからぬ意義をもつものだと思います。

（1）内田貴『民法改正―契約のルールが百年ぶりに変わる』ちくま新書、二〇一一年、八頁。
（2）星野英一『民法のすすめ』岩波新書、一九九八年、三頁。
（3）以下の市民社会論の説明については広渡「現代ドイツの市民社会論と市民法についての覚書」水林彪／吉田克己編『市民社会と市民法―civil の思想と制度』日本評論社、二〇一八年、二一七―二三六頁参照。引用した古典のテキストは、John Locke（1632–1704）, Two Treatises of Government（1690）（加藤節訳『完訳・統治二論』岩波文庫、二〇一〇年）、Jean-Jacques Rousseau（1712–1778）, Du Contract Social ; ou Principes du Droit Politique（1762）（桑原武夫／前川貞次郎訳『社会契約論』岩波文庫、一九六五年）, Immanuel Kant

1724-1804), Die Metaphsik der Sitten (1797), Reclam, 1990, Georg Wilhelm Friedrich Hegel (1770-1831), Grundlinien der Philosophie des Rechts (1821), Suhrkamp 1986.

（4） ヘーゲルについては権左武志『ヘーゲルとその時代』岩波新書、二〇一三年参照。

（5） ヘーゲル（長谷川宏訳）『法哲学講義』作品社、二〇〇〇年、三六五頁。

（6） 穂積陳重『法窓夜話』岩波文庫、一九八〇年、一八〇頁。

（7） この教科書は法律家の間では“Enneccerus-Nipperdey”として引用される。四宮／能見の教科書のように、Ludwig Enneccerus の教科書を Nipperdey が改訂したものだからである。

（8） Gustav Boemer, Grundlagen der bürgerlichen Rechtsordnung, Erstes Buch, Das bürgerliche Recht als Teilgebiet der Gesamtrechtsordnung, 1950, S. 1-12.

（9） Kant, Die Methaphysik der Sitten, S. 75-82.

（10） 川島と市民社会論については広渡「市民社会論のルネサンスと市民法論」同『比較法社会論研究』日本評論社、二〇一一年、第九章、二四五―二五二頁。

（11） 渡辺は戦後初期から一九八〇年代に至るまで、日本法の分析において市民社会の視点を重要視つづけた。かれが到達した地平について広渡「渡辺法学の構図―その素描」戒能通厚他編『日本社会と法律学―歴史・現状・展望（渡辺洋三先生追悼論集）』日本評論社、二〇〇九年、八二七―八四九頁参照。

（12） 広中民法論について広渡「市民社会論の法学的意義―『民法学の方法』としての市民社会論」戒能通厚／楜沢能生編『企業・市場・市民社会の基礎法学的考察』日本評論社、二〇〇八年、五八―七九頁参照。

（13） カール・シュミット（阿部照哉／村上義弘訳）『憲法論』みすず書房、一九七四年、五四―五九頁。

（14） 高橋和之編『新版　世界憲法集』岩波文庫、二〇〇七年、二七四―二七七頁。

（15） 大村『民法改正を考える』岩波新書、二〇一一年、六七―八〇頁。

（16） このテーマについて岡田正則「フランス民法典とドイツの国民国家形成―civil 概念の対外的機能に関す

る考察」水林彪他編『法と国制の比較史』日本評論社、二〇一八年、一七五―一九六頁、同「私権・人権と市民的権利―フランス革命期の憲法・民法典における civil と citoyen」水林彪／吉田克己編『市民社会と市民法―civil の思想と制度』日本評論社、二〇一八年、一一九―一四八頁参照。

(17) 水林「近代民法の本源的性格」『民法研究』第五号、二〇〇八年、一―七五頁参照。

(18) ボワソナアドの人と活動、民法典起草の経緯については大久保泰甫『日本近代法の父 ボワソナアド』岩波新書、一九七七年、池田真朗『ボワソナードとその民法』慶応義塾大学出版会、二〇一一年参照。

(19) 宮地正人『通史の方法―岩波シリーズ日本近現代史批判』名著刊行会、二〇一〇年、一一六―一一七頁。

(20) 内田貴『日本における法学の誕生』筑摩書房、二〇一八年、第八章、瀧井一博『伊藤博文―知の政治家』中公新書、二〇一〇年、第二章参照。

(21) 佐野「民法起草時における参照外国法令の分析」『名古屋大学法政論集』第二五七号、二〇一四年、八九―一〇八頁。

(22) ナチス体制と民族法典草案については広渡「ナチス私法学の構図」および「ナチス法研究覚書」同『ドイツ法研究―歴史・現状・比較』日本評論社、二〇一六年、第一章、第四章参照。

(23) Vorgelegt von Justus Wilhelm Hedemann / Heinrich Lehmann / Wolfgang Siebert, Volksgesetzbuch. Grundregeln und Buch I. Entwurf und Erläuterungen, 1942, S. 11 u. S. 15.

(24) Franz Wieacker, Privatrechtsgeschichte der Neuzeit, 2. neubearbeitete Auflage, 1967, S. 468-475.

(25) 宮田光雄『ボンヘッファー―反ナチ抵抗者の生涯と思想』岩波現代文庫、二〇一九年、第八章参照。

あとがき

二〇二二年七月一〇日の参議院議員選挙において、自民党は単独で改選議席の過半数を獲得し（改選五五議席から六三議席へ）、野党第一党の立憲民主党は改選二三議席から一七議席に後退、連立政権与党は、公明党とあわせて参議院で過半数を大きく上回る一四六議席を確保した。同時に、政権与党ならびに改憲容認ないし推進の立場を示す日本維新の会および国民民主党の両野党、すなわち「改憲四党」の非改選議席を含めた参議院の総議席数は、改憲発議に必要な議席定数の三分二を大きく上回った（一七七議席）。二〇二一年一〇月三一日の衆議院議員選挙後の、現在の衆議院の議席数も同様の状況にある。

投票日の直前、七月八日に、安倍晋三元首相が奈良市で街頭演説中、銃撃され落命するという事件がおこった。その場で取り押さえられた加害者の動機や背後関係は、現在捜査中であるが、メディアの報道によれば、旧称「統一教会」（一九五四年に韓国で文鮮明によって「世界基督教統一神霊教会」として創設され、現在「世界平和統一家庭連合」）に母親が入信、多額の寄付による破産、それを恨んで同団体に関係のある政治家として安倍元首相を狙った、と伝えられる。「統一教会」と自民党の右派政治家との積年の相互利用関係が、今後の解明すべき課題として浮かびあがってきた。

選挙後、岸田首相、自民党茂木幹事長は、安倍元首相の「遺志」を継ぐことを強調し、憲法改正に取り組むことを表明している。改憲四党は、具体的な改憲項目では主張や賛否に差があるが、自民党は、調整のうえ、発議のための合意形成をめざす構えである。国政レベルの選挙は、衆議院議員の任期満了が二〇二四年一〇月であり、三年後の次期参議院議員選挙まで予定されない。メディアは、これを「黄金の三年間」とよび、政権の重要課題を実現する、つまり、改憲実現の時期になると論評している。

今回の政権与党の伸長のまえで、野党共闘の不首尾は明確であった。前回二〇一九年、前々回二〇一六年は、市民連合と立憲野党の間で選挙に向けた政策協定に各党首が署名するという土台のうえで、三二の一人区のすべてで与党に対決して候補者の一本化が行われ、それぞれ一〇名、一一名を当選させた。これに対して、二〇二二年は、候補者が一本化した選挙区は、一一にとどまり、当選は三名にすぎなかった。市民連合も前二回と異なり、野党と野党をつなぐ所期の役割を果たすことができず、各選挙区での市民連合メンバーの努力も奏功しなかった。その主要因は、十分な分析が必要なことを留保しつつであるが、自民党の野党分断工作によって、「連合」（日本労働組合総連合会）と国民民主党が市民と野党の共同に対して明確に否定的な姿勢をとることになったことである（川上高志「分断される野党」『世界』二〇二二年六月号参照）。市民連合は、「政権交代」を目指すという目標の下、政党の運動や労働組合運動との関係をあらためて考え、「市民と市民をつなぐ」活動を強化し、とくに九条改憲に反対する市民社会の動きを大きくするという次の課題に立ち向うことになる。

多くのメディアは、選挙結果に「自民大勝」の見出しをふったが、与野党の個々の勢力の変化について、比例区の当選者数を前回と対比してみると、自民党は一九議席から一八議席へ、公明党は七議席から六議席に減らしている。立憲民主党と共産党もそれぞれ一議席減（八から七、四から三へ）であり、国民民主党は、増減なし（三議席）、これに対して維新が三議席増（五から八へ）、そして新党の「参政党」がはじめて一議席獲得した。社民党は改選一議席を維持し、れいわ新選組およびＮＨＫ党があらたにそれぞれ二議席、一議席を獲得した。これが参議院議員選挙における各政党の比例代表的構成である。より実証的な分析が必要であろう。

日本学術会議問題について、岸田政権は、依然として、独自の明確な方針を示さないでいる。任命拒否された六名の科学者について、学術会議は、一貫して毅然と首相に対し即時の任命を求めている。学術会議による次期の新会員候補者決定は、一年後、二〇二三年七月であり、六名の再推薦の可能性を含めて、帰趨は予測しがたい。本論で言及した「ＣＳＴＩ有識者議員懇談会」は、二〇二二年一月に「日本学術会議の在り方に関する政策討議取りまとめ」を発表した。この政策討議は、学術会議改革について政府の方向性提示を予期されたが、あえて火中の栗を拾わず、「現在の組織形態が最適なものであるとの確証はない」として、必要な改革の論点を示すとどまった。ただし、科学技術政策について学術会議がＣＳＴＩと車の両輪の関係にあること、その意味で学術会議の自主性が尊重されるべきことを指摘したことは、今後の改革議論において重要な手掛かりである。

学術会議改革の政府方針が不明確な中で、通常国会会期末、二〇二二年五月に、科学技術政策に関して重要法案が相次いで成立した。国際卓越研究大学支援法および経済安全保障推進法の二つである。支援法は、「国際卓越研究大学」なるものを大規模資金の集中投資によって選別育成することを目的とする。そのために官民拠出の一〇兆円の「大学ファンド」を設立し、運用益から毎年五―六大学に五〇〇億円程度の支援を行うとする。ファンドは、科学技術振興機構が管理、運用し、支援は大学の申請に基づき、国公私を問わない。指定を受けうるためには、申請大学に種々の条件整備が必要であるが、もっとも危惧されているのが、「自律と責任あるガバナンス体制」のために、法人の重要事項の決定、法人の長の選考・監督を行う権限をもつ、相当数（半数ないし過半数）の学外者を含めた新たな合議体を設置することである。これには、国立大学法人法などの新たな法改正を必要とする。また、指定大学は、五〇〇億円の資金供与にみあう経済的パフォーマンスを要件として求められる。国際卓越研究大学の構想と運営については、文科省が所管するが、ＣＳＴＩの主導的な関与が予定されている。こうした新政策の展開が大学の本来のあり方と役割に照らして適切かどうか、大学側の批判的対応が不可欠であるがその動きはにぶく、このままでは科学技術政策に対する大学の科学研究の従属的手段化が進む。

推進法の正式名称は、「経済施策と一体的に講じることによる安全保障の推進に関する法律」であり、同法の狙いがよくわかる。経済産業政策およびこれに関連して科学技術政策に軍事的安全保障の視点をもちこむことがそれである。目的として、①サプライチェーンの強化、②基幹インフラのセキュリティ確保、③特定重要技術の開発支援、および④特許出願の非公開、の四つが柱とされる。全体を通じて、産業政策的な政府の介入の是非が基本的な論点であるが、③はとくに科学技術政策に大きなインパクトをもつ。官民パートナーシップによる協議会と調査機能を有するシンクタンクを設立し、そのもとで、開発案件を調整、決定し、新設する大規模研究施設において「特定重要技術」、つまり、軍事的安全保障に資する、いわゆるデュアルユース技術の開発を推進することが予定される。すでに今年度予算で二五〇〇億円が積まれ、年間五〇〇〇億円の事業規模を目指すとされている。このような研究開発事業に科学者が巻き込まれる可能性は非常に大きい。

日本学術会議改革の政権の狙いは、本論でみたように、科学技術・イノベーション基本法体制の下で科学研究の政策手段化をいっそう進めるべく、日本を代表する科学者組織をそれに適合的な存在につくり変えることにある。さらに支援法および推進法は、大学をより具体的に基本法体制に編入し、そしてなにより危険なことに科学技術振興において軍事的安全保障視点の法制度的な根拠を作りだす。一方で科学技術政策と、他方で科学研究のあり方、学問の自由との矛盾を明確にし、進行する事態への批判と対応を急がねばならない。

憲法改正は、本論で考察したように、日本の「民主主義的立憲主義」の意義が現実に試される機会である。立法に携わる議員を選挙する間接民主主義的参加ではなく、立憲主義の根本である国家を創設し拘束する、人民の社会契約としての憲法の改正は、文字通りの直接の主権者的決定である。不適切なかたちでの国会の憲法改正発議は、阻止されるべきであり、かつ、憲法改正をめぐる社会における議論を公平で適切に推進する条件の整備がもとより前提である。そのうえで、主権者的決定は、十分な争論を通して形成されるべきである。

ロシア・ウクライナ戦争は、憲法九条の非戦・非武装平和主義の意義をあらためて問うものとなっている。九条平和主義は、第二次世界大戦後の国際連合憲章に基づく国際的安全保障の基本的あり方、すなわち、紛争の平和的解決の義務、武力行使と武力による威嚇の原則禁止、そして軍事同盟を否定する集団的安全保障の推進を基礎に、世界で唯一の被爆国の体験を重ねて、戦後日本社会が選択したものである。いま、世界に求められているのは、そのような国際的安全保障のあり方をいかに確保するかであり、現実の戦争への対応もこの基本にたって、行われなければならない。

実際には、「民主主義と専制主義」の基準によって世界を二分し、その対立を軍事的なものとして強化するという議論がアメリカの主導によって広がり、NATOと西欧諸国は、対ロシア軍事同盟の色合いを濃くしている。岸田首相は、日本の首相としてははじめてNATO首脳会合に参加し、中国に対する警戒態勢にNATOを結びつけるという外交まで試みた。

このように岸田政権と自民党は、世界を二分し軍事的な対立強化というアメリカの情勢認識と戦略のままに、日本の防衛力強化路線を臆面もなく打ち出している。「敵基地攻撃能力」を「反撃能力」といいかえて、相手国の「指揮統制機能等への攻撃」にまで踏み出し、五年以内に防衛力を大きく強化する方針を示して、安倍政権以上に軍事政策に前のめりである。防衛予算を現在から倍増しNATO標準のGDP二%程度まで引き上げれば、一〇兆円を超え、この限りで日本は米中につづく世界第三位の軍事大国の地位を占める。二〇二二年末には、国家安全保障会議（NSC）が、新たな安全保障戦略をとりまとめ、それによる防衛大綱と防衛力中期整備計画を策定する予定である。

九条改憲は、このような状況のなかで、市民社会における議論の対象となる。自民党の現時点での九条改憲案、つまり、現行九条を存置するがそれに拘わらずわが国の安全のために自衛隊をおく、という安倍元首相案は、本論で指摘したように、本格改憲案より後退したイメージを与えながら、九条平和主義による政府と国会に対する憲法的制約機能の一掃、戦争のできる国への憲法上の転換を核心の狙いとする。

市民連合と立憲野党は、安倍政権による集団的自衛権法制化と自衛隊の軍事活動範囲の質的拡大を九条に基づき立憲主義的に巻き戻すことを目的として活動してきた。九条の制約の下に、安倍政権以前の歴代自民党政権は、専守防衛（個別的自衛権のみ認める）、非核三原則、防衛費ＧＤＰ一％以内、武器輸出禁止三原則など、九条の規範内容との整合性をなんとか取り繕ってきた。安倍政権下の軍事のメインストリーム化は、この制約を取り払うことを追求したが、岸田政権はその仕上げとして九条の明文改憲に着手しつつある。

憲法九条の字句通りの擁護は、第二次世界大戦後の国連憲章に基づく国際的安全保障の王道を日本社会が踏み外さないこと、理念的にいえば、「戦争をしない世界と日本を創る」道を日本社会が進むことを主権者として明確に選択することである。そして同時に、日本の現実の政治が憲法九条の示す規範的制約から解放され、そのときどきの「国際情勢の変化」に引きずられて普通の軍事強国への誘惑にのってしまうことを断固として阻止することである。これらのことは、主権者一人ひとりが世界と日本の平和のために果たすべき責任であり、かつ、そのための機会である、と筆者は考える。

最後に、このような書物を刊行することができたのは、ひとえに日本評論社の串崎浩氏そして武田彩氏のおかげである。長年の友誼とあわせて心から感謝申しあげたい。

【著者略歴】

広渡 清吾（ひろわたり せいご）

1945年福岡県生まれ　1968年京都大学法学部卒業　東京大学社会科学研究所教授、同大学副学長、専修大学法学部教授を経て、東京大学名誉教授。日本ドイツ学会、日本法社会学会、民主主義科学者協会法律部会各理事長、日本フンボルト協会理事長、日本学術会議会長等を歴任。専攻はドイツ法・比較法社会論

主著：『移動と帰属の法理論』（共編著、岩波書店、2022年）、『ドイツ法研究―歴史・現状・比較』（日本評論社、2016年）、『比較法社会論研究』（日本評論社、2009年）、『市民社会と法』（放送大学教育振興会、2008年）、『比較法社会論―日本とドイツを中心にして』（放送大学教育振興会、2007年）『法曹の比較法社会学』（編著、東京大学出版会、2003年）、『統一ドイツの法変動―統一の一つの決算』（有信堂、1996年）、『二つの戦後社会と法の間―日本と西ドイツ』（大蔵省印刷局、1990年）、『法律からの自由と逃避―ヴァイマル共和制下の私法学』（日本評論社、1886年）等

社会投企《しゃかいとうき》と知的観察《ちてきかんさつ》――日本学術会議《にほんがくじゅつかいぎ》・市民社会《しみんしゃかい》・日本国憲法《にほんこくけんぽう》

2022年9月30日　第1版第1刷発行

著　者　広渡清吾

発行所　株式会社日本評論社

〒170-8474　東京都豊島区南大塚3-12-4

電話　03-3987-8621（販売）　-8592（編集）

FAX　03-3987-8590（販売）　-8596（編集）

振替　00100-3-16　https://www.nippyo.co.jp/

印刷所　平文社

製本所　井上製本所

装　幀　図工ファイブ

検印省略　© S. HIROWATARI　2022

ISBN 978-4-535-52661-7　Printed in Japan